国家出版基金项目
NATIONAL PUBLICATION FOUNDATION

广东省原创精品出版资金扶持项目
GUANGDONG PUBLICATION FUNDS

该项目受到张平主持的国家社会科学基金重大招标课题“加快经济结构调整与促进经济自主协调发展研究”(批准文号12&ZD084)”资助

深化经济体制改革研究丛书

主编：张卓元　吴敬琏　厉以宁

中国新型城镇化道路与人的城镇化政策选择

张平 等◇著

SPM
南方出版传媒
广东经济出版社
—广州—

图书在版编目（CIP）数据

中国新型城镇化道路与人的城镇化政策选择/张平等著. —广州：广东经济出版社，2015.10
（深化经济体制改革研究丛书）
ISBN 978-7-5454-4258-8

Ⅰ.①中… Ⅱ.①张… Ⅲ.①城市化-研究-中国 Ⅳ.①F299.21

中国版本图书馆CIP数据核字（2015）第251509号

出 版 人：姚丹林
责任编辑：温键键
责任技编：许伟斌
封面设计：彩奇风

出版发行	广东经济出版社（广州市环市东路水荫路11号11~12楼）
经销	全国新华书店
印刷	中山市国彩印刷有限公司（中山市坦洲镇彩虹路3号）
开本	787毫米×1092毫米 1/16
印张	21.5 1插页
字数	421 000字
版次	2015年10月第1版
印次	2015年10月第1次
印数	1~2 000册
书号	ISBN 978-7-5454-4258-8
定价	48.00元

如发现印装质量问题，影响阅读，请与承印厂联系调换。
发行部地址：广州市环市东路水荫路11号11楼
电话：（020）38306055 37601950 邮政编码：510075
邮购地址：广州市环市东路水荫路11号11楼
电话：（020）37601950 营销网址：**http://www.gebook.com**
广东经济出版社新浪官方微博：**http://e.weibo.com/gebook**
广东经济出版社常年法律顾问：何剑桥律师

从农村改革起步到以经济体制改革为重点的全面深化改革

（代序言）

张卓元

中国从1978年开始实行改革开放，采取的是渐进式改革，摸着石头过河，从农村改革起步，到2012年党的十八大后发展为以经济体制改革为重点的全面深化改革，三十多年来，一直为中国经济起飞和经济社会科学发展不断提供强大动力。

一、全面深化改革是三十多年渐进式改革逻辑发展必然结果

渐进式改革的显著特点是先着重推进经济改革，以振兴经济，为改变国家贫穷落后面貌并逐步迈向工业化和现代化提供坚实的物质基础。采取渐进式改革，不搞快速转轨、一步到位，可以减轻社会震荡，在保持社会稳定前提下调整经济关系和上层建筑一些环节，以适应社会生产力的发展，稳步前进。改革为什么从农村起步？就是因为上个世纪70年代末中国物资供应特别是农产品供应紧张，主要农产品凭票供应，上亿农民吃饱穿暖的问题还没有很好解决，农民要求改变“一大二公”传统体制的要求特别迫切。农村实行家庭联产承包责任制以及接着逐步放开农产品价格后，农民开始有了生产经营的自主权，大大解放了社会生产力，农业生产迅速增长。1978—1985年，农林牧渔业总产值年平均增长率达7.1%，大大高于一般年均2%~3%的增速。

市场取向改革的初步成果增强了广大干部和群众改革的信心和期望，增强了商品意识和等价交换的意识。1984年，党的十二届三中全会作出了《关于经济体制改革的决定》，确认社会主义经济是公有制基础上的有计划的商品经济，提出进一步贯彻执行对内搞活经济对外实行开放的方针，加快以城市为重点的整个经济体制改革的步伐，还提出，全面开展经济体制改革的中心环节是增强企业活力。从此，中国进入以城市为重点的全面开展经济体制改革的阶段。需要指出的

是，中国在体制内对公有制经济特别是国有经济进行改革、引入市场机制的同时，在体制外允许和鼓励个体私营等非公有制经济发展，并逐渐成为中国经济迅速崛起的一个重要生力军。这是公认的中国渐进式经济体制改革的一个成功案例。

市场取向改革的推进和随之而来的经济的快速增长和市场的日趋繁荣，使市场化改革日益深入人心。1992 年，在邓小平关于“计划不等于社会主义、市场不等于资本主义、计划和市场都是经济手段”的思想指引下，党的十四大确立了社会主义市场经济体制的改革目标。从此中国开创了在一个大国把社会主义和市场经济相结合的伟大征程。中国经济迅速起飞，社会各项事业全面发展。到 20 世纪末中国已初步建立起社会主义市场经济体制，开始实现了从计划经济体制向社会主义市场经济体制的转型。

2001 年年底，中国加入世贸组织，对外开放进入了崭新的阶段，中国经济加快融入全球化的进程。加入世贸组织扩大对外开放，不仅大大促进了外向型经济发展，目前我国已成为世界第一外贸大国，而且有力地推动了市场化改革的深化，促进我国各项经济活动必须遵循市场经济一般规则行事。

进入新世纪后，随着社会主义市场经济体制的逐步完善和经济的持续高速增长，除经济体制改革外，政治、文化、社会、生态文明体制的改革也日显重要和迫切。2012 年，党的十八大顺势提出全面深化改革的任务，2013 年党的十八届三中全会进一步提出全面推进经济、政治、文化、社会和生态文明体制五位一体的改革任务。这标志着中国的改革开放进入了一个崭新的阶段。首先，改革的目标更高更全面。过去主要提经济体制改革目标即建立和完善社会主义市场经济体制，政治、文化、社会等体制改革主要围绕建立和完善社会主义市场经济体制而展开，而十八届三中全会决定确定全面深化改革的总目标是完善和发展中国特色社会主义制度，推进国家治理体系和治理能力现代化。其次，全面深化改革是经济、政治、文化、社会和生态文明体制五位一体的改革，虽然经济体制改革是全面深化改革的重点，但现在毕竟是要全面推进五位一体的改革。再次，提出全面深化改革是经济体制改革深化逻辑的必然结果。实际上中国的经济体制改革从一开始就不是单兵突进的，在经济体制改革过程中，为配合和适应经济体制改革，一直在逐步推进政治、文化、社会和生态文明体制改革并取得明显成效。每次党代表大会的报告除了着重论述经济体制改革外，都会分别论述政治、文化、社会等方面的改革。1997 年党的十五大报告提出了依法治国的方略。2004 年党的十六届四中全会作出了《关于加强党的执政能力建设的决定》。2005 年党的十六届五中全会建议提出了加快行政管理体制改革，是全面深化改革和提高对外开放水平的关键。2011 年，党的十七届六中全会通过了《中共中央关于深化文化体制改革推动社会主义文化大发展大繁荣若干重大问题的决定》。2007 年，党的十七大报告第一次把加快推进以改善民生为重点的社会建设独立为一个大部分，同经济、政治、文化建设并列。而党的十八大报告又进一步把大力推进生态文明建设独立设一部分，形成“五位一体”总体布局。

二、发展要求改革，改革推动发展

改革的目的是为了解放和发展社会生产力，促进经济增长和社会进步，提高人民的生活水平与质量。一方面，改革是在经济社会碰到严重困难或者受到严重瓶颈制约时人们寻找出路的重要抉择，比如上个世纪70年代后期由于“文革”使我国国民经济濒临崩溃，改革成为中国经济社会摆脱困境的关键抉择。又如前三四年，由于经过改革开放三十多年经济社会的飞速发展，积累了不少矛盾和问题，加上由于2008年国际金融危机的影响，经济社会的可持续发展受到严重挑战，为了更好地到2020年全面建成小康社会，跳出“中等收入陷阱”顺利进入高收入国家行列并走向现代化，2012年党的十八大提出了全面深化改革的任务，以便继续释放改革红利，找到新的经济社会发展的动力源泉。另一方面，改革由于能够扫除妨碍经济社会发展的体制弊端，从而能有力地推动经济社会发展。中国改革开放后经济的飞速增长充分说明了这一点。1978—2014年，中国GDP年均增长近10%，即使是在国际金融危机后的2012、2013、2014年，GDP的增速也达7%以上。由于经济的长期高速增长，2010年起，中国已超越日本成为世界第二大经济体。2014年，中国人均GDP已达7000美元以上，稳定进入中上等收入国家行列。中国经济崛起，从贫穷落后的弱国一跃成为在全世界各方面有重要影响的大国，让全世界人民都赞叹不已，被称为“中国的奇迹”。

三、扎实推进全面深化改革，促进中国经济顺利进入新常态

目前，中国经济正在进入新常态。何谓新常态？按照习近平总书记2014年11月9日在亚太经合组织工商领导人峰会演讲时说的，“中国经济呈现出新常态，有几个主要特点。一是从高速增长转为中高速增长。二是经济结构不断优化升级，第三产业、消费需求逐步成为主体，城乡区域差距逐步缩小，居民收入占比上升，发展成果惠及更广大民众。三是从要素驱动、投资驱动转向创新驱动。新常态将给中国带来新的发展机遇。”可见，中国经济进入新常态意味着经济活动向着重追求质量和效益转型。而要做到这一点，需要有几年的努力。在这过程中，必须不断深化经济体制改革和其他方面改革，为经济转型提供不竭的动力。在这个意义上，可以说，中国经济能否顺利进入新常态，实现持续健康发展，主

要取决于我们能否顺利推进已经进入深水区的经济改革和其他改革。因此，从多方面多角度研究经济体制改革问题，提出中肯的可行的改革建议，对于中国经济进入新常态、全面建成小康社会以及进一步基本实现现代化，具有重要意义。

全面深化改革是改革的攻坚战，不仅要统一思想，使大家充分认识到重新启动各方面改革的重要性、紧迫性；要有好的顶层设计，十八届三中全会 60 条改革项目、336 个改革举措就是一个很好的顶层设计；而且要克服既得利益群体的阻挠和干扰，形成既得利益群体是渐进式改革不可避免的结果。为了更好地冲破思想观念的束缚、突破利益固化的藩篱，中央全面深化改革领导小组强有力的领导和推动是非常重要和必不可少的。全面深化改革不仅要以经济体制改革为重点，还要选择好着力点和突破口，我认为，目前，应着力推进政府改革或政府职能转变改革，因为要使市场在资源配置中起决定性作用和更好地发挥政府作用，首先要解决政府对社会经济活动干预过多和监管不到位问题，深化国企改革、财税改革、金融改革、收入分配改革、教育改革等等，也有待于政府改革的深化和到位。

中国现阶段仍然处于工业化、信息化、新型城镇化和农业现代化相互促进时期，发展潜力巨大。我们坚信，在全面深化改革推动下，中国将越来越在创新驱动下不断提高经济活动的质量和效益，使今后十年八年保持 7% 左右的中高速增长；与此同时，中国特色社会主义的各项制度逐步成熟和定型，人民群众将更好地、更切实地享受到经济社会发展的成果！

2015 年 3 月

内容提要

新型城镇化是我国逐步步入后工业化时期推进经济增长的重要依托，也是实现产业结构升级和促进人口有序向城市流动的关键平台。新中国成立以来特别是改革开放以来，我国城市化进程快速推进，但是快速城市化背后也出现了一系列的经济、社会问题，诸如城乡发展不均衡、外来人口双重身份、逼近资源环境承载力、公共产品供给不足、社会保障配套建设滞后等，成为影响城镇化健康发展的重要掣肘。那么在新时期如何理解中央提出的新型城镇化战略，应该从哪些方面推进新型城镇化是摆在学术界的一项重大课题。本书正是基于上述背景，欲从城镇化演进与制度安排、农民工市民化选择、城市化模式和规模以及区域协调发展案例等四部分对新型城镇化的方方面面进行分析，更加完整地理解新型城镇化的含义和更加精确地找准政策着力点。第一部分，通过回顾新中国城镇化演进轨迹和以户籍制度、土地制度为核心的相关政策安排，将我国城市化发展水平和产业结构演化进行国际比较，并在此基础上探讨了二元经济格局下农民工的公共福利均等化问题以及成本分担机制。第二部分，主要研究了农民工市民化问题。我国在大规模城镇化进程中，受限于户籍等歧视性制度安排，外来人口市民化的进程一直比较缓慢。这主要表现在农民工的社会融合度不高以及迁入城市面临着各种各样的困难和体制机制性障碍。因此，书中测算了社会融合度及市民化程度，分析了外来人口迁移城市的影响因素，在此基础上考察了以社会救助为代表社会保障体系的建设对农民工市民化的作用。第三部分，探讨了城市化进程中的模式、产业效率、最优城市规模及财税政策相关问题。本部分在详细梳理世界城市化和产业效率的演进趋势基础上，指出了我国现阶段城市发展所面临的效率低下问题，通过打破纵向分割促进要素横向交流，促进产业结构升级和创新集聚是实现城市效率提升的有效措施。合理控制城市规模，以使城市发展与资源、环境承载力相协调。第四部分，为在实地调研基础上，以一些典型化地区为样本，研究了如何推进城乡均衡发展，外来人口迁移城市成本及制度障碍和城市户籍制度改革对人口的引进等问题。最后一部分提出新型城市化的政策选择。

目　录

第一部分　中国城镇化演进与相关政策与制度安排

第二部分　城市化过程中农民工市民化的选择与障碍

第三部分　城市化模式与规模

第四部分　区域调研案例

第一部分

中国城镇化演进与相关政策与制度安排

第一章　中国城镇化的进程及政策变迁[①]（1949—2014）

中国的城镇化或城市化是20世纪后期以来最重要的世界经济现象之一。这一波澜壮阔的历史画卷，与占人类1/5人口的命运息息相关，其典型的特征除了规模庞大、进展迅猛之外，还在于它是以政府“大推进”的方式展开的。不管是基于乡村工业化的小市镇兴起，还是类似社会工程建设的大中型都市“造城”，城镇化的进程都与国家的发展战略、城镇化推进政策、人口和户籍制度、财政制度、住宅医疗和社会保障等制度政治经济体制与周期性政策具有密不可分的关系。本文试图为理解当代中国城镇化的进程及政策提供一些背景知识。

在中国的日常语境中，城镇化与城市化常常交替使用，它们对应的英文都是“Urbanization”[②]，而英语的Urban既包括城市（city）也包括市镇（town）。按照维基百科的定义，Urbanization指的是乡村向城市演变的过程，一般以城镇人口占总人口的比重作为其度量标准。从内涵上讲，城镇化至少有两层含义：一是人口从乡村向城镇集中的过程（库茨涅兹定义[③]）；二是第一产业人口向第二、第三产业人口转换的过程（克拉克定义[④]）。因此对城镇化完整的理解是，人口从农村向城镇集中，从第一产业向第二、第三产业转换的过程。据政府在城镇化过程中的不同作用和表现，我们把1949年以来我国城镇化政策划分为三个发展阶段，即计划控制下的城镇化（1949—1978）、改革开放下工业化带动的城镇化（1979—2000）、新世纪以来的城镇化独立发展阶段。

---

① 本章作者王宏淼，系中国社会科学院经济研究所副研究员、博士，研究方向：国际宏观经济与金融。

② Urbanization一词起源于拉丁文，一般认为它源于1867年西班牙工程师赛尔达（A. Serda）的著作《城镇化基本理论》。至20世纪，这一名词已经在全世界范围内被多数学者所接受。20世纪70年代后期，Urbanization一词被引入中国学术界并被接受。在日本和中国台湾又译成“都市化”。

③ 西蒙．库兹涅茨，1989：《现代经济增长》，戴睿、易诚译，北京经济学院出版社，第1页。

④ 科林．克拉克（Colin G. Clark），1940：The conditions of economic progress，Macmillan and co.，limited in London.

一　计划经济下的城镇化：从重点工业城市的扩张到限制、逆向人口流动

1949 年中华人民共和国成立后，经济从战时状态转入了调整与恢复时期。1949 年中国总人口约 5.4 亿人，乡村人口 4.84 亿，占 89.4%；城镇人口 5765 万，城镇化率仅为 10.6%①，刚达到城市人口占总人口 10% 的国际城镇化起步标准。1952—1978 年的 26 年间城镇化水平由 12.5% 提高到 17.9%，年平均提高 0.2 个百分点；城镇人口增长 1 亿人，占总人口增长的 26%，处于前城镇化时期。根据不同的城镇化政策及其后果，又可以进一步分为三个阶段。

首先随着 1953 年中国开始实施国民经济第一个五年计划（“一五”），出现了改革开放前仅有的短暂的城镇化较快发展时期。1949 年全国设市城市为 136 个，1952—1957 年，城市个数由 152 个增加到 176 个，增加 16 个，城镇化水平由 12.5% 提高到 15.4%，5 年间平均每年增长 2%，年平均增长 0.58 个百分点。新中国成立后的 8 年间城市总数增加了 40 个，平均每年增加 5 个，平均每年增长 3.7%。城镇人口由 1952 年的 7163 万人增加到 9949 万人，增加了 2786 万人，同期乡村人口增长 4385 万。较之近代中国 1851—1949 年百年间城市化率由 5% 增长到 10.6% 的发展速度而论，这一速度是前所未有的，而且也明显高于 1950—1970 年平均年增长 0.46 个百分点的同期世界城市化速度。此时期恢复重建和旧城改造成为城镇化建设的中心工作。同时快速的城镇化也与三方面政策有关。

其一，中国式工业化道路的选择。新中国成立以后中国选择了优先发展重工业的道路，该时期重工业的基本建设投资占全国基本建设总投资的比重高达 48.9%。“一五”计划启动了 156 个重点工业项目，与之相配套的城市发展方针是“重点建设，稳步推进”。周恩来在 1953 年 6 月指出“城市建设上要反对分散主义思想”，明确了城市建设必须集中力量，确保国家工业建设的中心项目所在的重点工业城市的建设②。1954 年第一次全国城市建设会议指出，“社会主义城市的建设和发展，必然要从属于社会主义工业的建设和发展；社会主义城市的发展速度必然要由社会主义工业发展的速度来决定”。除了北京具有特殊意义外，全国城市被划分为四类，分类进行指导：第一类是承担重要工业建设任务的新兴工业城市，分别是太原、包头、兰州、西安、武汉、大同、成都和洛阳，这些城市原有基础设施薄弱，“一五”期间建设项目多，急需进行城市建设与之配套。

① 如未加说明，本文数据来自国家统计局。

② 1953 年 6 月 10 日，建筑工程部部长陈正人、建筑工程部设计院副院长汪季琦向政务院总理周恩来汇报参加波兰建筑师代表大会的情况时，周恩来所作的谈话。

第二类是大规模扩建的城市，全国20余个。其特点是尽量利用旧市区，有计划地根据工业发展的需要建设新市区。第三类是可以局部扩建的城市，这些城市新建项目不多，城市基础设施主要以维护为主，局部进行改扩建。第四类是一般中小城市，这些城市基本上没有安排重大项目，城市建设主要是维护和管理，对一些公共设施可以进行局部调整①。

随着"一五"期间援建重点工程带动下的工业化快速推进，城市发展获得了一定的经济基础，诞生了11座新城市②。城镇化水平稳步提高，由1950年的11.2%提高到1957年的15.4%。中国工业建设的布局开始向内地倾斜，内地城镇化的进程加快，不仅扩大了原有城市的规模，还形成了一批新兴的生产性城市。1949年之前中国城市的经济功能弱小，消费性城市占主导地位。新中国成立后，经过对资本主义工商业和手工业的社会主义改造，在城市中确立了国有和集体企业的绝对主导地位，城市作为工业中心、生产中心的功能突出。但由于过分倾斜于重工业的产业政策，致使技术装备水平较低的、劳动密集型的轻工业，特别是第三产业发展缓慢，对农村劳动力的吸纳能力十分有限。计划经济体制下城镇作为消费中心、娱乐中心和文化中心的功能受到抑制。

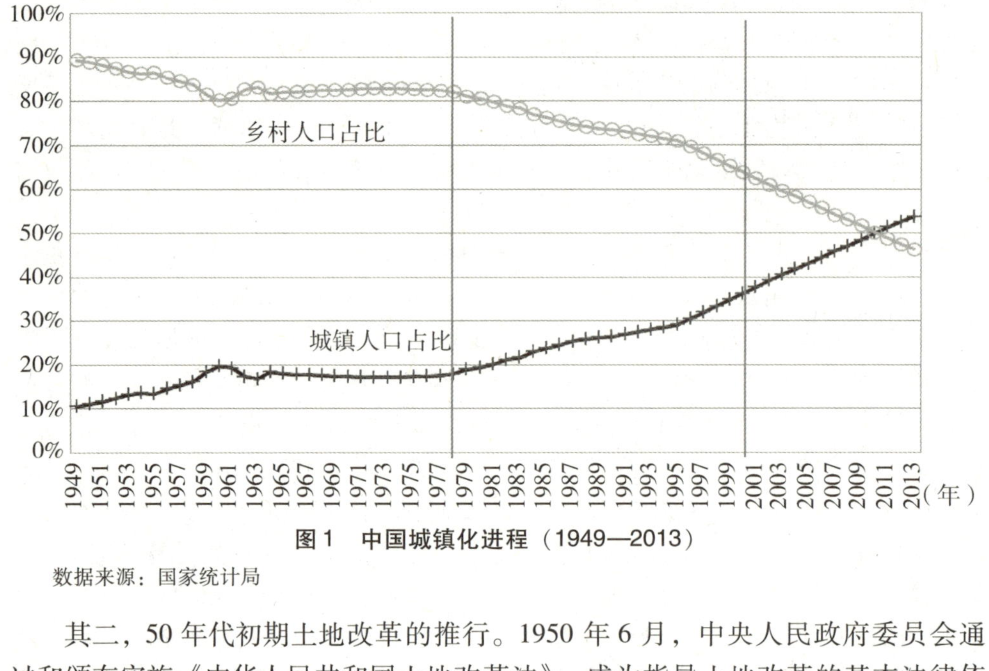

图1　中国城镇化进程（1949—2013）

数据来源：国家统计局

其二，50年代初期土地改革的推行。1950年6月，中央人民政府委员会通过和颁布实施《中华人民共和国土地改革法》，成为指导土地改革的基本法律依

① 关于"一五"期间重点工业项目与城镇化的关系，可参阅何一民、周明长，2007：《156项工程与5新中国工业城市发展1949—1957》《当代中国史研究》第2期。

② 辜胜阻，1991：《非农化与城镇化研究》，浙江人民出版社。

据。通过没收地主阶级的土地，分配给无地少地的农民，摧毁传统的土地所有制，实现农民的土地所有制。到 1953 年春，除部分少数民族地区外，中国大陆普遍实行了土地改革，全国 3 亿多农民无偿分得了约 7 亿亩土地和大批生产资料。农民的积极性被调动起来，农业生产连续丰收，也为城镇化的发展奠定了良好的经济基础。

其三，其时中国并没有出台严格限制农村人口进入城市的制度规定，因而随着城市非农产业就业机会的扩张，大批农村人口进入城镇，城镇化水平得到相应提高。这一时期，虽然城市人口的自然增长率高于农村，但在 1950—1957 年城市人口增加总量中，机械增长占到了 60.8%，从农村转入城市就业的劳动力人数总计达到 2300 万。全国农业劳动者占全社会劳动力的比例由 1949 年的 91.5%、1952 年的 88%，持续下降到 1957 年的 81.2%。

计划经济下的城镇化第二阶段是 1958—1965 年的快速城镇化及其限制调整。1958 年中国进入国民经济第二个“五年计划”时期。这是中国经济史上的重要一年，极“左”思潮开始主导中国发展，国民经济发生重大转折，市场的作用自此严格受限。1958 年 5 月，中共八大二次会议确定了“鼓足干劲、力争上游、多快好省地建设社会主义”的总路线，掀起了“大跃进”运动。全民大办工业，工厂遍野，居民区内也建满了街道工厂。全国 2 万多个镇，镇镇“以钢为纲”，座座高炉遍布城镇各个角落。以此为背景，国家建筑工程部提出“用城市建设的大跃进来适应工业建设的‘大跃进’”，大批城市迅速修订城市总体规划，大规模开展城市建设。全民大炼钢铁的一个结果是增加了就业需求，农民大批进城，城市人口一时陡增。1952 年城镇国有企业职工仅有 510 万人，到 1958 年则达到 10720 万人。1958—1960 年三年间城市人口由 9949 万人增至 13073 万人，年平均增长 1041 万，城镇化水平由 15.4% 提高到 19.8%，年平均提高 1.47 个百分点。同期乡村人口绝对规模由 54074 万人下降到 53134 万人。

一方面城市人口增长过快，另一方面工业建设又是重中之重，这就产生了市政建设滞后与工业建设、城市人口增长需要之间的矛盾，城市公共物品严重不足，住宅拥挤，供水紧张，交通困难，污染严重。大量在建工业项目并未达到最低的技术水平，废品率高企，不少工厂成为“废品工厂”。对此，此时期的国家城镇化政策采取了如下主要做法：

1. 调整建镇标准，控制城镇数量。早在 1955 年国务院颁布了《关于设置市、镇建制的决定》，为城镇化的发展提供了政策支持。规定常住人口在 2000 人以上，其中非农人口超过 50% 的居民区，或人口在 1000 ~ 2000 人之间，其中非农人口在 75% 以上的居民区都为城镇。1963 年，中共中央、国务院《关于调整市镇建制、缩小城市郊区的指示》提高了建镇标准，规定常住人口在 3000 人以上，其中非农人口超过 70% 的居民区，或人口在 2000 ~ 3000 人之间，其中非农人口在85%以上的地区才算城镇，借此对农村城镇化采取最为直接的控制。建镇标准的提高使城镇数量锐减。到1965年，镇的数量从5402个减至2902个，减少了46.3%。建镇标准的调整是对“大跃进”导致国民经济比例失调的一种政策反应，把原来属于城镇的人口和地区划入农村范围，使城镇人口的比例下降。

2. 实施人口、户籍、就业和保障等制度，限制人员流动。1955年国务院颁布《关于建立经常户口登记制度的指示》，开始在全国城乡全面建立统一的户口登记制度，并颁布了《关于城乡划分标准的规定》，将“农业人口”与“非农业人口”作为人口统计指标，标志着按“农业户口”与“非农业户口”进行划分与管理的二元户籍管理体制的形成。此后的20年中，户籍制度的重点始终是严格控制农村人口向城镇流动，并限制小城市向大城市的人口流动，严格限制“农转非”，积极支持反向流动。

面对城市人口激增的情况，1958年进一步建立了城乡分割的户籍管理制度。1958年1月9日全国人大常务委员会通过的《中华人民共和国户口登记条例》规定：“公民由农村迁往城市，必须持有城市劳动部门的录用证明，学校的录取证明，或者城市户口登记机关的准予迁入的证明，向常住地户口登记机关申请办理迁出手续。”1964年，国务院批转了公安部《关于户口迁移政策的规定》，开始对迁入城市人口施行严格控制政策，出现了第一次“逆城市化”现象。除了极少数招工、升学和解决两地分居、照顾生活等特殊情况外，农民进城和人口流动被严格限制。另外，就业和社会保障方面的制度化歧视也抑制了农民向城市的流动。自此后长达20年的时间内，中国工业化的参与者限制在城市居民，乡村居民被排除在工业化过程之外，二元城乡格局形成了在福利、机会和风险诸方面泾渭分明的城市社会和乡村社会。这是改革开放前中国有工业化而无城镇化最根本的制度原因。

3. 国家统治下的工业化战略，使经济剩余流向工业，乡村城镇化缺乏经济支撑和动力。在这一时期，政府通过对农产品统购统销和工农业产品价格剪刀差①来形成超额利润，并将其转化为工业化的资金来源。据有关专家测算，在改革开放以前，国家通过统购统销获取的牌市价差额为2800亿元，约占同期农业国

① “剪刀差”概念产生于20世纪20年代的苏联。1921年初苏联走上和平建设轨道后，为加快积累工业化资金，政府人为地压低农产品收购价格，使得在工农业产品交换过程中，部分农民收入被转移到政府支持发展的工业部门，当时人们把农业和农民丧失的这部分收入称为“贡税”或“超额税”。1924年前后，苏共中央在斯大林的主持下召开会议，第一次把农业流入工业的超额税正式称为“剪刀差”，并且在中央委员会下设立了剪刀差委员会，专门从事研究和调整剪刀差的工作。从此，“剪刀差”这一名词便流传开来。20世纪30年代该概念传入中国后，常被理论界用于形容工业产品与农产品比价扩大的现象。

民收入（16523亿元）的17%[①]。农业剩余的大量外流使农村失去了自我发展的经济支撑和能力，在人多地少、生产率低的情况下，农村长期在维持生存的边缘徘徊。严厉的控制政策，直接导致了中国农村城镇化在相当长的一段时间内近乎停滞。

1961年1月，中共中央提出“调整、巩固、充实、提高”八字方针，开始调整工业建设项目，压缩城市人口、撤销不够条件的市镇建制，并加强城市公共基础设施建设。关闭和撤销的企业就业人员重新回到农村。中国进入1962—1965年的三年调整时期，城市个数由208个减少到168个。城市基础设施建设得到较大幅度的改善，城市人口由1960年的13073万人减少到1962年的11659万人，又提高到1965年的13045万人。城镇化水平由1960年的19.7%下降到1962年的17.3%，又提高到1965年的18.0%。

计划经济下的城镇化第三阶段，是1966—1978年的总体城镇化停滞与三线地区城镇化的发展。正当国民经济各项重大关系得到初步理顺之时，1966年史无前例的“文化大革命”爆发，中国从此进入了城镇化的停滞、甚至是逆城镇化的阶段，大量城镇人口被“动员”到乡村去。在“文革”期间，城市建设投资大幅度下降，城市基础设施严重缺乏，1977年全国190个城市人均居住面积仅3.6平方米，用水、用电高度紧张，人均道路面积仅2.8平方米，公共汽车数量少，远远不能满足居民生活需要。同时“文革”混乱导致城市规划工作被废弃，城市布局混乱，乱拆乱建成风，园林文物、绿地等遭受极大破坏，私人住宅被大量挤占，环境污染严重。

20世纪60年代中后期，正值50年代前期生育高峰时出生人口进入就业年龄，但城市的发展无序，重工业超前发展的工业化道路，都难以吸纳更多就业，导致城市就业压力巨大。随着“文革”爆发，1966—1968年大学停招，工厂不招工，全国三届高中毕业生共400多万人变为无业游民，成为严重的城市社会问题。1968年12月22日，《人民日报》文章引述毛泽东指示：“知识青年到农村去，接受贫下中农的再教育，很有必要”。轰轰烈烈的知识青年“上山下乡”运动旋即在全国展开。此后到1978年，有近2000万知青被下放到农村[②]，这是中国历史上独特的“逆城镇化”运动。中国城镇化进程在1966—1977年处于停滞状态。城市个数由171个增加到190个，城镇人口由13313万人增加到1977年的16669万人，年平均增长305万，完全属于自然增长，城镇人口增长系数只有0.16；城镇化水平由1966年的17.9%下降到1977年的17.6%。

---

① 武力，2001：《1949—1978年中国“剪刀差”差额辨证》《中国经济史研究》年度第4期。

② 一项统计表明，1962—1979年全国上山下乡的知识青年总计是1776.48万人。见李德滨（1995）：《当代中国移民基本经验》《人口研究》第2期。

始于1964年的“三线建设”，在中华人民共和国历史上，是一个规模空前的重大工业迁移和经济建设战略。在中苏交恶等国际背景下，出于对潜在战争的担心，中国政府发动了一场以“备战备荒”为指导思想的大规模国防、科技、工业迁移和交通设施建设。在长达十六年、横贯三个“五年计划”的时间里（如果算上三线调整改造，则延续到20世纪90年代），国家在13个省和自治区的中西部地区投入了2052.68亿元巨资（占同期全国基建总投资的39.01%，超过1953—1964年全国全民企业基建投资的总和），安排了1100个建设项目①。“三线”建设期间，大量沿海城市的企业被内迁，几百万工人、干部、知识分子、解放军官兵和上千万人次民工的建设者打起背包，跋山涉水，来到祖国大西南、大西北的深山峡谷、大漠荒野，露宿风餐，肩扛人挑，用十几年的艰辛、血汗和生命。由于“三线”建设强调隐蔽、分散，本着“山、散、洞”的原则布局，形成不建集中城市的思想。不但工厂布局要分散，要避开城市建设工厂，甚至一个工厂的几个车间也要分散，企业布局要像“飞机上撒黄豆那样分散”。由于建设地点都太过偏僻，这种建设方式为后来的企业经营发展造成了严重的浪费和不便，从经济学角度来看无疑严重违背了比较优势和经济聚集原理，极大地限制和阻碍了城市的发展。不过，围绕迁入三线的工厂厂区和企业，也形成了8大工业区和几十个新兴工业城市，加速推动了上百个农业市镇的工业化转型，带动了中国内地和边疆地区的经济社会变迁②。

总体来说，1978年以前计划经济控制下的中国城镇化，水平低，波动大，进程缓慢，走了一条有工业化而无城镇化、甚至逆城镇化的道路。

二　改革开放下工业化带动的城镇化

自20世纪70年代末实行改革开放以来，政府出台了一系列相关推动工业化和城镇化发展的政策。在工业化带动下，城镇化率从1979年的19%，增加至1990年的26.4%，11年间增长了7.4个百分点。尤其是90年代后随着改革开放力度加大，中国逐渐融入国际制造流程，吸纳了大量农村劳动力转移到沿海城市中来，其结果是2000年城镇化率达到36.2%，比10年前增长了近10个百分点。

1979年9月28日中共十一届四中全会通过的《中共中央关于加快农业发展若干问题的决定》提出：“有计划地发展小城镇建设和加强城市对农村的支援。这是加快实现农业现代化，实现四个现代化，逐步缩小城乡差别、工农差别的必由之路。“我们一定要十分注意加强小城镇的建设，逐步用现代工业交通业、现

---

① 陈东林，2003：《三线建设》，中央党校出版社。

② 周明长，2014：《三线建设与中国内地城市发展1964—1980年》《中国经济史研究》年度第1期。

代商业服务业、现代教育科学文化卫生事业把它们武装起来，作为改变全国农村面貌的前进基地。”1980 年的全国城市规划工作会议又确定了“控制大城市规模，合理发展中等城市，积极发展小城镇的方针”。在这一方针的指导下，政府出台了消除农村城镇化障碍的各种政策措施，主要有：

1. 重新确立镇的法律地位，放宽建镇标准。1983 年 1 月 2 日，中共中央发出的《当前农村经济政策的若干问题》决定改革人民公社体制。1983 年 10 月 12 日，中共中央发出《关于实行政社分开建立乡政府的通知》，规定建立乡镇政府作为基层政权组织，突出了镇的城市特质。到 1984 年 10 月 9 日前，全国有建制镇 5698 个，在 1983 年 2730 个的基础上增加了 108.72%。1984 年 11 月 22 日，国务院发布批转民政部《关于调整建镇标准的报告》的通知，并强调“为了适应城乡经济发展的需要，适当放宽建镇标准，实行镇管村体制，对于加速小城镇的建设和发展，逐步缩小城乡差别，进行物质文明和精神文明建设，具有重要意义”。该报告对 1955 年和 1963 年中共中央和国务院设镇的规定作了调整，放宽了建镇标准，规定：“凡县级地方国家机关所在地，均应设置镇的建制；总人口在 2 万以下的乡，乡政府驻地非农业人口超过 2000 人的，可以建镇；总人口在 2 万以上的乡，乡政府驻地非农业人口占全乡人口 10% 以上的，也可以建镇；少数民族地区、人口稀少的边远在区、山区和小型工矿区、小港口、风景旅游、边境口岸等地，非农业人口虽不足 2000 人，如确有必要，也可设置镇的建制；凡具备建镇条件的乡，撤乡建镇后，实行镇管村的体制。暂时不具备设镇条件的集镇，应在乡人民政府中配备专人加以管理。”

2. 部分消除了城镇化的制度障碍。这主要表现在户籍管理制度的松动和就业及社会保障制度的灵活变通。1984 年 1 月 1 日，《中共中央关于 1984 年农村工作的通知》提出“允许务工、经商、办服务业的农民自理口粮到集镇落户”。1984 年 10 月 13 日，《国务院关于农民进入集镇落户问题的通知》指出：“凡申请到集镇务工、经商、办服务业的农民和家属，在集镇有固定住所，有经营能力，或在乡镇企业单位长期务工的，公安部门应准予落常住户口，及时办理入户手续，发给“自理口粮户口簿”统计为非农业人口。粮食部门要做好加价粮油的供应工作，可发给“加价粮油供应证”。地方政府要为他们建房、买房、租房提供方便，建房用地，要按照国家有关规定和集镇建设规划办理。工商行政管理部门要做好工商登记、发证和管理工作。各有关部门都要给以热情支持、积极引导，加强管理，促进集镇的健康发展。”

上述政策对农村城镇化发展发生了重要的推动作用。但是，在这一阶段政府还主要着眼于确定城镇化的大政方针。从 1985 年中共中央关于制定国民经济和社会发展“七五计划”的建议中提出“坚决防止大城市过度膨胀，重点发展中小城市和城镇”，到 1990 年中共中央关于制定国民经济和社会发展第八个五年计划的建议中提出“进一步调整与优化农村产业结构，推进小城镇建设进程”，再到 1993 年《中共中央关于建立社会主义市场经济体制若干问题的决定》要求“加强规划，引导乡镇企业适当集中，充分利用和改造现有小城镇，建设新的小城镇”，都没有明确城镇化的具体政策。在政府的推动下，长期被抑制的农民和农村的活力和创造力迸发出来，农村经济发展显现突飞猛进之势。在这种情况下，如果没有具体、得力的监管措施，小城镇发展势必出现一哄而上的无序局面。事实上，各地确实也出现了盲目增加小城镇数量和扩大小城镇规模、轻规划重形式、乱占土地和污染环境等粗放式发展。人们把农村出现的乡镇企业分散化、小城镇建设的粗放无序化和离农人口“两栖化”这三种现象以及由此引出的问题，称之为比“城市病”更严重的“农村病”。小城镇的健康发展，需要政府确定更明确而具体的政策加以积极引导。

在 1992 年明确经济体制改革的市场化趋向之后，农村发展和小城镇建设在国民经济发展所扮演的角色越来越重要，政府用政策引导农村的城镇化显得尤为重要。1994 年 9 月，建设部、国家计委、国家体改委、国家科委、农业部、民政部等六部委联合发布《关于加强小城镇建设的若干意见》，这是我国第一个关于小城镇健康发展的指导性文件，是政府引导城镇化的开端。在该意见中，提出了“统一思想，提高认识，把小城镇建设作为一件大事来抓”“全面规划，依法管理，促进小城镇建设的健康发展”“深化改革，理顺体制，努力提高小城镇建设服务水平”“以科技为先导，提高小城镇建设的科技水平”“加强领导，抓好试点，推动小城镇建设整体水平的提高”等意见，以规范和引导小城镇发展。1995 年 4 月，根据国务院原则同意的《关于加强小城镇建设的若干意见》的要求，国家体改委、建设部、公安部、国家计委、国家科委、中央机构编制委员会办公室、财政部、农业部、民政部、国家土地局、国家统计局等联合发布《中国小城镇综合改革试点指导意见》决定依靠地方政府和各有关部门，选择一批小城镇，进行综合改革试点。该指导意见的原则之一就是“积极引导，稳步发展，注重实效”，试图通过试点和典型引路，引导小城镇健康发展。1998 年 10 月《中共中央关于农业和农村工作若干重大问题的决定》中提出，“发展小城镇，是带动农村经济和社会发展的一个大战略”，将小城镇建设提高到了“大战略”的高度。

总的来看，改革开放之后至新世纪之前的近 20 年时间，城镇化发展的政策思路大体上是费孝通等学者“小城镇大战略”思想的体现，沿袭了限制大城市发展的传统思路，注重发挥小城镇的作用。其结果也很明显，1978—1998 年这 20 年期间城镇化发展不均衡，主要表现在中小城市和小城镇数量迅速增加，而城市平均规模显著下降，大城市数量偏少、发展稍慢。其中，50 万人以下的中小城市从 153 个增加到 583 个，增加了 2. 8 倍；小城镇从 2 多个猛增至 1. 8 万个，增加了六七倍；而超过50万人的大城市从40个增至85个，只增加了一倍①。全部城市的平均规模从40万人下降到30万人。中小城市的发展，为农村人口向城市和非农产业转移提供了条件。

优先发展小城镇的初衷在于引导农民离土不离乡，实现农村人口的就地转移。不过由于城市规模偏小，缺乏规模经济，小城镇的资源配置效率并不高。尽管这期间小城镇数量大量增加，但单个城镇的平均规模却从4万人下降到不足9000人。这表明镇的数量增加，主要源自撤乡建镇的行政建制改变，并非人口自然向小城镇集中的结果。行政建制名称变了，却未给城镇化带来实质性进展，而且由于许多小城镇缺乏吸引力和自身发展动力，其城镇建设投资也没有得到相应回报，导致了资金和土地的不合理利用。据建设部调查，乡镇企业80%设在村落，近20%设在集镇，只有不到1%设在县城。这种星罗棋布、村村冒烟的工业布局，企业在空间上的过度分散，使人口和产业在空间上集聚不足。它不仅浪费了资源，加大了基础设施投资，阻碍了企业的技术革新，难以为第三产业的发展提供强有力的产业的基础支撑。由于乡镇企业在资金、技术、制度和市场环境方面存在的局限，到20世纪90年代末期已难以再吸纳新的劳动力。

2000年6月13日中共中央、国务院发布的《关于促进小城镇健康发展的若干意见》，试图纠正前期小城镇发展中存在的弊端。该意见总结了小城镇建设中“存在一些不容忽视的问题，如：一些地方缺乏长远、科学的规划，小城镇布局不合理；有些地方存在不顾客观条件和经济社会发展规律，盲目攀比、盲目扩张的倾向；多数小城镇基础设施不配套，影响城镇整体功能的发挥；小城镇自身管理体制不适应社会主义市场经济的要求。”意见也提出发展小城镇的政策和策略。主要是：发展小城镇要统一规划，合理布局；要积极培育小城镇的经济基础；要充分运用市场机制搞好小城镇建设；要妥善解决小城镇建设用地；要改革小城镇户籍管理制度。

之后的几年，宁波、济南等地城镇户籍制度都有所松动，然而人们对此的反应似乎并不热切。我国农业大省河南省在2002年全面推开了小城镇户籍制度改革，也没有取得预期效果。部分试点镇申报农转非指标的，多则几十人，少则几个人，有的地方甚至没有一个人申报。所以对农民没有较强的吸引力。农民对变为城里人的兴趣似乎并不大，因为户籍的变动并不会随之给他们带来实质性收益，反倒有进城后失去土地保障的担忧。

三 新世纪以来的城镇化独立扩张阶段

新世纪以来，随着土地制度和住房市场化等改革举措的推进，城镇化开始脱

① 见国家统计局：《新中国城市50年》，1999；《中国城市统计年鉴》，1998、2008。

离工业化而独立加速发展。主要特点是：

1. 城市扩张迅猛。进入新世纪以来，中国城镇化水平总体上有了大幅提升，由 2001 年的 37.7% 上升到 2013 年的 54%，城镇化率每年都在以 1.36 个百分点的速度稳步增长，13 年间上升了约 16 个百分点，城镇化率已与世界平均水平相当。甚至有数据估计，最近 10 年我国每天消失 80 个村落。每年大致稳定在一个百分点的情况说明，城镇化进入了一个稳定增长的区间。近 10 年来基础设施的扩展成效也极其明显，各项指标可见下表。

表 1 城市基础设施和服务设施变化情况

指标	2000 年	2012 年
用水普及率（%）	63.9	97.2
燃气普及率（%）	44.6	93.2
人均道路面积（平方米）	6.1	14.4
指标	2000 年	2012 年
人均住宅建筑面积（平方米）	20.3	32.9
污水处理率（%）	34.3	87.3
人均公园绿地面积（平方米）	3.7	12.3
普通中学（所）	14473	17333
病床数（万张）	142.6	273.3

数据来源：《国家新型城镇化规划（2014－2020 年）》

2. 大城市（特大城市）快速增加，大都市圈逐步形成。新世纪以来，大量的城市群发展规划被提升到国家战略层次，城市群、网络化发展已经成为中国区域空间布局的重要形式。大城市尤其是特大城市快速增加，形成了以“三大都市圈”为代表的大都市圈：珠江三角洲、长江三角洲以及京津冀大都市圈。三大都市圈的土地面积仅占全国的 3.38%，却拥有全国 15.54% 的人口，21.4% 的非农人口，GDP 则占全国的 36.76%，人均国内生产总值达 41576 元，是全国平均水平的 2.37 倍。除此之外，中国各地正在形成十多个地方水平的大都市圈。随着城镇化的高歌猛进，资源流向“北上广深”等全国性和区域性中心城市，承载着越来越多的就业人口，也成为地方经济的引擎。近年大投资、大建设的高速铁路网的建成和运营，增进了城市群内部和区域之间的空间经济联系，也加速了生产要素的流动和扩散，以及软硬件基础设施的共建共享。

各行政等级城市的数量变化较稳定。从历史上看，地级市的数目一直保持着匀速上升的态势，而县级市的数量则在 1988 年前后开始加速上升，之后在 20 世纪 90 年代中后期由于行政区划调整而呈现下降趋势。进入新世纪以来，城市总量、地级市数量以及县级市数量均无显著变化，但所辖乡镇的规模和数量均有很大的调整。

表2 城市（镇）数量和规模变化情况（单位：个）

	1978 年	2010 年
城市	193	658
1000 万以上人口城市	0	6
500 万～1000 万人口城市	2	10
300 万～500 万人口城市	2	21
100 万～300 万人口城市	25	103
50 万～100 万人口城市	35	138
50 万～万以下人口城市	129	380
建制镇	2173	19410
注：2010 年数据根据第六次全国人口普查数据整理		

数据来源：《国家新型城镇化规划（2014－2020 年）》

3. 中西部城镇化增长速度很快，但全国总体水平仍呈“东高西低”。进入新世纪以来，受“西部大开发”“中部崛起”等区域经济协调发展战略的影响，处于中度城镇化率（30%～50%）的中西部地区，如河北、重庆、江西、宁夏、河南、安徽、湖南、陕西和四川等的城镇化率都在过去 10 年内以高于全国平均水平（13.46%）的速度增长。而东部地区的上海、北京、广东、浙江、山东则进入了相对缓慢的增长期，按照各省区的城镇人口比重排序，除京津沪三个直辖市的城镇化率最高以外，起点较高的东部地区和东北地区依然是城镇化进程最快的地区，但相对增幅要低于全国平均水平。虽然新世纪以来中西部地区城镇化的后发增长趋势较为明显，但并未能改变绝对城镇化率“东高西低”的局面。

4. 城镇化的质量却并不高，某些问题甚至加剧。表现在：

“城镇化泡沫”与“大城市病”已经显现。交通拥堵、房价飞涨，生态和城市环境问题严峻，近年甚至出现全国普遍性的雾霾天气。

城乡之间、城市内部的双重二元性问题。除了传统的城乡差距过大，城乡二元化矛盾尖锐外，近年又出现了城市内部的两极分化，城市贫民、学生“蚁族”都在增多，流动人口、社会治安、“城中村”等管理难度加大。

“城市候鸟”问题尤其突出。主要表现在规模庞大的流动人口，尤其是农民工。这些人很多时候被形象地称为“城市候鸟”。国家统计局公布的 2011 年我国农民工调查监测报告数据显示，2011 年全国农民工总量达到 2.5 亿人，是流动大军中的主力人员（由于统计口径不一，此数据可能是低估的）。从历年趋势来看，

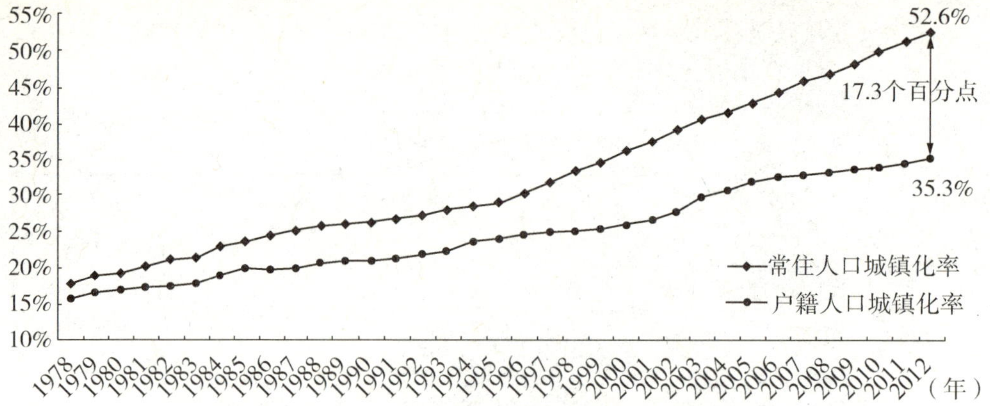

图2　常住人口城镇化率与户籍人口城镇化率的差距

数据来源：国家统计局、《国家新型城镇化规划（2014－2020年）》

中国城镇化进程中的非农人口比例始终要低于城镇人口比例，同时户籍人口结构中的非农业人口比例与就业结构中的第二、第三产业就业人员比例之间的差距更大，也同样表现出扩大的趋势。其原因在于，一是乡镇企业中存在大量“离土不离乡”的本地农民工，他们虽已脱离农业生产但仍处于城镇化的边缘。二是城市农民工群体的户籍仍在农村，却长期身在城市并从事非农业生产。据国家统计局的抽样调查结果显示，2011年中国农民工数量已超过2.5亿（其中外出农民工1.59亿，本地农民工0.94亿）。流动人口的平均年龄约为28岁，“80后”新生代农民工已占劳动年龄流动人口的近一半。其中占据主体的新生代农村户籍流动人口，大多数在城市成长，基本不懂农业生产。他们处于城市的边缘、产业的边缘和体制的边缘，是城镇化所必须高度关注的群体。

造成上述发展成绩及问题的原因，与现有政治经济体制及相关制度不无关系：

第一，城镇化推进政策受制于政治权力与经济资源管理体制。

改革开放初期对于城镇化还是采取比较消极的政策，控制大城市规模，合理发展中等城市，积极发展小城镇是当时的城市发展方针，“离土不离乡”是当时回避城镇化的一个缩影。而继“九五”计划不提“控制大城市规模”、并明确提出向非农产业转移4000万农业劳动力之后，2001年开始的“十五”计划明确提出“实施城市化战略”，城镇化政策也随之调整为“大中小城市和小城镇协调发展”，对农民工进城的政策，也从最初的限制、后来的默许逐渐转为积极鼓励。加上房地产市场的形成，极大地推进了新世纪以来的城镇化进程。

虽然中国政府近十多年来一直倡导“小城镇与大城市协调发展”，但在实践中却形成了巨大的反差：人口不断地往大城市特别是特大型城市流动。其根本原因在于，在现行政治经济体制下中国的资源和要素分配几乎为大城市所垄断。各级政府和大企业的首脑机关、总部和大项目都在大城市、特大城市当中。城市越大，行政层级越高，行政资源和投资机会往往越多，新世纪以来集中趋势更为明显。由此造成了大城市爆发式发展，而中小城镇发展比较缓慢。北京人口在近十年之内增长了41%，上海增长了37.5%，天津增长了29.3%。这些城市人口增长97%都是因为外来人口迁入。与此同时，全国的平均增长水平只有5.8%，也就是说大部分集中在大城市圈。所以类似北京等主要城市试图通过限购、私家车摇号、大学生留京指标控制等行政管制措施来控制城市规模，尽管能起到一些作用，但可能还只是治表措施。如果不改变权力过于集中的体制，北大广深等特大城市还会继续膨胀。

第二，户籍制度及其相关的权利与福利问题。长久以来形成的户籍制度也是城乡发展不平衡、大中小城市发展不平衡、东中西部城市发展不平衡等的重要原因之一。如前述及，新中国成立以来户籍控制属于二元结构的管理形式：一是城乡采取分别登记的制度；二是对于人口流动进行控制。这种体制，极大地制约了城镇化进程及深度。大量的农用地转化为了城市用地，实现了“土地城市化”，然而以划分农业人口与非农业人口为特征的城乡二元特征，又带来了“人口城市化”与“土地城市化”的分离。

随着新世纪以来市场经济的逐步发展，户籍管制也日益宽松，截至2008年12月，已有河北、辽宁、江苏、山东、重庆、四川、广西、云南等13个省自治区、直辖市取消了农业户口和非农业户口的二元户口性质划分，统一了城乡户口登记制度，统称为居民户口。即使如此，目前仍然存在着各种人群之间包括户籍、就业、养老、医疗、教育、保险等众多层次的不平等。从本质上讲，政策应当根据市场经济发展的需要引导人口的流向与规模。未来只有通过户籍制度的更大调整，促进城乡人口双向流动，才有可能从根本上瓦解二元结构，进一步促进工业化进程和城市发展。

更重要的是，城镇化不是简单的户籍关系转移，不只体现在城镇规划、基础设施建设、社会文化生活上，还要更多地体现为作为公民的基本权利、福利及自由平等，体现在就业、养老、就业、医疗、教育等社会事业发展上。而要解决这些问题，资金来源又是困难。如：据中国社科院2014年《社会蓝皮书》资料，2012年城镇基本养老保险和新农保的参保率分别呈上升趋势，其中城镇职工人均养老金水平已达2.09万元，新农保为859.15元，两者养老金水平相差24倍之多。随着城镇就业人员不断增加，大量从农村流向城市的人口的保障水平仍非常低。这成为阻碍城镇化进展的关键因素之一。又如：近年农村虽然已逐步建立起新型农村合作医疗、新型农村养老保险和农村低保等社会保障项目，但是相对城市而言农村社会保障依然存在着项目不全、覆盖面狭窄、保障水平低、社会化程度低等一系列问题。以养老保险为例，目前我国新型农村社会养老保险的养老金中位数为每年720元，而城镇及其他居民养老保险的养老金中位数为每年1200元，前者仅及后者的60%。同时，城市靠离退休金的占2/3，而农村只有4.6%。很显然，城乡的社会保障水平差异巨大，新型城镇化过程中应加速推进社会保障制度的衔接与整合。

而由于流动人口所拥有的养老和医疗水平很低，如果一味地将这部分人员的待遇提高到城镇户籍人口的水平，又势必会给社保资金带来压力，加重养老金缺口的程度。国家统计局公布的数据显示，2012年中国城镇化率达到52.57%，但只实现了35%的户籍人口城镇化率。这意味着，还有2.5亿左右的农民工难以享受到城镇基本社会公共服务，如果实现城乡社会保障并轨，仅以这部分数据估算的话，那么仅城乡养老保险并轨过程中总的资金缺口就会高达30.69万亿元，其中企业需要承担23.22万亿元。

第三，财政税收政策。财政税收是城市建设的资金来源之一，因而财政税收制度直接影响着城市建设速度。从新中国成立初期高度集中的“统收统支型”到此后较长时期的“收支挂钩”；从80年代初“包干制”到1994年以来的“分税制”，中国的财税制度也随着国家发展和政治经济体制调整的需要而不断变化。1994年分税制以来，政府财政收入大幅度提高。2000年公共财政收入、公共财政支出仅为1.34万亿、1.58万亿元，2013年全国公共财政收入累计达到12.9万亿元，公共财政支出13.97万亿元，年均增长约19%、18%。但公共财政预算收入所占政府收入的比重仅为65%上下。因此如按全口径估算的2013年中国政府财政收入，占当年GDP的比重将达到35%（而2000年仅为23%）。

1994年的分税制改革的表征是财权上收中央以扩大转移支付和大型公共支出，事权下放地方以促进经济和社会建设，这就不可避免地带来了财权与事权的严重不匹配。随着城镇化的扩张，带来了地方政府大量公共支出的增加。由于政府绩效考评与管理体制使地方政府将促进经济增长和扩大财政收入作为工作重心，在税收等预算内收入受限的条件下，不断增加的政府支出只能通过大量的预算外收入（各类收费及土地出让金等）和融资来解决。由此，新世纪以来政府财政规模的快速扩张，已经与土地为核心的城市化紧密地联系在一起了。尤其在2008年下半年国际金融危机爆发后，中国推出了4万亿元的大规模建设项目及其地方配套投资、改善民生等积极财政政策，基于城镇化的巨大需求因而成为中国能够率先从危机中复苏、经济获得持续高增长的重要支撑。不过，反危机也激发了国家债务、地方融资（平台）的加速发展，随着公共支出与土地财政双扩张，从中央到地方政府的资产负债都出现了快速膨胀。

第四，土地及住宅市场化改革扩张了供需，但同时土地财政积重难返。20世纪90年代末期以来的住宅货币化和市场化改革，引发了对城市空间扩张以及住宅需求的上升，需求推动房价步步上涨，进一步刺激了地方政府和开发商的土地开发行为，随着2003年房地产市场的放开，地方政府的“土地财政”逐步形成。2001年之后土地出让收入开始猛然攀升。2001年为1296亿元，2002年达到2417亿，2006—2008年分别达到2978亿元、4541亿元、9600亿元，2009年猛增至1.6万亿元，2010年则再攀新高达到2.9万亿元，2013年预计达到3.3万亿。2001—2013年间中国土地出让总收入增长近25倍。因此，随着新世纪之后土地市场的形成，通过垄断建设土地供给以获取高额的土地出让收入已经成为一种重要的政府行为特征，实现了地方政府利用土地动机向“租税分离、以租补税”的转变。伴随以土地为代表的自然资源与经济增长的相关性由数量相关转变为价格相关，土地财政已然成型①。从局部看，很多大城市的土地出让收入曾一度超过其税收收入，成为当地的“第一财政”。作为城镇化的重要推动力量，掌控土地资源和公共物品供给的政府成为土地红利和税收增长的受益者。土地抵押贷款政策与土地征收及出让机制，共同构成了中国城市土地开发的主要推动力量来源。

同时，由于“级差地租”的显著性差异，大大加速了城镇化以及部分大城市的郊区化。随着地价节节攀升后，拥有地权者的潜在资本利得大幅度上升，新进入者必须付出更高的价格才能获得土地使用权。随着与土地相关的逐利增加，经济发展中的创新活动也受压制，实体经济面临衰弱甚至被挤出的危险。

［相关知识］

近十年来的房地产五轮十次调控

2003—2004年：为房地产业正名。2003年7月，国务院会议发布“18号文”，开启十年调控序幕，“地王”首次横空出世。

2005—2008年：降温。2005年4月国务院开始为楼市降温，银行限贷、“限价房”等应运而生。这段时间仍是房价上涨的“黄金期”。以北京为例，住宅均价涨幅达到200%。

2008年下半年至2009年：紧急救市。为应对全球性金融危机对中国经济的冲击，楼市成为支持经济稳定增长的一剂强心针。4万亿政府投资大部分投向与土地相关的“铁公基”。这一轮“政府托市”使大中城市房价进入报复性反弹阶段。

2010—2013年：全面加码稳房价。2009年12月之后，国务院先后五次常务会议研究房地产市场调控。2010年4月“新国十条”（《国务院关于坚决遏制部

① 中国经济增长与宏观稳定课题组，《城市化、财政扩张与经济增长》《经济研究》2011年11期。

分城市房价过快上涨的通知》）出台，各地城市相继颁布限制家庭购房套数的规定，被称为“限购令”。房价快速上涨得到一定遏制，但房价这头“脱缰的野马”只是放慢了些脚步而已。

2014 年：各地限购全面放开。随着内外经济景气收缩及房产限购，2003 年年末至 2014 年年初各地房地产销量下降，但同时政府财政吃紧，债务问题凸显，影子银行风险加剧。为救市，各地限购政策开始陆续松绑。

“土地财政”带来的巨额收益，使得政府职能在城市建设和土地开发中逐步扭曲，不仅没有让地方财政渡过难关，反而带动了地方负债的快速攀升。据审计署数据，截至 2013 年 6 月底，中国各级政府的债务及隐性负债约为 30 万亿元。有些估计甚至认为政府的隐性负债率高达 GDP 的 100%。如果没有房地产及土地财政作支撑，中国城市化中的建设资金、刚性福利支出等难以维系。这就不难理解，虽然过去十多年来，政府总共推出了九轮房地产调控，但是中国的房价仍一路飙涨。2013 年各地再相继出台了“限购令”等调控措施，虽然对房价及销量有所抑制。但是随着 2014 年宏观景气偏弱、政府财政收支趋紧，各地政府又纷纷采取“认贷不认房”、实施优惠房贷利率等给房地产松绑。近十轮房地产调控近乎完全失败。以房价上涨、政府以土地抵押、融资造城为核心，依托于房地产的现有城镇化模式，越来越显现难以维系态势。寻求破解之道，加快实现向新型城镇化的转型，已经迫在眉睫了。

四　未完的结语：新型城镇化及其前景

中国的城镇化仍在如火如荼地进行着，这是人类史上的重大事件，在某种程度上也可称之为一场巨大的革命。英籍澳大利亚人、被公认为 20 世纪前期最有成就的史前考古学家——柴尔德在他的《远古文化史》中曾提出过“城市革命”的概念。他认为，城市是人类的第二次革命，“把许多自给自足的小农村，变成了人口众多的城市，这种城市用较高的工业和对外贸易培养起来，而且组成了国家”①。美国著名的城市理论家、社会哲学家刘易斯·芒福德在其重要理论著作《城市发展史》中，从人文科学的角度系统地阐述了城市的起源、发展和前景。他认为“城市，作为在文化传播中仅次于语言的一项最宝贵的集体性发明”，“城市作为人类文明的一种特殊组织机构”，“它是社会的活力、权力和财富广泛动员的产物”②。城市化也是现代经济增长的引擎之一，诚如世界银行报告的论断：

① 柴尔德，1990：《远古文化史》，上海文艺出版社，第 51 页。

② 刘易斯·芒福德，2005：《城市发展史：起源、演变和前景》，中国建筑工业出版社，第 58 页，第 60 页。

"没有工业化和城市化，任何国家都不可能跨入中等收入国家之列；没有朝气蓬勃的城市，任何国家都不能跨入高收入国家之列。"① 在纲领性文件"中共十八大报告"中，城镇化已被列入未来 20 年中国"新四化"的一项重要内容，需要工业化、信息化、城镇化、农业现代化同步发展。以上述视角观之，城镇化对于当代中国发展的重大意义，提高到什么样的高度，是都不过分的。

本文梳理了 1949 年以来中国城镇化所走过的曲折发展道路及其政策线索。计划经济时期的高度控制，使得城镇化背离了市场规律，波动性很大。户籍控制、三线建设、知识青年上山下乡、"文革"期间的无序与混乱，在造成城镇化长时间内停滞的同时，也制造了数不胜数的建设者悲歌和人间苦情剧。伴随着 1978 年改革开放启动，中国城镇化一点点突破原有的约束，从附属于工业增长到独立大发展，在短短 30 余年时间内，创造了人类新的奇观。1978—2013 年城镇常住人口从 1.7 亿人增加到 7.3 亿人，城镇绝对人口增加了 5.6 亿人。亿万农民离开土地，从乡村奔向都市，实现了人类历史上盛极一时的人口大迁徙。城镇化率从 17.9% 提升到 53.7%，年均提高 1.02 个百分点。城市数量从 193 个增加到 658 个，建制镇数量从 2173 个增加到 20113 个。京津冀、长江三角洲、珠江三角洲三大城市群，占 2.8% 的国土面积，集聚了 18% 的人口，创造了 36% 的国内生产总值。城市水、电、路、气、信息网络等基础设施突飞猛进，教育、医疗、文化体育、社会保障等公共服务水平明显提高，人均住宅、公园绿地面积增加较快。城镇化的快速推进，推动了国民经济持续快速发展，带来了社会结构深刻变革。

但同时，影响城镇化发展、城乡一体化的障碍至今还不少。不妨称之为五个"滞后"：

（1）一些地区城镇化滞后于工业化。产城融合不紧密，产业集聚与人口集聚不同步，中小城市集聚产业和人口不足，潜力没有得到充分发挥。

（2）人口城镇化（市民化）滞后于土地城镇化。城镇内部出现新的二元矛盾，目前农民工已成为我国产业工人的主体，受城乡分割的户籍制度影响，被统计为城镇人口的 2.34 亿农民工及其随迁家属，未能在教育、就业、医疗、养老、保障性住房等方面享受城镇居民的基本公共服务，农村留守儿童、妇女和老人问题日益凸显，给经济社会发展带来诸多风险隐患。

（3）环境保护滞后于建设步伐，"建设性"破坏不断蔓延。建设用地粗放低效，城市"摊大饼"式扩张，不少地区出现"空城"或"鬼城"。生态系统破坏严重，大城市病和城市雾霾严重。自然历史文化遗产保护不力，城乡建设缺乏特色。

---

① 世界银行，《2009 年世界发展报告：重塑世界经济地理》，清华大学出版社，第 24 页。

（4）公共服务滞后于城镇规模扩张，“软件”建设滞后于“硬件”建设。城市管理运行效率不高，公共服务供给能力不足，社会稳定问题突出。

（5）除土地、户籍制度外，财税、金融等宏观制度框架也严重滞后于城镇化步伐。垄断一级土地市场为城市政府创造了大量的信用，这使得中国城市政府绕过金融市场不发达的缺陷，找到了一条为城镇扩张和公共产品初始投资大规模融资的途径。正是这个独特的融资模式，成就了中国城镇异乎寻常的高速扩张。随着城镇建设趋于稳定，城市发展模式的转换必然发生转换，这又涉及整个税收体制的转变。财产税模式适用于城市化的稳定阶段，但是开征财产税不是简单增加一个税种，而是意味着整个“中国模式”的转变。一旦走向财产税模式，在政治上一定要向业主（居民）让渡权利①。随着土地财政已经难以持续，相关的财政、金融风险已经出现，相应的政策讨论已经是必然的了。

从低城镇化率到高城镇化率，从传统城镇化到新型城镇化，中国经济面临着前所未有的机会，也面临前所未有的经济社会变革。在此背景下，2014 年 3 月中国政府出台了《国家新型城镇化规划（2014—2020 年）》。该“规划”分八篇三十一章，主要内容可以归纳为一条主线、四大任务、五项改革。一条主线，就是要紧紧围绕全面提高城镇化质量，加快转变城镇化发展方式，以人的城镇化为核心，以城市群为主体形态，以综合承载能力为支撑，以体制机制创新为保障，走以人为本、四化同步、优化布局、生态文明、文化传承的中国特色新型城镇化道路。四大任务是有序推进农业转移人口市民化，优化城镇化布局和形态，提高城市可持续发展能力，推动城乡发展一体化。五项改革，指统筹推进人口管理、土地管理、资金保障、城镇住房、生态环境保护等制度改革，从而完善城镇化发展体制机制。

“新型城镇化规划”是当下指导全国城镇化健康发展的宏观性、战略性、基础性规划，提出了到 2020 年的发展目标如下：

（1）城镇化水平和质量稳步提升。城镇化健康有序发展，常住人口城镇化率达到 60% 左右，户籍人口城镇化率达到 45% 左右，户籍人口城镇化率与常住人口城镇化率差距缩小 2 个百分点左右，努力实现 1 亿左右农业转移人口和其他常住人口在城镇落户。

（2）城镇化格局更加优化。“两横三纵”② 为主体的城镇化战略格局基本形成，城市群集聚经济、人口能力明显增乾东部地区城市群一体化水平和国际竞争

① 赵燕菁，《财产税与城市化模式之变》，2010 年 9 月 27 日《瞭望》新闻周刊。

② 所谓“两横三纵”，即以陇海亚欧大陆桥和长江沿线通道为两条横轴，以沿海、京哈京广、包昆通道为三条纵轴，以主要的城市群地区为支撑，以轴线上其他城市化地区和城市为重要组成的“两横三纵”城市化战略格局。“两横三纵”不仅覆盖了长三角、珠三角和环渤海，而且覆盖了整个中国东中西部。

力明显提高，中西部地区城市群成为推动区域协调发展的新的重要增长极。城市规模结构更加完善，中心城市辐射带动作用更加突出，中小城市数量增加，小城镇服务功能增强。

（3）城市发展模式科学合理。密度较高、功能混用和公交导向的集约紧凑型开发模式成为主导，人均城市建设用地严格控制在100平方米以内，建成区人口密度逐步提高。绿色生产、绿色消费成为城市经济生活的主流，节能节水产品、再生利用产品和绿色建筑比例大幅提高。城市地下管网覆盖率明显提高。

（4）城市生活和谐宜人。稳步推进义务教育、就业服务、基本养老、基本医疗卫生、保障性住房等城镇基本公共服务覆盖全部常住人口，基础设施和公共服务设施更加完善，消费环境更加便利，生态环境明显改善，空气质量逐步好转，饮用水安全得到保障。自然景观和文化特色得到有效保护，城市发展个性化，城市管理人性化、智能化。

（5）城镇化体制机制不断完善。户籍管理、土地管理、社会保障、财税金融、行政管理、生态环境等制度改革取得重大进展，阻碍城镇化健康发展的体制机制障碍基本消除。

表3　新型城镇化主要指标

指标	2012年	2020年
城镇化水平		
常住人口城镇化率（%）	52.6	60左右
户籍人口城镇化经（%）	35.3	45左右
基本公共服务		
农民工随迁子女接受义务教育比例（%）		≥99
城镇失业人员、农民工、新成长劳动力免费授基本职业技能培训覆盖率（%）		≥95
城镇常住人口基本养老保险覆盖率（%）	66.9	≥90
城镇常住人口基本医疗保险覆盖率（%）	95	98
城镇常住人口保障性住房覆盖率（%）	12.5	≥23
城镇常住人口基本养老保险覆盖率（%）	66.9	≥90
基础设施		
百万以上人口城市公共交通占机动化出行比例（%）	45	60
城镇公共供水普及率（%）	81.7	90
城市污水处理率（%）	87.3	95

续表

指标	2012 年	2020 年
城市生活垃圾无害化处理率（%）	84.8	95
城市家庭宽带接入能力（Mbps）	4	≥50
城市社区综合服务设施覆盖率（%）	72.5	100
资源环境		
人均城市建设用地（平方米）		≤100
城市绿色建筑占新建建筑比重（%）	2	50
城市建成区绿地率（%）	35.7	38.9
地级以上城市空气质量达到国家标准的比例（%）	40.9	60

注：①劳＊为 2011 年数据。

②城镇常住人口基本养老保险覆盖率指标中，常住人口不含 16 周岁以下人员和在校学生。

③城镇保障性住房：包括公租房（含廉租房）、政策性商品住房和棚户区改建安置住房等。

④人均城市建设用地：国家《城市用地分类与规划建设用地标准》规定，人均城市建设用地标准为 65.0 ～ 115.0 平方米，新建城市为 85.1 ～ 105.0 平方米。

⑤城市空气质量国家标准：在 1996 年标准基础上，增设了 PM：浓度限值和夹氧 8 小时平均浓度限值，调整了 PM_{10}、二氧化氮、铅等浓度限值。

在“新型城镇化规划”之外，2014 年《政府工作报告》进一步明确，今后一段时期内，着重解决好现有“三个 1 亿人”问题，即促进约 1 亿农业转移人口落户城镇，改造约 1 亿人居住的城镇棚户区和城中村，引导约 1 亿人在中西部地区就近城镇化。展望未来，在一个人口占全球 1/6 强的国家，推行这样一个涉及人口数以亿计的城镇化规划，无疑是极其巨大的“社会工程”，其复杂性和影响面不难想象。也许，现在新型城镇化规划的推出仅仅是一个开头，更多更细致的问题还有待进一步深入探讨。

[相关知识]

附表　新中国成立以来中央文件关于城市工作和城镇化的有关表述整理

时间	会议文件	表　述
1956 年	《政府工作报告》	三、第一个五年计划的若干问题 ……我们现在关于城市建设的任务不是发展沿海的大城市，而是要在内地发展中小城市，并适当地限制大城市的发展。现在沿海城市有些盲目发展的毛病，是应该加以纠正的

续表

时间	会议文件	表　　述
1956 年 9 月 16 日	中共八大《关于发展国民经济的第二个五年计划的建议的报告》	…… 第二，关于生产力分布问题 为了合理地配置我国的生产力，促进各地区的经济发展，并且使我国工业的布局适合于资源和国防的条件，必须在内地有计划地建设新的工业基地。这是我们必须坚持的不可动摇的方针。…… 在工业地点的分布问题上，不论是内地的工业或者近海地区的工业，我们的方针是既要适当分散，又要互相配合，反对过分集中和互不联系的两种偏向 随着工业生产力的合理分布，我们将要建设许多新的城市和扩建许多原有的城市，为此，应该加强城市的规划工作和建设工作，求得同工业建设相配合
1959 年	《政府工作报告》	（二）……各级商业机构，应当努力加强农副产品和日用工业品的收购工作，做好作为工业原料的各种废品的收购工作，应当通过购销合同制度，推动农副产品生产的发展，扩大城乡物资交流
1964 年	《政府工作报告》	……要进一步扩大城乡物资交流，繁荣市场，继续改善人民生活
1978 年	《政府工作报告》	……在工业建设中，要贯彻工农结合、城乡结合的方针。在有条件的地方，要像大庆那样，组织职工和家属搞好农副业生产。新建项目尽可能不要挤在大城市，要多建设中、小城镇
1978 年	第三次全国城市会议	制定了“控制大城市规模，多搞小城镇”的城市发展方针
1998 年 12 月	国务院批转《全国城市规划工作会议纪要》	提出了“控制大城市规模，合理发展中等城市，积极发展小城市”的方针
1981 年	《政府工作报告》	……要兼顾农村和城市，内销和出口，以及各少数民族的特殊需要，组织供产销的平衡，加强计划性，加强市场调查和预测，克服盲目性。……上海、天津等老工业基地，进一步发展消费品工业有很多优势和潜力，应该充分加以利用，并且要努力同其他城市和地区协作，从经营管理经验和技术方面，把其他城市和地区的消费品生产带动起来

续表

时间	会议文件	表　　述
		…… 为了适应对外经济技术交流的扩展，我们一定要充分发挥沿海地区特别是沿海城市的作用。上海、天津、广州、大连、青岛、福州、厦门等城市，应该在这方面做出更多的贡献 …… 以大中城市为依托，形成各类经济中心，组织合理的经济网络。与这些改革相配合，需要在计划、统计、财政、税收、价格、银行、商业、物资、外贸、劳动工资等方面进行一系列的改革
1982 年	《政府工作报告》	……要特别注意发挥沿海城市在扩大对外经济技术交流中的作用。除广东、福建继续实行特殊政策和灵活措施外，要给上海、天津等沿海城市以更多的自主权，使他们能够利用自己的优势，在引进和消化技术、利用外资、改造老企业和开拓国际市场等方面，发挥更大的主动性和积极性 ……从现在起就抓紧工作，编制行业发展规划，以大中城市为中心的区域发展规划，重点企业的技术改造规划，以及全国科学技术的发展纲要
1982 年	五届五次人代会《关于第六个五年计划的报告》	…… 要特别注意发挥沿海城市在扩大对外经济技术交流中的作用。除广东、福建继续实行特殊政策和灵活措施外，要给上海、天津等沿海城市以更多的自主权，使他们能够利用自己的优势，在引进和消化技术、利用外资、改造老企业和开拓国际市场等方面，发挥更大的主动性和积极性 …… 抓紧编制行业发展规划，以大中城市为中心的区域发展规划，重点企业的技术改造规划，以及全国科学技术的发展纲要 …… 现在经济生活中城乡分割，条块分割，生产重复，流通堵塞，运输浪费，领导多头，互相牵制等现象，都同行政管理体制和行政机构设置有关。这种情况不改变，许多合理的事情办不通，整个社会的浪费很难减少。解决

续表

时间	会议文件	表　述
		这个问题，一是要注意发挥行业的作用，一是要注意发挥城市的作用，特别要着重发挥大中城市在组织经济方面的作用。要按照这两条原则，结合企业的改组联合，逐步合理调整企业的隶属关系。全国性的公司和少数大型骨干企业应该由行业主管部门直接管理，大量的企业应该逐步改由城市负责管理。……要以经济比较发达的城市为中心，带动周围农村，统一组织生产和流通，逐步形成以城市为依托的各种规模和各种类型的经济区。这是改革的方向，需要有领导、有准备、有步骤地通过试点，积累经验，逐步实施 ……今后三年内，除了制定全面改革方案外，在具体工作上，重点是做三件事：一、对国有企业逐步推行以税代利，改进国家和企业的关系；二、发挥中心城市的作用，解决“条条”和“块块”的矛盾；三、改革商业流通体制，促进商品生产和商品交换。通过这三项工作，把整个经济体制改革工作带动起来
1982 年 12 月	《国民经济和社会发展第六个五年计划》	…… 第三十二章城乡建设和社会福利事业 第一节城市和乡村建设 认真执行控制大城市规模，合理发展中等城市，积极发展小城市的方针。新建大中型工业项目、一般不要放在大城市，尽量放到中小城市或郊区。工业技术改造，要和城市规划相结合。特大城市和部分有条件的大城市，要有计划地建设卫星城镇。城镇建设要根据综合开发的原则进行
1982 年 9 月	中共十二大报告《全面开创社会主义现代化建设的新局面》	……在农村和城市，都要鼓励劳动者个体经济在国家规定的范围内和工商行政管理下适当发展，作为公有制经济的必要的、有益的补充。只有多种经济形式的合理配置和发展，才能繁荣城乡经济，方便人民生活
1983 年	《政府工作报告》	……经济体制进行了初步改革，取得了明显的成效和有益的经验。这几年，我们在对农业体制进行重大改革的同时，还在城镇发展多种经济形式、扩大工商企业的自主权、改进城乡流通体制和发挥中心城市的作用等方面，进行了一系列的改革

续表

时间	会议文件	表　述
		……城市基础设施的建设要与生产发展相适应，同住宅区的建设配套进行。要抓紧扩大一些大城市的供水能力和煤气供应能力，进一步改善公共交通条件。积极发展城乡医疗卫生事业和社会福利事业，搞好环境保护 ……按照社会化大生产的要求组织生产和流通，发展统一的社会主义市场。主要是：以城市为中心，根据经济发展的内在联系组织各种经济活动，打破地区间、部门间、城乡间的分割。按照专业化协作和提高经济效益的原则，继续进行企业的改组联合，逐步实现企业组织结构和管理体制的合理化。认真消除种种壁垒和堵塞，开辟多种流通渠道，减少流通环节，做到货畅其流，逐步形成跨行业跨地区的经济区和经济网络。这方面的工作，首先从沿海大中城市、内地试点城市和某些新的重点建设基地做起，在经济不发达、条件不成熟的地区可以适当放后一些进行
1984 年	《政府工作报告》	……国务院决定，要进一步办好经济特区和开放一批沿海港口城市。这是一个重大决策，牵涉面很广，我们要采取积极态度，认真做好调查研究和准备工作，务求取得实效。各经济特区要不断总结经验，发扬成绩，扎实工作，加强先进技术的引进，采取有效措施吸收外资。厦门特区的范围要扩大。同时，进一步开放大连、秦皇岛、天津、烟台、青岛、连云港、南通、上海、宁波、温州、福州、广州、湛江、北海等十四个沿海港口城市和海南岛，实行经济特区的某些特殊政策，扩大它们的权力。……这些港口城市和四个经济特区，在沿海联成一线，形成我国对外开放的前沿地带。这样，既可以加快这些特区经济的发展，又可以在吸收先进技术、推广科学管理经验、传递经济信息、培养输送人才等方面，支援和带动内地，有力地促进我国社会主义现代化建设事业的发展
1985 年	《政府工作报告》	……当前，怎样把以城市为重点的整个经济体制改革进一步顺利地、健康地推向前进，巩固和发展我国大好的经济形势，是全国人民最关心的问题 ……大城市是全国或区域性的经济、政治、文化中心，担负着从各方面支援全国或地区经济建设的重要任务

续表

时间	会议文件	表述
		它们不应当把主要注意力放在工业产值的翻番上，而应当更加注意产业结构的合理化，促进生产的社会化和专业化，推动社会技术进步，大力发展包括商业、外贸、交通、邮电、旅游、金融、保险、咨询、技术服务和其他社会服务在内的第三产业。这样，大城市的工业增长速度可能低一些，但它们的国民生产总值的增长速度却不会低，很可能还会高一些，对全国所起的作用也会更大。因此，应当把国民生产总值的增长情况，作为考核大城市经济发展的主要指标
1985 年	《国民经济和社会发展第七个五年计划（1986—1990）》	…… 第二十章地区协作和经济区网络 第二节经济区网络 （一）进一步推动上海经济区、东北经济区、以山西为中心的能源基地、京津唐地区、西南“四省（区）五方”地区等全国一级经济区网络的形成和发展。（二）形成以省会城市和一批口岸与交通要道城市为中心的二级经济区网络。（三）发展以省辖市为中心的三级经济区网络 …… 第二十一章城乡建设 继续贯彻执行“控制大城市规模，合理发展中等城市，积极发展小城市”的方针，切实防止大城市人口规模的过度膨胀，有重点地发展一批中等城市和小城市
1986 年	《政府工作报告》	……城市的改革，紧紧围绕搞活企业这个中心环节，在计划、财政、税收、价格、金融、商业、劳动工资等方面都进行了程度不同的改革，使城市经济生活出现了前所未有的活跃局面
1987 年	《政府工作报告》	……要使经济特区、沿海开放城市和开放地区逐步形成外向型经济结构，充分发挥它们发展外贸生产的优势
1987 年 10 月	中共十三大报告《沿着有中国特色的社会主义道路前进》	……发展横向经济联合，必须充分发挥城市的作用，把城市首先是大中城市建设成为多功能的、现代化的经济中心。城市也一定要简政放权，政企分开，并敞开大门，实行全方位开放，不仅为本城市服务，还要为周围农村服务，为它所联系的整个经济区服务

续表

时间	会议文件	表　述
1988 年	《政府工作报告》	……继续发展社会主义市场体系，发挥城市的综合经济功能，基本理顺计划、财政、银行之间的关系，逐步建立起以间接调控为主的宏观管理体系 ……要继续巩固和发展已经形成的对外开放格局，充分发挥现有经济特区、沿海开放城市和经济开放区的作用，同时在这个基础上对广东、福建和海南岛实行更加开放的政策，建立改革开放综合试验区，为进一步深化改革和扩大对外开放积累经验
1989 年	《政府工作报告》	……继续推行城镇居民住房制度的改革，合理制定出售公房的统一原则、分类标准和定价办法。……深化劳动制度和用工制度改革，发展和完善劳务市场。清理压缩计划外用工，严格控制乡村劳动力盲目流入城市
1990 年	《政府工作报告》	……继续认真抓好“菜篮子”，加强副食品基地建设，尤其要抓好大中城市肉、蛋、菜的生产和供应。进一步抓好与人民生活密切相关的日用工业品和小商品的生产，丰富与活跃城乡市场
1990 年	《国民经济和社会发展十年规划（1991—2000 年）和第八个五年计划（1991—1995 年）纲要》	——加强城乡建设的统筹规划。城市发展要坚持实行严格控制大城市规模、合理发展中等城市和小城市的方针，有计划地推进我国城市化进程，并使之同国民经济协调发展 ——城市新区的开发或旧区改造，要实行统一规划，合理布局，因地制宜，综合开发，配套建设的原则，继续加强城市供排水，公共交通，污染治理等公用设施的建设，进一步提高城市功能和环境质量 ——乡村建设，继续贯彻“全面规划，正确引导，依靠群众，自力更生，因地制宜，逐步建设”的方针，以集镇为重点，以乡镇企业为依托，建设一批布局合理，节约土地，设施配套，交通方便，文明卫生，具有地方特点的新型乡镇。有步骤地加强农村能源、交通等基础设施的建设
1991 年	《政府工作报告》	……继续实施大中城市“菜篮子工程”，大力增加蔬菜、猪肉、禽蛋、牛奶、水产品和其他副食品的生产供应，更好地为城市人民生活服务 ……进一步办好现有经济特区和沿海经济技术开发区，更好地发挥沿海开放城市和开放地区在对外贸易、引进技术等方面的重要作用。同时，集中力量支持上海浦东新区的开发和开放

续表

时间	会议文件	表　　述
1992 年	《政府工作报告》	……坚持环境保护与经济建设协调发展的方针，加强环境监督、管理和服务，使更多的地区和城市环境质量得到改善
1992 年 10 月 12 日	中共十四大《加快改革开放和现代化建设步伐，夺取有中国特色社会主义事业的更大胜利》	…… 第二，进一步扩大对外开放，更多更好地利用国外资金、资源、技术和管理经验 对外开放的地域要扩大，形成多层次、多渠道、全方位开放的格局。继续办好经济特区、沿海开放城市和沿海经济开放区。扩大开放沿边地区，加快内陆省、自治区对外开放的步伐。以上海浦东开发开放为龙头，进一步开放长江沿岸城市，尽快把上海建成国际经济、金融、贸易中心之一，带动长江三角洲和整个长江流域地区经济的新飞跃。加速广东、福建、海南、环渤海湾地区开放和开发，力争经过 20 年的努力，使广东及其他有条件的地方成为我国基本实现现代化的地区 …… 第五，充分发挥各地优势，加快地区经济发展，促进全国经济布局合理化。……要根据自然地理特点和经济的内在联系，充分发挥中心城市作用，努力发展各具特色的区域经济。
1993 年	《政府工作报告》	……在合理规划指导下，逐步推进乡镇企业相对集中布局和加快小城镇建设 ……经济特区要在建立社会主义市场经济体制方面积累经验，发挥示范作用。经济技术开发区和高新技术产业开发区，要统筹规划，合理布局，有的要同老企业和老城市改造相结合，注重实效，不要盲目追求数量和滥占耕地。沿海开放城市和地区要重点发展外向型经济，增强参与国际竞争的能力。加快上海浦东以及广东、福建、海南、环渤海地区的开放开发。充分发挥沿江、沿边和内陆省会城市在对外开放中的作用，带动辐射地区的经济发展 ……要坚持经济建设、城乡建设、环境建设同步规划、同步实施、同步发展的方针，实行城乡环境综合整治

续表

时间	会议文件	表　述
1993 年 11 月 14 日	十四届三中全会《中共中央关于建立社会主义市场经济体制若干问题的决定》	六、深化农村经济体制改革 ……加强规划，引导乡镇企业适当集中，充分利用和改造现有小城镇，建设新的小城镇。逐步改革小城镇的户籍管理制度，允许农民进入小城镇务工经商，发展农村第三产业，促进农村剩余劳动力的转移 …… 七、深化对外经济体制改革，进一步扩大对外开放 （37）实行全方位开放。继续推进经济特区、沿海开放城市、沿海开放地带，以及沿边、沿江和内陆中心城市的对外开放，充分发挥开放地区的辐射和带动作用；加快主要交通干线沿线地带的开发开放；鼓励中、西部地区吸收外资开发和利用自然资源，促进经济振兴；统筹规划，认真办好经济技术开发区、保税区，形成既有层次又各具特点的全方位开放格局
1995 年	《政府工作报告》	……要统筹规划，安排好“八五”计划与“九五”计划项目的衔接。由于目前在建规模偏大，结转的工作量较多，今年必须严格控制新开工项目。房地产投资重点要放在广大人民群众住房的建设上，对于高档建筑必须严格限制。对城市规划和城市建设的规模也要加以控制 ……继续办好经济特区和上海浦东新区，发挥开放城市、开放地带的积极作用。这些地区要靠先进技术、集约化经营和产业结构升级，在发展外向型经济中创造新的优势
1996 年	《政府工作报告》	……为了创造良好的投资环境和提高经济效益，发展乡镇企业宜相对集中，并与小城镇建设结合起来。要积极引导农业剩余劳动力有序转移 ……要按照市场经济规律，以中心城市和交通要道为依托，进一步形成和发展若干突破行政区划界限的经济区域 ……逐步建立城市居民最低生活保障制度，帮助城市贫困人口解决生活困难

续表

时间	会议文件	表　　述
1996 年	《中华人民共和国国民经济和社会发展“九五”计划和2010 年远景目标纲要》	……促进区域经济协调发展。……按照市场经济规律和经济内在联系以及地理自然特点，突破行政区划界限，在已有经济布局的基础上，以中心城市和交通要道为依托，逐步形成 7 个跨省区市的经济区域 ……统筹规划城乡建设，严格控制城乡建设用地，加强城乡建设法制化管理。逐步形成大中小城市和城镇规模适度，布局和结构合理的城镇体系。……加快市政公用事业发展。2000 年，城市自来水普及率达到 96%，村镇自来水普及率达到 42%，城市燃气普及率达到 70%。加快城市住宅建设，实施安居工程，大力建设经济实用的居民住宅。推进城镇住房制度改革，促进住房商品化，发展住房金融和保险，培育住房建设、维修、管理服务市场。加强乡村基础设施建设，有序地发展一批小城镇，引导少数基础较好的小城镇发展成为小城市，其他小城镇向交通方便、设施配套、功能齐全、环境优美的方向发展
1997 年 9 月 12 日	中共十五大《高举邓小平理论伟大旗帜，把建设有中国特色社会主义事业全面推向二十一世纪》	五、经济体制改革和经济发展战略 ……坚持把农业放在经济工作的首位，稳定党在农村的基本政策，深化农村改革，确保农业和农村经济发展、农民收入增加。……综合发展农林牧副渔各业，继续发展乡镇企业，形成合理的产业结构。搞好小城镇规划建设 …… 促进地区经济合理布局和协调发展。东部地区要充分利用有利条件，在推进改革开放中实现更高水平的发展，有条件的地方要率先基本实现现代化。中西部地区要加快改革开放和开发，发挥资源优势，发展优势产业。……从多方面努力，逐步缩小地区发展差距。各地要从实际出发，发展各具特色的经济，加快老工业基地的改造，发挥中心城市的作用，进一步引导形成跨地区的经济区域和重点产业带

续表

时间	会议文件	表　述
1998 年 10 月 14 日	十五届三中全会《中共中央关于农业和农村工作若干重大问题的决定》	实现我国农业和农村跨世纪发展目标，必须坚持以下十条方针： …… （六）大力发展乡镇企业，多渠道转移农业富余劳动力。立足农村，向生产的深度和广度进军，发展第二、第三产业，建设小城镇。开拓农村广阔的就业门路，同时适应城镇和发达地区的客观需要，引导农村劳动力合理有序流动 …… 六、依靠科技进步，优化农业和农村经济结构 发展小城镇，是带动农村经济和社会发展的一个大战略，有利于乡镇企业相对集中，更大规模地转移农业富余劳动力，避免向大中城市盲目流动，有利于提高农民素质，改善生活质量，也有利于扩大内需，推动国民经济更快增长。要制定和完善促进小城镇健康发展的政策措施，进一步改革小城镇户籍管理制度。小城镇要合理布局，科学规划，重视基础设施建设，注意节约用地和保护环境
1999 年	《政府工作报告》	…… 第四，调整乡镇企业结构，推进小城镇建设。引导乡镇企业按照市场需求调整产品结构和企业组织结构。把发展乡镇企业与促进农业产业化经营结合起来，发展以粮食等农产品为原料的加工业，促进粮食转化、增值。加快小城镇建设，是经济社会发展的一个大战略。要抓好小城镇户籍管理制度改革的试点，制定支持小城镇发展的投资、土地、房地产等政策。小城镇建设要科学规划，合理布局，注意节约用地和保护生态环境，避免一哄而起 ……加强城乡规划工作，严格实施规划，严肃查处违规行为
2000 年	《政府工作报告》	……统筹规划，采取有力的政策措施，加快小城镇发展 ……加强电网、通信、广播电视以及大中城市基础设施建设 ……要加大城市环境污染治理力度，突出抓好重点城市、流域、区域、海域污染防治工程，全面实现既定的环境保护和治理目标。搞好城乡规划工作

续表

时间	会议文件	表　述
2000年10月11日	十五届五中全会《中共中央关于制定国民经济和社会发展第十个五年计划的建议》	…… 七、积极稳妥地推进城镇化 提高城镇化水平，转移农村人口，可以为经济发展提供广阔的市场和持久的动力，是优化城乡经济结构，促进国民经济良性循环和社会协调发展的重大措施。随着农业生产力水平的提高和工业化进程的加快，我国推进城镇化条件已渐成熟，要不失时机地实施城镇化战略 发展小城镇是推进我国城镇化的重要途径。小城镇建设要合理布局，科学规划，规模适度，注重实效。要把发展的重点放到县城和部分基础条件好、发展潜力大的建制镇，使之尽快完善功能，集聚人口，发挥农村地域性经济、文化中心的作用。发展小城镇的关键在于繁荣小城镇经济，把引导乡镇企业合理集聚、完善农村市场体系、发展农业产业化经营和社会化服务等与小城镇建设结合起来。要广辟投融资渠道，鼓励企业和城乡居民投资，在政府引导下主要通过发挥市场机制作用建设小城镇。改革小城镇户籍制度。在保护耕地和保障农民合法权益的前提下，妥善解决城镇建设用地。尽快形成符合小城镇经济社会特点的行政管理体制 我国不同地区的经济发展水平和市场发育程度差异很大，要从各地的实际情况出发推进城镇化，逐步形成合理的城镇体系。注意发展城市间的经济联系，发挥中小城市对小城镇发展的带动作用。在着重发展小城镇的同时，积极发展中小城市，完善区域性中心城市功能，发挥大城市的辐射带动作用，提高各类城市的规划、建设和综合管理水平，走出一条符合我国国情、大中小城市和小城镇协调发展的城镇化道路
2000年	《中共中央、国务院关于促进小城镇健康发展的意见》	第一个专门针对小城镇发展的文件，提出了十个方面的意见： 一、充分认识发展小城镇的重大战略意义 二、发展小城镇必须坚持的指导原则 三、发展小城镇要统一规划和合理布局 四、积极培育小城镇的经济基础 五、充分运用市场机制搞好小城镇建设 六、妥善解决小城镇建设用地 七、改革小城镇户籍管理制度

续表

时间	会议文件	表　述
		八、完善小城镇政府的经济和社会管理职能 九、搞好小城镇的民主法制建设和精神文明建设 十、加强对发展小城镇工作的领导
2001 年	《政府工作报告》	……今后五年要着力调整产业结构、地区结构和城乡结构，特别要把产业结构调整作为关键 ……发展小城镇，繁荣小城镇经济，积极稳妥地推进城镇化，拓宽农民的就业空间和增收渠道 ……着力改善城乡居民的住行条件。大力发展经济适用住房，建立廉租房供应保障体系。积极发展公共交通。加强城市绿化和城乡基础设施建设，改善城乡居民生活环境
2001 年	《中华人民共和国国民经济和社会发展第十个五年计划纲要》	…… 第九章 实施城镇化战略 促进城乡共同进步 提高城镇化水平，转移农村人口，有利于农民增收致富，可以为经济发展提供广阔的市场和持久的动力，是优化城乡经济结构、促进国民经济良性循环和社会协调发展的重大措施。随着农业生产力水平的提高和工业化进程的加快，我国推进城镇化的条件已渐成熟，要不失时机地实施城镇化战略 第一节　形成合理的城镇体系 推进城镇化要遵循客观规律，与经济发展水平和市场发育程度相适应，循序渐进，走符合我国国情大中小城市和小城镇协调发展的多样化城镇化道路，逐步形成合理的城镇体系。有重点地发展小城镇，积极发展中小城市，完善区域性中心城市功能，发挥大城市的辐射带动作用，引导城镇密集区有序发展，防止盲目扩大城市规模。要大力发展城镇经济，提高城镇吸纳就业的能力，加强城镇基础设施建设，健全城镇居住公共服务和社区服务等功能，以创造良好的人居环境为中心，加强城镇生态建设和污染综合治理，改善城镇环境，加强城镇规划设计建设及综合管理，形成各具特色的城市风格，全面提高城镇管理水平 第二节　有重点地发展小城镇 发展小城镇是推进我国城镇化的重要途径。小城镇建设要合理布局，科学规划，体现特色，规模适度，注重实

续表

时间	会议文件	表　述
		效。要把发展重点放到县城和部分基础条件好发展潜力大的建制镇，使之尽快完善功能集聚人口，发挥农村地域性经济文化中心的作用。发展小城镇的关键在于繁荣小城镇经济，把引导农村各类企业合理集聚、完善农村市场体系、发展农业产业化经营和社会化服务等与小城镇建设结合起来 第三节　消除城镇化的体制和政策障碍 打破城乡分割体制，逐步建立市场经济体制下的新型城乡关系。改革城镇户籍制度，形成城乡人口有序流动的机制。取消对农村劳动力进入城镇就业的不合理限制，引导农村富余劳动力在城乡地区间的有序流动，改革完善城镇用地制度，调整土地利用结构，盘活土地存量，在保护耕地和保障农民合法权益的前提下，妥善解决城镇建设用地，广辟投融资渠道，建立城镇建设投融资新体制，形成投资主体多元化格局。在政府引导下，主要通过发挥市场机制作用建设小城镇，鼓励企业和城乡居民投资。科学制定设市设镇标准，尽快形成符合市场经济体制和城镇化要求的行政管理体制，加强政策协调改进城镇化的宏观管理
2002 年	《政府工作报告》	……积极稳妥地推进城镇化，促进农村劳动力向非农产业转移 ……集中力量对重点流域、区域、海域、城市的污染进行治理。加强环境基础设施建设，提高城市污水和垃圾集中处理率
2002 年 11 月 17 日	中共十六大《全面建设小康社会，开创中国特色社会主义事业新局面》	…… 三、全面建设小康社会的目标 ——在优化结构和提高效益的基础上，国内生产总值到二〇二〇年力争比二〇〇〇年翻两番，综合国力和国际竞争力明显增强。基本实现工业化，建成完善的社会主义市场经济体制和更具活力、更加开放的经济体系。城镇人口的比重较大幅度提高，工农差别、城乡差别和地区差别扩大的趋势逐步扭转。社会保障体系比较健全，社会就业比较充分，家庭财产普遍增加，人民过上更加富足的生活 ……

续表

时间	会议文件	表　述
		四、经济建设和经济体制改革 …… （二）全面繁荣农村经济，加快城镇化进程 农村富余劳动力向非农产业和城镇转移，是工业化和现代化的必然趋势。要逐步提高城镇化水平，坚持大中小城市和小城镇协调发展，走中国特色的城镇化道路。发展小城镇要以现有的县城和有条件的建制镇为基础，科学规划，合理布局，同发展乡镇企业和农村服务业结合起来。消除不利于城镇化发展的体制和政策障碍，引导农村劳动力合理有序流动
2003 年	《政府工作报告》	……六是引导农村劳动力合理有序流动。农村富余劳动力向非农产业和城镇转移，是工业化和现代化的必然趋势。我们坚持实施城镇化战略，积极稳妥地发展小城镇。支持农民进城务工就业，清理和纠正对农民工的歧视性政策和乱收费，保护他们的合法权益，同时加强引导和管理。以城市繁荣带动农村发展，促进城乡协调发展，是新形势下解决“三农”问题的重要途径 ……推动县域经济发展。加快城镇化进程。发展小城镇要科学规划，合理布局。加强对农村富余劳动力转移的协调和指导，维护农民进城务工就业的合法权益
2003 年 10 月 14 日	中共十六届三中全会《中共中央关于完善社会主义市场经济体制若干问题的决定》	…… （2）完善社会主义市场经济体制的目标和任务。按照统筹城乡发展、统筹区域发展、统筹经济社会发展、统筹人与自然和谐发展、统筹国内发展和对外开放的要求，更大程度地发挥市场在资源配置中的基础性作用，增强企业的活力和竞争力，健全国家宏观调控，完善政府社会管理和公共服务职能，为全面建设小康社会提供强有力的体制保障。主要任务是：完善公有制为主体、多种所有制经济共同发展的基本经济制度；建立有利于逐步改变城乡二元经济结构的体制；形成促进区域经济协调发展的机制；建设统一开放竞争有序的现代市场体系；完善宏观调控体系、行政管理体制和经济法律制度；健全就业、收入分配和社会保障制度；建立促进经济社会可持续发展的机制

续表

时间	会议文件	表　　述
2004 年	《政府工作报告》	……今年要按照统筹城乡发展的要求，采取更直接、更有力的政策措施，加强农业，支持农业，保护农业，努力增加农民收入 ……稳步推进城镇化，改善农民进城就业环境，加强农民工培训，多渠道扩大农村劳动力转移就业
2005 年	《政府工作报告》	……坚持实行最严格的土地管理制度，完善政策，从严执法。加强城市规划和土地管理，继续开展土地市场治理整顿，严格控制农用地转为建设用地，合理控制城市建设规模 ……适应我国经济发展新阶段的要求，实行工业反哺农业、城市支持农村的方针，合理调整国民收入分配格局，更多地支持农业和农村发展。……发展农村二、三产业，稳步推进城镇化建设，拓展农村劳动力就业空间。改善农民进城务工就业、创业环境，积极开展职业技能培训 ……东部地区加快发展，有利于增强国家实力和竞争力，也有利于支持和带动其他地区发展。东部地区要在优化经济结构、深化体制改革、转变增长方式等方面走在前面。更加注重提高经济整体素质和国际竞争力，进一步发展外向型经济；更加注重促进城乡、经济社会协调发展，切实加强耕地保护、资源节约和生态环境建设。积极支持和帮助中西部地区发展
2005 年 10 月 11 日	中共十六届五中全会《中共中央关于制定国民经济和社会发展第十一个五年规划的建议》	…… 二、全面贯彻落实科学发展观 ——必须促进城乡区域协调发展。全面建设小康社会的难点在农村和西部地区。要从社会主义现代化建设全局出发，统筹城乡区域发展。坚持把解决好“三农”问题作为全党工作的重中之重，实行工业反哺农业、城市支持农村，推进社会主义新农村建设，促进城镇化健康发展。落实区域发展总体战略，形成东中西优势互补、良性互动的区域协调发展机制 …… 五、促进区域协调发展 …… （3）促进城镇化健康发展。坚持大中小城市和小城镇协调发展，提高城镇综合承载能力，按照循序渐进、节

续表

时间	会议文件	表　述
		约土地、集约发展、合理布局的原则，积极稳妥地推进城镇化。珠江三角洲、长江三角洲、环渤海地区，要继续发挥对内地经济发展的带动和辐射作用，加强区内城市的分工协作和优势互补，增强城市群的整体竞争力。继续发挥经济特区、上海浦东新区的作用，推进天津滨海新区等条件较好地区的开发开放，带动区域经济发展。有条件的区域，以特大城市和大城市为龙头，通过统筹规划，形成若干用地少、就业多、要素集聚能力强、人口分布合理的新城市群。人口分散、资源条件较差的区域，重点发展现有城市、县城和有条件的建制镇。建立健全与城镇化健康发展相适应的财税、征地、行政管理和公共服务等制度，完善户籍和流动人口管理办法。统筹做好区域规划、城市规划和土地利用规划，改善人居环境，保持地方特色，提高城市管理水平
2006 年	《政府工作报告》	……《“十一五”纲要（草案）》全面贯彻落实科学发展观，体现了中央《建议》提出的重要原则，这就是：必须保持经济平稳较快发展，必须加快转变经济增长方式，必须提高自主创新能力，必须促进城乡区域协调发展，必须加强和谐社会建设，必须不断深化改革开放。贯彻这些原则，就要转变发展观念、创新发展模式、提高发展质量，切实把经济社会发展转入以人为本、全面协调可持续发展的轨道 …… “十一五”时期的战略重点和主要任务 一是建设社会主义新农村。《纲要（草案）》把解决“三农”问题放在各项战略任务的首位。强调坚持统筹城乡经济社会发展，按照生产发展、生活宽裕、乡风文明、村容整洁、管理民主的要求，扎实稳步地推进社会主义新农村建设 …… 三是促进区域协调发展。《纲要（草案）》分别提出了不同区域发展的重点任务，要求健全协调互动的市场机制、合作机制、互助机制和扶持机制。《纲要（草案）》根据各个区域资源、环境承载能力和发展潜力，将国土空间划分为优化开发、重点开发、限制开发和禁止开发四类主体功能区，实施不同的区域政策。同时，强调积极稳妥地推进城镇化，发挥城市群的带动和辐射作用

续表

时间	会议文件	表　述
2006年	《中华人民共和国国民经济和社会发展第十一个五年规划纲要》	…… 第二十一章促进城镇化健康发展 坚持大中小城市和小城镇协调发展，提高城镇综合承载能力，按照循序渐进、节约土地、集约发展、合理布局的原则，积极稳妥地推进城镇化，逐步改变城乡二元结构 第一节　分类引导人口城镇化 对临时进城务工人员，继续实行亦工亦农、城乡双向流动的政策，在劳动报酬、劳动时间、法定假日和安全保护等方面依法保障其合法权益；对在城市已有稳定职业和住所的进城务工人员，要创造条件使之逐步转为城市居民，依法享有当地居民应有的权利，承担应尽的义务；对因城市建设承包地被征用、完全失去土地的农村人口，要转为城市居民，城市政府要负责提供就业援助、技能培训、失业保险和最低生活保障等。鼓励农村人口进入中小城市和小城镇定居，特大城市要从调整产业结构的源头入手，形成用经济办法等控制人口过快增长的机制 第二节　形成合理的城镇化空间格局 要把城市群作为推进城镇化的主体形态，逐步形成以沿海及京广京哈线为纵轴，长江及陇海线为横轴，若干城市群为主体，其他城市和小城镇点状分布，永久耕地和生态功能区相间隔，高效协调可持续的城镇化空间格局 已形成城市群发展格局的京津冀、长江三角洲和珠江三角洲等区域，要继续发挥带动和辐射作用，加强城市群内各城市的分工协作和优势互补，增强城市群的整体竞争力 具备城市群发展条件的区域，要加强统筹规划，以特大城市和大城市为龙头，发挥中心城市作用，形成若干用地少、就业多、要素集聚能力强、人口分布合理的新城市群 人口分散、资源条件较差、不具备城市群发展条件的区域，要重点发展现有城市、县城及有条件的建制镇，成为本地区集聚经济、人口和提供公共服务的中心

续表

时间	会议文件	表　述
		第三节　加强城市规划建设管理 规划城市规模与布局，要符合当地水土资源、环境容量、地质构造等自然承载力，并与当地经济发展、就业空间、基础设施和公共服务供给能力相适应 加强城市水源地保护和供水设施建设。缺水城市要适度控制城市规模，禁止发展高耗水产业和建设高耗水景观。地下水超采城市要控制地下水开采，防止地面沉降。城市道路以及供排水、能源、环保、电信、有线电视等的建设，要破除部门和地方分割，在统一规划基础上协同建设，减少盲目填挖和拆建。加强城市综合防灾减灾和应急管理能力建设。稳步推进城市危旧住房和“城中村”改造，保障拆迁户合法权益。城市规划和建筑设计要延续历史，传承文化，突出特色，保护民族、文化遗产和风景名胜资源。强化城市规划实施的监管，推进城市综合管理，提高城市管理水平 第四节　健全城镇化发展的体制机制 加快破除城乡分割的体制障碍，建立健全与城镇化健康发展相适应的财税、征地、行政管理和公共服务等制度。完善行政区划设置和管理模式。改革城乡分割的就业管理制度，深化户籍制度改革，逐步建立城乡统一的人口登记制度
2006年10月11日	十六届六中全会《中共中央关于构建社会主义和谐社会若干重大问题的决定》	……扎实推进社会主义新农村建设，促进城乡协调发展。贯彻工业反哺农业、城市支持农村和多予少取放活的方针，加快建立有利于改变城乡二元结构的体制机制，推进农村综合改革，促进农业不断增效、农村加快发展、农民持续增收。……调整优化农村经济结构，积极稳妥地推进城镇化，发展壮大县域经济。加大扶贫力度，完善扶贫机制，加快改善贫困农民生产生活条件。各级政府要把基础设施建设和社会事业发展的重点转向农村，国家财政新增教育、卫生、文化等事业经费和固定资产投资增量主要用于农村，逐步加大政府土地出让金用于农村的比重。实行最严格的耕地保护制度，从严控制征地规模，加快征地制度改革，提高补偿标准，探索确保农民现实利益和长期稳定收益的有效办法，解决好被征地农民的就业和社会保障

续表

时间	会议文件	表　述
2007 年	《政府工作报告》	……严格控制新上项目，特别要控制城市建设规模……坚持优先发展城市公共交通。……增加国债资金和中央预算内资金，支持城镇生活污水、垃圾处理和危险废物处理设施建设。……禁止污染企业和城市污染物向农村扩散，控制农村面源污染
2007 年 10 月 15 日	中共十七大报告《高举中国特色社会主义伟大旗帜为夺取全面建设小康社会新胜利而奋斗》	三、深入贯彻落实科学发展观 ……我们必须始终保持头脑清醒，立足社会主义初级阶段这个最大的实际，科学分析我国全面参与经济全球化的新机遇新挑战，全面认识工业化、信息化、城镇化、市场化、国际化深入发展的新形势新任务，深刻把握我国发展面临的新课题新矛盾，更加自觉地走科学发展道路，奋力开拓中国特色社会主义更为广阔的发展前景 …… ——必须坚持统筹兼顾。要正确认识和妥善处理中国特色社会主义事业中的重大关系，统筹城乡发展、区域发展、经济社会发展、人与自然的和谐发展、国内发展和对外开放，统筹中央和地方关系，统筹个人利益和集体利益、局部利益和整体利益、当前利益和长远利益，充分调动各方面积极性 …… 四、实现全面建设小康社会奋斗目标的新要求 …… ——增强发展协调性，努力实现经济又好又快发展。转变发展方式取得重大进展，在优化结构、提高效益、降低消耗、保护环境的基础上，实现人均国内生产总值到二〇二〇年比二〇〇〇年翻两番。社会主义市场经济体制更加完善。自主创新能力显著提高，科技进步对经济增长的贡献率大幅上升，进入创新型国家行列。居民消费率稳步提高，形成消费、投资、出口协调拉动的增长格局。城乡、区域协调互动发展机制和主体功能区布局基本形成。社会主义新农村建设取得重大进展。城镇人口比重明显增加 五、促进国民经济又好又快发展 …… （三）统筹城乡发展，推进社会主义新农村建设。解决

续表

时间	会议文件	表　述
		好农业、农村、农民问题，事关全面建设小康社会大局，必须始终作为全党工作的重中之重。要加强农业基础地位，走中国特色农业现代化道路，建立以工促农、以城带乡的长效机制，形成城乡经济社会发展一体化新格局 （五）推动区域协调发展，优化国土开发格局。缩小区域发展差距，必须注重实现基本公共服务均等化，引导生产要素跨区域合理流动。要继续实施区域发展总体战略，深入推进西部大开发，全面振兴东北地区等老工业基地，大力促进中部地区崛起，积极支持东部地区率先发展。加强国土规划，按照形成主体功能区的要求，完善区域政策，调整经济布局。遵循市场经济规律，突破行政区划界限，形成若干带动力强、联系紧密的经济圈和经济带。重大项目布局要充分考虑支持中西部发展，鼓励东部地区带动和帮助中西部地区发展。加大对革命老区、民族地区、边疆地区、贫困地区发展扶持力度。帮助资源枯竭地区实现经济转型。更好发挥经济特区、上海浦东新区、天津滨海新区在改革开放和自主创新中的重要作用。走中国特色的城镇化道路，按照统筹城乡、布局合理、节约土地、功能完善、以大带小的原则，促进大中小城市和小城镇协调发展。以增强综合承载能力为重点，以特大城市为依托，形成辐射作用大的城市群，培育新的经济增长极
2008 年 10 月 12 日	十七届三中全会《中共中央关于推进农村改革发展若干重大问题的决定》	……必须统筹城乡经济社会发展，始终把着力构建新型工农、城乡关系作为加快推进现代化的重大战略。统筹工业化、城镇化、农业现代化建设，加快建立健全以工促农、以城带乡长效机制，调整国民收入分配格局，巩固和完善强农惠农政策，把国家基础设施建设和社会事业发展重点放在农村，推进城乡基本公共服务均等化，实现城乡、区域协调发展，使广大农民平等参与现代化进程、共享改革发展成果 ……建立促进城乡经济社会发展一体化制度。尽快在城乡规划、产业布局、基础设施建设、公共服务一体化等方面取得突破，促进公共资源在城乡之间均衡配置、生产要素在城乡之间自由流动，推动城乡经济社会发展融合。统筹土地利用和城乡规划，合理安排市县域城镇建

续表

时间	会议文件	表　述
		设、农田保护、产业聚集、村落分布、生态涵养等空间布局。统筹城乡产业发展，优化农村产业结构，发展农村服务业和乡镇企业，引导城市资金、技术、人才、管理等生产要素向农村流动。统筹城乡基础设施建设和公共服务，全面提高财政保障农村公共事业水平，逐步建立城乡统一的公共服务制度。统筹城乡劳动就业，加快建立城乡统一的人力资源市场，引导农民有序外出就业，鼓励农民就近转移就业，扶持农民工返乡创业。加强农民工权益保护，逐步实现农民工劳动报酬、子女就学、公共卫生、住房租购等与城镇居民享有同等待遇，改善农民工劳动条件，保障生产安全，扩大农民工工伤、医疗、养老保险覆盖面，尽快制定和实施农民工养老保险关系转移接续办法。统筹城乡社会管理，推进户籍制度改革，放宽中小城市落户条件，使在城镇稳定就业和居住的农民有序转变为城镇居民。推动流动人口服务和管理体制创新。扩大县域发展自主权，增加对县的一般性转移支付、促进财力与事权相匹配，增强县域经济活力和实力。推进省直接管理县（市）财政体制改革，优先将农业大县纳入改革范围。有条件的地方可依法探索省直接管理县（市）的体制。坚持走中国特色城镇化道路，发挥好大中城市对农村的辐射带动作用，依法赋予经济发展快、人口吸纳能力强的小城镇相应行政管理权限，促进大中小城市和小城镇协调发展，形成城镇化和新农村建设互促共进机制。积极推进统筹城乡综合配套改革试验
2009 年	《政府工作报告》	……加快小城镇建设，壮大县域经济
2010 年	《政府工作报告》	……统筹推进城镇化和新农村建设。坚持走中国特色城镇化道路，促进大中小城市和小城镇协调发展，着力提高城镇综合承载能力，发挥城市对农村的辐射带动作用，促进城镇化和新农村建设良性互动。壮大县域经济，大力加强县城和中心镇基础设施和环境建设，引导非农产业和农村人口有序向小城镇集聚，鼓励返乡农民工就地创业。城乡建设都要坚持最严格的耕地保护制度和最严格的节约用地制度，切实保护农民合法权益。推进户籍制度改革，放宽中小城市和小城镇落户条件。有计划有步骤地解决好农民工在城镇的就业和生活问题，

续表

时间	会议文件	表　述
		逐步实现农民工在劳动报酬、子女就学、公共卫生、住房租购以及社会保障方面与城镇居民享有同等待遇。进一步增加农村生产生活设施建设投入，启动新一轮农村电网改造，扩大农村沼气建设规模，今年再解决6000万农村人口的安全饮水问题，实施农村清洁工程，改善农村生产生活条件。我们要让符合条件的农业转移人口逐步变为城镇居民，也要让农民有一个幸福生活的美好家园
2010年10月18日	十七届五中全会《中共中央关于制定国民经济和社会发展第十二个五年规划的建议》	…… 五、促进区域协调发展，积极稳妥推进城镇化 实施区域发展总体战略和主体功能区战略，构筑区域经济优势互补、主体功能定位清晰、国土空间高效利用、人与自然和谐相处的区域发展格局，逐步实现不同区域基本公共服务均等化。坚持走中国特色城镇化道路，科学制定城镇化发展规划，促进城镇化健康发展 …… （19）实施主体功能区战略。按照全国经济合理布局的要求，规范开发秩序，控制开发强度，形成高效、协调、可持续的国土空间开发格局。对人口密集、开发强度偏高、资源环境负荷过重的部分城市化地区要优化开发。对资源环境承载能力较强、集聚人口和经济条件较好的城市化地区要重点开发。对影响全局生态安全的重点生态功能区要限制大规模、高强度的工业化城镇化开发。对依法设立的各级各类自然文化资源保护区和其他需要特殊保护的区域要禁止开发。基本形成适应主体功能区要求的法律法规、政策和规划体系，完善绩效考核办法和利益补偿机制，引导各地区严格按照主体功能定位推进发展 （20）完善城市化布局和形态。按照统筹规划、合理布局、完善功能、以大带小的原则，遵循城市发展客观规律，以大城市为依托，以中小城市为重点，逐步形成辐射作用大的城市群，促进大中小城市和小城镇协调发展。科学规划城市群内各城市功能定位和产业布局，缓解特大城市中心城区压力，强化中小城市产业功能，增强小城镇公共服务和居住功能，推进大中小城市交通、通信、供电、供排水等基础设施一体化建设和网络化发展

续表

时间	会议文件	表　述
		（21）加强城镇化管理。要把符合落户条件的农业转移人口逐步转为城镇居民作为推进城镇化的重要任务。大城市要加强和改进人口管理，中小城市和小城镇要根据实际放宽外来人口落户条件。注重在制度上解决好农民工权益保护问题。合理确定城市开发边界，提高建成区人口密度，防止特大城市面积过度扩张。城市规划和建设要注重以人为本、节地节能、生态环保、安全实用、突出特色、保护文化和自然遗产，强化规划约束力，加强城市公用设施建设，预防和治理“城市病”
2011 年	《政府工作报告》	二、“十二五”时期的主要目标和任务 ——我们要加快转变经济发展方式和调整经济结构。坚持走中国特色新型工业化道路，推动信息化和工业化深度融合，改造提升制造业，培育发展战略性新兴产业。加快发展服务业，服务业增加值在国内生产总值中的比重提高 4 个百分点。积极稳妥推进城镇化，城镇化率从 47.5% 提高到 51.5%，完善城市化布局和形态，不断提升城镇化的质量和水平。继续加强基础设施建设，进一步夯实经济社会发展基础。大力发展现代农业，加快社会主义新农村建设。深入实施区域发展总体战略和主体功能区战略，逐步实现基本公共服务均等化。促进城乡、区域良性互动，第一、第二、第三产业协调发展 …… 三、2011 年的工作 ……积极稳妥推进城镇化。坚持走中国特色城镇化道路，遵循城市发展规律，促进城镇化健康发展。坚持科学规划，严格管理。加强城市基础设施和公共服务设施建设，增强城镇综合承载能力，提高管理和服务水平。因地制宜，分步推进，把有稳定劳动关系并在城镇居住一定年限的农民工，逐步转为城镇居民。对暂不具备落户条件的农民工，要解决好他们在劳动报酬、子女就学、公共卫生、住房租赁、社会保障等方面的实际问题。要充分尊重农民在进城和留乡问题上的自主选择权，切实保护农民承包地、宅基地等合法权益。城镇化要同农业现代化和新农村建设相互促进，这是必须坚持的正确方向

续表

时间	会议文件	表　述
2011 年	《中华人民共和国国民经济和社会发展十二五规划纲要》	…… 第二十章积极稳妥推进城镇化 优化城市化布局和形态，加强城镇化管理，不断提升城镇化的质量和水平 第一节　构建城市化战略格局 按照统筹规划、合理布局、完善功能、以大带小的原则，遵循城市发展客观规律，以大城市为依托，以中小城市为重点，逐步形成辐射作用大的城市群，促进大中小城市和小城镇协调发展。构建以陆桥通道、沿长江通道为两条横轴，以沿海、京哈京广、包昆通道为三条纵轴，以轴线上若干城市群为依托、其他城市化地区和城市为重要组成部分的城市化战略格局，促进经济增长和市场空间由东向西、由南向北拓展 在东部地区逐步打造更具国际竞争力的城市群，在中西部有条件的地区培育壮大若干城市群。科学规划城市群内各城市功能定位和产业布局，缓解特大城市中心城区压力，强化中小城市产业功能，增强小城镇公共服务和居住功能，推进大中小城市基础设施一体化建设和网络化发展。积极挖掘现有中小城市发展潜力，优先发展区位优势明显、资源环境承载能力较强的中小城市。有重点地发展小城镇，把有条件的东部地区中心镇、中西部地区县城和重要边境口岸逐步发展成为中小城市 第二节　稳步推进农业转移人口转为城镇居民 把符合落户条件的农业转移人口逐步转为城镇居民作为推进城镇化的重要任务。充分尊重农民在进城或留乡问题上的自主选择权，切实保护农民承包地、宅基地等合法权益。坚持因地制宜、分步推进，把有稳定劳动关系并在城镇居住一定年限的农民工及其家属逐步转为城镇居民。特大城市要合理控制人口规模，大中城市要加强和改进人口管理，继续发挥吸纳外来人口的重要作用，中小城市和小城镇要根据实际放宽落户条件。鼓励各地探索相关政策和办法，合理确定农业转移人口转为城镇居民的规模 对暂时不具备在城镇落户条件的农民工，要改善公共服务，加强权益保护。以流入地全日制公办中小学为主，保证农民工随迁子女平等接受义务教育，并做好与高中

续表

时间	会议文件	表　述
		阶段教育的衔接。将与企业建立稳定劳动关系的农民工纳入城镇职工基本养老和医疗保险。建立农民工基本培训补贴制度，推进农民工培训资金省级统筹。多渠道多形式改善农民工居住条件，鼓励采取多种方式将符合条件的农民工纳入城镇住房保障体系 第三节　增强城镇综合承载能力 坚持以人为本、节地节能、生态环保、安全实用、突出特色、保护文化和自然遗产的原则，科学编制城市规划，健全城镇建设标准，强化规划约束力。合理确定城市开发边界，规范新城新区建设，提高建成区人口密度，调整优化建设用地结构，防止特大城市面积过度扩张。预防和治理“城市病” 统筹地上地下市政公用设施建设，全面提升交通、通信、供电、供热、供气、供排水、污水垃圾处理等基础设施水平，增强消防等防灾能力。扩大城市绿化面积和公共活动空间，加快面向大众的城镇公共文化、体育设施建设。推进“城中村”和城乡接合部改造。加强建筑市场监管，规范建筑市场秩序。深化城市建设投融资体制改革，发行市政项目建设债券。加强城市综合管理。推动数字城市建设，提高信息化和精细化管理服务水平。注重文化传承与保护，改善城市人文环境
2011 年	中央 1 号文件《中共中央、国务院关于加大统筹城乡发展力度，进一步夯实农业农村发展基础的若干意见》	…… 23. 推进城镇化发展的制度创新。积极稳妥推进城镇化，提高城镇规划水平和发展质量，当前要把加强中小城市和小城镇发展作为重点。深化户籍制度改革，加快落实放宽中小城市、小城镇特别是县城和中心镇落户条件的政策，促进符合条件的农业转移人口在城镇落户并享有与当地城镇居民同等的权益。多渠道多形式改善农民工居住条件，鼓励有条件的城市将有稳定职业并在城市居住一定年限的农民工逐步纳入城镇住房保障体系。采取有针对性的措施，着力解决新生代农民工问题。统筹研究农业转移人口进城落户后城乡出现的新情况新问题。大力发展县域经济，抓住产业转移有利时机，促进特色产业、优势项目向县城和重点镇集聚，提高城镇综合承载能力，吸纳农村人口加快向小城镇集中。完善加

续表

时间	会议文件	表　　述
		快小城镇发展的财税、投融资等配套政策，安排年度土地利用计划要支持中小城市和小城镇发展。农村宅基地和村庄整理所节约的土地首先要补充耕地，调剂为建设用地的，在县域内按照土地利用总体规划使用，纳入年度土地利用计划，主要用于产业集聚发展，方便农民就近转移就业。继续推进扩权强县改革试点，推动经济发展快、人口吸纳能力强的镇行政管理体制改革，根据经济社会发展需要，下放管理权限，合理设置机构和配备人员编制 ……
2012 年	《政府工作报告》	……积极稳妥推进城镇化。要遵循城市发展规律，从各地实际出发，促进大中小城市和小城镇协调发展。根据资源环境和人口承载能力，优化全国生产力布局，形成合理的城镇体系和与国土规模、资源分布、发展潜力相适应的人口布局。各类城市都要夯实经济基础，创造就业机会，完善基础设施，改善人居环境，加强管理服务，提升城镇化质量和水平。更加注重把在城镇稳定就业和居住的农民工有序转变为城镇居民；放宽中小城市落户条件，合理引导人口流向，让更多农村富余劳动力就近转移就业。加强对农民工的人文关怀和服务，着力解决农民工在就业服务、社会保障、子女入园上学、住房租购等方面的实际问题，逐步将城镇基本公共服务覆盖到农民工。关爱留守儿童、留守妇女和留守老人。让农民无论进城还是留乡，都能安居乐业、幸福生活
2012 年	中共十八大报告	十八大报告全篇提及城镇化多达七次，更重要的是其两次主要出现的位置：第一次出现在全面建设小康社会经济目标的相关章节中，工业化、信息化、城镇化和农业现代化成为全面建设小康社会的载体，第二次出现在经济结构调整和发展方式转变的相关章节中。从十七大报告 局限在“区域协调发展”一隅，到上升至全面建设小康社会载体，上升至实现经济发展方式转变的重点。哪怕用最挑剔的眼光，依然可以看出城镇化在实现全面建设小康社会的实践中占据越来越重要的地位 坚持走中国特色的新型工业化、信息化、城镇化、农业现代化道路，推动信息化和工业化深度融合、工业化和

续表

时间	会议文件	表　　述
		城镇化良性互动、城镇化和农业现代化相互协调，促进工业化、信息化、城镇化、农业现代化同步发展 …… 科学规划城市群规模和布局，增强中小城市和小城镇产业发展、公共服务、吸纳就业、人口聚集功能。加快改革户籍制度，有序推进农业转移人口市民化，努力实现城镇基本公共服务常住人口全覆盖 …… （四）推动城乡发展一体化。解决好农业农村农民问题是全党工作重中之重，城乡发展一体化是解决“三农”问题的根本途径。要加大统筹城乡发展力度，增强农村发展活力，逐步缩小城乡差距，促进城乡共同繁荣。坚持工业反哺农业、城市支持农村和多予少取放活方针，加大强农惠农富农政策力度，让广大农民平等参与现代化进程、共同分享现代化成果。加快发展现代农业，增强农业综合生产能力，确保国家粮食安全和重要农产品有效供给。坚持把国家基础设施建设和社会事业发展重点放在农村，深入推进新农村建设和扶贫开发，全面改善农村生产生活条件。着力促进农民增收，保持农民收入持续较快增长。坚持和完善农村基本经营制度，依法维护农民土地承包经营权、宅基地使用权、集体收益分配权，壮大集体经济实力，发展多种形式规模经营，构建集约化、专业化、组织化、社会化相结合的新型农业经营体系。改革征地制度，提高农民在土地增值收益中的分配比例。加快完善城乡发展一体化体制机制，着力在城乡规划、基础设施、公共服务等方面推进一体化，促进城乡要素平等交换和公共资源均衡配置，形成以工促农、以城带乡、工农互惠、城乡一体的新型工农、城乡关系
2013 年	《政府工作报告》	…… 城镇化是我国现代化建设的历史任务，与农业现代化相辅相成。要遵循城镇化的客观规律，积极稳妥推动城镇化健康发展。坚持科学规划、合理布局、城乡统筹、节约用地、因地制宜、提高质量。特大城市和大城市要合理控制规模，充分发挥辐射带动作用；中小城市和小城镇要增强产业发展、公共服务、吸纳就业、人口集聚功

续表

时间	会议文件	表　述
		能。加快推进户籍制度、社会管理体制和相关制度改革，有序推进农业转移人口市民化，逐步实现城镇基本公共服务覆盖常住人口，为人们自由迁徙、安居乐业创造公平的制度环境。村庄建设要注意保持乡村风貌，营造宜居环境，使城镇化和新农村建设良性互动
2013 年 11 月 12 日	中共十八届三中全会《中共中央关于全面深化改革若干重大问题的决定》	…… （23）完善城镇化健康发展体制机制。坚持走中国特色的新型城镇化道路，推进以人为核心的城镇化，推动大中小城市和小城镇协调发展、产业和城镇融合发展，促进城镇化和新农村建设协调推进。优化城市空间结构和管理格局，增强城市综合承载能力 推进城市建设管理创新。建立透明规范的城市建设投融资机制，允许地方政府通过发债等多种方式拓宽城市建设融资渠道，允许社会资本通过特许经营等方式参与城市基础设施投资和运营，研究建立城市基础设施、住宅政策性金融机构。完善设市标准，严格审批程序，对具备行政区划调整条件的县可有序改市。对吸纳人口多、经济实力强的镇，可赋予同人口和经济规模相适应的管理权。建立和完善跨区域城市发展协调机制 推进农业转移人口市民化，逐步把符合条件的农业转移人口转为城镇居民。创新人口管理，加快户籍制度改革，全面放开建制镇和小城市落户限制，有序放开中等城市落户限制，合理确定大城市落户条件，严格控制特大城市人口规模。稳步推进城镇基本公共服务常住人口全覆盖，把进城落户农民完全纳入城镇住房和社会保障体系，在农村参加的养老保险和医疗保险规范接入城镇社保体系。建立财政转移支付同农业转移人口市民化挂钩机制，从严合理供给城市建设用地，提高城市土地利用率
2014 年 3 月 16 日	中共中央、国务院印发《国家新型城镇化规划（2014—2020 年）》	该《规划》分规划背景、指导思想和发展目标、有序推进农业转移人口市民化、优化城镇化布局和形态、提高城市可持续发展能力、推动城乡发展一体化、改革完善城镇化发展体制机制、规划实施 8 篇。包括 31 章，内容涉及：重大意义、发展现状、发展态势、指导思想、发展目标、推进符合条件农业转移人口落户城镇、

续表

时间	会议文件	表　述
		推进农业转移人口享有城镇基本公共服务、建立健全农业转移人口市民化推进机制、优化提升东部地区城市群、培育发展中西部地区城市群、建立城市群发展协调机制、促进各类城市协调发展、强化综合交通运输网络支撑、强化城市产业就业支撑、优化城市空间结构和管理格局、提升城市基本公共服务水平、提高城市规划建设水平、推动新型城市建设、加强和创新城市社会治理、完善城乡发展一体化体制机制、加快农业现代化进程、建设社会主义新农村、推进人口管理制度改革、深化土地管理制度改革、创新城镇化资金保障机制、健全城镇住房制度、强化生态环境保护制度、加强组织协调、强化政策统筹、开展试点示范、健全监测评估

第二章　农民工户籍制度与公共福利均等化的变迁①

不论是在政府决策部门还是在学术研究中，户籍制度作为我国城乡二元结构的标志性制度，被认为是当前影响农民工市民化的主要障碍。作为人口管理的一种登记制度，户籍制度不仅自古有之，而且在其他一些国家和地区也是进行人口管理的常用制度。户籍制度之所以成为影响农民工市民化的最主要的制度性障碍，实际上在于户籍背后所附带的各种社会福利与公共服务。户籍制度已经成为按照不同人群类别化提供公共服务的标准。这是户籍制度对农民工市民化的含义所在。以此推理，若取消户籍制度所附带的各种公共服务差异，那么户籍并不影响农民工的迁移、定居以及在城市的社会融合。因此，推动农民工市民化，起重点并不在取消户籍制度，而是推动公共服务的均等化。而之所城镇公共服务不能同等覆盖农民工，一个重要原因是提供公共服务需要付出成本。理顺公共服务均等化的成本，建立合理的农民工市民化的成本分担机制，也就成为推动农民工市民化的关键步骤。

基于上述背景，本报告将对农民工市民化中的户籍制度、公共服务均等化以及农民工市民化的成本分担机制进行制度性回顾与分析。

一　农民工市民化中的户籍制度分析

户籍制度与社会福利制度、劳动就业制度密切关联。新中国建立后城乡户籍制度被设计和推行，最初的社会经济背景和起因是计划经济制度下重工业发展的要求，为了满足落后的农业国家发展成为先进的工业国家而选择的路径。到了目前，户籍制度已经显示出了与时代和社会不相符的地方，突出的表现就是非农业人口与城镇常住人口的严重不匹配（见图1）。

改革开放前期中国非农户籍人口比重与城镇常住人口比重基本相符，改革开

---

① 本章作者何伟，系中国社会科学院经济研究所助理研究员。本文为社科基金青年项目“农民工市民化的障碍与途径”（11CJL032）成果之一。

放后，两者的差距越来越大，城镇常住人口，基本上都在从事第二、第三产业生产，但是其中有相当大比例无法顺利获得非农业户籍，无法享受城镇非农户籍所关联的各项基本公共服务，户籍制度改革严重滞后。在长期的城乡二元分割中，户籍制度起到了重要的作用，一方面，户籍制度限制了农村劳动力向城市迁移，另一方面，户籍制度引发了农民工市民化的种种障碍，造成了与城市户籍居民的差别。由于户籍管理本身包含着对人员流动迁移的规定和管理措施，所以，本部分也把政府对人口迁移的管理制度包含在对户籍制度的描述之中。为了更好理解户籍制度，本部分先对中国古代的户籍制度以及国外的户籍制度也进行了描述和分析。

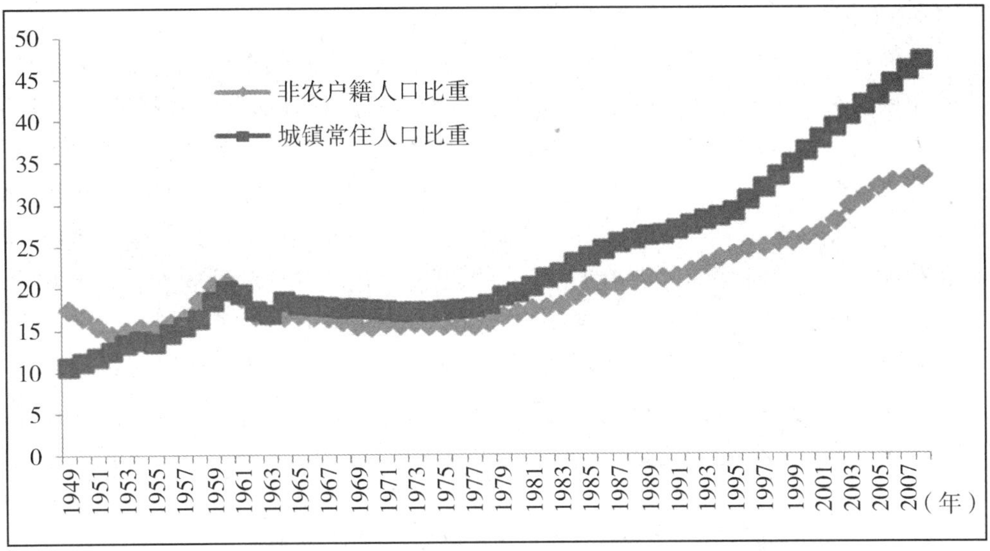

图1　新中国成立以来非农户籍人口比重与城镇常住人口比重[①]单位%

（一）中国古代和近代户籍制度

随着国家的产生，户籍制度相应开始出现。户籍制度最早在春秋战国时期就已经存在，历朝历代统治者采用户籍制度作为人口管理的手段，用来执行律令、征调徭役赋税[②]。随着中央集权统治的进一步加强，户籍制度变得更加完备和具体。

户籍制度主要包括登记和管理两项内容。原始的人口登记办法在西周时期出现，设定了相应的官职，即“司民”，按照不同性别分城乡对出生人口进行登记，

---

① 非农户籍人口比重来源：1949—1954 年来自于新中国 50 年统计资料汇编，1955—1998 年来自于中国人口统计年鉴 1999，此后各年份数据来自于相应年份的中国人口统计年鉴；城镇常住人口比重来源：新中国 60 年统计资料汇编，各年份中国统计年鉴。

② 胡寄窗，1981：《中国古代的人口政策与人口思想》《经济研究》第 1 期。

人口的出生和死亡情况也要定期统计核查。春秋战国时期各诸侯国也相应采用了户籍登记管理制度来调节兵源、赋税，即“编户定籍”。秦朝是第一个统一的中央集权国家，户籍制度更加完善，使用什伍编制。进入西汉，户籍管理制度第一次形成法律规范，即“户律”，规定编户齐民，详细登记人口、男丁、土地等家庭资产，借以征收赋税徭役。同时，开始利用基层乡里进行管理和控制，严禁自由迁徙，防止脱籍，并延续至魏晋南北朝。唐代实行乡保制，一保五户，一里100户，一乡五百户，宋代实行的是类似的都保制，元代实行村社制。到了明朝，户籍制度演变为保甲制，不允许私自迁移，离开居住地超过百里，必须持有政府部门开具的路引。清代沿用了保甲制。民国时期，推行了《户籍法》和《保甲条例》，户籍管控制度比以往都成熟和完善①。

中国古代和近代都非常重视户籍的管理和控制，自上而下，充分发挥基层组织的作用。总的来看，中国历史上对户籍的管理和控制有如下一些特征。第一，严格限制人口的流动。人口和赋税徭役等密切联系在一起，历朝历代一般都倾向于将人口控制在一定的地区范围内，将人丁与土地密切结合，户籍体现出地域性，传统农业社会的生产方式也进一步制约了人口的流动。第二，户籍制度被赋予多种社会经济管理职能。一般来说，户籍制度常用以统计和管理人口，但在中国古代和近代社会，户籍制度还带有社会治安、财税征收等功能。第三，通过户籍来划分社会等级，所享受的权利义务不平等。民籍、贱籍等户籍种类曾在中国传统社会出现过，兵户、民户、士农工商等都是不同人口种类的写照。上等户籍可以享受多种特别，包括选官、赋税徭役的减免等，下等户籍人口则承担繁重的赋税徭役等。第四，户籍与家庭出身、所从事的职业密切相关，具有世袭性。不同等级户籍种类之间存在歧视，不能自由流动，甚至无法通婚。

（二）国外的人口管理

户籍制度是管理控制人口的一项有力措施，不仅古代有，国外也有，不过其内容和方式与中国有所差别。国外的户籍管理被称为人事登记、民事登记等，法国、荷兰、印度等国所登记的户籍内容，除了常见的姓名、出生年月、性别等，还包含了经济收入、父母职业、犯罪记录等信息，比中国的还要全面。

美国是发达国家户籍管理的一个典型，每一个美国公民从出生开始就又有一个社会保障号码。本国公民在国内自由迁徙和定居被视为是基本的人权。美国并不存在身份证，用来掌握人口迁移流动情况的手段是普及率很高的驾驶执照，以及社会保障号码。美国国内存在规模较大的人口流动，但是，并不担心人口都涌

---

① 江立华、孙洪涛，2001：《中国流民史：古代卷》，安徽人民出版社；张培，1991：《我国古代人口管理及其启示》《中南财经大学学报》第2期。

向大城市。这有以下几个原因：首先，美国已完成工业化，且城镇化水平很高，区域间、城乡间差别并不很大。其次，个人自由迁移是有成本和条件的，必须符合迁移地的城市卫生等法律法规，并且有稳定的住房和收入以承担当地的生活开支，大城市的物价和住房价格高，本身就是一个准入门槛，只不过，这个门槛是由市场所调节和控制的①。

泰国作为一个东南亚国家，其户籍管理手段也比较典型。泰国也有专门的户籍制度，叫《户口登记条例》，户口登记也非常严格。对于居民的迁移，泰国实行事后迁移制度，居住期限超过6个月，可在迁入地办理户籍登记。泰国的户籍管理里也使用市场经济加上法律手段进行调节，让流动人口根据自身经济实力选择相应的迁入地②。

总结起来，国外常见的户籍登记方式有以下几个共同或相近的特征。第一，户籍地的变动多采用事后迁移的方式。也就是说，流动人口迁移行为发生之后，居民可自由选择是否迁移，受到的限制很少。不过，这些国家和地区的城乡差距不大，居民富裕水平较为均衡，生活稳定。第二，使用市场和法律手段来调节人口流动，而不是行政干预和命令手段。一些发达国家的大型和特大型中心城市，如日本的东京、美国纽约等，其发达程度也能吸引大量人口集中，但与此同时，当地的物价和房价等都很高，相应地阻止了其他地区的人口流动。第三，一些国家的流动人口取得户籍是有相应的条件的，比如要求在迁入地有固定的职业、固定的住所等，这些规定避免了城市因为贫困人口的大量聚集而形成贫民窟，引发各种社会问题。

跨国人口流动和迁移，一般情况下比国内的人口流动和迁移要面临更复杂的情况和条件。欧盟由于较早建立了开放的资源和贸易流动体系，在欧盟内部劳动力流动面临的障碍要比其他地区低很多，事实表明，欧盟内部统一开放的劳动力市场所产生的影响利大于弊，没有出现外来劳动力冲击本国劳动力市场、造成流入国常住人口迅速扩张、挤占本国居民就业机会的情况，还填补了本国一些行业劳动力供给不足的缺陷，活跃了本地经济，在税收方面也有较大的帮助作用。究其原因，主要有以下几个方面。首先，欧盟内部劳动力流动有一定的准入条件和过渡期，受到流入国经济景气状况、相关职业的劳动力供求状况等因素印象。其次，一部分流动人口的流动方式是候鸟式迁移③。

---

① 梁茂信，2002：《都市化时代——20世纪美国人口流动与城市社会问题》，东北师范大学出版社。

② 上海综合经济编辑部，2001：《国外户籍制度借鉴与中国户籍制度比较》《上海综合经济》第10期。

③ 杨烨、卢祥，2006：《欧盟移民治理：建立统一移民政策的尝试》《国际观察》第4期。

（三）新中国成立以来户籍制度的变迁历程和特点①

新中国建立以来，户籍制度经历了一个较大的变迁过程，并不是一成不变的。新中国成立后的户籍制度和对迁移的固定，经历了允许迁移、限制流动、逐步放开几个阶段②。在不同阶段，政府出台的相应文件和法规对户籍和人口迁移起到了有效的作用。

1．第一阶段：允许流动

第一阶段，1949—1958 年，允许流动，主要标志是 1954 年宪法规定公民有迁移自由和居住自由。这一时期的户籍制度，处于逐步建立和完善之中，户籍制度所起的作用，主要是维持社会治安，对人口进行统计。新中国成立之初百废待兴，城市公共秩序比较混乱，通货膨胀和失业状况很严重。因此，政府工作中重中之重是尽快恢复社会秩序。在延续了革命时期发动群众等各项经济社会工作的基础上，1950 年，由公安部颁布了《关于特种人口管理的暂行办法》，以便监视控制可疑分子和反革命分子，搞好社会治安，同时为国家建设和管理提供人口资料③。1950 年 11 月，又制定了《城市户口管理暂行条例》，规范了城市户口的管理和登记，这两个制度是新中国当代户籍管理的开始。在《城市户口管理暂行条例》中，政府并非采用命令和强制的手段来调控社会秩序，而是使用说服和劝阻的方式，尊重居民的自由，条例的第一条规定制定条例的目的是“维护社会治安，保障人民安全和居住、迁徙的自由”。这个时候，并没有限制居民的迁移。1953 年，发布了《中共中央关于粮食统购统销的决议》和《全国人口调查登记办法》，规定了粮食收购和计划供应的范围，并对常住人口调查和登记办法进行了说明。1954 年，发布了《建立经常户口登记制度》，内容主要是对人口和户口变动进行登记和管理。这一年内政部、公安部和国家统计局发布联合通报，建立起农村户口登记制度。农村户籍制度的主要特征是划分了阶级，区分了地主、富农、中农等家庭成分。1955 年，有关户籍制度的规定主要有两个，分别是《市镇粮食定量供应暂定办法》和《关于城乡划分标准的规定》，分别涉及粮食供应、两票和粮油转移证管理，以及农业与非农业人口的划分标准。1956 年召开

---

① 本节有关新中国成立后的国家层面上的户籍制度和人口流动制度的文件和法律原本，有以下几个来源，下文不再一一列出，分别是：中国政府网——法律法规数据库 http://www.gov.cn/flfg/sfjs.htm；中国法律法规库检索查询系统 http://ceilaw.cei.gov.cn/index/law/index.asp；法律之星 http://law.law-star.com/html/lawsearch.htm.

② 陈金永（2006）对中国户籍制度的建立、改革以及产生的作用和前景做了一个全面的描述和分析。

③ 见李红霞，2003：《1949 年后的中国户籍制度变迁研究》，华南师范大学硕士论文。

了全国首次户口工作会议，明确规定了户口管理的三个基本功能，包括“证明公民身份，便利公民行使权利和履行义务；统计人口数字，为国家经济、文化、国防建设提供人口资料；发现和防止反革命和各种犯罪分子活动，密切配合斗争[①]。”这一阶段，随着经济发展的恢复，户籍制度也逐渐确立了。

这一时期户籍制度的主要功能在于人口统计和社会治安的管理，但是，所包含的一些内容，很容易转变为控制人口迁移的手段，如粮食的统购统销、农业与非农业户口的划分等。另外，这一阶段的后期，农村向城市的人口流动已经被逐渐控制了，为 1958 年严格控制迁移埋下了伏笔和准备。1953 年 4 月 17 日，政务院发出《关于劝阻农民盲目流入城市的指示》，未经劳动部门许可或介绍，不得擅自到农村招工。1954 年 3 月，内务部和劳动部又发出《关于继续贯彻 < 劝止农民盲目流入城市 > 的指示》，重申对农民向城市迁徙的限制[②]。1956 年，由于农业合作化运动导致一些省份粮食歉收，出现困难的省份农民试图流入城市谋求生活，1956 年 12 月 20 日，国务院发布《关于防止农村人口盲目外流的指示》，明确规定工厂、矿山、铁路、交通、建筑等部门不应当私自招用农村劳动力。1957 年 12 月 18 日，中共中央和国务院联合发出《关于制止农村人口盲目外流的指示》。按照联合指示的要求，铁道、交通部门在主要铁路沿线和交通要道，要严格查验车票，防止农民流入城市；民政部门应将流入城市和工矿区的农村人口遣返原籍，并严禁他们乞讨；公安机关不得让流入城市的农民取得城市户口；粮食部门不得供应没有城市户口的人员粮食；城市一切用人单位，一律不得擅自招收工人和临时工[③]。

总之，新中国成立后到 1958 年前，虽然已经具有了户籍制度，实际上城乡居民能够不受限制地流动，不过后期的粮食制度、农业与非农业户口的划分，为全面控制人口流动提供了条件。

2. 第二阶段，严格限制人口迁移和流动

1958 年，全国人大通过了《户口登记条例》，建立了全面的户籍管理体系以及征兵与升学的户口迁移许可制度，授予了国家更大的权利控制人口的迁移。在第一阶段人口迁移虽然也需要审批，但是只需迁出地的主管部门进行审批，户口条例则把迁移决定权赋予了迁入地的国家企事业单位和户口主管机关，能够迁移的条件也被限制在了参军、入学，以及招工上面。1958 年户籍制度的改变，有

---

① 段成荣、王文录、王太元，2008：《户籍制度 50 年》《人口研究》第 1 期。

② 杨黎源，2011：《权利追求与政策演变：农民进城就业的历史回顾及启示》，载《2011 年浙江省社会学学会年会论文集》。

③ 宋嘉革，2006：《中国户籍制度改革与农村人口城市化转移》，东北财经大学博士论文。

着特定的历史原因，受到当时社会经济形势的影响。首先，是新中国确立了重工业优先发展的战略。这需要大量原始资本积累，在无法获得国外有效援助和资本流入的情况下，只能自力更生，通过依靠农业提供粮食和工业原料，进行原始积累。农业合作化、集体化，正是为了稳定和扩大农业生产。严格的户籍制度，通过限制农村人口的流动，保证了当时生产条件下农业所需要的大量劳动力。另外，重工业多是资本密集型的，而不是劳动密集型的，这种产业结构降低了城市就业的吸纳能力，导致了就业的下降。整个城市体系也围绕这一战略，转变为生产性城市，第二、第三产业不发达，进一步降低了就业容纳能力。其次，是因为计划经济体制的制约。三大改造后，社会主义计划经济体制初步建立，通过国家计划，实行对资源、产品和劳动力的管理和配置。严格限制迁移的户籍制度也有着浓厚的计划色彩，受到计划经济的影响，并为计划经济服务。粮食的统购统销、城镇职工的各种福利补贴，都与户口挂钩。在劳动就业方面，城市劳动力包括大学毕业生实行统一分配，城市用人单位不能私自从农村招收劳动力进城务工。

1958 年《户口登记条例》由全国人大通过，户籍制度被赋予了全面的人口管理职能，并与就业、粮食关系等工作生活的方方面面挂钩。这种户籍制度下，城乡之间的人口迁移被严格地控制。这一时期一直延续到改革开放之初。虽然称为户口严格控制和限制迁移阶段，但是，限制的主要是农村居民从农村迁移到城市、城市居民从小城市迁移到大城市的行为，反向的从城市到农村则是被允许的，特别是大规模上山下乡时期，而且，从城市到镇、从大城市到小城市、从农村到农村的迁移收到的限制较小，只要有合理的理由。

3. 第三阶段，有限度地逐步放松户籍制度和人口流动

1958 年开始正式颁布实行的户籍登记条例，严格地限制了从农村到城镇的户籍迁移和由农业户籍转变为非农业户籍，除了入学、参军等特殊情况之外。这些严格的户籍限定在 20 世纪 80 年代有所放宽，除了允许知识青年返回原籍之外，针对农村原有住户和居民也有针对性地放宽了入户，另外还有小城镇改革，允许农村居民在小城镇落户。这一阶段，对农村人口进城落户也经历了一些曲折和反复。改革开放后户籍制度和人口迁移管理变动有几个时间具有特殊的意义和特征，即 1981 年“严格控制”，1984 年“农民进入集镇落户”，1989 年“严格控制民众盲目外出”，1994 年“引导农村劳动力跨地区有序流动”，1997 年“鼓励就地转移，有序流动”，2003 年“做好农民进城务工就业管理和服务”，2004 年“放宽农民进城就业和落户的条件”，2011 年“把符合落户条件的农业转移人口逐步转为城镇居民”。可见，改革开放后户籍和人口流动的制度是逐步变动和放松的。

改革开放之初，户籍制度仍然没有较大改变，对农村人口流动采取的措施是限制。党的十一届三中全会以来，农村农业生产责任制开始普遍实行，解放了农

村的生产力，使农村剩余劳动力的存在问题不再是隐蔽存在。农村劳动力开始向城市迁移，从事非农就业。1981 年国务院发布《关于严格控制农村劳动力进城做工和农业人口转为非农业人口的通知》。该文件出台的背景是农民工外出的规模逐渐变大，但是由于城市的负担能力有限，特别是粮食等物资供应无法满足突然增加的迁移人口，需要实行严格控制的措施，主要手段是户口和粮食管理。该项通知一方面要求城镇单位有用工需求时要优先面向城镇劳动力，大型基础设计建设等需要民工的，项目完成后要辞退，另一方面，清理整顿已经存在的计划外用工。从这一通知可以看出当时的户籍和人口管理还有着明确的计划色彩和政府指导内容。

1984 年国务院出台《关于农民进入集镇落户问题的通知》对农民迁移到集镇从事非农就业和非农经营活动进行了规定，解决这部分群体搬迁到集镇的农民的户口问题，但是，他们粮食关系要自理。值得注意的是，迁移人口的社会参与被提及，“对新到集镇务工、经商、办服务业的户要同集镇居民户一样纳入街道居民小组，参加街道居民委员会活动，享有同等权利，履行应尽的义务①。”当时进行迁移，没有附带的社会保障，最主要的是粮食关系，因此，相对容易控制和管理。另外，对迁移人口原有土地的处理以及回迁都有相应的规定，所以说是一种进步和尝试。

1989 年国务院发布《关于严格控制民众盲目外出的紧急通知》，起因是农民工外出的数量和规模铁路导致运输客流压力、农民工因找不到工作引起当地社会治安的混乱，采取的措施是控制农民工盲目外出和集中外出。类似的规定还有 1991 国务院办公厅《关于劝阻民工盲目去广东的通知指出》：“各级人民政府要从严或暂停办理民工外出务工手续”。

1994 年发布了《农村劳动力跨省流动就业管理暂行规定》，原则是“引导农村劳动力跨地区有序流动，规范用人单位跨省招用农村劳动力和农村劳动力跨省流动就业”。以流入地外来人员就业证和流出地外出人员就业登记卡等方式对跨省流动进行管理。此规定仍然具有较多的管理和控制内容，但相比以往已经有所放开。另外，要求用人单位需要优先面对本地劳动力进行招聘，用人单位所招收的行业和工种需劳动就业服务机构核准，说明城市劳动力市场还存在分割，就业服务主要针对当地户籍人口，而且当时还没有社会保障方面的内容。

1995 年《中央社会治安综合治理委员会关于加强流动人口管理工作的意见》发布，说明政府部门开始重视流动人口，强调对流动人口的管理，肯定了流动人口对经济发展和社会进步起到的积极促进作用，认为流动人口的增多原因是地区

---

① 见《国务院关于农民进入集镇落户问题的通知》，下载于 http://www.people.com.cn/item/flfgk/gwyfg/1984/112102198403.html.

发展不平衡和城乡差距。《中央社会治安综合治理委员会关于加强流动人口管理工作的意见》的指导思想仍是通过发展乡镇企业和小城镇建设就地吸收大部分农村剩余劳动力。流动人口的管理工作开始得到重视，并从狭义的户籍管理扩展到"户籍管理、治安管理、流动就业管理和计划生育、民政、卫生、兵役等"，但是，仍不包括医疗、养老、生育、失业等各项保险，更是没有涉及住房、子女教育等问题。这一方面说明城乡劳动力市场存在的明显分割，也从一个侧面反映了当时流动人口的结构特征，以中青年男性为主，且举家外出的较少，这部分群体的社会保障、子女教育等公共服务需求较少。另外，符合条件的流动人口可以在小城镇落户，严格的户籍制度有所松动。跨地区的流动人口就业的管理和控制得到强化，提出的原则是"信息导向、按需流动、凭证管理、全程服务"。其中，还有一个新的规定内容就是统一的就业证和暂住证制度开始实行。跨地区外出就业人员流动之前需要在当地办理就业登记卡，记载其婚姻和健康状况，同时查看其计划生育情况和有无犯罪记录。到达流入地后，需办理暂住证和就业证。用人单位不得招聘证件不齐全的工人。该文件明确了流动人口管理中所涉及的各部门的职责，包括公安、劳动、计划生育、卫生等，各部门承担的工作内容突出体现了"管理"的核心。

1997 年《国务院办公厅转发劳动部等部门关于进一步做好组织民工有序流动工作意见的通知》指出当时农村剩余劳动力流动到城镇的数量已经达到几千万。该通知对未来的趋势做了准确的判断，认为"民工大规模流动的现象将长期存在"。当时的形势是城镇国有企业开始改制，出现了职工下岗分流，就业形势严峻。这一时期政府的态度是鼓励农村剩余劳动力就地转移，促进有序流动。

1998 年《中共中央关于农业和农村工作若干重大问题的决定》强调农业的现代化，指出要"立足农村，向生产的深度和广度进军，发展第二、第三产业，建设小城镇。开拓农村广阔的就业门路，同时适应城镇和发达地区的客观需要，引导农村劳动力合理有序流动①。"强调要发展小城镇，避免人口向大城市盲目流动。

2003 年《国务院办公厅关于做好农民进城务工就业管理和服务工作的通知》对农村剩余劳动力向城市转移的作用有了正确的认识，认为这是"工业化和现代化的必然趋势"。农民工群体的结构和特征发生了变化，举家外出的数量增加，带来了子女的教育问题，同时农民工工资拖欠问题严重。该文件体现出的巨大进步是取消企业使用农民工的行政审批，取消对农民工所从事工种的限制，实行暂住证一证管理。另外，取消农民工乱收费，解决拖欠工资问题，改善工作条件，将农民工纳入工伤保险，多渠道解决农民工子女的入学问题，同时农民工的管理

---

① 见《中共中央关于农业和农村工作若干重大问题的决定》，下载于 http：//cpc. people. com. cn/GB/64162/71380/71382/71386/4837835. html.

工作有了新的内容，开始强调“服务”，如“要把农民工及其所携家属的计划生育、子女教育、劳动就业、妇幼保健、卫生防病、法律服务和治安管理工作等，列入各有关部门和社区的管理责任范围①”。

2004 年《国务院办公厅关于进一步做好改善农民进城就业环境工作的通知》强调做好农民工工伤保险工作，改善就业环境。该文件首次提出要“推进大中城市户籍制度改革，放宽农民进城就业和落户的条件。要研究进城就业农民的住房问题②。”

2006 年《国务院关于解决农民工问题的若干意见》出台，该文件是改革开放以来最全面的有关农民工的专门性文件。该文件的意义体现在充分肯定了农民工的历史地位，认为他们已经成为产业工人的重要组成部分，在许多行业占从业人员半数以上，有力地推动社会经济发展，并在农业现代化、工业化、城镇化进程中起着重要的作用。同时，存在的问题也比较突出，包括拖欠工资、工作环境和工作条件较差、缺少充足的社会保障、子女入学较难、居住条件较差等问题。另外，该文件准确认识到农民工的迁移是必然趋势并将长期存下。文件所提出的政策措施除了已有的就业促进、规范管理外，着重强调了社会保障措施，包括工伤保险、大病医疗保险、养老保险，以及子女入学、居住条件改善等公共服务内容。此后，人力资源和社会保障部专门成立了农民工工作公司。由于迁移人口过度向东部沿海和发达地区集中，不利于区域协调发展，该文件同时提出通过产业向中西部转移和发展小城镇等方式促进农民工就近转移。

2011 年发布的“十二五”规划纲要和 2012 年党的十八大报告，指出“把符合落户条件的农业转移人口逐步转为城镇居民”，要“有序推进农业转移人口市民化，努力实现城镇基本公共服务常住人口全覆盖”，实际上是对农民工市民化的肯定和长期总体规划。

4. 对户籍制度变迁的总结

户籍制度的作用，在改革开放之前表现为限制农村人口进入城市定居，改革开放后，户籍制度的角色主要体现为限制农民工获得与城镇居民同等的社会福利制度③。从农村迁移到城市，虽然实现了就业类型的转变，但是，由于无法获得当地的户籍以及捆绑在一起的医疗、养老、子女教育、住房、就业服务等福利和公共服务待遇，农民工作为一个整体相对来说处于弱势地位（Alexander, Peter &

---

① 见《国务院办公厅关于做好农民进城务工就业管理和服务工作的通知》，下载于 http：//www. gov. cn/zwgk/2005 – 08/12/content_ 21839. htm.

② 见《国务院办公厅关于进一步做好改善农民进城就业环境工作的通知》，下载于 http：//www. chinalawedu. com/falvfagui/fg23051/641. shtml.

③ Wang, 2005, Organizing Through Division And Exclusion：“China's Hukou System”, Stanford University Press.

Anita Chart，2004），如工资低[①]、工作环境相对恶劣、拖欠工资、劳动合同签订率不高等，而这些正是中国劳动成本低的原因之一。较低的劳动成本促进了中国经济的快速起飞，成为“世界工厂”。但是，劳动力的低成本不可持续。通过对户籍制度的考察，可以看出，一定时期的户籍和人口流动管理，必须要适应当时的客观要求。另外，户籍制度本身是随着时代的变化而不断变化的，户籍制度应起到促进作用而不是阻碍作用。这就为我们在农民工市民化中提出户籍制度改革的政策建议提供了合理的论据。

二　农民工市民化中的基本公共服务均等化分析

户籍制度只是城乡二元分割情况下，引发农民工市民化障碍的一个原因，由于许多公共服务都与户籍人口挂钩，因此，城市社会保障、义务教育、住房保障也相应成为农民工市民化中的制度障碍。下面，以国家计生委流动人口监测中的几个城市的各项公共服务中针对农民工的内容为例，分析公共服务均等化在农民工市民化中的作用和地位（表1）。

表1　2010年样本所在五个城市的与农民工市民化有关的制度规定

城市	户籍制度	社会保障	子女教育	住房保障
北京	很难获得北京市户籍	可以参加单独的外来农民工保险，五类保险的缴费、享受的待遇与本地城镇居民有较大差别	条件是：暂住证，固定住所，就业证明，户口所在地无监护条件证明	无法享受本地户籍居民的住房保障
苏州	2003年《苏州市户籍准入登记暂行办法》，入户条件：受到省级以上表彰；获得技师以上或高级工职业资格且拥有合法固定住所；有高技术成果且创办了企业	“五险合一”参保缴费，各项保险待遇与本地城镇户籍职工一样	江苏省教育厅颁发了2006第48号文件，条件是：符合计划生育，父母有稳定的工作，免收学杂费	无法享受本地户籍居民的住房保障

---

① 从2008年和2009年社科院经济所调查中的案例了解到，农民工的工资构成通常有基本工资、加班工资、岗位津贴、奖金等，这些企业通常将基本工资定在当地的最低工资标准上。企业通过诱导工人加班来降低劳动成本，增加利润；对于农民工来说，加班越多意味着挣钱越多。在这种工资结构设计之下，许多农民工靠8小时的工作时间获得的基本工资难以维持在打工地的各种消费和生活，大多数情况下，不得不靠加班加点来得到加班工资。在许多农民工的总工资构成中，加班工资占了相当大的比例，有的甚至超过了基本工资。

续表

城市	户籍制度	社会保障	子女教育	住房保障
郑州	2003 年《关于户籍管理制度改革的通知》，条件是：在市辖区购买住房、中专以上学历毕业生等	各个险种单独设立，农民工可以参加本地城镇职工养老保险	2000《郑州市流动儿童少年就学暂行办法》等，要求与父母同住，提供户口本、居住证、劳动合同或营业执照等证件，无借读费	无法享受本地户籍居民的住房保障
中山	2009《中山市流动人员积分制管理实施细则》，条件包括学历、技能水平、社会保险、固定住所等共 17 项进行积分排位	农民工可参加当地城镇职工社会保险	2010《中山市流动人员积分制管理暂行规定》：已办理《广东省居住证》，在中山连续工作一年以上（含一年），纳入就业登记，缴纳社会保险的流动人员，符合计划生育，依据家长积分排位	无法享受本地户籍居民的住房保障
成都	在成都市购买住房，其他还有学历人才入户、投资入户、纳税入户、经营入户	2003《成都市非城镇户籍从业人员综合社会保险暂行办法》，可参与农民工综合社会保险，建筑施工企业的农民工只享受工伤补偿、住院医疗费报销两项待遇。保障水平比本地城镇职工低	《关于做好 2010 年外来务工就业农村劳动者子女接受义务教育具体工作的意见》；办理暂住证，有劳动合同或营业执照，非一年级提供原就读学校证明	无法享受本地户籍居民的住房保障

注：上述城市的户籍、社保、子女教育和住房按规定均来源于各地政府和社保部门网站。郑州市和成都市社会保障方面的规定在 2011 年开始有了新的变化①

① 2011 年，郑州市农民工可以参加农民工基本医疗保险，待遇低于本地城镇职工。成都市 2011 年开始，农民工社保与城镇职工并轨。

基本公共服务，指满足和保障居民基本生活和发展需求的公共服务，其公共品的属性要求公共服务需要以政府为主导。论文选取了公共服务中与农民工密切相关的社会保障、子女教育、住房保障等，说明农民工与本地居民所享受的公共服务差别，并以北京市的社会保障制度为例，详细说明公共服务均等化的重要作用。

在户籍制度方面，获得北京市的户口难度最大，除了北京市之外，其他四个城市也都设置了入户门槛，农民工可以通过购房、学历达到要求等途径获得当地的户口。户籍完全放开，在短时间内是不现实的，因此，"积分入户"的规定，具有一定的合理性。根据上文所述，外出农民工具体有三个流向，应当主要对有市民化意愿和能力的群体，先行提供入户的条件。以中山市的积分入户规定为例，主要针对农民工的学历水平、技能水平、固定住所、入城打工年限、计划生育、投资纳税等设定标准，计算分数。而根据论文第五章对农民工定居意愿的实证分析，总结出有定居意愿的农民工特征，积分入户所规定的这些指标，也都相应地影响到农民工城市定居的意愿，这表现了户籍制度供给和需求的一致性①。

各个城市的社会保障制度针对农民工的差别较大，有的采取了参保缴费和待遇与本地居民相同的制度，有的则单独设立农民工保险类别，保障和待遇相比本地居民，有较大的差异。在有些城市，农民工甚至无法参加个别项目的保险。

农民工进城从事非农就业，一个原因就是希望子女能够接受更好的教育，虽然各个城市都允许农民工子女可以在当地接受义务教育，但实际上存在门槛，导致一些农民工子女选择民办学校和民工子弟学校就读，教学的质量显然不如公办的学校。住房保障也是农民工很难获得的一项基本公共服务，所调查的五个城市，农民工均无法享受与当地居民一样的住房保障。

接下来以北京市 2010 年社会保险缴费和待遇为例，说明实施公共服务均等化是农民工市民化的重要内容（表 2）。

表 2　北京 2010 年度社会保险缴费基数及比例明细②

险种	最低基数	户口类别	单位缴费比例	单位缴费金额	个人缴费比例	个人缴费金额
养老保险	1615	本市城镇	20%	323	8%	129.2
		本市农村劳动力				
		本市农民工				
		外埠城镇				
		外埠农村劳动力				
		外埠农民工				

① 甚至一些城市，虽然设立了积分入户，但很少有符合条件的农民工去申请。

② 引自中国劳动咨询网，www.51labour.com/zhuanti/safety_yl/.

续表

险种	最低基数	户口类别	单位缴费比例	单位缴费金额	个人缴费比例	个人缴费金额
失业保险	1615	本市城镇	1%	16.15	0.20%	3.23
	800	本市农村劳动力		8	——	——
	800	本市农民工		8	——	——
	1615	外埠城镇		16.15	0.20%	3.23
	800	外埠农村劳动力		8	——	——
	800	外埠农民工		8	——	——
工伤保险	1615	本市城镇	0.30%	4.85	——	——
	2422	本市农村劳动力		7.27		
	2422	本市农民工		7.27		
	1615	外埠城镇		4.85		
	2422	外埠农村劳动力		7.27		
	2422	外埠农民工		7.27		
生育保险	2422	本市城镇	0.80%	19.38	——	——
		本市农村劳动力				
		本市农民工				
		外埠城镇	外埠户口不能上生育保险，如有《北京市工作居住证》按本市户口缴费比例计算			
		外埠农村劳动力				
		外埠农民工				
医疗保险	2422	本市城镇	10%	242.2	2% +大额医疗3元	51.44
		本市农村劳动力	10%	242.2	同上	51.44
		本市农民工	1%	24.22	——	——
		外埠城镇	10%	242.2	2% +大额医疗3元	51.44
		外埠农村劳动力	10%	242.2	同上	51.44
		外埠农民工	1%	24.22	——	——

注：外埠农村劳动力和外埠农民工本质是一样的，只不过执行的缴费标准不同①

① 外埠农村劳动力和外地农民工只有在缴纳基本医疗保险时有区别，依据关于印发《北京市外地农民工参加工伤保险操作暂行办法》和《北京市外地农民工参加基本医疗保险操作办法》的通知，根据《暂行办法》规定，外地农民工缴纳基本医疗保险费有两个标准，凡按老标准（指依据北京市基本医疗保险规定）缴费的，参保人员类别应选择“外埠农村劳动力”，凡按新标准（指依据关于印发《北京市外地农民工参加工伤保险暂行办法》和《北京市外地农民工参加基本医疗保险暂行办法》）缴费的，参保人员类别应选择“外地农民工”。

从表2来看，北京市的社会保险执行的是多制度化体制①，分别针对本地市民、本地农民工、外地非农户籍劳动者和外地农民工制定了相应的社会保障政策。虽然在养老保险方面这几类劳动者的缴费比例、缴费基数都一致，但在工伤保险、生育保险等方面有较大差别，农民工无法享受生育保险。而且，各类保险单位缴纳比例也有差别。

将几类保险的单位和个人缴费情况进行加总，可以发现在北京工作的外地农民工，其单位缴费和个人缴费都低于北京户籍劳动者，甚至低于外地非农业户籍劳动者（表3）。

表3　北京市2010年不同户口类别社会保险单位与个人缴费情况②

户口类别	单位缴费合计（元）	个人缴费合计（元）
本市城镇	605.57	183.87
本市农村劳动力	599.84	180.64
本市农民工	381.86	129.2
外埠城镇	586.2	183.87
外埠农村劳动力	580.47	180.64
外埠农民工	362.49	129.2

基本公共服务关系到农民工在城市的生活状态和福利水平，基本公共服务的差别不利于农民工的市民化，需要实行均等化的政策，这是促进农民工在城市“安居乐业”的重要制度内容。如果农民工的养老保险缴费水平长期低于本地居民，那么这部分农民工定居和落户城市后，退休之后所享受的待遇也会比本地居民低，这会给当地政府带来养老和老年贫困等一系列问题。基本公共服务存在差别，主要原因就是制度设计和设立时与户籍制度挂钩，应当逐步摆脱与户籍制度挂钩的做法，转变为与常住人口挂钩。

三　农民工市民化的成本分担制度分析

农民工在市民化过程中面临住房、劳动力市场分割等障碍，而且，意愿留城定居的农民工，还需要承担相应的成本支出，这些成本主要包括：第一，居住成本。根据本文所使用的数据，不考虑农民工的留城意愿，在全部样本中，在家乡没有住房的比例仅有2.99%。如果农民工在城市定居，需要重新购置住房，相对于家乡的住房价格会高很多。第二，沉没成本。从农业户籍人口转变为非农业户

① 有学者称之为“碎片化”。

② 引自 http：//www.doc88.com/p－62923141453.html.

籍人口，可能面临着农村所承包的土地被收回的成本。第三，社会保障成本。目前中国的社会保障制度特别是养老保障和医疗保障，虽然医疗等保障已经基本上实现了全覆盖①，但仍然存在碎片化，并且农村的保障水平远远低于城镇职工和居民的保障水平。一般来说，养老保障和医疗保障都实行统筹制，由个人、政府和企业共同负担，农民工市民化，其各项社会保障缴费标准参照本地居民，势必会增加自身所负担的社会保障成本。

另外，农民工市民化实质上是劳动力和人的市民化，随着城市居住人口的增加，政府的公共服务职能也将覆盖到他们身上，要考虑到城市用地、功能设施、基础设施、教育、医疗等民生设施的投资增加。

表4 现有文献关于农民工市民化成本的测算

研究单位或个人	测算的时间	平均市民化成本（万元）	测算的内容	测算的地区
中国发展研究基金会（2010）	2010	10	政府：教育、医疗、住房、社保和基建等最低资金量	全国
周向东（2012）	“十一五”时期	11	个人和政府：生活、住房、机会、基建、社保、教育等	重庆
申兵（2012）	“十二五”时期	1.3～2.5	政府：教育、就业培训、公共卫生、住房、社会保障	宁波
国务院发展研究中心（2011）	2011	7.7～8.5	代表性农民工	重庆、嘉兴、武汉、郑州
张国胜（2008）	2004	约10	个人和政府：城市生活成本、教育、社保、住房、基建	东部沿海地区一代农民工
张国胜（2008）	2004	8.4	个人和政府：城市生活成本、教育、社保、住房、基建	东部沿海地区二代农民工
张国胜（2008）	2004	约6	个人和政府：城市生活成本、教育、社保、住房、基建	内陆地区一代农民工

① 养老保障方面，城镇职工可以享受城镇养老保险，城镇居民可以享受居民养老保险，农村地区已经开始试点新型农村养老保险；医疗保险方面，除了城镇地区的职工医保和居民医保外，新型农村合作医疗自2002年试点以来覆盖率和报销水平显著提高，2012年新农合的覆盖率达到了97.5%。

续表

研究单位或个人	测算的时间	平均市民化成本（万元）	测算的内容	测算的地区
张国胜（2008）	2004	约5	个人和政府：城市生活成本、教育、社保、住房、基建	内陆地区二代农民工
中国科学院（2005）	2004	1.5	政府公共支出	全国
建设部调研组（2006）	2006	2	市政公用设施配套费	小城市
建设部调研组（2006）	2006	3	市政公用设施配套费	中等城市
建设部调研组（2006）	2006	6	市政公用设施配套费	大城市
建设部调研组（2006）	2006	10	市政公用设施配套费	特大城市

综合现有的测算农民工市民化成本的有关文献（表4），由于测算的内容、方法、农民工所处的城市位置和规模、测算的时间都不相同，因此市民化的成本也出现了较大的差异。发达地区的市民化成本高于一般发展水平地区；城市规模越大，农民工市民化的成本也越大。

农民工市民化，面临着较大的成本，这也是许多地区设置入户门槛的原因之一，一旦放开入户，则当地财政负担将会加大。农民工市民化，一方面可以为城市地区提供充足的劳动力，另一方面，又会带来相应的财政负担。如果成本全部由政府财政负担，则会导致地方政府缺乏农民工市民化的动力。市民化的成本分担，应遵循属地原则，中央、省、市、企业、农民工个人都需要承担相应的成本，并注意区分地区差异。

第三章　农村土地中权利与权力之间冲突的症结[①]

据国家信访局统计，近年，群体性上访事件60%与土地有关。土地纠纷已经成为税费改革后农民上访的头号焦点，占社会上访总量的40%，其中征地补偿纠纷又占到土地纠纷的84.7%，每年因为征地拆迁引发的纠纷在400万件左右。引发如此广泛社会冲突的农村土地制度究竟出了什么问题？这是本文想要探究的问题。

一　所谓土地“产权不清”的真相

“产权不清”几乎成为讨论所有农村土地集体所有制问题的起点。

何为农村土地“产权不清”？典型的主流观点是：《宪法》和《土地管理法》规定农村土地“农民集体所有”，但实际上，“集体所有”是一个模糊的概念。这种模糊主要表现为在两个方面。第一，“集体所有”落实到哪个层级的集体是不清楚的。因为《土地管理法》第10条所列的所有权主体“集体”有三类——“村民委员会”“村民小组”“乡（镇）农村集体经济组织”，但并没有确定是其中的哪类“集体”主体所有。第二，“集体所有”由谁来代表行使所有权的各项权能不清楚。“村委会（包括村民小组）和村集体经济组织都有权占有和管理包括农用地和农村集体建设用地在内的农村土地和其他集体资产”，但是，究竟是应由村委会（包括村民小组）来行使还是由村集体经济组织来行使？《土地管理法》是不清清晰的（张晓山：2013）。

事实的真相究竟是什么样的？这必须从三个层次来讨论。

第一个层次的问题是：“集体所有”落实到哪个层级的“集体”不清楚吗？《土地管理法》第10条列出三类“集体”所有权主体［村民委员会、村民小组、乡（镇）集体组织］时使用“……或者……或者……”这样的修饰语，不是所有者主体不清的反映，恰恰是农村集体土地所有者主体多元并存这一事实

① 本章作者杨春学，系中国社会科学院经济研究所副所长，研究员。

的清晰反映。

中国农村土地集体所有者的多元并存是历史的产物。新中国农村土地制度的起点是“土地改革运动”奠定的。之前，中国农村虽然具有以土地属权为中心的习惯边界，但农户占有的土地在村与村之间相互交错（即所谓“插花地”现象的大量存在），村落之间没有形成以土地占有为基础的严格自然边界。“土地改革运动”则使每个农户所获得的土地基本上坐落在村落之内。之后的“合作社”“人民公社”运动进一步强化了村落的地权图景：村落之间的边界划定尊重历史的习惯；若无明确的界线之处，则以山之分水岭、道路、渠道、沟涧、堤岸等为标准。而且，这种边界划定是以土地所有权为中心的，村落的所有权边界与行政区划完全一致，从而实现了土地资源本身的自然边界、村落的所有权边界和社会边界的统一。各村的农户对村落的四至范围、本村所拥有的土地、山林、水域等基本上有清晰的认知。

土地改革运动使每个农户获得土地所有权，实现了“耕者有其亩”的梦想；农村生产合作社“高级化”运动（1955 年结束）则将原来农户私有的土地无偿地转归集体所有；农村人民公社化运动（1958 年结束）实行“三级所有，队为基础”的制度，但土地基本上仍然为生产小队所有。真正属于公社、大队所有的只是一些零星的土地。公社所有的土地包括生产大队无力经营或不宜于经营的林场、畜牧场、渔场、农机站、修理厂、较大的水利工程、交通运输及其他服务网点等所占用的土地；大队所有的土地主要包括生产队无力举办的水利设施、社队企业等所占用的土地。

改革开放以来，在一些地区，“集体”的边界悄然发生变化，土地的最终所有权已从原来的生产队（现称之为村民小组）一级过渡到原来的生产大队（现通称为由村委会管理的“行政村”）①。但是，即使有这类变化，变化之后，乡（镇）之间、乡（镇）内部的各村委员之间、村民小组之间的土地所有权界线仍然是清晰的。

第二层次是由谁来代表“集体”行使所有权不清晰吗？

《土地管理法》第 10 条在说明所有权的行使主体时使用“村集体经济组织或者村民委员会”“村内各农村经济组织或者村民小组”这样的表述。在这里，使用“或者”这样的修饰词，也不是行使所有权的主体不清的反映，反映的是这样一种实事：在实践中，同一层级“集体”的所有者内部，存在两类所有者——村委会（包括村民小组）和村集体经济组织，基本上分别对应的是两类土地——农用土地和建设用地。

---

① 1996 年，全国土地归村级（原来的大队）所有的村数为 328 219 个，占当年村民委员会总数的 44%。转引自张晓山：2013。

农用土地和宅基地的所有权普遍是由村委会（包括村民小组）在行使。至于除宅基地之外的农村建设用地，究竟是“谁”在行使所有权的问题，不同的地区存在不同的选择；即便是同一地区，也会因为建设用地类型的差异而做出不同的选择。由此而产生的产权问题，容后面再讨论。

第三层次的问题：村委会（包括村民小组）内部的土地产权结构是否清晰?

改革以来，农村实行的是“土地村社公有、农户承包分耕”的制度。这种土地制度结构，一方面使村庄所有农户坐在同一条船上，具有同等的权利和义务，使他们更易于在面对环境、社会等外来的冲突时采取集体行动；另一方面，能够对村庄内的土地进行统一的管理，为村庄所有的农户提供生存所需的基本生产资料——“份地”。

虽然人们强调农户承包的只是土地的经营权，但实际上这种经营权包含着使用权、收益权、有限的处置权（经营权转租时体现出来）、剩余索取权等一组权利。对此，《物权法》第125条有明确的规定：“土地承包经营权人依法对其承包经营的耕地、林地、草地等享有占有、使用和收益的权利；第128条规定，“土地承包经营权人依照农村土地承包法的规定，有权将土地承包经营权采取转包、互换、转让等方式流转”。

其中，对农户来说，核心是使用权，其他权利依附于这一权利而存在。改革之始，只要实行“承包到户”的地方，土地的使用权都是平均地落实到村集体中的每个人身上的。同一村庄内部各户所承包的土地界线是非常清晰的！正是因为农户通过承包的形式获得了这种广泛的土地产权，才激发了农民的积极性，使中国从起摆脱了粮食短缺的困境（林毅夫：1993）。

我认为，从上述三个层面来看，基本上不存在农村土地“产权不清”的问题。可以断言，如果土地产权存在根本性的普遍“不清”的情形，中国农村社会早就陷入了彼此之间不断冲突的境地![①]。

那么，为什么人们几乎众口一词地在讨论农村土地的“产权不清”的问题呢？只要细致加以辨认，所谓“产权不清”的典型现象几乎只存在于农地非农用化的过程！这种现象可分为性质决然不同的两种类型。

第一类所谓的“产权不清”现象，其实是农村集体企业形态发展带来的集体建设用地产权结构的新变化。在改革之初，农村企业的用地，其最终所有权属于村委会或村民小组，使用权归企业。但是，随着农村工业化和城镇化的发展，农村企业的形态出现新的发展（特别是公司化），突破了原来那种最终所有者—使用者的分权模式。这类企业的产生和发展依赖于两个制度因素，“一个是依托于

① 作为这种断言的一个脚注，我们可以去看一看胡英泽（2012）的《流动的土地》所描述的历史情形。

集体的土地，另外一个是依托于集体成员权”，确实存在“先天没有明晰的产权安排”，由此产生出一系列复杂的产权问题[①]（刘守英：2014）。

我们要特别指出的是，这种“产权模糊”是一种内生性的现象，是农村集体经济组织的发展和过程的内在产物，是原来的土地产权结构如何适应新的农村经济组织发展的问题。

第二类所谓“产权不清”现象，源于征地制度和随之而来的外部势力对农村土地集体所有制度的冲击。这种征地过程中出现的所谓“产权问题”，其本质并不在于人们通过所描述的那种现象[②]，不是产权不清的问题，而是《宪法》和《承包法》明确规定的农民土地所有权益，在征地过程中，被另一套与之冲突法规和政策所剥夺的问题！

我的观点是：所谓“土地产权不清”是一个伪问题！可以断言，只要没有外部的利益集团介入，农村土地集体所有制的归属结构和内部的产权结构基本上是清晰的。正是这种外部的势力搅乱了原本清晰的农村土地产权制度安排。农地非农用化过程中出现的所谓“产权不清”“所有者虚置”等问题的本质是对土地集体所有权的侵犯！或者说，人们通常认定的“产权不清”的事实，实质上是产权得不到有效保护的问题。这才是所谓农村土地集体所有制“产权不清”的真相！这才是中国农村土地制度混乱的根源[③]！

下面，我将重点探讨：是什么样的制度安排使农民的土地所有权面临随时可能受到侵犯的境地？

二　征地以权大于所有权的制度安排

中国农村土地的集体所有制是一种“地缘化的公有制”[④]。经济学的一个基本常识是：所有权是一组权利的集合，包括占有权、使用权、处置权、收益权、

① 农业部《关于稳步推进农村集体经济组织产权制度改革试点的指导意见》（农经发〔2007〕22号）就是针对这类现象而提出的改革措施。

② 这类现象的典型不外乎是在描述：作为集体土地所有法人的村委会，多数情形都在遵从政府的意志，随意处置农民集体所有的土地，甚至让作为土地共同所有者的农户群体根本就不知道其中的细节（例如，卖掉多少土地、土地收益如何等），就把土地出让了，农民只能被动接受结果！其实，在这种情形中，问题的核心不是“产权不清”，而是村委会和村民小组的内部治理结构问题：如何强化土地法律上的所有者（村、组集体）的民意基础，使其成为真正代表农民利益的权利主体，防止村干部与企业、地方政府的合谋，抵制外来不合理的土地剥夺。

③ 为了简化问题，本文将重点讨论征地问题。至于“拆迁”是一个以性质有点不同的另一种问题。

④ 这是周其仁教授创造的一个概念。

剩余索取权等。《宪法》第十条规定："农村和城市郊区的土地，除由法律规定属于国家所有的以外，属于集体所有；宅基地和自留地、自留山，也属于集体所有"。既然《宪法》规定农村土地集体所有，那当然就意味着村庄内部的每个农民都共同享有土地的这些权益。

所有权和产权结构之所以重要，就在于所有者行使这些权利的最重要特性是排他性的。如果没有"排他性"，产权的激励功能将会变形或消失！但是，任何所有权结构中的各项权益的排他性都不是绝对的、无限制的。土地所有权也不例外，甚至被限制的程度更大。

一种所有权的完善程度，取决于多种因素，包括习惯、惯例、法律制度、政策等。存在各种合理的理由来"弱化"土地所有权的情形：（1）出于"公共利益"之征用；（2）为弱化土地所有者行使产权过程中可能产生的负外部性而进行的"用途管制"；（3）出于"常理"，例如，非所有权人可以通过他人的土地（只要不损害农作物）等。

但是，目前，中国土地管理制度对农村土地集体所有制的弱化已经远远超出了合理的限度，集中体现为：以"征用制度"替代"用途管制"，被滥用的征用权大于所有权的制度安排。

（一）以"征用制度"替代"用途管制"

对土地所有权结构中的各项权利的限制，可以统称之为"用途管制"。"土地用途管制"是各国普遍实行的一种制度。虽然各国的具体管制方式有差异，但"土地用途管制"的基本含义是土地所有权和土地使用权的行使不能给社会公共利益和他人造成损害，因而目标是共同的，即基于维护社会的公共利益而对土地产权的限制。

发达国家对土地用途的管制策略和方法主要有土地使用分区、规划许可、征收、限制等。其中，土地利用区分是土地用途管制的基础，是运用最广泛的方法。

在土地分区的基础上，再对土地的利用进行具体的限制和保护。例如，美国、日本、中国台湾地区，通过计划定农地保护区、控制农地向非农地转化等法律和政策来建立农地保护制度。在台湾地区，土地使用分区计划把土地使用的基本方向和主要用途分为特定农业区、一般农业区、工业区、乡村区、森林区、风景区等。某一地块一经编为某种用途之用地之后，不得任意变更它用。在日本，全国之土地分为都市区、农业区、森林区、自然保护区和自然公园区（潘科、陆冠尧：2005）。

但是，要特别注意的是：发达国家对农地向非农地转化的控制并不完全是通过"征用"来实现的。因为"征用"属于对原来所有权的直接的、彻底的否定，因而，严格限于只适用于“公共利益”。而且，对于适用于“征用条款”的“公共利益”有严密的界定，特指出于非营利目的之土地用途。例如，美国对出于“公共利益”的征地范围具体限制在旧城区改造、公立大学、修建公园、道路、车站、军事设施等；加拿大把征地范围限制在交通、能源、水利、环保、市政、文物保护、学校、医院等。即便是符合这一标准，也必须给土地所有者以充分的补偿。

相比之下，我国的《土地管理法》实质上是以“征用”替代“用途管理”，农村土地的非农用化，必须通过国家征收，改变了所有权的性质之后，才能改变用途。

（二）行政权和征用权大于所有权的制度安排

虽然《宪法》规定农村土地归农民“集体所有”，但现行的各种法规却通过使征用权大于所有权的制度安排，架空了《宪法》的规定。其中，最恶劣者当属《土地管理法》。它系统地瓦解了农村土地集体所有权的完整产权结构。

第一，《土地管理法》第六十三条规定“农民集体所有的土地的使用权不得出让、转让或者出租用于非农业建设”。《土地管理法》第二条规定，只有通过征收，农地才能非农用化。这类规定实质上剥夺了自由选择土地用途的基本权利，有违《宪法》第十条出于“公共利益的需要”可征用农土的精神。

究竟什么样的情形才符合“公共利益的需要”？对此问题，《宪法》确实没有做出细致的明确规定。但是，我们可以从发达国家成熟的有关法律制度中获得了较为明确的认识。那就是，最起码所征土地的用途是非营利性质的！

不幸的是，《土地管理法》的上述规定，使地方政府能够随意扩大“公共利益”的边界。对“公共利益”的解释，甚至成为职能部门和主要行政领导自由裁量的权力（周其仁：2012）。这种权力已经演变成了滥用征地权的行政权。

第二，《土地管理法》第四十七条规定：“土地补偿费和安置补助费的总和不得超过土地被征收前三年平均年产值的三十倍”。至于“被征收土地上的附着物和青苗的补偿标准，由省、自治区、直辖市规定”。这一规定使农村集体土地所有权处于一种根本不存在没有讨价还价问题的境地！

土地的不同用途决定着它的价格。农用土地的价格最低，商用土地的价格最高。这是经验常识。但是，《土地管理法》第四十七条却用农业用途的价值来作为补偿非农用化的土地的标准，有何公正可言？

相比之下，发达国家规定：出于公共利益的征用必须给所有者以全额补偿，即按照“财产的市场价值”补偿财产所有者。在征地方面，美国是按征用时市场上的公平价值补偿。这种市场价值，不仅包括征用时的使用价值，而且包括被征用财产的最佳使用价值，即财产因其开发潜力所具有的“开发价值”，体现了对财产利益的保护。

其实，改革开放之前和之初，我国政府在征用农村土地时遵循的也是充分补偿的原则。国家征地的补偿费用不高，但根据被征用土地的数量，对因征地而失地的农民，由国家予以安置。其具体措施，一是“农转非”，农业户籍转为城市户籍；二是把农业劳动力安排到城市企事业单位就业，让他们的生活有充分的保障。这种“农转非”的利益分享机制，使得征地并不会引发多大的社会矛盾，很多农民甚至还盼望国家征地，“把征地当作改变自身命运的机遇”！

现行的征地制度被形容为“要地不要人”。当然，在现实中，不同地区给予被征土地的农民之补偿是有差异的。某些地区，补偿的标准高于30倍，但多数情形却是低于30倍的。

第三，土地使用权一般仅仅限于地上、地表和地下的一定空间范围。根据《宪法》和有关法律的规定，地下矿藏、文物、埋藏物等属于国家，土地使用权人不能因为对土地具有使用权，而认为对上述财物具有权利。

这意味着什么？根据《物权法》《民法通则》《土地管理法》《农村土地承包法》等法律规定，土地承包经营权是指土地承包经营权人依法对其承包经营的耕地、林地、草地等享有占有、使用和收益的权利。但是，一旦地下发现“矿藏”，农民的土地权利自然被剥夺。

诚如有学者指出的那样，《土地管理法》的这些规定是一种“极为精巧”的制度安排。其“巧”就“巧”在为政府的“土地财政”、低成本的城市化和工业化奠定的制度基础（贺雪峰：2013，P3）。但是，我们要注意，这是一种攫取性的制度安排！其本质是征用权和行政权大于所有权。政府，作为一种超经济主体，对土地享有广泛的自由裁量权，控制、处置农村土地，如国家或公共权力机关随意征用或过度使用土地。

三　见证失衡的利益博弈

既然《土地管理法》等制度安排存在如此重大的缺陷，为什么就无法对它们进行修改呢？

其实，这种制度安排已经演化成为特殊利益集团影响下的有意识的制度设计[①]。围绕土地的特殊利益集团相关者居于同一条食物链上，命运息息相关。这个集团的核心力量是开发商、行业主管部门、地方政府的一些主管官员，加上房地产行业协会这类组织，共同构成了该利益集团的中坚力量，某些媒体和学术机

① 我百思不得其解的一个困惑是：为什么重要文件说到“按要素分配”时不列举“土地”？

构则构成了这个利益集团的外围组织。

这类特殊利益集团有多大的巨大能量呢？这从下述三个案例中可见一斑！

<案例1>

影响政策的制定

房地产利益集团左右决策的里程碑是121文件风波。2003年，中国人民银行颁布《关于进一步加强房地产信贷业务管理的通知》（即有名的121号文件），要求通过提高购房按揭首付比例等手段控制房地产信贷业务，遏制房地产市场泡沫。这一文件遭到房地产利益集团的阻击。在房地产业发动的强大政治游说下，国务院不久就发出了《关于促进房地产市场持续健康发展的通知》（国发［2003］18号文），首次将房地产业列为国民经济支柱产业。结果，121文件无疾而终。

对这一风波，被誉为中国房地产业界"思想家"的冯仑①以"市场的力量"为题撰文，陈述说，"市场的显性力量这回顽强地借助媒体的公开管道和媒体外的私下渠道与政府的行业政策制定机构进行博弈，终于使'121通知'变成一朵羞答答的玫瑰"，并断言，"市场的力量决定一切"。

<案例2>

消解既定政策的实施

《中华人民共和国土地增值税暂行条例》规定，土地增值税采取四级累进税率，最低一档的税率为30%，最高一档的税率为60%。

2010年，有学者根据财政部和国税总局的公开数据计算出，近10年来全国已纳土地增值税税额仅占全国房地产开发企业销售额的1.29%。而开发商应缴的土地增值税额应占其楼盘销售收入的15%～30%。按照这样的算法，全国流失的土地增值税高达数万亿元。税务部门与地产商博弈多年，土地增值税有名无实。

---

① 冯仑："市场的力量"，《证券市场周刊》2003年8月16日（第30期）。

<案例3>

抑制对不合理的法律条款的修改

国务院在曾向十一届全国人大常委会第三十次会议提交了土地管理法修正草案，对土地补偿标准做出重大修改，删除了“上有封顶”的补偿规定。这实际上是要打开按市场化原则征收土地的大门。但是，即使是这样一种小小的修改，命运如何呢？当时，这一修正案虽然经过了全国人大常委会会议的初次审议，但最终并未付诸表决。最新版的《土地管理法》也没有修改其第47条。

相比之下，在围绕土地利益的博弈中，作为土地所有者的农民有什么能量呢？根据《中华人民共和国土地管理法实施条例（2011年修正）》，欲使用农村土地的开发商和建设方事先无须与农民进行协商，只需向政府有关部门申请；获得批准后，也只是“会同有关部门拟订征地补偿、安置方案，在被征收土地所在地的乡（镇）、村予以公告，听取被征土地的农村集体经济组织和农民的意见……对补偿标准有争议的，由县级以上地方人民政府协调；协调不成的，由批准征收土地的人民政府裁决。征地补偿、安置争议不影响征收土地方案的实施”（《实施条例》第25条）。

可以说，在这场争夺土地红利过程中，与宪法相冲突的法规和政策一开始就基本上被剥夺了农民进行博弈的权利，沦为地方政府和开发商双方利益博弈结果的被动接受者。即便是在这种不公正的制度安排下，仍然存在大量的违背现行法律和规定的强征行为！对农民来说，如果存在博弈的空间，那也仅仅存在于土地原用途的产值30倍之内的补偿收益！

更可悲的是：面对这种超经济的剥夺，当农民因土地征用而与政府发生纠纷时，不可能通过任何法律的方式获得解决，没有司法的救济渠道！于是，农民就只有走向上访的道路，虽然上访几乎也不会有什么结果！

这种博弈的结果是可以预见的！土地是农民的命根子，是他们赖以生存的根本；但是这个命根子却被别人掌握着，遇上强权强征强拆，他们只能以命抗争。

人们对农民在征地过程中的各种行为颇有微词。这类行为包括“种房子”、密度超常的种植、以各种理由对在建项目的阻碍、自焚的过激行为，等等。这类不良行为是农民天生的禀性吗？不是！是不良的制度安排侵犯农民的正当土地权益，迫使原本温顺的农民以表面上“贪婪”“狡猾”的行为方式来谋取最大利益。

四　对为征地制度辩护的某些观点的质疑

有学者对目前的征地制度进行了集大成式的辩护（贺雪峰：2013）。这种辩护认为，通过征用进行土地非农用化的管制，从而实现“土地公有，涨价归公”，是中国“土地制度的宪法秩序”；虽然其中也存在某些有待改善之处，但不存在根本性的问题，土地制度的主体是“相当合理，甚至极为精巧”。他的主要论据可归纳为三点：

第一，中国早就消灭了土地私有制，土地本来就不是农民的，“农民只有土地承包经营权，没有土地所有权，更没有将土地非农使用的权利”（贺雪峰：2013，P144）。这种征地制度根本就不存在损害农民合法权益的问题（贺雪峰：2013，108）。

第二，土地因改变用途而产生的红利，是政策和自然因素（区位）使然，农民对此并没有什么贡献，“农民得到一小部分土地增值收入，地方政府得到大头”的分配方案是合理的（贺雪峰：2013，P139），有效地防止了食利阶层的出现。更何况“政府低价从农民那里征地，高价卖地本身是合乎市场经济规律的”（贺雪峰：2013，P103）

第三，这种制度是中国模式的核心组成部分之一。土地财政的存在和发展使得地方政府有钱进行良好的城市环境和基础设施建设。强征制度降低了城市化和工业化的成本，构成“中国制造”的坚实基础。任何试图扩大农民土地权益的改革，只会断送中国社会经济发展的前途！

我不同意上述观点。我认为，这里还需要澄清几个问题。

第一个问题：农村土地究竟归谁所有？

之所以还要对这一问题做讨论，一是因为还有部分学者和官员认为“土地本来就不是农民的”，而是国家所有的（贺雪峰：2013，P141；文迪波：1987）。二是政府可随意征地的普遍现象，甚至于让部分农民的认识都发生了混乱。

高飞（2008）基于全国10个省30个县1799个农户的抽样调查数据，发现：41.91%的农户认为土地所有权属于国家，29.57%的农户认为土地所有权属于村集体，6.23%的农户认为土地所有权属于村民小组，17.62%的农户认为土地所有权属于个人。另据国务院发展研究中心课题组针对669个农户的调查结果，认为土地所有者是村集体和国家的比例分别是40.6%和44.7%，另有14.7%的受访者说不清土地所有权的归属（张云华、罗丹等：2011年）。

有学者根据这类调查结果，认为这类现象证明“我国农村土地所有权虚置问题十分严重”（孔祥智、刘同山：2013）。在这里，我要再次重申我的观点：真相也并不是“所有者虚置”，而是现行的某些法律和政策不断侵犯农民的土地集体所有权的产物。这种剥夺性的制度安排，使农民自己也搞不清农村土地究竟是谁的！这不是产权不清的证明，而是对随时可能被剥夺的一种认知。这真是一种悲剧啊！

现回头再来看“土地本来就不是农民的”的学者观点。

从纯理论上说，所有权的起源，或者说获得所有权的正当基础是：对无主物的先占原则；劳动所得；通过正当的交换所得；通过继承所得。新中国农民对土地所有权的获得比较特殊。早在第一次国内战争时期，中共就把改革封建土地制度、平分土地的主张，作为号召农民参加革命的有力政策。抗日战争时期，将平分土地的政策调整为“减租减息”。随着解放战争的到来，中共中央于1946年发出《关于土地问题的指示》，宣布坚决支持和保护农民从地主手中获得的土地，实现“耕者有其亩”；1947年9月的全国土地会议通过了《中国土地法大纲（草案)》，规定：“(一）废除封建性剥削的土地制度，实现耕者有其亩。(二）废除一切地主的土地所有权。(三）废除一切祠堂、庙宇、寺院、学校、机关及团体的土地所有权。”于是，土地改革运动之火燃遍各解放区。

可以说，正是土地改革运动，奠定了中国共产党最终获得政权的核心基础。中国农民的土地所有权是以生命为代价，跟着共产党“打天下”成功而得到的。这种所有权的获得，在中国共产党执政的中国难道还不具有最坚实的基础吗？虽然新中国成立后，农村土地制度经历了各种改革，从农民的个人所有制演变为集体所有制，但农村土地的农民所有制一直没有根本改变！这在《宪法》中也有明确的规定。

不错，正如某些学者所强调的，单户农民承包的只是土地的经营权和使用权。但是，也许这些学者忘记了这样一个事实：作为某一村庄的农户，这个农户也是共同所有者之一！为了说明这一点，我们需要进一步思考一下，农村土地的集体土地所有权宣究竟属于哪种类型的公有制？

一般来说，我们把公有制分为两种基本类型——国有制和集体所有制。其实，这两类公有制的性质存在很大的差异。在这里，分辨出“谁有权使用某物，谁有权从此物中获益，谁有权控制别人接近此物”这三者之间的区别是至关重要的。按照布罗姆利的解释，在“国有财产”中，“个人有责任遵守控制机构或管理机构制定的使用或进入规则。机构有权利制定使用或进入规则”。至于我们这里所说的“集体所有制”的财产，“集体”的成员是“共同所有者”“有权利排斥非组织成员，且非组织成员有责任服从这种排斥”，集体中的个人在关于所有物的使用率和维护方面既有权利，也有责任。(布罗姆利：1996，P243)

依此而论，我认为，周其仁教授把农村土地集体所有制称之为“地缘化的公有制”，是非常恰当的。这种集体所有制决然不同于另一种公有制形态——“全民所有制”。我们不能把思考原来的“全民所有制”（即现在的国有企业）的思维方式类推到农村集体所有土地的分析中来。农村土地虽然是公有制的一种形态，但“集体所有”并非全民所有！

第二个问题是土地增值收益如何分配才是合理的？

农民拥有《宪法》规定的土地所有权，这一事实当然不能作为土地增值收益应完全归农民所得的充分必要条件。这在国际经验中也可以找到各种实践的证据。但是，我们也不认同目前农民得“小部分”的分配方案是合理的主张。

关于利益相关者在这种因土地用途改变而产生的土地红利中分配状况，我们虽然没有系统的可用数据，但仍然可以从局部的数据和案例中可见一斑。一组被广泛引用的数据是：被征用土地收益的分配格局大致为地方政府占20%～30%，企业占40%～50%，村级组织占25%～30%，农民个体仅占5%～10%。

另有研究表明：在我国35个大城市的土地征收—出让过程中，政府和农村集体之间在土地出让金收益分配中的比例大体上是17∶1；最高的华北地区平均为28.1∶1，最低的华南地区为10.5∶1（沈飞，朱道林：2004）。虽然最近几年，农村集体和农户获得的收益得到提高，但从各种可获得的案例来看，农村集体和农户仍然是非常低的，所获比例是最小的（廖洪乐：2007；王景新：2004）

集大成式辩护的学者之所以认为这种方案合理，除前面所述的理由之外，还有一个具体的理由。那就是，按土地原产值30倍补偿已经是很高的标准，而且可以推断农民内心是满意的。他比喻说，“以前种10亩田，一年收入1万元，征地10亩田的补偿可以达到30万元。就是说，未来30年不用劳动，每年就可以得到1万多元收入，这当然很好。而且，因为不再从事农业生产，就可以外出务工经商。”（贺雪峰：2013，P122）。

请读者思考一下这样一个问题：虽然每年的土地收益较小，但是，如果其使用期是无限的，它的收益是多少？

第三个问题：所有的法律规定都是天然合理的吗？

诚如某位教授所言，现行的法律制度没有将土地非农使用的权利归属农民。但是，我们可以把借此作为被泛化运用的征地制度辩护的合理基础吗？可以推断这种征地制度根本就不存在损害农民合法权益的问题吗？

按照法学界的说法，法有“良法”与“恶法”之分。工业化和城镇化会导致大量的农村土地非农用化，是客观的必然现象。但是，我们只能选择目前这种模式吗？英国历史上的“圈地运动”也是通过法律进行的，为什么受到马克思的批判？

五　希望之路：改革

没有人能否认，目前这种土地管理制度安排对中国“增长奇迹”所做出的巨大贡献（吴次芳 、谭荣、靳相木：2010）。但是，这种“贡献”是建立在对农民的不公平对待的制度基础上的。可以说，农村土地的产权被搅得最乱，市场化程度最低，也是社会矛盾的最大焦点。是彻底改变对农村集体土地所有权的漠视的时候了！

目前，农民是新旧体制混合的最大受害者，但围绕着土地利益的是最强势的既得利益集团，都想分享土地红利。在这种背景下，三中全会《决定》强调“赋予农民以更多的财产权益”①，实属不易。事实上，必须以系统的土地制度改革为基础，才能实现三中全会《决定》改革的目标。

第一，重新系统地修订《土地管理法》《城市土地管理法》等。

有关土地的法规，保证农民能稳定长期地占有和使用土地，使农民能够真正行使他们的土地所有权。

在2011年27日中央农村工作会议上，时任国务院总理温家宝强调：“土地承包经营权、宅基地使用权、集体收益分配权等，是法律赋予农民的合法财产权利，无论他们是否还需要以此来做基本保障，也无论他们是留在农村还是进入城镇，任何人都无权剥夺。”

我认为，这可以作为土地制度改革的一项基本指导思想！现在的关键问题是：各项相关法律都规定和承认农村土地归“集体所有”这一核心事实，但是，它们的其他限制性条款却背离了这一核心条款，造成行政权和管理权大于所有权的格局。

我们已经看到：如果不修改现行的有些法律和政策规定，政府实际上是在“依法”剥夺农民的土地所有权益，也不可能实现三中全会《决定》改革农村土地制度的目标②！

对于农村土地所有权改革，有三种观点：私有化；国有化基础上的租佃制；集体所有制基础上的改革。我本人赞同最后一种观点。但是，如何在土地集体所有的基础上建立一种有效率的产权制度？我认为，可能借鉴中国历史的经验，确立一种这样的制度安排：最终所有权属于村社“共同体”所有，而使用权及其附属权利归农户永久性持有。

中国历史经验的案例：明清时代，农村社会自发地形成一种“田底权”和“田面权”相结合的土地制度。“田底权”就是最终所有权（相当于产权经济学

---

① 《决定》这方面较为具体的有三点：（1）赋予农民对土地承包经营权抵押、担保权能等财产权利（第20条）；（2）农村集体建设用地和城市建设用地可同地同权同价（第11条）；（3）“慎重稳妥推进农民住房财产权抵押、担保、转让”（第21条）。

② 《决定》这方面较为具体的有三点：（1）赋予农民对土地承包经营权抵押、担保权能等财产权利（第20条）；（2）农村集体建设用地和城市建设用地可同地同权同价（第11条）；3）“慎重稳妥推进农民住房财产权抵押、担保、转让”（第21条）。

所有说的“占有权”)，归土地的最初所有者所有；“田面权”相当于使用权，归租户所有；在此基础上，形成了一种复杂的、能有效适应市场的产权结构（江太新：2011）。

第二，重建“村委会”的内部治理结构。

法律已明确规定，“村委会”或村民小组是农村土地集体所有的所有权法人。但在实践中，“村委会”具有“政社合一”的性质，承担着“双重代理”的角色：一方面，它是政府在乡村的一分子，履行政府的某些行政管理职能；另一方面，它是农村土地的法定代表和农民利益的代言人。前一个角色，使“村委会”往往具有“亲政府”的偏好。一旦这种偏好与农民集体利益发生冲突时，“村委会”经常会背离它作为农民集体利益的代表的角色，由此衍生出严重的“委托人— 代理人”问题。

在现实中，村委会干部掌握相当大的处置权，由此衍生出委托人—代理人问题，突出地表现为决策独断、分配随意、监督不善。这类问题的恶化在很大程度上是村委会政社合一的双重角色的必然结果！这一问题在征地过程中体现最突出。征地的实情表明：“村委会”、用地单位、地方政府容易达成利益共识，利用征地制度的缺陷和隐瞒信息的行为，竞逐土地利益，而农民只能被动接受失地补偿（王培刚，2007）。

其实，只要制度安排得当，这种代理问题是很好解决的。每个村社的人口和户数是非常有限的，且农民对本村社的土地状况是非常了解的。每个村庄或社队的户数规模都是非常有限的，其内部法理结构的复杂程序绝对不会超过股票上市公司！

第三，要充分信任农民的理性。

我赞同的改革方案是：最终所有权属于村社“共同体”所有，使用权及其附属权利归农户永久性持有，可继承和交换。

可以预想，这种制度安排会受到两种反对意见：一是容易产生失地农民；二是无法改变土地“碎片化”的局面。在我看来，只要把土地的使用权确权到户并得到法律的健全保护，这两种当心都是不必要的，至少没有必要认为会出现严重的另类问题。我们要信任农民的理性计算。他们是最精于计算的群体之一。

先说对“失地农民”的担心。工业化和城市化本身就在大量制造出失地农民。据估计，第一个数据是，20 世纪 90 年代以来，由于工业化、城市化过程中大量农用土地转为非农用地，全国每年至少有 300 万农民成为失地农民。第二个数据是，据不完全统计，到 2004 年，全国的“三无农民”已达 4000 多万人，有 60% 的失地农民生活处于十分困难的境地（黄抗生，2004）。现在累计的失地农民可能已达 4000 万～5000 万人，已成为很庞大的社会群体，其中完全失去土地、没有工作的农民至少在 1000 万人以上，占失地农民的 20%。注意：这些失地现象，大部分不是农户自愿选择的结果。

我们可以合理地猜想，如果土地归农户永久性保有使用权，只有两种基本的情形，会出现“失地农民”。一种情形是因天灾人祸而陷入生活绝地者。第二种情形是自己已经有较为稳定的非农收益来源且已离开农村者（或者说已实现真正的城市化者）。随着农村社会保障制度的完善，第一种情形会消失。至于第二种情形，社会无须为其担忧。

再说土地“碎片化”问题。这种现象确定严重存在（孔祥智、刘同山：2013）。这一问题源于最初的改革方案，在某些地方又因曾经一度实行与农户人员增减挂钩的“调整”而得到强化。

如果存在土地使用权的交易市场，如果农户在符合用途管制之下通过交换土地而使各自的土地连成一片可使双方实现互利共赢，那么，难道农户不会进行这种交易吗？

当然，我还不至于天真地认为，只要在法律上让农户保有永久性的使用权，所有的问题就可以自然地解决。我想强调的是，以此为基础，主要问题的解决就有了一个公平的制度基础。

第四章　健全城乡发展一体化体制机制[①]

党的十八届三中全会指出，城乡二元结构是制约城乡发展一体化的主要障碍，必须健全体制机制，形成以工促农、以城带乡、工农互惠、城乡一体的新型工农城乡关系，让广大农民平等参与现代化进程、共同分享现代化成果。这一论断顺应我国经济社会发展趋势，是近年来统筹城乡发展方略的深化和升华，是新时期解决“三农”问题的基本思路，是实现全面建成小康社会宏伟目标和建设现代化的重大战略部署。

一　城乡发展一体化是经济社会发展的必然趋势

城乡发展一体化是经济结构转型的必然要求。建设现代化的过程就是从传统农业社会向现代工业社会转型的过程。发展经济学二元经济理论认为，由于传统农业部门存在边际生产率为零的剩余劳动力，在城乡预期收入差异下，劳动力会向预期收入高的现代工业部门转移。这决定了工业化的前期必然以现代工业部门扩张为主，通过提供就业、共享设施、文明辐射、要素流动等途径，吸纳传统农业部门剩余劳动力。当工农数量的转换超过“粮食短缺点”后，农业剩余劳动力被现代部门吸纳殆尽时，社会劳动力在工农两部门间的分配将由竞争性工资水平决定。这时，农业部门要加快推进现代化进程，通过提高生产率，继续为工业部门提供产品和要素支撑；工业部门要加大对农业的反哺和改造，使之转化为现代部门，实现工农业的共同现代化。由于长期以来的城乡分割，我国农业部门释放劳动力的潜力和工业部门吸纳农业剩余人口的能力均较低，在一定程度上抑制了农业现代化和工业化进程，阻滞了工农城乡的深度融合。实现经济结构转型升级，必须改革城乡二元体制，促进人口和要素在两部门间合理流动，实现农业与工业的协调联动发展。

城乡发展一体化是社会结构转型的必然要求。建设现代化的过程也是从传统农村为主的社会形态向现代城市为主的社会形态转型的过程。伴随经济的快速发

---

① 本章作者彭建强，供职单位系河北省社会科学院。

展，西方发达国家在完成经济结构转型的同时，曾出现了失业、犯罪、城市病等很多社会问题。发达国家主要采取健全城乡社会保障制度、就业制度、公共资源配给制度等措施，提高社会整体福利，解决转型期城乡各种社会问题，实现整个社会形态的转型。近些年来，我国城乡人口流动加剧，但在现有户籍制度下，农村人口的长期外流将产生两方面影响：一是大量农村人口涌入城市，加剧城市就业、交通、住房等公共资源的供给紧张，如果处理不好，很容易产生城市发展综合征；二是农村青壮年人口的外流，容易造成农业生产缺人手、农民老龄化以及农村“三留守”问题，如果不能有序引导人口合理流动，会极大地削弱农村发展活力，使农村发展陷入落后恶性循环圈。因此，只有通过城乡一体化发展，实现城乡社会转型与经济转型同步，才能妥善解决城镇化进程中出现的各种社会矛盾和问题。

城乡发展一体化是实现全面现代化的必然要求。在整个现代化过程中，工业化和城镇化是现代化的主要动力和实现途径。综观世界发达国家现代化进程，基本都经历了以乡育城、城乡分离、城乡对立、城乡一体的发展历程。在工业化初期，为了快速完成工业发展所需的资本原始积累，主要依靠攫取农业剩余价值支持工业和城市发展。进入工业化中期以后，普遍加大对农业农村的反哺力度，消化吸收农业剩余人口，缓和城乡关系，化解城乡矛盾，促进城乡同步发展，实现城乡一体化。目前我国已经进入工业化中期阶段，但是由于工农城乡发展失衡，农业比较效益依然低下，农民收入水平依然较低，农村各项事业发展依然落后，必须从根本上加大统筹城乡发展力度，努力缩小城乡差距，促进一体化发展，实现城乡共同繁荣和经济社会的全面现代化。

二　加快构建新型农业经营体系，积极推进农业现代化进程

改革开放以来，随着家庭联产承包责任制的实行，我国农业综合生产能力稳步提升，农业生产实现了由长期短缺向总量平衡、丰年有余的根本转变。但随着经济的发展，城镇化、工业化的快速推进，传统农业经营体制与经济发展不协调问题愈发突出，需要创新农业生产经营方式、构建新型农业经营体系满足经济社会发展的内在要求。

构建新型农业经营体系是切实增强农业综合竞争力、加快建设现代农业的客观需要。我国是一个人多地少的国家，目前农村人均耕地面积仅有 2 亩左右，农户经营的土地规模偏小、地块细碎、分散，极大限制了先进生产手段在农业中的应用，阻碍了农业劳动生产率和农产品商品率的提高，难以抵御各种自然风险和市场风险。近年来，随着农业生产成本的不断提高，农业的比较效益呈现下降趋势。据统计，2012 年全国农民人均 7917 元的纯收入中，来自耕地经营（种植

业）的比重仅占26.6%（2107元）。传统的“一亩三分地”收益对农民吸引力越来越小，大量农民转移到非农产业和城镇就业，留在农村务农的年轻人越来越少，农业生产人员老龄化、后继乏人问题日益突出。中国人民大学的一项调研显示，我国从事农业劳动的人平均年龄达到57岁，广大农村面临“613899”留守的窘境。“谁来种地”“怎样种地”成为摆在我们面前的现实问题，也成为影响国家粮食安全的突出问题。

构建新型农业经营体系是实现农业现代化与城镇化协调发展、稳步推进“人口城镇化”的客观需要。城镇化是我国未来经济发展的引擎和动力所在，而城镇化发展是与农业现代化发展紧密联系、相辅相成的。直观上看，城镇化就是农业人口转变为城镇人口的过程，减少农业人口需要通过构建新型农业经营体系、更大程度地解放和转移农村富余劳动力来实现。受城乡二元结构制约，我国进城农民大部分处于“半城镇化”状态，近年来部分地方甚至出现“逆城镇化”潮流，进城农民一方面担心城镇生活带来的高成本和不确定性，对进城落户犹豫不决；另一方面担心土地流转会使其丧失承包权和家乡的生存权，对土地流转十分谨慎。据有关部门统计，到2012年年底，我国仍在耕地上从事农业生产经营的农民家庭约1.9亿户，农业生产规模小、投入劳动力多的问题依然十分突出。传统农业生产经营关系束缚农业生产力发展的同时，也束缚了农业劳动力和农村人口向城镇转移的步伐，阻碍了城镇化的快速发展进程。

新型农业经营体系具有集约化、专业化、组织化和社会化四个主要特征。集约化是指要切实转变以往粗放型的农业发展模式，以高产、优质、高效为基本目标，加强土地资源、水资源、动植物资源等有效保护和集约利用，遵循自然发展规律，实现人与自然和谐共处，着眼子孙后代，促进农业的可持续发展。专业化是指改变目前“兼业化”普遍的生产局面，应用现代化装备和科学技术加快对现有农业生产条件和劳动者的改造，彻底转变传统农业人工耕作为主和靠天吃饭的生产格局，大幅提高农业劳动生产率，切实增强农业的产业竞争力。组织化是指改变当前分散经营局面，以利益联结为纽带，引导农业生产经营或服务主体之间加强横向联合和合作，提高农业产业链的分工协作水平和纵向一体化程度，形成联系紧密、分工合理、互助合作、互惠共赢的农业经济联合体，增强抵御各种风险能力。社会化是指围绕农业家庭经营这一基本经营制度，加快构建以公共服务机构为依托、合作经济组织为基础、龙头企业为骨干、其他社会力量为补充、公益性服务和经营性服务相结合、专项服务和综合服务相协调的新型农业社会化服务体系，为农业产前、产中、产后提供全面的社会化服务，实现农业大生产与社会化大生产的有机结合。

构建新型农业经营体系的核心是创新农业生产经营方式，大力培育发展新型农业经营主体。党的十一届三中全会开启的农村改革，实现了土地所有权与承包经营权的“两权”分离，党的十八届三中全会再把经营权从承包经营权中分离出来，这是农村改革理论和实践上的又一重大突破。推进家庭经营、集体经营、合作经营、企业经营等共同发展的农业经营方式创新，能够有效推动实现农民土地承包经营权设置，形成以所有权、承包权、经营权“三权并行分置”为特征的新型农地制度。要加快培育专业大户、家庭农场、农民合作社、农业产业化龙头企业等新型农业经营主体。在家庭经营的基础上，通过土地流转，促进农业实现适度规模经营。

构建新型农业经营体系，推进农业规模经营还必须紧密结合国情实际。土地经营规模要与城镇化进程和农村劳动力转移规模相适应，与农业科技进步和生产手段改进程度相适应，与社会化服务水平相适应，并充分考虑地区差异，自然经济条件、生产费用投入、农业机械化水平等因素，并不是土地经营规模越大越好。调查表明，在我国，一年两熟区户均耕种 50 ～ 60 亩、一年一熟区户均耕种 100 ～ 120 亩，就有规模效益，农业就具有吸引力和竞争力。实际工作中，要始终坚持依法、自愿、有偿的原则，严禁以下指标、定任务、赶速度等行政方式推动土地流转。流转的土地必须用于农业特别是粮食标准化生产，严禁借土地流转之名搞非农建设，对非农主体参与农地经营可能造成的耕地“非农化”问题要保持高度警惕并坚决予以制止。

三　赋予农民更多财产权利，充分保障和实现农民财产权益

农民财产权利，包括农民的土地承包经营权、宅基地使用权和集体收益分配权，是法律赋予农民的合法财产权利。但在现实中，法律赋予农民的财产权利没有得到完全明确认定、充分保障和尊重，农民财产权利界定仍不清晰，广大农民依据财产权获取合理收益的机会长期被忽视。财产权利缺失极大地制约了农民自身合法权益的全面实现，阻碍了农民收入持续稳定增长，制约了城乡发展一体化进程，已经到了必须做出调整的时候。

赋予农民更多财产权利，是实现城乡居民享有平等发展权利的必然要求。目前，我国城乡居民权利不平等的一个重要体现，就是城乡居民所享有的财产权利不对等。比如，城镇居民购买的房屋具有完整的财产权，可以抵押、担保、买卖，农民自己在宅基地上合法建造的房屋却不具备完整的财产权，不能抵押、担保，也不能出售给本集体经济组织以外的人员。企业获得的国有土地使用权可以用于抵押、担保等活动，而农民拥有的集体土地使用权不能用于抵押、担保等活动。农民对集体资产拥有所有权，但现实中，农民的这一重要权利仍然以一种虚化的状态存在，缺少科学的量化标准和有效的实现形式。财产权利的不足，严重制约了农户财富的培育、积累、扩大，制约了农户财产进入社会财产增值体系、

信用体系、流动体系，造成了农民同城镇居民在经济权利上的不对等，限制了农民自我发展权的全面实现。

赋予农民更多财产权利，是持续增加农民收入的必然要求。长期以来，广大农民拥有的不动产与集体收益分配权只是作为资产形式存在，不能作为生产要素发挥作用，无法转变成能够给农民带来更多收益的资本，农民获得的财产性收入微乎其微。发达国家的经验表明，农村家庭通常要比城市家庭拥有更多的家庭财产（特别是生产性财产），财产性收入是构成农村家庭收入的重要组成部分。2012 年，我国农村居民家庭人均财产性收入仅为 249. 05 元，占农村居民人均纯收入比重仅为 2. 3%。由此可见，当前增加我国农村居民财产性收入具有紧迫性和巨大的现实空间。赋予农民更多财产权利，探索农民财产权利的有效实现形式，可以有效增加农民财产性收入，使财产性收入成为农民增收的新的增长点，进而带动农民收入持续稳定增长，对缩小城乡居民收入差距产生积极影响。

赋予农民更多财产权利，是适应城镇化发展、促进农民放心进城的必然要求。随着我国城镇化进程不断加快，大量农民离开农村进城打工或落户城镇。农民在农村集体组织的承包地、宅基地以及集体收益分配权的确认及有效保障成为一个重要而现实的问题。在农民财产权利的总体认定、具体法律法规和制度保障体系依然缺失的情况下，一方面，进城农民会担心自己在村集体的财产权利被剥夺或受到损害，对集体经济的市场化改革心存疑虑；另一方面，农民进城后其在村集体的财产因无法流转而被闲置起来，不能成为经济增长和城镇化发展的强劲动力，造成大量的社会资源浪费。赋予农民更多财产权利，就是在明确认可农民在集体经济组织中的各项财产权的基础上，允许其在规定范围内有序流转，盘活农村既有的资产资源，解除广大农民进城的后顾之忧，推动城镇化乃至整个经济社会的快速发展。

围绕“怎样”赋予农民更多财产权利，党的十八届三中全会《决定》从多个方面给予了明确部署，指明了改革方向。一是保障农民集体经济组织成员权利，积极发展农民股份合作，赋予农民对集体资产股份占有、收益、有偿退出及抵押、担保、继承权，让农民切实获得集体资产带来的收益。二是充实农民土地使用权权能，赋予农民对承包地占有、使用、收益、流转及承包经营权抵押、担保权能，允许农民以承包经营权入股发展农业产业化经营，使农民依法获得土地股权投资收益。三是鼓励承包经营权向专业大户、家庭农场、农民合作社、农业企业流转，使农民依法获得土地流转收益。四是保障农户宅基地用益物权，改革完善农村宅基地制度，选择若干试点，慎重稳妥推进农民住房财产权抵押、担保、转让，使农民依法获得宅基地和房产转让收益。五是允许农村集体经营性建设用地出让、租赁、入股，实行与国有土地同等入市、同权同价，建立兼顾国家、集体、个人的土地增值收益分配机制，合理提高个人收益，使农民公平分享土地增值收益。六是建立农村产权流转交易市场，将土地承包经营权、农村房屋产权、农村经济组织股权等各类产权纳入到产权交易市场范围，制定和完善农村产权流转交易管理办法，健全产权交易规则和操作流程，推进城乡统一的产权交易平台建设，推动农村产权流转交易公开、公正、规范运行。政府和有关部门要进一步完善上述部署的法律法规和政策措施，稳妥有序地释放农民财产权的经济效益。

四 推进城乡要素平等交换和公共资源均衡配置，破解城乡发展一体化中的深层次矛盾和问题

党的十六大以来，国家出台了一系列强农惠农富农政策，促使工农、城乡关系得到了明显改善，但城乡二元结构矛盾和城乡发展水平差距仍没有得到彻底改变，城乡一体化进程中深层次的矛盾和问题依然存在，亟须建立城乡要素资源合理流动的体制机制，形成城乡良性互动、互促互进的发展格局。

推动城乡物质要素与人口流动相协调。二元体制下，城市具有明显比较优势，受市场机制自发引导，农村资金、土地、人才源源不断地向城市流转，但很少向农村回流，造成农村发展动力不足和面临资源瓶颈。一些研究表明，我国土地城镇化速度远超过人口城镇化速度，导致城乡资源配置不均衡问题进一步突出，无形之中扩大了城乡差距。推进城乡发展一体化，需要引导更多的现代生产要素流向农村，促进城乡要素双向合理流动，促进城乡物质要素与人口协调流动，加快建立土地、资金和人才资源城乡平等交换机制和补偿机制，提高要素配置带来的经济效益、社会效益和生态效益。在城乡土地流转方面，要加快改革征地制度，调整土地出让收益分配关系，按照“取之于地、用之于农”的原则，提高对农民的征地补偿标准和用于农业基础设施建设的投入比重，保护农民土地权益。在资金流动方面，要鼓励发展新型农村金融组织，加强农村金融产品创新，积极鼓励大中型银行开展涉农贷款批发业务、小微型银行开展零售业务，放宽抵押担保范围，建立符合农村实际的抵押、担保制度，完善农业保险制度，破解“三农”发展的资金制约。在劳动力流动方面，要加快形成城乡统一的劳动力市场，大力推进城乡劳动力同工同酬同保障，逐步实现同城同待遇。

加大对农业的反哺支持力度。“工业反哺农业、城市支持农村”是统筹城乡发展的战略举措，而“反哺”和“支持”的能力，取决于工业和城市发展所积累的实力。城镇化和工业化作为经济增长的两大引擎和拉动农村发展的重要支撑，其发展不足客观上削弱了对农业农村发展的反哺和带动作用。推进城乡发展一体化，必须全面提升工业反哺农业、城市支持农村的能力。一是健全农业支持保护体系，从资金投入、价格支持、基础设施建设等方面，完善相关政策机制，

加大对农业支持保护力度，形成支持保护的长效机制。二是改革农业补贴制度，充分发挥农业补贴对提高农业特别是粮食生产能力的作用，补贴资金要重点向种粮农民等粮食生产者集中，切实提高种粮积极性。三是完善粮食主产区利益补偿机制，加大对粮食主产区的财政转移支付力度，使粮食主产区人均公共财力和收入不低于全国平均水平。四是鼓励和引导工商资本到农村发展适合企业化经营的现代种养业，向农业输入现代生产要素和经营模式。

推动公共资源向农村配置。近年来，随着新农村建设的推进和统筹城乡发展力度的加大，农村基础设施和公共服务建设不断增强，新型农村合作医疗、新型农村社会养老保险实现制度全覆盖，覆盖城乡的社会保障体系初步建立。但由于历史欠账较多，农村基础设施建设水准仍明显落后于城市。在城市面貌发生重大变化的同时，农村面貌的改观还不大。特别是，在公共服务和社会福利等方面，城乡还有不小差距。推进城乡发展一体化，必须推进公共资源向农村配置，全面提升农村社会服务水平，让农民共享改革发展成果、平等参与现代化进程。要按照提高水平、完善机制、逐步并轨的要求，大力推动社会事业发展和基础设施建设向农村倾斜，努力缩小城乡差距，加快实现城乡基本公共服务均等化。首先，要大力推进公共服务改革，加快健全农村基本公共服务制度框架，积极调整国民收入分配格局，优先并加大农村基本公共服务投入力度，逐步提高农村基本公共服务的标准和保障水平，加快建设农民幸福生活的美好家园。其次，要制定实施城乡一体的基本公共服务设施配置和标准，提高农村社会保障水平，逐步实现社会保障制度的城乡并轨。再次，要加大对农村的投入力度，切实把基础设施建设和社会事业发展的重点转向农村，把国家财政新增教育、卫生、文化等事业经费和固定资产投资增量主要用于农村，提高农村基础设施和社会事业发展水平。最后，要充分发挥城市公共资源和服务的辐射带动作用，推动城市公共优势资源和服务向农村延伸。

五　完善城镇化健康发展体制机制，以新型城镇化引领城乡发展一体化

城镇化是解决农业、农村、农民问题的重要途径，是推动区域协调发展的有力支撑，是扩大内需和促进产业升级的重要抓手，对全面建成小康社会、加快推进社会主义现代化具有重大现实意义和深远历史意义。当前，我国经济社会发展进入到发展方式加快转变和城乡关系深刻变革的新阶段，城镇化发展面临的基础条件和背景环境正在发生深刻变化。

首先，加快转型成为经济调整和发展的主线。城镇化是经济发展的结果，随着经济社会发展阶段的逐级递进，以外延式扩张为主的粗放型经济增长模式面临

调整，与之相应，过度依赖传统的投资驱动经济扩张的城镇化发展模式面临转型。经济转型升级过程中市场和政府的双重压力叠加，必然对我国未来一段时期内城镇经济发展、就业税收增长、规模空间扩张产生重大影响。

其次，城乡关系“刘易斯拐点”逐步来临。近年来，农村劳动力向城镇转移呈现放缓迹象，招工难、用工荒不时出现，直接表明我国已越来越接近“刘易斯拐点”期，这标志着我国人口红利将大为下降，城镇化的发展将正式进入城乡统筹与城乡一体化的阶段。这一形势下，劳动力成本上升将成为未来城镇经济发展的常态因素，随着城镇生活成本的提高和农村要素收入与社会保障能力的提高，农村人口向城镇流动与转移的动力将不断弱化，城镇化发展的微观动力机制开始发生深刻转变。

新的发展背景和条件下，党的十八届三中全会《决定》所提城镇化就是不同于传统城镇化发展模式的新型城镇化。一般认为，新型城镇化是坚持以人为核心，以新型工业化为支撑，以“四化同步”为动力，以城乡发展一体化为方略，转变城镇化发展模式，全面提升城镇化质量和水平，走集约高效、功能完善、环境友好、社会和谐、大中小城市和小城镇协调发展的城镇化发展道路。与传统城镇化相比，其主要特征表现为人本化、集约化、生态化、集群化和协调化五个方面。人本化是指与侧重土地扩张、投资扩大的传统城镇化发展模式不同，新型城镇化更加关注人口城镇化，注重人民生活质量和社会福利的实质性提升，注重人的全面发展，最终使全体城乡居民共享现代化成果。集约化是指与粗放型、资源掠夺型的城镇发展模式不同，新型城镇化注重集约利用土地、资金、劳动力等各种资源，根据资源环境承载能力，合理控制开发强度、调整空间结构、保护生态环境，增强发展的可持续性。生态化是指与走先污染后治理的发展路径不同，新型城镇化更加强调生态优先，把生态文明理念和原则全面融入城镇化全过程，推进城镇生态服务功能建设，促进城镇化与环境保护的良性互动。集群化是指与孤立的单个城市发展传统模式不同，新型城镇化注重城镇之间的联系和协作，通过区域资源优化配置、基础设施一体化建设，促进大中小城市和小城镇协调发展。协调化是指新型城镇化要求坚持新型工业化、信息化、城镇化和农业现代化同步发展，着力破除体制机制障碍，推动城乡基本公共服务均等化，维护社会和谐稳定，实现城乡、区域、经济社会协调发展。

本质上讲，城乡发展一体化是我国现代化和城镇化发展新阶段，特别是当前推进新型城镇化与城乡发展一体化的要求是高度统一的。党的十八届三中全会《决定》提出健全城镇化健康发展体制机制，将进一步加速新型镇化发展进程，进而更好地带动和引领城乡发展一体化。

新型城镇化对城乡发展一体化的带动和引领作用，主要依靠推动城镇化内涵式扩容来实现。城镇化的核心是人的城镇化，推进城镇化，关键是提高城镇化质量，目的是造福百姓和富裕农民，实现产业发展和城镇建设融合，让农民逐步融入城镇。城镇扩容不是简单的城镇建设的外延式空间规模扩大和人为“造城”，而是在城乡一体化发展框架下，以吸纳更多的农村人口（劳动力）进城为主要内容的内涵式规模化拓展。“扩容”在城镇投资和城镇发展的方向上应主要体现为，通过构建城乡一体的城镇发展体系、完善城镇基础设施和公共服务功能、加快城镇产业转型升级、改善城镇发展环境，提高城镇综合承载能力，接纳更多的农民进城。

推动城镇内涵式扩容重点要做好两项工作。首先，推进农业转移人口市民化，逐步把符合条件的农业转移人口转为城镇居民。创新人口管理，加快户籍制度改革，全面放开建制镇和小城市落户限制，有序放开中等城市落户限制，合理确定大城市落户条件，严格控制特大城市人口规模。稳步推进城镇基本公共服务常住人口全覆盖，把进城落户农民完全纳入城镇住房和社会保障体系，在农村参加的养老保险和医疗保险规范接入城镇社保体系。建立财政转移支付同农业转移人口市民化挂钩机制，从严合理供给城市建设用地，提高城市土地利用率。其次，全面提升城镇建设管理水平。围绕提升综合承载能力，进一步加强公共服务设施和市政设施建设。根据城市资源禀赋，培育各具特色的城市产业体系，增强城市产业承接能力，推进新型工业化、信息化和城镇化的深度融合与互动发展。拓宽投融资渠道，鼓励社会资本参与城镇基础设施投资运营。健全安全质量管理制度，努力打造精品建筑、百年工程。强化精细化管理，拓展数字城管功能，建设智慧城市。坚持科学规划引领，建立健全空间规划体系，保持城市规划的连续性，坚持“一张蓝图绘到底”。

第五章　城市化水平与产业结构演化的国际比较①

一　引言

城市化已经成了中国经济的主推动力。城市化是指随着社会经济的发展，非农人口占总人口的比重不断提高的过程。人口和资本向城市集中，是由于生产要素在空间上的聚集所产生的外部效益，以及城市的先进文化、生活方式等所产生的城市引力。按照我们最新的研究结果，中国在2011—2016年为城市化增速为最高水平，2011年城市化率为51.27%验证了这一判断。这一期间的城市化增长率约为1.4个百分点，城市化率则在51.43%～58.5%之间，此后中国的城市化增速将逐步放缓。采用中国城市化Logistic增长模型预测结果为2015年、2020年、2030年中国的城市化率分别为：57.11%、63.94%和75.86%，可以预测中国2030年将有10.62亿的城市人口，即10亿多中国人生活在城市里。要达到2030年75.86%的城市化率的目标，今后每年要提高城市化水平1.29个百分点，相当于每年有近1900多万人转移到城市来。

一般认为中国的城市化滞后与经济的发展，其中一种认为中国的城市化滞后于国内工业化水平，而另一种认为中国城市化远远滞后于同等收入水平的其他国家。从20世纪90年代开始就有不少学者研究中国的城市化发展水平并认为中国城市化滞后于工业化或其他国家：辜胜阻（1991）[29] 采用IU比、NU比和亚洲模型分析后认为，中国的城市化发展水平滞后10多个百分点。杜辉（1992）[22] 利用工业化与城镇化的偏差分析后认为城镇化滞后于工业化。余立新（1994）[10] 采用钱纳里模型和经济计量模型分析后认为中国的城镇化发展水平滞后约15个百分点。俞德鹏（1994）[11] 利用城市化发展经验数据的“大国模型”得出中国城市化发展水平滞后约10个百分点的结论。付晨（1995）[9] 通过114个国家人均GNP水平与城市化水平的国际比较后认为城市化水平提高

① 本章作者张自然，系中国社会科学院经济研究所副研究员、博士，研究方向：技术进步与经济增长。本章内容参考38个国家和地区数据。

幅度差距为7个百分点。孙立平（1996）［17］采用修正后的人均GDP及其城镇化水平的国际比较后得出中国城镇化发展水平落后于同等发达程度国家13至33个百分点。叶裕民（1999）［13］通过中、日工业化与城市化发展的比较后认为1997年中国的工业化和城市化水平与1965年的日本相比，城市化发展的差距为38.2个百分点。周一星等（1999）［15］通过人均GDP与世界下中等国家及平均水平的比较后认为中国城镇化发展水平滞后12-14个百分点。王茂林（2000）［23］通过工业人口比重与城市化比重国际比较后认为1990年中国城市化水平滞后约17个百分点。孙永正（2001）［16］与同期世界城市化进程相比较后认为中国的城市化水平比世界城市化平均率低12个百分点。而简新华、黄锟（2010）［25］认为中国城镇化水平不仅滞后于国内经济发展水平、工业化或非农化进程，也滞后于国外同等发展水平国家或同样发展阶段的城市化水平。

从上面学者的研究可以发现，中国的学者认为中国的城市化滞后于工业化和其他国家基本在10到40个百分点之间。本人基于38个国家和地区的1976—2011年的城市化与人均GDP和产业结构的数据则发现与以上研究结果不同的地方，城市化和经济发展阶段相适应，什么样的经济阶段和什么样的城市化进程相适应。即考虑城市化发展阶段与人均GDP及产业结构等情况后，中国的城市化可能不一定滞后于经济发展水平，也不一定滞后于相近时期其他国家的城市化水平。

国内有不少学者关于城市化和产业结构方面的论述。库兹涅茨（1989）［26］认为，随着经济发展，产业结构由第一产业向第二、第三产业转换会带动劳动力、资本和居民点向城市转移，从而推动城市化进程。（Henderson（1997）［6］城市所处的规模等级与专门化产业之间存在着稳定的联系。Glaeser（2005）［3］认为城市化的成功与否与它适应产业结构的能力息息相关。张魁伟（2004）［19］认为，产业结构的合理调整对城市化的发展起着积极促进作用。程庆生和李昌中（2004）［24］认为，城市化它表现在生产方式上，就是产业结构的大规模调整，即农业剩余劳动力向各非农产业部门转移。李诚固等（2004）［21］指出，区域产业结构调整与优化极大地促进了城市职能结构、城市化地域形态的转变和城市化进程的加速。陈柳钦（2005）［31］认为产业结构调整与优化是推动城市发展的核心动力，现代城市发展的过程就是产业结构持续优化与升级的动态变化过程。刘艳军等（2007）［12］认为，东北地区中心城市的产业结构调整与升级为区域城市化发展注入新的生长要素。中国经济增长与宏观稳定课题组（2009）在《城市化、产业效率与经济增长》［8］一文中已经利用世界银行1976—2007年的数据探讨了中国城市化规律、世界城市化发展规律和模式以及城市化与产业竞争力之间的关系。本文在此基础上将数据年限延长到1976—2011年，进而考察基于人均GDP和产业结构的中国城市化水平。

二　中国城市化与产业结构典型事实

（一）中国的城市化增长速度很快

以1800年为基期对1996—2012年城市化的Logistic函数分析结果显示中国城市化增长速度为0.0573，远远快于世界平均水平0.01729［28］。大约在2010年底2011年初，即2011年左右城市化增速出现拐点，中国城市化增长最快的区间大约在2011—2016年之间，与中国2010年间城市化率达到49.95%和2011年城市化率达到51.27%的实际情况相符。在此期间的城市化增长率约为1.4个百分点，城市化率则在51.43%～58.5%之间，见图1。此后中国的城市化增长逐步放缓。

按照Logistic增长模型预测，到2015为57.11％，2020年中国的城市化率为63.94％，比李善同、侯永志估计的到2020年中国城镇化水平将提高到60%左右略高，2030年城市化率达到75.86％，比李善同、侯永志估计的2030年为60%～65%高出近10个百分点。

按第六次全国人口普查估计2030年中国人口最多也就14亿人，按照2030年的城市化率75.86%计算，中国2030年将有10.62亿人城市人口，即10亿多中国人生活在城市里。要完成2030年75.86%的城市化水平，按照2012年中国的城市化率为52.57%，今后每年要提高城市化水平1.29个百分点，相当于每年有近1900多万人转移到城市来，这是一个非常庞大的数字。

如果目前的城市化势头保持不变，中国城市化率将在2030年达到75.86%左右还是有可能的，但鉴于中国农村人口占总人口很大的比例，且随着老龄社会的到来等因素的影响，76%可能是中国未来20年城市化发展的顶部，此后城市化水平维持在76%左右一个较长的时期。

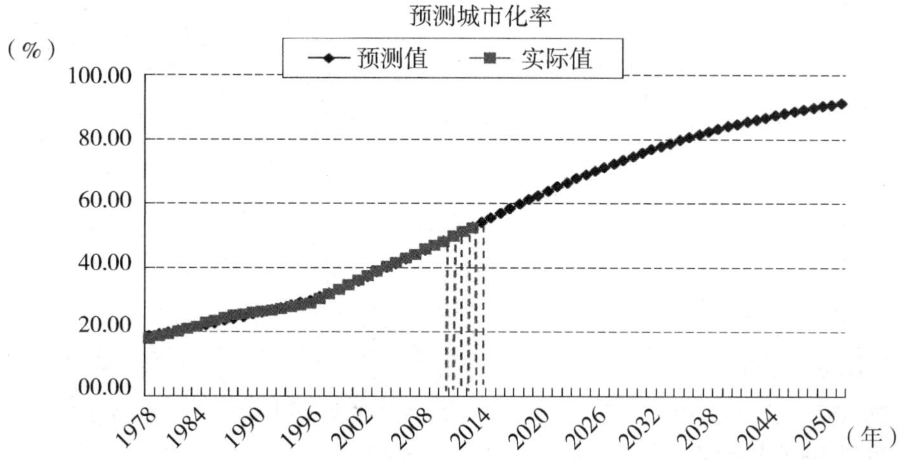

图1　城市化率和城市化率预测1978—2050年（单位%）

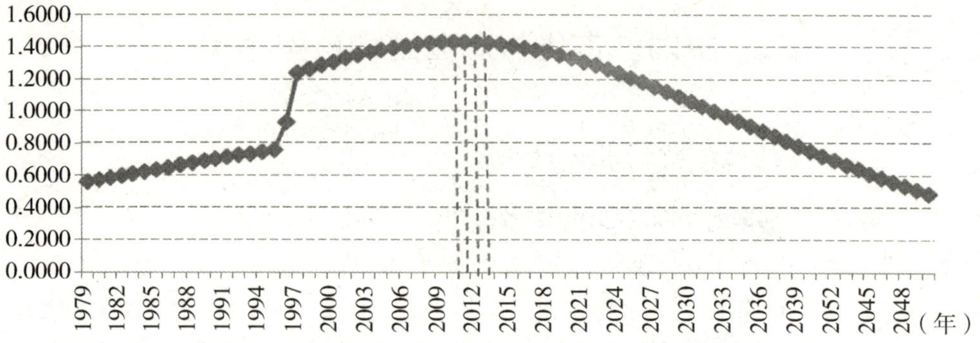

图 2　中国城市化增速预测 1979—2050 年（单位%）

（二）中国城市化正处于加速时期

各国城市化发展的这一规律由诺瑟姆 1975 年总结为城市化发展曲线类似于 S 形曲线，世界城市化具有明显的阶段性，可以分为三个阶段。第一个阶段城市化水平小于 30%，此时城市人口增长缓慢，当城市人口比重超过 10% 以后城市化水平才略微加快。第二个阶段城市化水平在 30%～70% 之间，当城市人口比重超过 30% 城市化进入加速阶段，城市化进程出现加快趋势，这种趋势一直要持续到城市化水平达到 70% 才会逐渐稳定下来。第三个阶段城市化水平大于 70%。此时社会经济发展渐趋成熟，城市人口保持平稳。中国 2012 年的城市化率为 52.57%，城市化进入增速减小的区间，见图 3。

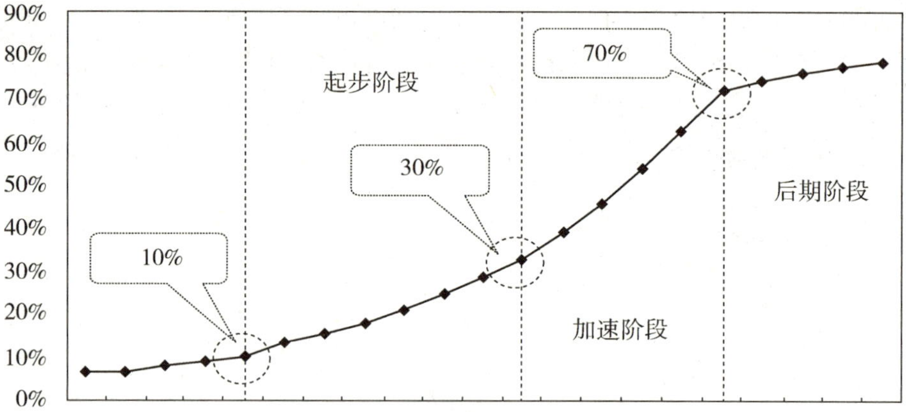

图 3　世界城市化的基本规律

注：该图来源于张平研究员的“宏观政策的有效性和可持续增长路径探索”的演讲稿

中国城市化与工业和服务业的关系

改革开放以来，中国第二产业产值占 GDP 的比重从 1978 年的 47.88%，小幅上升到 2008 年的 48.6%，此后开始逐渐下降，到 2012 年第二产业占 GDP 的比重为45.3%。(见图4)。目前中国第二产业所占GDP的比重接近一半，中国GDP的增长主要还是依靠第二产业的发展。

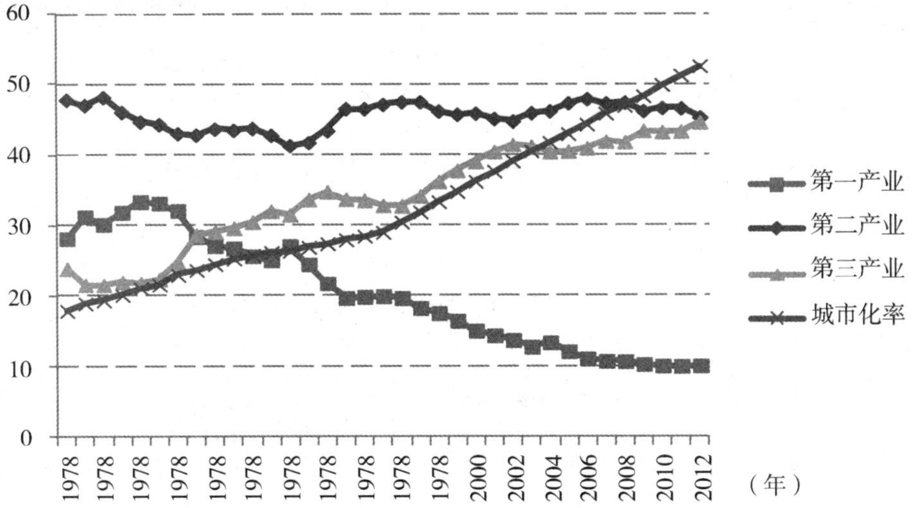

图4　中国三次产业占GDP比重和城市化（单位:%）

注：1978—2011年数据来源于历年《中国统计年鉴》，2012年的数据来源于《中国统计摘要2013》

而中国第三产业产值占GDP的比重则由1978年的23.94个百分点不断上升至2012年的44.6%（见图4），中国的城市化水平也由1978年的17.92个百分点上升到2012年的52.57%。1978年以来中国的第三产业和城市化的上升势头基本一致。在2003年以前，中国第三产业占GDP的比重高于中国的城市化率。2003年以后，中国的城市化率开始高于第三产业与GDP的比重，但城市化率仍低于第二产业与GDP的比重，2009年后城市化进程继续加快进而超过第二产业占GDP的比重。

三　城市化与产业结构的演进关系

一直以来在人们的印象中是中国的城市化水平与世界差距巨大，但我们通过对世界38个国家和地区1976—2011年间城市化和人均GDP进行回归，发现中国和世界平均城市化水平差距为4～6个百分点（考虑人均GDP、工业和服务业之后的差距为11个百分点），中国的城市化水平与世界城市化水平有一定的差距，但差距没有想象的那么大。并且研究发现中国城市化发展与世界城市化发展规律相吻合，即随着人均GDP的增长，城市化水平逐步提高。各国的城市化与人均GDP的关系均符合这一规律。

（一）建模及数据处理

考虑人均 GDP、第二产业占 GDP 比重和第三产业占 GDP 比重的城市化回归方程：

$$urban = c + \alpha_1 \times \ln(pgdp) + \alpha_2 \times (\ln(pgdp))^2 + \alpha_3 \times (\ln(pgdp))^3 + \beta_1 \times IND + \beta_2 * SERV$$

其中 pgdp 是以 2000 年美元衡量的人均 GDP，IND 是工业占 GDP 的比重，SERV 是服务业占 GDP 的比重。

1976—2011 年的 38 个国家或地区的城市化水平，人均 GDP（2000 年的 US dollar），工业占 GDP 的比重，服务业占 GDP 的比重。考察年限是 36 年。数据来源于世界银行数据库①。城市化和人均 GDP 有 1368 个样本。

（二）城市化与人均 GDP 的关系

城市化水平与经济增长之间存在着显著的正相关关系，城市化是推动经济增长的重要动力。国内外学者对城市化与人均 GDP 的关系进行了研究。钱纳里（1988）［30］通过对世界各国的人均国内生产总值和城市化水平进行统计分析，发现城市化水平越高，人均国内生产总值也越高。Henderson（2000）［5］还进一步计算出世界各国城市化与人均 GDP 对数变量之间的相关系数高达 0185。周一星（1995）［14］利用 1977 年 157 个国家和地区的数据进行分析，发现城市化与经济增长之间存在十分明显的对数关系，相关系数达 0.9079。许学强等（1989）［27］根据美国人口普查局公布的 1981 年 151 个国家的资料，利用散点图选配对数曲线，得到城市化水平与人均 GNP 之间存在着对数曲线相关的结论，相关系数为 0.81。高佩义（2004）［32］通过 168 个国家和地区城市化水平及人均 GDP 排序、对比，得出城市化与经济发展间存在双向互促共进关系的结论。成德宁（2004）［20］根据世界银行公布的 2002 年 76 个国家人均 GNP 和城市化率的资料，拟合对数曲线模型，证明了城市化水平与人均 GNP 之间存在着对数曲线关系，相关系数为 0.82。

我们通过对世界 38 个国家和地区 1976—2011 年间城市化和人均 GDP 进行回归，发现各国的城市化随着人均 GDP 的增长而提高（见图 5）。图中还显示，经济增长水平除决定了一经济体的城市化进程外，进入中等收入国家后，各国均有其自主选择城市化的模式。

---

① 相比于 1976—2007 年数据，1976—2011 年城市化数据中日本和芬兰的调整最大，城市化幅度分别扩大了 13.4～21.4 和 10～21 个百分点之间。

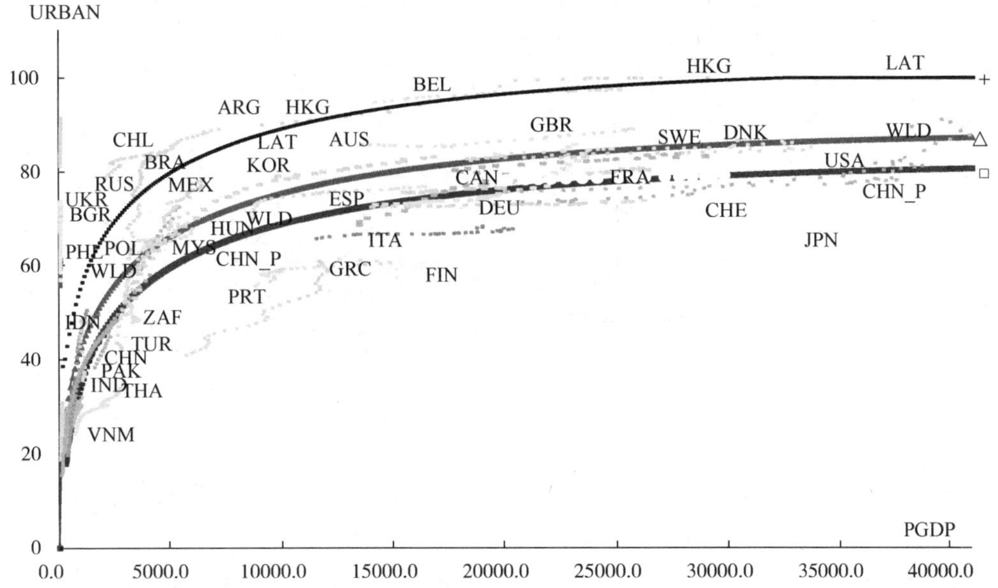

图 5 各国和地区城市化和人均 GDP 的关系

注：(1) 标记为三角形的 WLD、方形的 CHN_ P 和十字形的 LAT 的曲线分别是各国和地区平均、中国和拉美地区的城市化与人均 GDP 的平均回归曲线，其他为其他国家和地区散点图。(2) 1976—2011 年的城市化和人均 GDP 数据来源于世界银行

根据前面城市化与人均 GDP 关系的理论总结，我们用 1976～2011 年 38 个国家或地区的城市和人均 GDP 数据回归得到如下方程：

$$urban = 179.2029 - 76.94887 \times \ln(pgdp) + 11.70941 \times (\ln(pgdp))^2 - 0.497438 \times (\ln(pgdp))^3 \quad (1)$$

t (6.776) (−7.202) (8.455) (−8.588)

R^2 = 0.9774，调整后的 R^2 = 0.9767，F = 1373.943，t 参量均在 1% 条件下显著。模型的拟合优度、方程显著性和变量显著性均良好。

其中中国的固定效应部分为：−5.812。仅考虑城市化和人均 GDP，中国和世界平均城市化水平差距为 6.205。世界平均固定效应为 0.393，拉美平均固定效应为 14.564.

根据各国城市化和人均 GDP 的分析有，我们对世界各国的城市化发展模式总结如下：

一国经济发展阶段和城市化模式选择决定着城市化的水平，各国发展城市化发展模式可以归纳为以下三种：

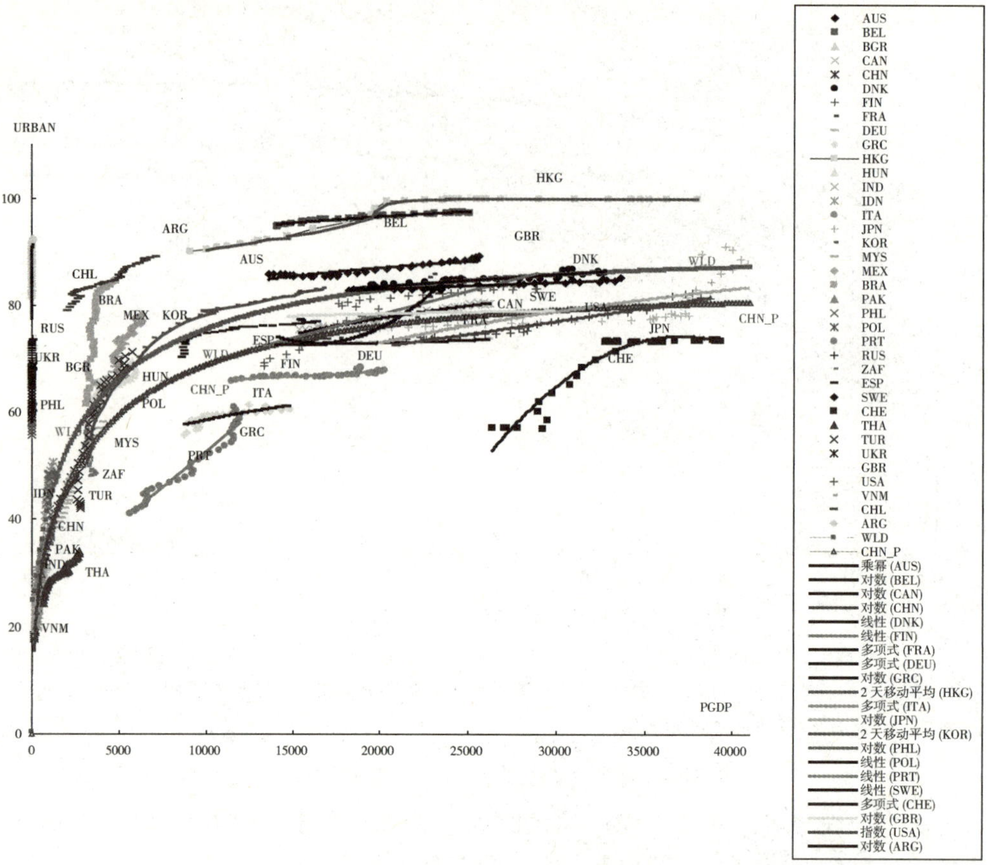

图 6　各国城市化和人均 GDP 的关系图

注：其中三角形标记 WLD 的曲线是各国城市化与人均 GDP 的平均回归曲线；
正方形标记为 CHN_ P 的曲线是中国城市化与人均 GDP 的回归曲线

1. 欧美发达国家一般模式

人均 GDP 超过 1 万美元，城市化水平大于 75 个百分点，包括美国（USA）、加拿大（CAN）。澳大利亚（AUS）、法国（FRA）、瑞典（SWE）、英国（GBR）等。其服务业占 60%～80%，且随着城市化水平的提高而提高。当城市化处于 75% 以上水平的时候，城市化水平保持稳定，服务业继续增长，其占 GDP 的比重也继续提高。而工业占 GDP 的比重逐步降低为不到 30%，工业在经济中的重要性也相应有所下降。欧美国家在工业化发展推动下发展城市，城市的发展推动了工业和服务业的发展。随着城市化和服务业的发展，服务业的发展可独立于工业化的发展，服务业的发展有其独立的发展方式，这样城市化的发展就是以服务业发展为主的。

2．日本和德国模式

这一模式下，人均 GDP 超过 1 万美元，城市化水平处于 58%～75% 之间，包括日本（JPN）、德国（DEU）、意大利（ITA）、希腊 GRC 等。这一模式下工业占 GDP 的比重在 30% 左右，工业在经济中仍然发挥重要作用。日本德国模式下是工业化增长推动城市化水平的提高，从而推动现代服务业的发展；随着城市化水平的提高，利用技术创新不断推动工业生产，并在保持工业不断增长的条件下，发展服务产业。

3．拉美国家模式

人均 GDP 不到 6000 美元，城市化水平很高，大于 75%，包括巴西（BRA）（城市化率为 85%）、智利（CHL）　（城市化率为 88%）、阿根廷（ARG）（91%）、墨西哥（MEX）（76%）等。这一发展模式下服务业的发展很不均衡，服务业占 GDP 的比重在 50%～70% 之间，工业发展水平相对较低（占 GDP 比重在 25～50 个百分点之间）。在相同 GDP 水平条件下，拉美国家选择高于世界平均水平以上的城市化模式，人均 GDP 在 3000 美元以上就快速城市化，2011 年拉美地区人均 GDP 平均为 6071 美金，城市化水平平均高达 85%，与高收入国家（人均 GDP 近 4 万美元）城市化率一样都很高。拉美国家依靠其丰富的资源发展资源产业，以此推动城市化的发展，从而推动了服务产业的发展。

其他暂且可以称为新兴市场国家模式，这一模式人均 GDP 较低，不到 5000 美元，城市化水平低于 75 个百分点，这一模式是指城市化和人均 GDP 尚处于发展之中，还没有达到上述三种模式的发展水平。包括中国 CHN，波兰 POL，土耳其 TUR，俄罗斯 RUS（72%），乌克兰 UKR（67%），保加利亚 BGR，马来群岛 MYS，印尼 IDN，印度 IND，菲律宾 PHL，泰国 THA，越南 VNM，巴基斯坦 PAK 和南非 ZAF 等国家和地区。美欧模式和日德城市化模式基本是工业和服务业分别良性发展，工业和服务业彼此促进，具有外溢效应（仅匈牙利的服务业和工业对城市化的拉动作用不太明显，但其城市化、工业和服务业发展水平均较高）。而拉美模式的工业和服务业对城市化的拉动作用有限。而新兴市场国家的城市化模式，除土耳其工业和服务业同时对城市化拉动作用较大，中国仅工业对城市化有较大的拉动作用外，其他新兴国家的城市化与工业、服务业及工业和服务业的关系不太密切。

以上主要的三种模式中，欧美模式和日德模式都是典型的发达国家模式，城市化水平比较高，工业和服务业均高度发达，服务业与工业互动发展或者独立发展，并同时推动或拉动城市化水平的提高。而拉美模式因其“中等收入陷阱”（世界银行，2000）而不应成为中国仿效的对象。

（三）城市化与人均 GDP、工业和服务业

城市化与人均 GDP、工业和服务业的样本数为 1248 个。

$$urban = 177.8327 - 80.78191 \times \ln(pgdp) + 11.34538 \times (\ln(pgdp))^2 - 0.47675 \times (\ln(pgdp))^3 + 0.550231 \times SERV + 0.491464 \times IND \quad (2)$$

t　(7.512)　(-8.443)　(9.016)　(-8.935)　(18.076)　(12.866)

R^2 =0.983，调整后的 R^2 =0.982，F=1691.654，t 参量均在 1% 条件下显著。模型的拟合优度、方程显著性和变量显著性均良好。

其中中国的固定效应部分为 -11.403。考虑了工业和服务业后，中国城市化与世界平均水平差距为 11.834。世界平均固定效应为 0.430，拉美平均固定效应为 12.975.

（四）城市化与工业的关系

城市化和工业化呈阶段性特征，即在工业化初、中期，人均 GDP 和城市化水平还不高，城市化水平随着工业的发展而提高，城市化水平与工业化呈正的相关性；在工业化中、后期，随着人均 GDP 的提高，人们对服务业的需求增加，服务业在 GDP 中所占比重也呈上升趋势，工业占 GDP 的比重则降低，而此时城市化水平仍然逐步提高，城市化与工业化呈现负相关的特征，这一点从城市化与人均 GDP 和工业的回归方程式①和图 7 可以看出。在工业化初、中期，工业化进程带动了城市化的发展，从而推动服务业的发展，此时人均 GDP 较低，例子有中国、泰国、印尼、越南、巴基斯坦和马来群岛等发展中国家和地区。工业化中、后期，人均 GDP 逐步提高，人们对服务业的需求也越来越多，服务业占 GDP 的比重增大，服务业逐步占 GDP 较大的份额，服务业成为城市化水平提高的主要推动力量，而与此同时，工业占 GDP 的比重逐步下降，从而出现城市化与工业化进程相反方向变化的情况。

城市化和工业呈阶段性特征：即在工业化初、中期，人均 GDP 和城市化水平还不高，城市化水平随着工业的发展而提高，城市化水平与工业呈正的相关性；在工业化中、后期，随着人均 GDP 的提高，人们对服务业的需求增加，服务业在 GDP 所占比重也呈上升趋势，工业占 GDP 的比重则降低，而此时城市化水平仍然逐步提高，城市化与工业呈现负相关的特征。

1. 考虑人均 GDP 且工业呈线性相关

城市化与人均 GDP、工业和服务业的样本数为 1098 个。

① 其回归方程为：$IND = 214.672 - 90.864 \times \ln(pgdp) + 14.500 \times (\ln(pgdp))^2 - 0.709 \times (\ln(pgdp))^3 - 0.230 \times urban$

$$urban = 208.6668 - 89.51765 \times \ln(pgdp) + 13.65588 \times (\ln(pgdp))^2 - 0.592645 \times (\ln(pgdp))^3 - 0.12276 \times IND \quad (3)$$

t (7.700) (-8.159) (9.525) (-9.782) (-5.938)

R^2 =0.978，调整后的 R^2 =0.977，F=1293.137，t 参量均在 1% 条件下显著。模型的拟合优度、方程显著性和变量显著性均良好。

其中中国的固定效应部分为 -4.067。考虑了工业后，中国城市化与世界平均水平差距为 4.584。世界平均固定效应为 0.517，拉美平均固定效应为 14.138。

2. 考虑人均 GDP 与工业呈非线性关系

1976～2011 年城市化与人均 GDP、工业的样本数为 1258 个。

$$urban = 226.23 - 94.572 \times \ln(pgdp) + 14.429 \times (\ln(pgdp))^2 - 0.631 \times (\ln(pgdp))^3 - 0.496 \times IND + 0.0049 \times IND^2$$

T (8.176) (-8.542) (9.929) (-10.210) (-3.853) (2.938)

R^2 =0.982，调整后的 R^2 =0.981，F=1357.742，t 参量均在 1% 条件下显著。模型的拟合优度、方程显著性和变量显著性均良好。

其中中国的固定效应部分为 -4.229。考虑了工业后，中国城市化与世界平均水平差距为 4.689。世界平均固定效应为 0.46，拉美平均固定效应为 13.943。

3. 不考虑人均 GDP，城市化与工业的关系

可以看出，城市化除与人均 GDP 正相关外，还和工业占 GDP 的比重成负相关关系。为了更清晰的分析城市化与工业占 GDP 的比重的关系，我们认为城市化与工业可能成 U 型曲线。设定不考虑其他因素，仅考虑城市化与工业占 GDP 的比重和工业占 GDP 比重的平方之间的关系。

1976～2011 年城市化与工业的样本数为 1258 个。

$$urban = 83.347 - 0.881 \times IND + 0.010 \times IND^2$$

t (27.425) (-5.217) (4.553)

R^2 =0.949，调整后的 R^2 =0.947，F=582.101，t 参量均在 1% 条件下显著。模型的拟合优度、方程显著性和变量显著性均良好。

从世界各个国家和地区 1976—2011 年的面板数据就可以看出这一特点（见图 7）。在工业化初、中期，工业化进程带动了城市化的发展，从而推动服务业的发展，此时人均 GDP 较低，例子有中国、泰国、印尼、越南、巴基斯坦和马来群岛等发展中国家和地区。工业化中、后期，人均 GDP 逐步提高，人们对服务业的需求也越来越多，服务业占 GDP 的比重增大，服务业逐步占 GDP 较大的份额，服务业成为城市化水平提高的主要推动力量，而与此同时，工业占 GDP 的比重逐步下降，从而出现城市化与工业化进程相反方向变化的情况，即城市化

与工业化程度负相关。

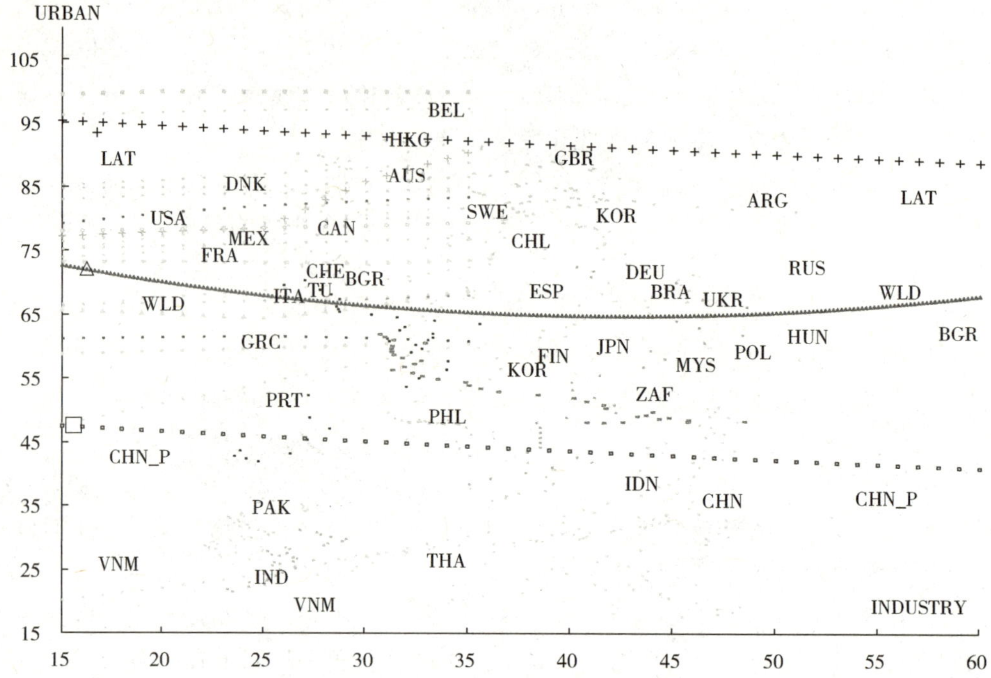

图7　各国和地区城市化与工业的关系

注：(1) 标记为三角形的 WLD、方形的 CHN_ P 和十字形的 LAT 的曲线分别是各国和地区平均、中国和拉美国家的城市化与工业的回归曲线。(2) 1976—2011 年的城市化和工业数据来源于世界银行

(五) 城市化与服务业的关系

Singelmann (1978) [7] 首次明确了城市化是服务业发展的原因。Daniels (1991) [2] 等通过计量分析检验了美国大中小城市区域的服务业成长，研究认为城市形成的区域市场是服务业发展的基础，城市化的发展促进了服务业的扩张。Harris (1995) [4] 就城市在印度经济中的作用进行了研究，结果表明城市在国家经济发展中起了关键作用，城市是流通商品的主要中心，发挥着巨大的网络效应，是服务业中许多行业的核心。Chang 等 (2006) [1] 对中国城市化和经济增长的研究表明，城市化通过服务业部门的扩张创造了大量的就业机会。农村部门自给自足决定了其对服务业的需求有限，而城市生活的市场倾向引致居民对于运输、零售等服务业的需求更大，城市化能够刺激服务业的产出和就业的增加。张自然 (2008) [18] 发现人均服务业增加值与城市化水平之间存在长期均衡关系，城市化对人均服务业增加值的正向作用明显强于人均服务业增加值对城市化的反向作用。与城市化和工业化的阶段性特征不同，各国和地区的城市化和服务业显著正相关，即随着服务业的发展，城市化水平越来越高。

与城市化和工业化的阶段性特征不同，各国和地区的城市化和服务业显著正相关，即随着人均 GDP 的提高，对服务业的需求越来越多，服务业得到发展，城市化水平越来越高，这一点从城市化和服务业的散点图 8 可以看出。

与城市化和工业的阶段性特征不同，各国和地区的城市化和服务业显著正相关（见图 8），即随着服务业的发展，城市化水平越来越高。

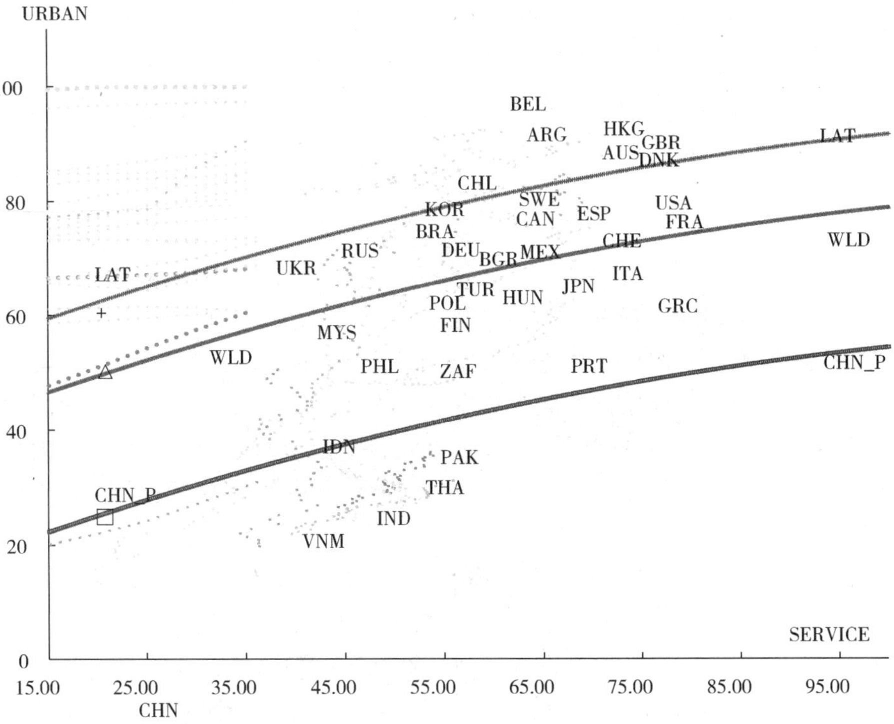

图 8　各国和地区城市化与服务业的关系

注（1）其中标记为三角形的 WLD、方形的 CHN_ P 和十字形的 LAT 的曲线分是各国和地区平均、中国和拉美国家的城市化与服务业的回归曲线。（2）1976—2011 年的城市化和服务业数据来源于世界银行

1. 考虑城市化、人均 GDP 和服务业

城市化与人均 GDP、工业和服务业的样本数为 1098 个。

$$urban = 225.234 - 98.0846 \times \ln(pgdp) + 14.60614 \times (\ln(pgdp))^2 - 0.637363 \times (\ln(pgdp))^3 + 0.204362 \times SERV \quad (4)$$

t　(9.034)　(−9.712)　(11.117)　(−11.525)　(13.425)

R^2 =0.981，调整后的 R^2 =0.980，F=1521.324，t 参量均在 1% 条件下显著。模型的拟合优度、方程显著性和变量显著性均良好。

中国的固定效应为 −5.546。考虑了人均 GDP 和服务业后，中国城市化与世界平均水平差距为 5.963. 世界平均固定效应为 0.416，拉美平均固定效应为

13.076。

从式（4）可以看到，城市化与服务业占 GDP 的比重成正相关关系。为了更清晰地分析城市化与服务业的关系，我们认为城市化与服务业占 GDP 的比重可能成倒 U 型曲线。假定城市与服务业占 GDP 比重、服务业占 GDP 比重二次方的关系。

2. 不考人均 GDP 的城市化与服务业的关系

$$urban = 36.800 + 0.654 \times SERV - 0.002 \times SERV^2 \tag{5}$$

t　　（14.584）　　（6.999）　　（-2.819）

R^2 =0.964，调整后的 R^2 =0.963，F=843.607，t 参量均在 1% 条件下显著。模型的拟合优度、方程显著性和变量显著性均良好。

四　结论

从世界各国城市化发展的规律及发展模式，结合中国的城市化及与工业和服务业的分析可以看出，中国城市化与人均 GDP 的回归曲线离日本的最近，中国最有可能采用日本和德国的城市化发展模式，在很长的一段时间内中国的城市化可能只能发展到 76% 的水平，而工业仍然在经济增长中仍然和城市化一起在中国经济增长发挥重要作用，但服务业在经济增长中将越来越重要，服务业占 GDP 的比重仍将逐步提高。

通过 38 个国家和城市 1976—2011 年城市化与人均 GDP、工业和服务业的理论和实证研究可以得出如下结论：

（1）中国城市化发展和世界城市化发展规律吻合；

（2）仅考虑城市化和人均 GDP，中国和世界平均城市化水平差距为 6.2 个百分点；

（3）加入服务业后，中国城市化与世界平均水平差距为 5.96 个百分点。考虑了服务业后，中国与世界的城市化水平差距比不考虑服务业和工业的结果 6.2 个百分点要小；

（4）只加入工业后，中国城市化与世界平均水平差距为 4.58 个百分点。考虑了工业后，中国与世界的城市化水平差距比不考虑服务业和工业的结果 6.2 个百分点要小；

（5）进一步考虑了工业和服务业后，中国城市化与世界平均水平差距为 11.8 个百分点，中国与世界的城市化水平差距比不考虑服务业和工业的结果 6.2 个百分点大近一倍。

值得一提的是，单独考虑工业或服务业后中国与世界城市化平均水平的差距有所减小，而同时考虑工业和服务业后其差距反而比不考虑工业和服务业时大约一倍，这其中的经济机理值得下一步做更深入的研究。

第二部分

城市化过程中农民工市民化的选择与障碍

第六章　农民工市民化进程中的城市社会融合[①]

——兼与城镇流动人口的比较

一　引　言

有序推动农民工的市民化是党的十八大以及“十二五”规划提出的重大战略决策。但是，囿于长期存在城乡二元分割体制，大量农民工虽然在城市就业和生活，但却没有完成市民化，成为城市的“边缘群体”，并导致我国的城镇化表现为“半城镇化”“虚城镇化”的状态（王春光，2006；辜胜阻等，2006；中国发展研究基金会，2010）。而促进农民工的城市社会融合是农民工市民化的关键环节，也是改变其城市“边缘人群”状态的重要一节。基于此背景，近年来对农民工城市社会融合的研究成为一个热点。

关于农民工城市社会融合的研究，主要有两个方面：一是对农民工城市社会融合的定义以及测度，并以此为基础对农民工城市社会融合程度进行判断。例如杨菊华（2009）认为流动人口的城市社会融合至少包含四个维度：经济整合、文化接纳、行为适应、身份认同。悦中山等（2011；2012）将农民工的社会融合定义为农民工与城镇居民之间差异的消解，并从三个维度构造了农民工社会融合的测度指标：文化融合、社会经济融合、心理融合。Wang & Fan（2012）则将农民工的城市社会融合区分为经济融入、社会/文化融入和心理认同三个维度，并使用在武汉的调查数据分析了农民工这三个方面的融入状况。

二是对影响农民工城市社会融合因素的实证分析。这些研究在微观调查数据的基础上，建立各种模型对农民工的城市社会融合进行了回归分析。例如何军（2011；2012）使用江苏省的调查数据对农民工城市社会融合的代际差异进行了分析，结果显示新生代农民工的城市社会融合程度高于第一代农民工；教育水平

---

① 本章作者王震，中国社会科学院经济研究所副研究员；葛婧，人力资源和社会保障部教育培训中心助理研究员。本文为社科基金青年项目“农民工市民化的障碍与途径”（11CJL032）成果之一。作者感谢魏众研究员、邓曲恒博士、姚宇博士、金成武博士、何伟博士的评论与建议。

对第一代农民工城市社会融合的影响更大，而社会资本对新生代农民工城市社会融合的作用更大。李培林、田丰（2012）根据2011年中国社会状况综合调查数据，对老一代农民工和新一代农民工的社会融入差异进行了研究，发现新生代和老一代农民工的社会融入状况没有根本差异；农民工社会融入的经济—社会—心理—身份认同四个层次不存在递进关系，经济层次的融入并不必然带来其他层次的融入。

这些研究为认识农民工的城市社会融合状况以及影响农民工城市社会融合的诸因素提供了基础。但是，这些研究也存在需要进一步深入研究的必要：首先，对于如何定义和测度农民工城市社会融合存在较大分歧。一些研究仅使用主观的心理认同刻画城市社会融合，一些研究还混淆了城市社会融合本身和影响城市社会融合的因素。其次，缺乏与其他流动人口群体的比较，从而无法给出一个农民工城市社会融合状况的基本判断。实际上，在我国存在两种类型的流动人口：一是农民工，二是城镇流动人口。城镇流动人口与农民工的主要区别在于其具有城镇户籍；但是与农民工一样，他们也属于流动人口，也无法获得打工城市的居民待遇。因此，通过与城镇流动人口在所居城市的融入程度的比较，既可以给出农民工城市社会融合程度的一个判断，又可以发现影响二者城市社会融合的不同原因，特别是发现户籍对流动人口在所居城市的融入的影响。最后，已有研究使用的数据基本都是局限于一个省份或一个城市的调查，影响其分析结果的代表性。

基于此，本文在原国家计生委2010年全国流动人口监测数据的基础上，通过与城镇流动人口的比较，分析农民工的城市社会融合状况，并对影响农民工城市社会融合的因素进行回归分析。本文将农民工城市社会融合界定为客观的社区活动参与和主观心理认同两个维度，并借用模糊集（Fuzzy Set Analysis）方法构造了综合性的城市社会融合指标。一般的OLS回归分析的是诸因素对均值的影响；这忽略了这样一个事实，即诸因素对因变量不同分位点的影响是不同的。例如，在农民工城市社会融合的分析中，教育对融入状况较好的农民工的影响可能与对融入状况较差的农民工的影响是不同的。因此，我们还采用了分位数回归（Quantile Regression）的方法对影响农民工城市社会融合的诸因素进行分析。

二 农民工城市社会融合的定义与测度

社会融入（或融合）（Social Integration）是一个多元的、复杂的概念，至今尚未有一个统一的定义（悦中山等，2009）。Gordon（1964）将融合①定义为个

① 作者使用“同化（Assimilation）”一词来指称“融合”。这也是社会融合理论纷繁复杂之处。除了Integration、Assimilation之外，Social cohesion也被经常用到。

体与群体相互渗透、相互融合的过程，并将其作为一个包含文化的、结构的以及婚姻的多维度的过程。在对国际移民的研究中，Alba & Nee（1997）则将外来移民与本国居民之间随时间而发生的在种族、文化以及社会方面的差异的消失，即外来移民与本国居民之间的趋同。Bollen & Hoyle（1990）则从主观感知方面对社会融合进行了分析，认为社会融合的心理认同包括两个维度：即对群体的从属感以及对群体的主观价值判断。

在公共政策领域，社会融合近年来也成为一些国家和国际组织关注的焦点。UNRISD（1994）将社会融合定义为一个正向的社会目标，其含义是所有人群能够获得平等的机会和权利。加拿大政府将社会融合定义为包含共同价值、共同使命和共同机会的社区发展过程，其基础是所有居民的信任、希望与互助，并将社会融合具体化为如下目标：归属、包容、参与、认同以及合法性（Berger - Schmitt, 2000）。新西兰政府也将社会融合作为政府的重要目标，并制定了详细的社会融合的指标，包括归属、参与、包容、认同以及合法性（Spoonley, et al., 2005）。

国外对社会融合的关注主要是国际移民融入住在国的主流社会，其面临的主要障碍是种族的、语言的和文化的。这一点与我国农民工城市社会融合所关注的主要问题有很大差异：对于农民工而言，融入城市的主要障碍并不是种族的，也极少是语言的和文化的，更多的是来自城乡二元分割的制度性障碍（杨菊华，2009）。在已有研究中，对农民工城市社会融合的测度，也使用了多种指标，这些指标有单一性的指标，例如使用对所居城市的认同感和归属感（蔡禾、曹志刚，2009；童雪敏等，2012），也有多维度的指标，例如将农民工城市社会融合区分为文化融合、社会经济融合和心理融合（悦中山等，2012），或区分为行为方式融入、价值观念融入和对城市的归属感（何军，2012）。这些定义和测度方法，单一指标忽视了社会融入的多维性，而使用多维指标则没有给出一个综合性的城市社会融合状况的判断。

基于已有研究，本文将农民工的社会融入界定为两个层次：一是客观行为意义上的社区参与，二是主观感知意义上的心理认同。社区活动的参与从行为上测度了农民工对所居住社区的融入。参与社区活动的频率越高，则农民工对所居住社区的融入程度越高。对所居住城市的心理认同则表达了农民工对所居住城市的归属感和价值判断（Bollen & Hoyle, 1990）。这一界定容纳了社会融合的客观和主观两个维度，较为完整的测度了农民工的城市社会融合程度。

根据这一定义，我们使用原国家计生委 2010 年农民工监测数据（B 卷）来对农民工的城市社会融合进行分析。这一数据在全国 6 个城市进行，具有较好的代表性①，且该数据还包含了城镇流动人口的数据，可以用来进行比较分析。数据共有流动人口样本 8200 个，其中农民工 7051 人，城镇流动人口 1149 人。

在原始数据中，社区参与通过六个方面社区活动的参与表示：是否参加社区文体活动、是否参加社区公益活动、是否参加社区计生协会的活动②、是否参加社区选举、是否参加听证会，以及是否参加有主培养子女的活动。农民工对所居住城市的心理认同通过如下 6 个问题表达：一是我喜欢我现在居住的城市，二是关注现在居住城市的变化，三是愿意融入本地人当中成为他们的一员，四是我觉得本地人愿意接受我成为其中一员，五是我觉得本地人总是看不起外地人，六是无论挣多少钱也不可能成为本地人中的一员。对这六个问题的回答使用 4 级量表：完全不同意、不同意、同意、完全同意。

表 1 和表 2 给出了农民工与城镇流动人口在社区参与和心理认同方面比较。在社区活动的参与上，农民工参与比例高于城镇流动人口的一是社区文体活动，二是计生协会活动；而在社会公益活动、社区选举和听证会参与上，城镇流动人口参加的比例都显著高于农民工。在有助于培养子女的活动的参加上，农民工与城镇流动人口之间不存在显著差异。在对所居城市的心理认同方面，农民工和城镇流动人口在关注所居城市变化、愿意融入本地和觉得本地人愿意外地人融入这三个方面有显著差异，城镇流动人口回答同意的比例高于农民工。

社区参与和心理认同的多维度指标无法给出农民工城市社会融合的综合判断，因此需要设计一个单一的综合性指标。综合性指标的设计，一个方法是使用因子分析（Factor Analysis），寻找公共因子，通过方差贡献率加权，得到综合指标。因子分析的加权根据的是方差贡献率，即方差贡献率大的加权越高；但是，在农民工城市社会融合指标的设计上，这一点并不适合。例如在社区参与中，参加社区选举和听证会的比例最小。在因子分析中，这两个维度的权重很可能非常小。但是，我们注意到能够参加社区选举和听证会，其对农民工城市社会融合的含义更加重要，因为这两项活动是被社区认可、进入社区生活主流的核心指标。因此，我们需要的指标构建方式应能满足根据指标自身重要性进行加权的特点。

据此，本文借鉴使用模糊集（Fuzzy Set Theory）理论（Zadeh，1965）来设计农民工社区参与及心理认同、社会融合的综合性指标。该指标设计的方法已经广泛应用在贫困指标设计以及社会福利指标的设计中（Cerioli and Zani，1990；

① 数据的详细介绍见：国家人口和计划生育委员会流动人口服务管理司（2011）。

② 计生协会属于非营利性群众组织。在《中国计划生育协会章程》中，计生协会的任务设定为 5 条，主要是宣传普及、提供计划生育技术支持等。在实际运行中，计生协会实际上充当了政府计生部门在一些服务性事务上的执行人，例如避孕用具的发放、流动人口孕产妇服务等。与参与计生协会的活动，在一定程度上表明农民工被纳入了当地政府计生服务的覆盖下，也表达了对当地社会的一种融入。

Cheli and Lemmi, 1995; Cheli, 1995; Lelli, 2001)。模糊集理论通过隶属度函数（Membership function）为不同备选项赋值。个体在现实中遇到模糊选项时，模糊集理论能够提供反映个体直觉和思维过程的模型。从而通过隶属度函数得到的隶属度就能表示个体主观的选择倾向（Dubois and Prade, 1980）。在本文中我们所考察的心理认同程度是一个反映个体主观判断、态度和感受的变量，因此使用模糊集理论进行分析能够在最大限度上反映个体的主观选择倾向。

在加权方式上，我们使用平均值方法加权。该方法基于实际数据获得的各个子指标的权重，避免了其他加总方式经常涉及的主观性。同时，这一加权方式将隶属度较高的子指标赋予较低的权重，隶属度较低的子指标赋予较高的权重。这一指标的现实含义在于那些更加难以实现的指标（例如参加社区选举和听证会），其权重较高。

社区参与是一个“0－1”的二分变量，心理认同则是4选项的等距变量。根据Cerioli and Zani（1990）、Miceli（1998）以及Lelli（2001），二分变量和等距变量的隶属度函数分别设定如下：

$$\mu(x_i^j) = \begin{cases} 0, x_i^j = 0 \\ 0, x_i^j = 1 \end{cases} \tag{1}$$

$$\mu(x_i^j) = \begin{cases} 0, & x_i^j \leqslant \min(x_i^j) \\ \dfrac{x_i^j - \min(x_i^j)^{0,}}{\max(x_i^j) - \min(x_i^j)}, & \min(x_i^j) < x_i^j < \max(x_i^j) \\ 1, & x_i^j \geqslant \max(x_i^j) \end{cases} \tag{2}$$

其中μ（·）为隶属度函数，x_i^j（$j=1$，…，k；$i=1$，…，n）为第i个样本的第j个子指标的原始值。（1）式给出了“0－1”二分变量的隶属度函数，（2）式给出了等距变量的隶属度函数。由于（1）式中的二分变量是确定集，因此隶属度函数没有改变原始值。在（2）式中，x_i^j的最小值设定为0，最大值设定为1，中间的值则给予标准化处理。

通过隶属度函数得到每一个样本子指标的隶属度后，需要通过加总得到综合性的指标。加总过程实际上是寻找合适的函数h（.），获得综合指标μ_u（i）：

$$\mu_a(i) = h(\mu_2(i), \cdots \mu_J(i)) \tag{3}$$

其中μ_u（i）为综合性指标，μ_j（i）为第i个样本的第j个子指标。对于加总函数h（.）有多种形式（*Lelli*, 2001），在本文中我们使用加权算术平均的方法：

$$\mu a(i) = \sum_{j=2}^{J} \omega_j \mu_j(i) \tag{4}$$

其中的权重ω_j设定如下：

$$\omega_j = \frac{ln((\overline{\mu_j(t)}))}{\sum_{j=1}^{J} ln(1/\overline{\mu_j(t)})} \tag{5}$$

其中$\overline{\mu_j(t)} = \frac{1}{n}\sum_{i=1}^{n}\mu_j(t)$，为第 j 个子指标的平均值。

表 1　农民工与城镇流动人口社区参与情况

	农民工	城镇流动人口	F 检验 p 值
社区文体活动	19.32%	17.15%	0.0820
社会公益活动（如献血、募捐、做义工等）	31.83%	44.73%	0.0000
计划生育协会活动	23.36%	18.62%	0.0004
社区选举	1.83%	4.35%	0.0000
听证会	1.42%	2.52%	0.0052
有助于培养/教育子女的活动	17.97%	18.02%	0.9696

根据上述方法我们得到了农民工与城镇流动人口的社区参与度、心理认同度以及城市社会融合度，其相关统计结果见表 3 及图 1。在社会参与度方面，农民工的均值为 0.1030，低于城镇流动人口，且差异是显著的。而在心理认同方面，农民工和城镇流动人口则没有显著差异。综合了社区参与和心理认同后的城市社会融合指标则显示农民工的城市社会融合程度显著低于城镇流动人口。

表 2　农民工与城镇流动人口对所居城市心理认同情况

		农民工	城镇流动人口			农民工	城镇流动人口
喜欢所居城市 p =0.1268	1	0.65%	1.13%	觉得本地人愿意接受 p = 0.0694	1	1.45%	1.74%
	2	4.10%	5.13%		2	18.52%	14.71%
	3	83.49%	82.07%		3	72.71%	76.33%
	4	11.76%	11.66%		4	7.32%	7.22%
关注所居城市变化 p =0.0023	1	0.74%	1.04%	本地人总是看不起外地人 p = 0.1165	1	8.41%	7.31%
	2	7.08%	3.92%		2	66.73%	67.97%
	3	81.27%	82.25%		3	22.99%	20.80%
	4	10.92%	12.79%		4	1.87%	3.92%
愿意融入本地 p =0.0029	1	0.82%	0.70%	无论挣多少钱也不能成为本地人 p = 0.1487	1	9.22%	10.36%
	2	9.13%	6.44%		2	62.22%	63.45%
	3	79.12%	80.33%		3	26.38%	23.41%
	4	10.92%	12.53%		4	2.18%	2.79%

注：表中 1、2、3、4 分别代表：完全不同意、不同意、同意、完全同意四个选项。p 值为 F 检验的 p 值

表 3　农民工与城镇流动人口城市社会融合度情况及比较

	社区参与度		心理认同度		城市社会融合度		
	均值	标准差	均值	标准差	均值	标准差	观测值
农民工	0.1030	0.1413	0.6370	0.1149	0.1875	0.1242	7051
城镇流动人口	0.1184	0.1696	0.6418	0.1146	0.2076	0.1450	1149
全部	0.1051	0.1457	0.6377	0.1149	0.1903	0.1275	8200
F 检验 p 值	0.0008		0.1887		0.0000		

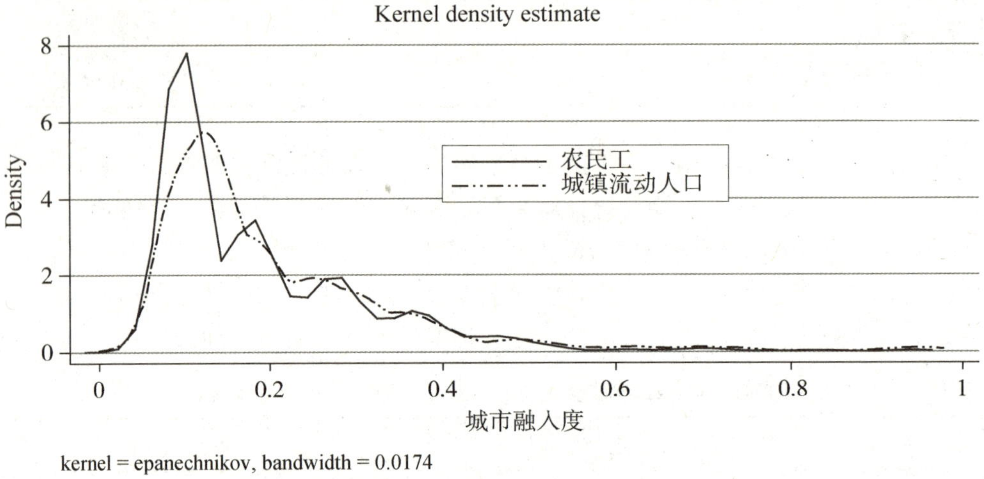

图 1　农民工与城镇流动人口城市社会融合度的核密度估计

三　影响农民工城市社会融合的因素：估计策略及变量描述

本节我们使用多元回归方法分析影响农民工和城镇流动人口城市社会融合度的因素。我们对如下方程进行回归：

$$y_i = \beta x_i + \varepsilon_i, i = 1, \cdots, n \tag{6}$$

其中 y_i 因变量，为农民工和城镇流动人口的城市社会融合度；x_i 自变量向量；β 为待估计的参数；ε_i 为误差项。对（6）进行估计使用的方法一般为 OLS 回归。OLS 回归是在均值意义上的回归。但是，实际上在城市社会融合度的不同分位点上，自变量对城市社会融合度的影响是有差别的，均值回归忽视了这种差别。为了发现在城市社会融合度的不同分位点上自变量的不同效应，此处我们使用分位数回归的方法在不同分位点上对（6）式进行估计。分位数回归模型可设定如下（Koenker and Bassett，1978；Koenker and Hallock，2001）：

$$y_i = \beta_{\theta i}x_i + \varepsilon_{\theta i,}\theta \in (0.1), i = 1,2,\cdots,n \tag{7}$$

其中 θ 为分位数，$\beta_{\theta i}$ 为第 θ 分位点的回归系数，y_i 和 x_i 分别为因变量和自变量向量。分位数回归的系数通过最小化残差的加权和获得：

$$\widetilde{\beta x}_{\theta} = Min[\sum_{y_i p \theta} * (y_i - \beta_{\theta i}x_i)], i = 1,2,\cdots,n \tag{8}$$

其中 p_θ 为检查函数，$\rho_\theta = \begin{cases}\theta * \varepsilon_i; \varepsilon_i \geqslant 0 \\ (\theta - 1) * \varepsilon_i; \varepsilon_i \leqslant 0\end{cases}$。

在农民工的城市社会融合上，我们还想知道的一个问题是户籍对农民工的城市社会融合度有何影响？为了回答这一问题，我们将农民工和城镇流动人口的数据合并在一起，并在自变量中加入户籍一项，来估计在控制其他条件下户籍制度对城市社会融合度的影响。

在回归中使用的自变量包括如下几组（表4）：

第一组变量为家庭与人口学特征变量，包括性别、年龄与家庭结构。男性和女性由于社会分工和家庭角色的不同，在对所居城市的社区参与与心理认同上存在系统性差异。已有的研究显示，新生代农民工的社会融入程度高于老一代农民工（何军，2011；2012）。根据农民工的年龄，我们也将农民工区分为新生代和老一代：1980 年前出生的为老一代，此后出生的为新一代。全部流动人口中新生代的比重为 45.44%，农民工中新生代所占比重为 45.07%，城镇流动人口中新生代所占比重为 47.69%。

家庭结构的变量，从社会融入的角度，我们将家庭结构区分为三类：第一类是未婚单身的农民工；第二类是已婚，但配偶未在身边，在所居城市仍单身居住者；第三类是已婚且与配偶在同一城市共同生活者。已婚者以及与配偶共同居住者，由于他们的家庭结构比较稳定，对所居城市的认同度和融入程度可能比较高。农民工中未婚单身者的比重为 23.19%，已婚但未与配偶共同居住的比重为 14.68%，已婚与配偶共同居住的比重为 62.13%。

第二组变量为人力资本和社会资本变量。我们使用教育水平作为人力资本的代理变量。理论上推断，教育水平较高者对城市的认同度和社会融入度较高。此处将教育水平分为四类：第一类为小学及以下，第二类为初中，第三类为高中/中专，第四类为大专及以上。统计结果显示，农民工的教育水平远低于城镇流动人口，特别是在大专及以上教育程度，城镇流动人口为 42.38%，农民工仅有 4.96%。农民工教育程度主要集中在初中阶段，所占比重为 58%。

社会资本是个人拥有的社会结构资源（Coleman，1988；1990），属于个人能够使用的社会关系性资本。在有关农民工社会融入的研究中，社会资本通常被区分为个体层面的社会网络关系（关系型社会资本）和个体从制度中可以获得的资源（契约型社会资本）（刘传江、周玲，2004），或以老乡交往为代表的同质性社会资本以及与城市居民进行经常性互动而建立起来的新型异质社会资本（童雪敏等，2012）。在本文中，我们将社会资本界定为个体可以使用的社会网络半径。“可用的”是指在现实生活中对个人实现某一目标发生实际作用，“社会网络半径”是指以个体为中心的社会关系网络所能触及的边界。根据这一定义，我们使用被调查者寻找工作的途径作为社会资本的代理变量，依次分为三类：一是自己寻找工作，称之为个体型社会资本；二是通过熟人、家人、亲戚或同学、同乡寻找工作，我们称之为关系型社会资本；三是通过政府部门、社会中介、网络传媒等找到工作，我们称之为现代型社会资本。农民工的社会资本以个体型和关系型为主，特别是关系型社会资本（49.96%），是农民工的主要社会资本类型；而城镇流动人口的社会资本则以个体型和现代型为主。

第三组变量与就业和收入有关，包括职业类型、职业发展目标、社会保险和收入状况。我们将职业区分为5类：第一类为专业技术人员、管理人员以及警察和军人；第二类为办事人员和商业工作人员；第三类为服务性工作人员；第四类为生产工人；第五类为无固定职业者。农民工的职业层次低于城镇流动人口，以服务性工作人员和生产工人为主，无固定职业者的比重也高于城镇流动人口。

被调查者的职业发展目标也对其社会参与和心理认同产生影响。职业发展目标较为明确的，其生活态度也计较积极，有更高的概率参加社区活动，也有更高的心理认同度。我们将职业发展目标分五类：第一类为无明确发展目标者；第二类成为业务骨干；第三类为成为管理人员；第四类获得较高收入；第五类为工作稳定轻松。农民工中不清楚或没有职业发展目标的占到了一半以上；另外是获得较高收入，占到29.03%。城镇流动人口中，不清楚和没有目标的比例要低一些，且成为业务骨干和管理人员的比例也要高一些。

从理论上讲，社会保险为农民工在城市的居住提供了稳定保障，因此有社会保险的农民工对所居城市的融入程度较高。我们将农民工拥有下列五项社会保险之一都定义为有社会保险：养老、医疗、工伤、失业、生育。农民工的社会保险覆盖率为37.21%，远低于城镇流动人口（53%）。

收入对农民工城市社会融合度的影响是不确定的。研究发现，收入对农民工城市融合度的影响在初期和中期有正效应，而在后期没有显著影响（孟颖颖、邓大松，2011）。此处我们使用农民工在所居城市共同居住的家庭成员的家庭人均收入来考察收入对农民工城市社会融合的影响。农民工的家庭人均月收入只有1754.3元，远低于城镇流动人口（2611.4元）。

第四组变量为与居住相关的变量，包括在所居城市的居住年限、是否购买住房以及所居城市的层次。在所居城市的居住年限较长者对所居城市的熟悉程度相对较高，因此预期对城市社会融合度有正向影响；而拥有住房则表示农民工在所居城市有了稳定的住所，因此对农民工城市社会融合度有正向影响。所居城市的层次，分为省级（省会及计划单列市）、地级和县级。城市层次不同，所提供的公共服务、社会管理等也有差别，从而对农民工城市社会融合产生影响。

表 4　农民工、城镇流动人口及全部流动人口自变量描述统计

变量	城镇流动人口	农民工	全部样本	变量	城镇流动人口	农民工	全部样本
男性（%）	43.69	47.47	46.94	家庭结构（%）			
新生代（%）	47.69	45.07	45.44	未婚单身	30.64	23.19	24.23
教育程度（%）				已婚单身	15.23	14.68	14.76
小学及以下	3.31	14	12	已婚与配偶共同居住	54.13	62.13	61.01
初中	22.72	58	53	职业发展目标（%）			
高中/中专	31.59	23.29	24.45	无明确目标	47.61	54.45	53.49
大专及以上	42.38	4.96	10.21	成为业务骨干	9.4	3.25	4.11
社会资本（%）				成为管理人员	13.05	6.48	7.4
个体型	48.55	43.82	44.47	获取较高收入	21.76	29.03	28.01
关系型	36.94	49.96	48.19	工作稳定清闲	8.18	6.79	6.99
现代型	14.51	6.22	7.35	有社会保险（%）	53	37.21	39.43
职业（%）				家庭人均月收入（元）	2611.4	1754.3	1874.4
专业技术和管理	24.12	10.44	12.31	在所居城市居住年限	5.08	4.17	4.29
办事和商业人员	30.03	19.12	20.61	购买住房（%）	22.8	4.55	7.11
服务性工作人员	37.24	43.68	42.8	居住城市层次（%）			
生产工人	7.41	24.25	21.95	省级	85.99	71.08	73
无固定职业	1.2	2.51	2.33	地级	13.66	26.14	24.39
				县级	0.35	2.78	2.44

四　估计结果及解释

我们首先估计混合样本模型，在自变量中加入户籍一项，以发现在控制其他条件下农民工和城镇流动人口的城市社会融合是否有显著差异；其次我们分别估计农民工和城镇流动人口的城市社会融合度。表 5 给出了农民工、城镇流动人口及混合样本城市社会融合的 OLS 回归结果；表 6 给出了农民工城市社会融合的分位数回归结果①。

① 限于篇幅此处仅给出农民工在 0.25、0.50 和 0.75 个分位点的回归结果；混合样本和城镇流动人口的分位数回归结果省略。

（1）农民工和城镇职工的城市社会融合度在均值意义下没有显著差异；但是，在低分位点上（0.40 分位点以下下）农民工的城市社会融合度显著低于城镇流动人口，而在高分位点上（0.75 分位点以上），农民工城市社会融合度显著高于城镇流动人口。这表明相比于城镇流动人口，农民工的城市社会融合度的更加分散，低者更低，而高者更高；也表明农民工群体构成的复杂性高于城镇流动人口。

（2）家庭与人口学特征变量。男性流动人口，包括农民工和城镇流动人口，城市社会融合度显著低于女性；这一点不仅体现在均值意义上，而且也体现在不同分位点上。

在均值意义上，新生代农民工的城市社会融合度显著低于老一代农民工；而城镇流动人口新生代与老一代的城市社会融合度则没有显著差异。从分位数回归结果看，这一差异只在高分位点上显著；在低分位点上，新生代和老一代农民工在城市社会融合上并没有显著差异。相比于老一代农民工，虽然新生代农民工对城市更加熟悉，有一部分新生代农民工出生、生长在城市，但他们对城市的融入却不高。这一点表明，对于新生代农民工，他们对城市的疏离感更强，但是距离农村也更远，成为城市社会中最为边缘的群体。

已婚农民工，特别是已婚且与配偶共同居住的农民工，他们的城市社会融合度显著高于单身者；但是，城镇流动人口的家庭结构对其城市社会融合度没有显著影响。从分位数回归结果看，随着分位点的上升，已婚对农民工城市社会融合度的影响也在上升。对城镇流动人口而言，高分位点（0.75 分位点以上）的城镇流动人口中，已婚者的城市社会融合度还是显著高于未婚者。

（3）人力资本与社会资本。对农民工而言，只有高中及以上教育程度者的城市社会融合度显著较高；而初中毕业者与小学及以下教育程度者的城市社会融合度并没有显著差异。分位数回归的结果则显示，在城市社会融合度的低分位点上（0.50 个分位点以下）高中以上教育程度才显著。但是，不论是在均值意义上，还是从分位数回归结果看，教育水平对城镇流动人口的城市社会融合没有显著影响。

现代型社会资本对农民工城市社会融合有显著正向效应；分位数回归的结果则显示，只有在高分位点（0.70 分位点以上）现代型社会资本才有显著效应。农民工的个体型和关系型社会资本的拥有对其城市社会融合没有显著影响。城镇流动人口的社会资本，不论在均值意义上，还是从分位数回归结果看，都对城市社会融合没有显著影响。之所以出现这一结果，我们认为对于农民工而言，他们从农村迁移到城市，拥有现代型社会资本无疑是一个进步，相比于那些缺乏现代型社会资本的农民工，拥有现代型社会资本的农民工对现代城市社会以及公共性社会网络的更为熟知。而对城镇流动人口而言，他们对城市生活以及城市现代公共社会网络本就熟知，也就表现不出对城市社会融合的差异性影响。

(4) 职业与收入变量。从职业角度，从事办事人员、商业人员和服务性工作的农民工，他们的城市社会融合度显著高于其他职业的农民工，也显著高于专业技术人员和管理层人员。而专业技术人员和管理人员的城市社会融合度是较低的，甚至低于无固定职业者。而且职业的这一效应还随着城市社会融合度的提高而提高。这一点不仅在均值意义上是显著的，而且在不同分位点回归中也是显著的。城镇流动人口的职业对城市社会融合度则没有显著影响。对于这一结果，一个解释是专业技术人员和管理人员属于高层职业；从事高层职业的农民工对单位的依赖程度较大，对单位活动的参与及心理认同度高，从而降低了他们对社区参与和对所居城市的心理认同。

职业发展目标也对农民工的城市社会融合程度有影响。从均值意义上，相比于没有明确发展目标者，目标为业务骨干的农民工的城市社会融合度较高。但是，从分位数回归结果看，这一效应随着城市社会融合度的升高变得不显著了；而获取较高收入的目标则随着城市社会融合度的升高而变得显著。也就是说，成为业务骨干对城市社会融合度较低的农民工的城市社会融合程度有显著影响，而获取高收入的目标则对城市社会融合度较高的农民工的城市社会融合度有显著影响。这一变量对城镇流动人口没有显著影响。

社会保险对农民工城市社会融合有显著正向影响，且随着城市社会融合度的提高，这一效应也随之增大。但是，社会保险对城镇流动人口城市社会融合没有显著影响。出现这一结果的原因，主要是农民工在农村或没有社会保险，或农村的社会保险水平过低，使得农民工一旦拥有所居城市的社会保险，他们对在城市的未来就有了较强的安全感；与之相反，城镇流动人口在迁出地比较容易获得社会保险，因此在所居城市的社会保险对他们的城市社会融合度的影响不大。

收入对农民工的城市社会融合没有显著影响；但是对城镇流动人口的城市社会融合有显著的负面影响。

(5) 与居住地相关的变量。在所居城市的居住年限对农民工的城市社会融合有显著的正向效应，且这一效应随着城市社会融合度的提高而逐渐增大。在所居城市的居住时间也对城镇流动人口的城市社会融合有显著的正向效应，且也随城市社会融合度的提升而增大。

拥有住房对农民工的城市社会融合有显著正向效应，且这一效应随着城市社会融合度的提高而逐渐增大；但是拥有住房对城镇流动人口的对所居城市的融入度却没有显著影响。城镇流动人口在迁出地城镇的所拥有的住房可能是导致这一结果差异的原因。相反，对农民工而言，在城市拥有住房意味着他们可以在城市定居下来，从而对所居城市有较高的融入度。

所居城市的层次对农民工的城市社会融合有显著影响，相比于省级城市，在地级市的城市社会融合度显著较低，而在县级城市的融入度显著较高，而且随着融入度的提高，这一效应也随之增大。这一结果表明对农民工而言，融入度呈现“两头高、中间低”的状态，即在大城市和小城市的融入度较高，而在地级的中等城市的融入度较低。省级大城市较高的公共服务水平和社会管理水平，以及县级小城市较低的生活成本可能是导致这一现象的原因。但是，所居城市的层次对城镇流动人口的城市社会融合度却没有显著影响。

表5　农民工、城镇流动人口及全部样本城市社会融合 OLS 回归结果

	全部样本	农民工	城镇流动人口
男性	-0.0113*** 0.0029	-0.0100*** 0.0031	-0.0197** 0.0088
新生代	-0.0142*** 0.0037	-0.0137*** 0.0039	-0.0167 0.0109
家庭结构（未婚单身为基准）			
已婚单身	0.0270*** 0.0052	0.0271*** 0.0055	0.0239 0.0149
已婚与配偶同住	0.0266*** 0.0043	0.0300*** 0.0046	0.0161 0.0121
教育程度（小学及以下为基准）			
初中	0.007 0.0048	0.0063 0.0048	-0.007 0.0258
高中/中专	0.0235*** 0.0055	0.0199*** 0.0056	0.0235 0.0257
大专及以上	0.0114 0.0074	0.0222*** 0.0085	0.0022 0.0267
社会资本（个体型为基准）			
关系型	0.0022 0.0031	0.0034 0.0032	-0.0092 0.0096
现代型	0.0114* 0.006	0.0141** 0.0068	0.0004 0.0137
职业（专业技术人员和管理人员为基准）			
办事人员和商业人员	0.0195*** 0.0054	0.0256*** 0.006	-0.0122 0.0125
服务性工作人员	0.0336*** 0.0049	0.0400*** 0.0054	-0.0032 0.0129
生产工人	-0.0093* 0.0055	-0.0059 0.0058	-0.0154 0.0202
无固定职业	0.0096 0.0104	0.0212** 0.0107	-0.0751* 0.0407

续表

	全部样本	农民工	城镇流动人口
职业发展目标（无明确目标为基准）			
成为业务骨干	0. 0201 ***	0. 0258 ***	0. 0078
	0. 0074	0. 0085	0. 0162
成为管理人员	0. 0066	0. 0085	0. 0061
	0. 0058	0. 0064	0. 0146
获取较高收入	0. 0037	0. 0054	-0. 0036
	0. 0037	0. 0039	0. 0119
工作稳定清闲	0. 0068	0. 0097	-0. 0097
	0. 0058	0. 0062	0. 0159
拥有社会保险	0. 0356 ***	0. 0401 ***	0. 0065
	0. 0033	0. 0035	0. 0102
家庭人均收入（对数）	-0. 0078 ***	-0. 0031	-0. 0297 ***
	0. 0027	0. 0029	0. 0075
在所居城市居住年限	0. 0018 ***	0. 0015 ***	0. 0038 ***
	0. 0004	0. 0004	0. 0011
拥有住房	0. 0314 ***	0. 0450 ***	0. 0135
	0. 0062	0. 0076	0. 0118
所居城市层次（省级城市为基准）			
地级城市	-0. 0248 ***	-0. 0278 ***	-0. 0087
	0. 0039	0. 0041	0. 0141
县级城市	0. 0604 ***	0. 0612 ***	-0. 0287
	0. 0113	0. 0113	0. 0695
农村户籍（农民工）	0. 0033		
	0. 0048		
截距	0. 1854 ***	0. 1451 ***	0. 4155 ***
	0. 0222	0. 0228	0. 0638
N	7338	6339	999

注：表中系数下方为标准误。*0.1，**0.05，***0.01

表6 农民工城市社会融合的分位数回归结果

	0. 25	0. 50	0. 75
男性	-0. 0016 **	-0. 0140 ***	-0. 0143 ***
	0. 0007	0. 003	0. 0054
新生代	-0. 0011	-0. 0041	-0. 0204 ***
	0. 0008	0. 0046	0. 0073

续表

	0.25	0.50	0.75
家庭结构（未婚单身为基准）			
已婚单身	0.0050*** 0.0019	0.0181*** 0.0041	0.0440*** 0.0064
已婚与配偶同住	0.0054*** 0.0019	0.0188*** 0.0045	0.0470*** 0.0066
教育程度（小学及以下为基准）			
初中	0.0001 0.0009	-0.0016 0.0063	0.0083 0.0092
高中/中专	0.0019 0.0013	0.0117* 0.0062	0.0162 0.01
大专及以上	0.0047** 0.0019	0.0125* 0.0069	0.0146 0.0133
社会资本（个体型为基准）			
关系型	-0.0008 0.0009	0.0026 0.0034	0.0077 0.006
现代型	-0.0004 0.0021	0.0018 0.0062	0.0407*** 0.0088
职业（专业技术人员和管理人员为基准）			
办事人员和商业人员	0.0056*** 0.0019	0.0251*** 0.0082	0.0492*** 0.0125
服务性工作人员	0.0071*** 0.0017	0.0374*** 0.0056	0.0687*** 0.0127
生产工人	-0.0003 0.0017	-0.006 0.0063	-0.0011 0.0114
无固定职业	-0.0038 0.003	-0.0028 0.0125	0.0310** 0.0138
职业发展目标（无明确目标为基准）			
成为业务骨干	0.0022 0.0027	0.0056 0.0093	0.0223 0.0239
成为管理人员	0.0046*** 0.0017	0.0083 0.0078	0.0096 0.0129
获取较高收入	0.0013* 0.0007	0.006 0.004	0.0175** 0.0074
工作稳定清闲	-0.0011 0.0018	0.0134* 0.0081	0.0206 0.0131
拥有社会保险	0.0054*** 0.0015	0.0249*** 0.0037	0.0631*** 0.0063

续表

	0.25	0.50	0.75
家庭人均收入（对数）	-0.0011 * 0.0006	-0.0032 0.0024	-0.0087 0.0057
在所居城市居住年限	0.0001 ** 0.0001	0.0015 *** 0.0005	0.0017 ** 0.0007
拥有住房	0.0071 0.0053	0.0390 *** 0.0119	0.0649 *** 0.0154
所居城市层次（省级城市为基准）			
地级城市	-0.0074 *** 0.0013	-0.0275 *** 0.0033	-0.0474 *** 0.0065
县级城市	0.0167 0.0162	0.0537 ** 0.0234	0.0641 *** 0.0228
截距	0.1006 *** 0.0063	0.1325 *** 0.0239	0.2041 *** 0.0433
N			

注：表中只给出农民工城市社会融合度第0.25、0.50和0.75个分位点的回归结果；系数下方为标准误，通过Bootstrap方法获得；*0.1，**0.05，***0.01

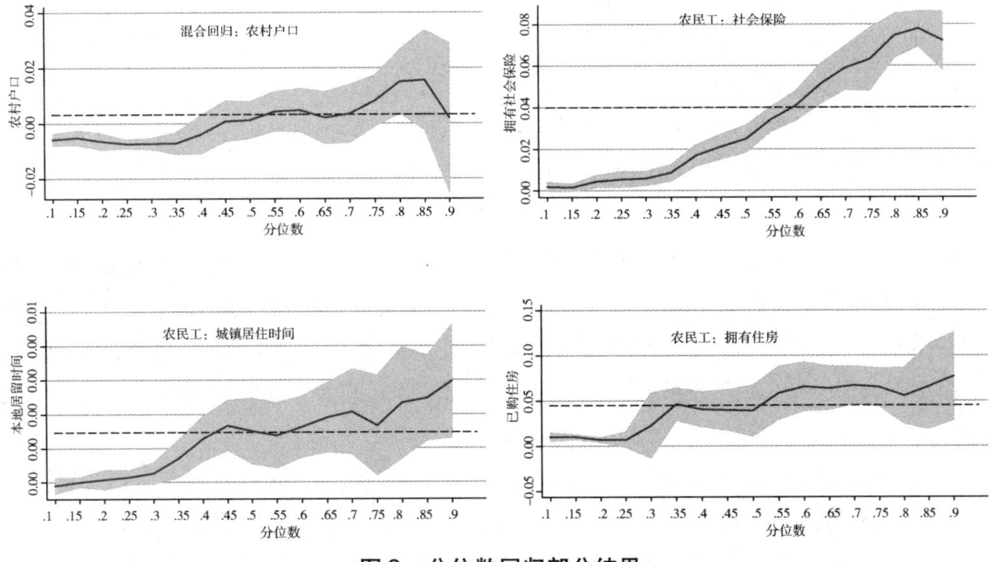

图2　分位数回归部分结果

注：图中虚直线为OLS回归结果；实线为分位数回归结果；阴影部分为置信区间

五　结论及政策含义

农民工的城市社会融合是其市民化过程中的重要环节，能否融入城市是判断农民工市民化的重要指标。本文使用原国家计生委 2010 年流动人口监测数据，构造农民工城市社会融合指标，分别使用 OLS 回归和分位数回归分析了影响农民工城市社会融合的诸因素，并与城镇流动人口进行了比较。在构造农民工城市社会融合的综合性指标上，本文将表示客观活动维度的社区活动参与和表示主观认同的心理认同度结合在一起，借鉴模糊集方法，构造了一个城市社会融合指标。

本文的分析结果显示，在控制了其他因素后，农民工和城镇流动人口对所居城市的融入程度在均值意义上没有显著差异；但是，在低分位点上农民工的城市社会融合度显著低于城镇流动人口，而在高分位点上则显著高于城镇流动人口。

新生代农民工的城市社会融合度显著低于老一代农民工，而且随着城市社会融合的提高，这一差异越来越显著。已婚农民工的城市社会融合度显著高于未婚单身者。在教育水平上，高中级以上教育程度农民工的城市社会融合度较高；拥有现代型社会资本的农民工，城市社会融合度较高。但是，教育程度和社会资本状况对城镇流动人口的城市社会融合度没有显著影响。职业与职业发展目标对农民工的城市社会融合有显著影响，但对城镇流动人口却没有显著影响。

社会保险对农民工的城市社会融合有显著正向影响，且这一正向影响随着城市社会融合度的提高而增大。但是，社会保险对城镇流动人口的城市社会融合却没有显著影响。收入对农民工城市社会融合没有显著影响，但对城镇流动人口的城市社会融合却又显著负面影响。在所居城市的居住年限以及拥有住房对农民工的城市社会融合有显著正向影响，且这一正向效应随融入程度提高而逐渐增大。对城镇流动人口而言，在所居城市的居住年限对其城市社会融合有正向影响，但是否拥有住房则没有显著影响。从所居城市的层次看，农民工城市社会融合呈现“两头高、中间低”的状态，即在省级大城市和县级小城市的融入度较高，而在地级中等城市的融入度较低。城市层次对城镇流动人口的城市社会融合没有显著影响。

这些结论对于促进农民工的城市社会融合，以及有序推进农民工的市民化都具有政策含义：

首先，新生代农民工的城市社会融合问题值得关注。我们的分析显示，新生代农民工的城市社会融合度显著低于老一代，且随着融入程度的提高，这一差异越来越明显。新生代农民工不同于老一代农民工，大多数生长在城市，与农村的联系已经非常微弱；但是，他们对所居城市的社区参与和心理认同度却较低。这使得他们成为一个“孤悬”的群体：既不能回到农村，也很难融入城市。而新生代农民工已经开始成为农民工的主体。从政策上，这也使得尽快改革户籍制度，给予农民工市民身份带来了紧迫性。

其次，社会保险对推动农民工城市社会融合具有显著的正向效应。为了促进农民工的城市社会融合，应尽快推动社会保障对农民工的全覆盖。

再次，城市住房政策，尤其是保障房建设应将农民工纳入进来。不同于城镇流动人口，在城镇拥有住房对农民工的城市社会融合有显著的正向效应。当前的保障房建设政策框架中虽然将农民工也考虑进来，但是各地都缺乏具有操作性的措施。实际上，农民工的住房保障仍处于空白。

最后，人力资本和社会资本积累也是影响农民工城市社会融合的重要因素。虽然教育水平不可能在短期内提高，但是通过各种形式的培训也可以提升农民工的人力资本，而且可以增加他们的社会资本质量。

第七章　农民工市民化中的社会保障变迁[①]

农民工市民化的一个重要条件是他们在城市能够获得适当的社会保障，帮助他们应对各种社会风险。但是，当前我国农民工社会保障的政策思路是以城镇职工社会保险为基础构建农民工社会保障体系。从制度设计上，农民工可以参加城镇职工社会保险项目，也可以参加农村的社会保障项目；但是，农民工却无法获得就业和生活城市的非缴费型社会救助项目。对农民工而言，由于他们就业的流动性（既包括在不同城市之间的流动，也包括从农村到城市、从城市到农村的流动），以及他们在城市就业的不稳定性，社会保险对他们抵御在城市的社会风险发挥的作用有限。对他们而言，在遭遇社会风险时社会救助项目所发挥的安全网作用对他们免于落入贫困陷阱具有更重要的意义。而农民工获得有效的社会保护，不仅是实现社会保障全覆盖的重要环节，也是有序推进农民工市民化的重要前提。

2008 年国际金融危机后，国际社会包括联合国、ILO、WHO 等国际组织倡导建立社会保障底线（Social Protection Floor，SPF），在基础上实现社会保障的全覆盖，并将之作为建立多层次社会保障体系的平台。借鉴这一理念，本文提出以城乡社会救助项目合并为基础，以最低生活保障为平台，建立覆盖农民工的社会保障底线，将社会救助扩展到农民工群体，使他们在遭遇社会风险时能够获得有效的社会保护，从而免于陷入贫困。

本文首先概述社会保障底线的理念和政策设计；其次，对我国农民工社会保障建设的经验进行分析和评估；在第三部分，本文对以社会救助为基础，最低生活保障为平台建立覆盖农民工的社会保障底线的可行性进行分析；最后是结论。

---

① 本章作者王震，系中国社会科学院经济研究所副研究员；本章作者葛婧，系人力资源和社会保障部教育培训中心助理研究员。本文为社科基金项目“农民工市民化的障碍与途径”（11CJL032）的成果之一。

一　社会保障底线的理念与政策设计

（一）社会保障内涵与功能的扩展

过去二十多年来，国际社会对社会保障概念的内涵、外延以及发挥的功能都有所扩展（Cantillon, 2009）。社会保障不仅是提供社会安全网的工具，更重要的它是提升就业、促进人力资本投资、帮助社会成员有效应对各种社会风险的有力工具。因此，近年来国际社会提出了“社会保护”（Social Protection）的概念，以部分取代原先的社会保障概念。社会保护包括了一系列旨在减少贫困和脆弱性的公共政策，包括促进就业、应对社会成员面对的各种社会风险（UNRISD, 2010）。社会保护除了包括社会保障的各种项目外，还包含了促进人力资本投资、提升社会成员能力的内容。本文仍然使用社会保障的概念，但也包含了社会保护的理念。

具体而言，社会保障项目包括三个方面的主要内容：一是缴费型的社会保险项目，强调的是雇主、雇员和社会的共同责任原则；二是非缴费型的社会救助项目，强调的是政府对陷入贫困和不利境地的社会成员的托底责任，是社会安全网；三是促进人力资本投资、提升社会成员应对风险能力的项目以及积极的就业政策，强调对社会成员能力的促进和提升。这三类项目相互补充，共同织就了一个社会的社会保障体系。

（二）社会保障底线的提出

随着社会保障内容和功能的扩展，国际社会对社会保障的重视也日益加深。在2008年金融危机之后，国际社会认识到实现社会保障的全覆盖对于缓解危机、应对经济衰退具有重要作用，特别是在发展中国家，由于社会保险项目覆盖的人群有限，在危机来临时大多数人口无法得到社会保险支持，因此有必要建立一个广覆盖的最低的社会保障底线（Social Protection Floor），以便对失去收入、陷入贫困的人口提供社会保护（UNESCAP, 2009）。2009年联合国行政首长理事会（UNCEB, 2009）在应对金融危机提出的8个领域的应对措施中，专门提出了建立社会保障底线的建议。社会保障底线被定义为一揽子收入保障及获得社会公共服务的社会政策，这些政策着重于脆弱人群的保障，其基本措施包括两个方面内容：一是各种形式的（货币或实物）基本收入保障；二是健康、食品、教育、住房等公共服务的普遍获得。国际劳工组织（ILO, 2011a）将社会保障底线定义为保障全部社会成员在生命周期内遇到社会风险时可以获得的社会保护，包括最低收入保障、基本的健康保障等。

社会保障底线在政策设计中的含义主要有三个：一个是全覆盖（Universal Coverage），即所有社会成员都能够在遇到社会风险时获得社会保护；二是保基本，即社会保障底线所提供的只是最基本的社会保护；三是将社会保障底线作为逐渐扩大其他社保项目的平台，在此基础上建立比较完整的社会保障体系（ILO，2011b）。从政策设计角度，社会保障底线的理念首先将基本社会保障在水平层面实现全覆盖，并以此为基础实现纵向扩展，即在基本保障全覆盖的基础上，以社会保障底线为平台，建立多层次的社会保障项目（图1）。

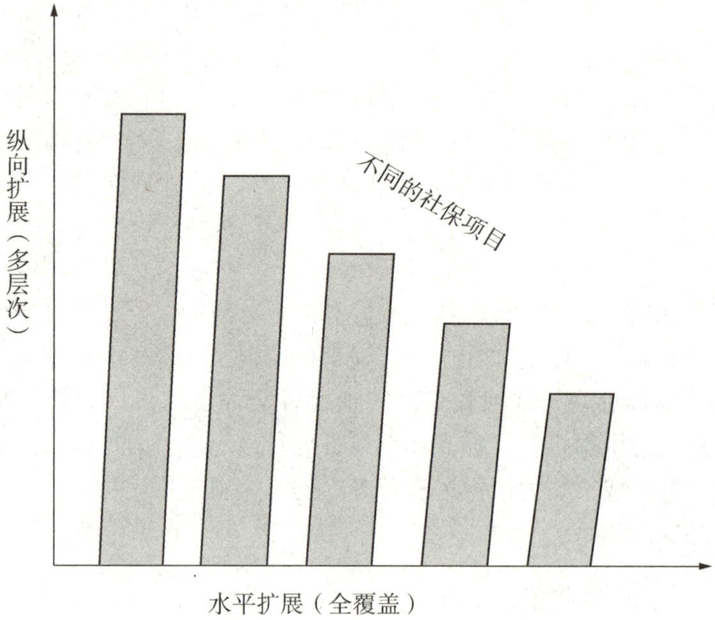

图1　社会保障底线的水平扩展与纵向扩展

（三）我国社保体系中的社会保障底线

以社会保障底线的思路来考察我国社会保障体系的建设，则我国社会保障体系中也已经内涵了社会保障底线的理念。首先，在党的十六届六中全会以及其后的十七大、十八大报告，以及“十二五”规划中，我国社会保障建设的原则和目标就已经确立为全覆盖、保基本、多层次、可持续。其次，我国的社会保障体系，既包括非缴费型的社会救助项目，也包括体现共济原则的社会保险项目，还包括各种公共服务项目。最后，在覆盖面上，截至2011年，在制度上我国的社会保障项目已经覆盖了所有的群体。

但是，若以社会保障能否为社会成员提供有效的社会保护的标准而言，我国社会保障远未实现全覆盖。其中一个最大的短板是农民工群体。从当前的制度设计看，农民工既可以参加农村的社保项目，也可以参加城镇职工社会保险项目

(朱文，2011)。但是，农民工就业、生活在城市，从事的是非农就业，面临的社会风险是工业化风险和城市社会的风险。而农村社会保障项目主要应对的是农业生产和农村社会的风险。这种风险与保障不匹配的状况，以及农民工回农村获得保障的高成本，都使得农民工从农村获得保障是不切实际的，而且还给农村社保项目带来了潜在的冲击。而城镇社会保险项目是以就业为基础的（Employment - related）。而农民工的一个特征恰是就业的流动性与不稳定性。因此，一旦失去就业，他们在遭遇社会风险时就会无所依靠。况且，农民工社会保险的覆盖率本就较低，再加上大量非正规就业农民工无法参加社会保险项目。这种社会保障的缺失可以说是农民工无法顺利完成市民化的主要障碍。

由此，不论是实现社会保障全覆盖的角度，还是促进农民工顺利实现市民化的角度，在现有社会保障体系基础上，重新构建农民工的社会保障都具有重大意义。借鉴上述社会保障底线的理念，我们认为以最低生活保障为基础建立社会保障底线，为农民工提供有效的社会保护。

二 当前农民工社会保障状况的评估

（一）社保“碎片化”与农民工社会保障

我国社会保障体系的一个重要特征是不同人群适用于不同的社保项目，呈现“碎片化”状态（朱玲，2010）。这一“碎片化”首先表现为城乡二元分割：城市居民和农村居民分别建立了不同的社保项目。其次，在农村居民和城市居民内部则又根据不同人群建立了不同的社保项目。城镇居民可以分为三个人群：一是公共部门职工，包括政府部门公务员及事业单位职工，他们的社保项目主要是干部离退休制度以及公费医疗制度①。二是正规就业的城镇企业职工，他们主要参加城镇职工社会保险制度（养老、医疗、工伤、失业、生育）。三是从事非正规就业或无工作的城镇居民，他们参加的是城镇居民的医疗保险和养老保险。上述城镇职工都能享受城镇的非缴费型社会救助项目。农村居民的社保项目，一是新型农村合作医疗，二是新型农村养老保险，三是农村的社会救助项目，包括最低生活保障、医疗救助以及“五保”供养等（图2）。

① 根据事业单位改革试点的情况，有一些地区已经将公务员和事业单位职工的公费医疗制度纳入到城镇职工医疗保险体系中；一些地区的事业单位职工也已经进入城镇职工养老保险体系。但是，绝大多数公务员和事业单位职工仍然享受干部离退休制度和公费医疗制度。

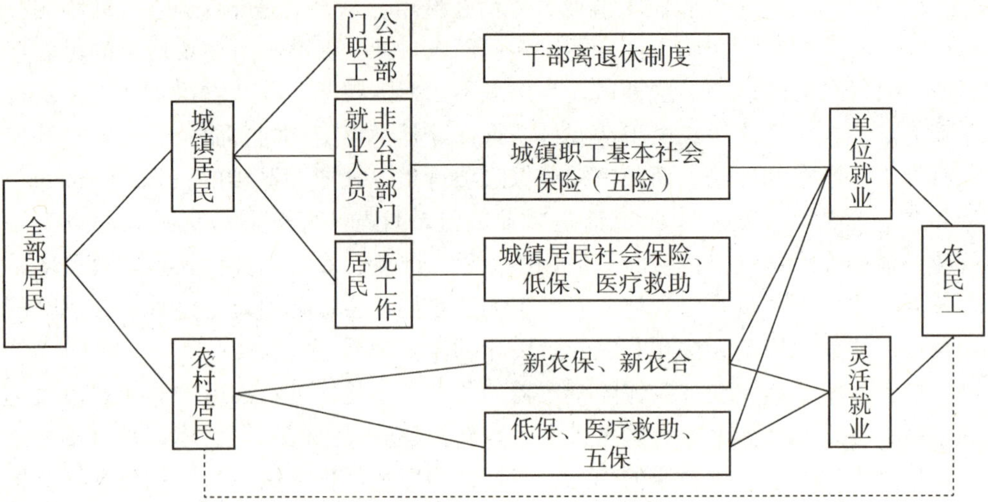

图2　我国社会保障体系的分割情况

在城镇居民和农村居民之间的是从农村进入城市就业和生活的农民工群体。按照一般的定义，他们拥有农村户籍，但是在城镇地区就业和生活，从事非农业生产（国务院研究室，2006）。在农民工社会保障的制度设计上，曾经有过多种模式，例如纳入城镇社会保障体系、单独建立农民工社会保障体系、参加农村社会保障体系等（华迎放，2005）。2009 年年初人力资源和社会保障部拟定《农民工参加基本养老保险办法》和《城镇企业职工基本养老保险关系转移接续暂行办法》两个办法，并向社会征求意见。2009 年年底，国务院正式颁发《城镇企业职工基本养老保险关系转移接续暂行办法》（以下简称“《暂行办法》”）。这个办法虽然实际也确定了农民工社会保障建设的基本思路，即以参加打工地的社会保险为基础建立农民工的社会保障体系。该办法禁止了农民工的退保行为，并为了适应农民工就业的流动性，取消了原社会保险制度中“连续缴费”的限制，规定可以分段计费，最后加总。办法还提出在适当的时候建立农村社会养老保险制度，并制定城镇职工养老保险与农村养老保险制度之间的衔接办法。

除了社会保险外，根据现有制度，农民工还可以在农村老家参加新型农村合作医疗和新型农村社会养老险，并可以在农村老家申请最低生活保障、医疗救助以及“五保”供养等社保项目。从制度上看，农民工并没有被排斥在社会保障体系外。但是，如前所述，农民工就业和生活都在城市，农村的社会保障项目并不能有效为他们提供社会保护；况且从城市回到农村去参加和申请社会保障，其成本也会高到农民工无法承担。从新农合与新农保的覆盖率来看，截至 2011 年年底新农合的覆盖率已经达到97.5%，基本实现了全覆盖，新农保的覆盖率也达到36.9%。因为农民工仍具有农村户籍，因此他们也被覆盖到这两项制度中。但是，新农合的保障水平以及对外地就医的限制使得农民工从中受益不多。

另外，虽然相关部门一直在采取各种措施扩大农民工社会保险覆盖率，农民工在城市参加社会保险的覆盖率增长缓慢。根据国家统计局最新的数据，2012年农民工养老保险的覆盖率只有14.3%，仅比开始实施《暂行办法》的2009年年底增加了6.7个百分点；工伤保险的覆盖率则一直维持在24%左右；其余医疗保险、生育保险和失业保险的覆盖率也维持在较低水平（表1）。

表1　农民工在城镇地区的社会保险覆盖率（%）

	2008年	2009年	2010年	2011年	2012年
养老保险	9.8	7.6	9.5	13.9	14.3
工伤保险	24.1	21.8	24.1	23.6	24
医疗保险	13.1	12.2	14.3	16.7	16.9
失业保险	3.7	3.9	4.9	8	8.4
生育保险	2	2.4	2.9	5.6	6.1

数据来源：国家统计局“2012年全国农民工监测调查报告”，
http：//www.stats.gov.cn/tjfx/jdfx/t20130527_ 402899251.htm，2012年5月27日发布

（二）农民工社会保险覆盖率、参保意愿不足

农民工社会保险覆盖率较低的主要原因主要是农民工的参保意愿不强；特别是在规定不允许退保后，多数农民工并不愿意参加城镇职工社会保险（魏众，2009）。而之所以参保意愿不强，第一，虽然颁布了《暂行办法》，但是毕竟城镇职工社会保险是针对城镇企业职工，特别是正规就业职工设计的，其历史来源是当年为了应对国有企业职工下岗而设计的（郑秉文，2009）。虽然《暂行办法》取消了连续缴费的限制，但是分段加总后，还需要缴费满15年才能受益。而大多数农民工在城镇就业的年限不能达到15年（姚宇，2009）。相关研究表明，农民工在所居城市的居留年限平均只有12.9年，也低于15年（王震，2013）。第二，相比于农民工的收入，现行的社会保险缴费率过高。我国现行的城镇职工5项社会保险全国平均的制度缴费率约为工资总额的41%，其中雇主承担30%，个人承担11%。这一缴费率不但远高于其他发展中国家，也高于大部分发达国家。而农民工的收入水平却远低于城镇居民。2011年城镇职工月平均工资为3483元，而农民工只有2049元，且农民工与城镇职工之间的收入差异还呈现出扩大趋势（图3）。农民工的低收入水平使得他们在城镇只能维持当前的生活，缺乏应对社会风险的能力。

除了覆盖率低外，农民工参加社会保险还有一个原则，就是首先将那些收入较高、就业稳定的农民工纳入进入。这属于典型的“撇奶脂”的做法，即将农民工群体中境况最好的那部分首先纳入到社会保险中。但是，在农民工群体中，这

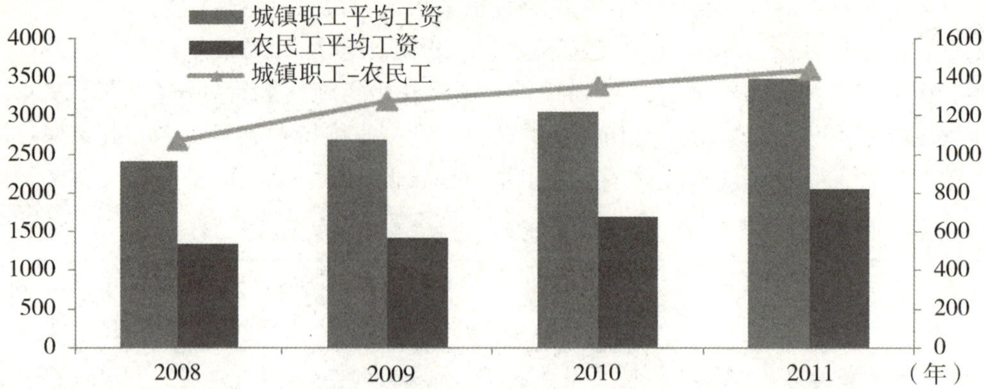

图3　城镇职工平均工资与农民工平均收入（元/月）及其差额

数据来源：农民工收入数据来源于国家统计局“2012 年全国农民工监测调查报告”，http：//www. stats. gov. cn/tjfx/jdfx/t20130527_ 402899251. htm，2012 年 5 月 27 日发布。城镇职工平均工资来源于《中国统计年鉴 2012》

一部分农民工面临的社会风险最小。大量农民工，特别是从事非正规就业的农民工，他们面临的社会风险最高，却被排斥在社会保险之外。由于非正规就业的农民工不具有城市户籍，他们既不能以个人身份参加所在城市的社会保险，也不能参加城镇居民的社会保险，也不能获得城镇社会救助。这导致出现这样一种不合理的状况，即面临社会风险最大的人群，在遭遇风险时将无所依托。这不仅有悖于社会保障全覆盖的理念，也极大不利于社会的稳定。

三　以社会救助为基础建立社会保障底线的政策分析

（一）以社会救助项目为基础建立社会保障底线

从为农民工提供有效的社会保障的角度，借鉴国际社会社会保障底线的理念，我们认为当前实现农民工社会保障的全覆盖，一个可行的选择是为农民工提供非缴费型的社会救助制度，主要是最低生活保障。如前所述，农民工既可以参加农村的社保项目，也可以参加城镇职工社会保险项目。但是前者不适应工业社会和城市社会的风险，保障与风险不匹配，且对农民工而言或者农村老家的保障成本过高。后者的覆盖率不仅非常低，而且能够参保都是农民工中收入较高、就业稳定的群体，大多数非正规就业农民工不能参保。同时，社会保险制度是与就业关联的。而农民工在城镇的就业和居住年限并不能满足社会保险的缴费年限要求。农民工社会保障的这一现状导致大多数最需要社会保障的农民工实际上处于没有任何社会保障的境地，在遭遇社会风险时无所依托。另外，农民工对社会保险的参保意愿不足。在这种情况下，通过推动社会保险的全覆盖实现农民工社会保障的全覆盖并不是一个可行的选择。

从当前的情况看，实际上农民工在城市最需要的社保项目是非缴费型的社会救助项目，特别是最低生活保障制度。最低生活保障制度不需要缴费，承担的是社会安全网的功能。对农民工而言，在遭遇社会风险时，社会救助能够有效帮助他们渡过难关，避免陷入贫困和流离失所，起到托底功能。从这个意义上讲，社会救助项目完全可以承担社会保障底线的功能，一方面为农民工提供基本的社会保护，抵御社会风险；另一方面，其他社保项目，包括社会保险都可以建立在这个平台上。从全覆盖的角度，只要农民工能够在制度上申请城镇社会救助项目，并且在遭遇风险时能够从中获得有效的救助，那么就实现了农民工社会保障的全覆盖。

（二）城镇最低生活保障覆盖到农民工的可行性

但是，当前我国的社会救助项目实行属地化管理，在制度上城乡分割，农民工被排斥在城镇社会救助之外。最低生活保障制度是我国最主要的社会救助项目。城镇居民最低生活保障制度建立的依据是1999年颁布的《城镇居民最低生活保障条例》；农村居民最低生活保障制度建立的依据是2007年《国务院关于在全国建立农村最低生活保障制度的通知》。这两个文件确立的城乡居民最低生活保障制度的管理和筹资原则是按照户籍地的属地管理。之所以实行按照户籍地的属地管理，一个原因是适应农村居民和城镇居民不同的生活水平，以便合理确定最低保障标准；另一个原因则是财政上的考虑，即最低生活保障制度在实施之初，是以地方政府筹资为主，而按照我国的财政惯例，地方财政仅对本地户籍人口负责。还有一个技术层面的原因，即获得低保待遇人口的锚定机制（Anchoring Mechanism）。在按照户籍进行属地化管理的情况下，可以简化对获得低保保障人口的认定、辨别和选择的机制，适应社会管理水平较低情况下快速扩大低保覆盖面的要求。

而这几个理由对当前农民工而言都已不再适用。首先，农民工虽然户籍还在农村，但他们已经在城镇地区就业和生活，为城镇经济发展做出了重大贡献。他们在城市生活，自然适用城镇生活水平以及最低生活标准。在他们遭遇失去收入等社会风险时，理应在居住地获得保障，而不是回到户籍地。

其次，从近年来城乡最低生活保障的筹资来源看，中央政府支出的最低生活保障费用已经占到75.68%（2011年）。农村低保中来自中央政府的支出所占比例在2011年已经达到75.27%，城镇低保中来自中央政府的比例也达到76.07%。也就是说中央政府支出的低保资金已经占到城乡低保总支出的3/4以上。地方政府在最低生活保障救助上的筹资责任已经大大减轻了（表2）。

最后，在对低保保障人口的锚定机制上，多年来低保行政管理部门和社保部门都已经积累了相当多的经验，管理水平也在不断提高。至少从理论上讲，这不是一个不能克服的问题。

（三）以社会救助为基础建立社会保障底线，扩大农民工社会保障覆盖的政策建议

上面的分析显示，在社会救助的基础上，以最低生活保障制度为主建立社会保障底线，扩大农民工社会保障的覆盖，不仅对实现社会保障的全覆盖具有必要性，而且也具有可行性。

实际上，从各个地方政府的角度，不将城镇最低生活保障制度覆盖到外来农民工，恐怕是处于地方财政负担的考虑，担心一些农村贫困人口为了单纯追求城市较高的最低生活保障而涌入大城市，给城市财政带来不必要的负担。因此，一个可行的政策选择是将城乡最低生活保障制度的全部筹资责任上升到中央政府，由中央政府负责城乡低保的财政支出。在中央政府负责低保筹资的情况下，改按户籍进行属地化管理的原则为按居住地进行管理。在这一前提下，地方政府免除了为低保筹资的责任，仅负管理责任，可以最大限度减少地方政府为农民工提供低保保障的阻力。而对中央政府而言，负责全部低保保障的筹资责任，并不会额外增加很多财政支出。

如前所述，中央政府已经承担了3/4以上的低保支出。在静态条件下，以2011年数据计算，中央政府全部承担低保保障支出，所增加的财政支出等于原先由地方政府承担的财政支出，大约为323亿元。在动态条件下，即农民工进入城市后，家庭人均收入低于城市低保标准的农民工按照城镇居民的低保补助标准获得低保保障而增加的支出。测算这部分支出需要获得农民工家庭人均收入的数据。我们使用原国家计生委2010年全国农民工监测数据，根据2010年城市低保平均标准（251.2元/月、人），测算得到该年度家庭人均收入低于城市低保标准的农民工比例约为1.41%。以此比例乘以各年度外出农民工数量，得到有资格进入低保保障的农民工数量（2011年大约为224万），以此数量乘以各年度城市低保平均补助水平，得到需要增加的低保财政支出。测算结果（表2）显示，将农民工纳入城市低保，需要增加的财政收入大致为5.37亿元（2011年）。由此，若由中央政府全部承担城乡低保筹资，中央政府需要增加的财政支出共计约为328.37亿元，这其中323亿元为中央政府替代地方政府的支出，不是新增财政支出，新增财政支出仅有5.37亿元。

将城镇低保扩展到农民工群体，实际上是以低保制度为基础为农民工建立了一个社会保障底线。这一社会保障底线首先为农民工建立了一个在遭遇社会风险时可以托底的社会安全网，而且是全覆盖的；其次，在此基础上，可以稳步推进社会保险的全覆盖，以及建立其他社会保障项目。

表2　城乡低保制度相关情况及城镇低保覆盖农民工所需财政支出测算

	2007 年	2008 年	2009 年	2010 年	2011 年
农村平均低保标准（元/月、人）	70	82.3	100.8	117	143.2
城市平均低保标准（元/月、人）	182.4	205.3	227.8	251.2	287.6
农村低保保障人数（万人）	3566.3	4305.5	4760	5214	5305.7
城镇低保保障人数（万人）	2272.1	2334.8	2345.6	2310.5	2276.8
农村平均补助水平（元/月、人）	38.8	50.4	68	74	106.1
城市平均补助水平（元/月、人）	102.7	143.7	172	189	240.3
农村低保财政支出（亿元）	104.1	228.7	363	445	667.7
其中中央政府支出（亿元）			255.1	269	502.6
中央政府支出占比（%）			70.28%	60.45%	75.27%
城市低保财政支出（亿元）	277.4	393.4	482.1	524.7	659.9
其中中央政府支出（亿元）			359.1	365.6	502
中央政府支出占比（%）			74.49%	69.68%	76.07%
全部财政支出（亿元）	381.5	622.1	845.1	969.7	1327.6
其中中央支出（亿元）	189.9	363.1	620	632.6	1004.7
中央政府支出占比（%）	49.78%	58.37%	73.36%	65.24%	75.68%
外出农民工数量（万人）	13800	14041	14533	15335	15863
家庭人均收入低于城市最低生活标准的农民工数量（万人）	194.58	197.98	204.92	216.22	223.67
按照城市低保平均补助水平需要增加的财政支出（万元）	19983.37	28449.45	35245.43	40866.24	53747.49

数据来源：城乡低保相关数据来自《中国民政统计年鉴 2012》。家庭人均收入低于城市平均低保标准的农民工数量 = 家庭人均收入低于城市平均低保标准的农民工比例 × 当年农民工总量。家庭人均收入低于城市平均低保标准的农民工比例计算自 2010 年原国家计生委全国农民工监测数据；表中使用的 2010 年的标准，以及 2010 年计算的比例。2010 年农民工家庭人均收入低于城市平均低保标准的比例为 1.41%

四　结论

实现农民工市民化需要社会保障制度的有力支撑。从制度上看，农民工可以参加农村的社保项目，也可以参加城镇职工社会保险项目，但是无法获得城镇非缴费型的社会救助。而我们的分析显示，由于农民工就业的不稳定性以及在城镇居留时间的限制，社会保险项目对农民工的社会保护效果是有限的。这一点也反映在农民工参保意愿不足、社会保险覆盖率长期维持在较低水平这一现象上。农民工中能够参加社会保险的群体是那些收入较高、就业稳定的农民工，而大量非正规就业农民工不仅不能参加社会保险，也无法获得城市社会救助，这使得他们在遭遇社会风险时，处于无所依靠的境地。因此，不论是从实现社会保障全覆盖，还是为农民工建立社会安全网，促进农民工市民化的角度，为农民工提供最低生活保障为主的社会救助项目，应成为当前的重要政策选择。

借鉴国际社会提倡的社会保障底线的理念，本文提出以社会救助为基础，以最低生活保障为主，为农民工建立社会保障底线，一方面实现农民工社会保障的全覆盖，另一方面则为其他社保项目的建设和推进提供平台。这一政策选择，首先需要中央政府担负起为城乡低保筹资的责任，地方政府仅负管理责任。而鉴于近年来中央政府已经承担了城乡低保超过3/4的支出，因此不会过多增加中央政府的财政负担。根据我们的测算，中央政府担负全部低保筹资责任需要增加的财政支出大约为328.37亿元，这其中323亿元为中央政府替代地方政府的支出，不是新增财政支出，新增财政支出仅有5.37亿元。

第八章　农民工城市居留时间的一个估计[①]

一　引　言

大量农民工不能顺利完成市民化，从而导致我国城市化出现“半城市化”“虚城市化”的现象，是影响我国经济健康稳定发展的主要障碍之一（王春光，2006；辜胜阻等，2006；中国发展研究基金会，2010）。在这一背景下，党的十八大以及之前的“十二五”规划都将推动农民工的市民化作为我国当前的重大战略任务之一。

判断农民工的市民化程度，一个重要的综合性指标是农民工在所居城市的居留年限。这一指标综合表达了农民工市民化的意愿、能力以及制度障碍。从政策含义上，这一指标也是判断农民工市民化程度，制定相关政策措施的基础。但是，已有研究中鲜有对农民工在所居城市居留年限的研究。一方面此类研究需要长期的追踪数据，但对农民工的追踪调查又因为他们频繁的流动而难于获得；另一方面，我国农民工大规模向城市迁移只是发生在近三十年间，即使第一代农民工也还有很多仍然在城市居住，这样也就无法获得他们“退出”城市的信息。

在现有研究中，与农民工城市居留有关的主要包括两个方面：一是农民工市民化或在城市定居的意愿研究（吴兴陆，2005；陈文哲、朱宇，2008；李强、龙文进，2009；续田曾，2010；夏怡然，2010）。这些研究发现，农民工的教育水平、就业和收入状况、所居城市的类型等都对农民工城市定居的意愿有显著影响。

二是对劳动年龄农民工在城镇地区就业和居住的预期年限的研究。这些研究根据农村住户调查数据中外出就业农民工的结构和数量，估算农村居民外出就业的预期年限。章铮、杜峥鸣、乔晓春（2008）根据2006年第二次全国农业普查公报农村外出就业劳动力的数据，使用单减生命表法大致估算了外出就业农民工的预期就业年限。其结果显示16岁农民工外出就业的预期年限为27.33年，21岁农民工外出就业预期年限为22.47年，31岁农民工预期就业年限为13.32年。

① 本章作者王震，系中国社会科学院经济研究所副研究员。本文为社科基金青年项目“农民工市民化的障碍与途径”（11CJL032）成果之一。作者感谢魏众研究员、邓曲恒博士、姚宇博士、金成武博士、何伟博士的评论与建议。

姚宇（2009）则基于2006年国家统计局农村住户抽样调查数据的微观数据，使用多增减生命表方法对农民工的外出就业预期年限进行了估算。其结果显示16岁男性农民工到60岁的预期就业年限为24.17年，女性为23.6年，21岁男性农民工到60岁的预期就业年限为20.5岁，女性为19.66年，31岁男性农民工到60岁的预期就业年限为13.95年，女性为14.65年。

上述对农民工外出就业和居住的预期年限的估计，没有有效利用农民工已经在所居城市居住了一段时间的信息。而根据农村住户调查数据估算农民工外出就业预期年限的方法，没有考虑到农民工就业地的变化，实际上分析的是农村居民“非农就业”的预期年限，而不是农民工在城市居留的年限。

那么，能否从现有的横截面调查数据中估计农民工的城市居留年限？本文尝试利用2010年全国农民工监测的大样本微观数据中年龄分布的信息，对农民工的城市预期居留年限进行一个估计，并将之与农民工的实际居留年限结合起来，以获得农民工城市居留的完整“持续期”数据，并对其影响因素进行比例风险回归分析。

二　估计策略与方法

农民工在城市的居留时间实际上是在城市居住的“持续期（Duration）”。但是，在现有的横截面数据中我们只能获得持续期开端的信息，不能获得他们何时“退出”的信息[①]。而要构造完整的城市居留时间，就要得到关于“退出”的信息。一个方法是使用农民工确切年龄的预期城市居留年限来模拟农民工在城市的居留时间，并得到一个构造的完整的城市居留期间。设农民工进入城市的时间为y_b，调查时点为y_c，那么我们得到截止到调查时点的实际居留期间：

$$T_{ac} = y_c - y_b \tag{1}$$

由于我们不知道农民工何时会“退出”城市，也就无法获知其整个居留时间的信息。但是，若我们能够估计出调查时点之后的预期居留年限Tex，那么完整的居留期间的信息可以通过实际居留期间加上预期居留时间得到：

$$T = T_{ac} + T_{ex} \tag{2}$$

获得预期居留时间的方法，一个是使用基于农村住户的调查数据，估算外出农民工的预期就业年限（章铮等，2008；姚宇，2009）。但这一方法估算的是以农村居民为基础的外出就业农民工的预期就业年限，而不是农民工一直在城市居留的年限。而我们要估算的是农民工在一个居留地点的长期居留年限。另一个方法是通过数据本身隐藏的信息获得未来预期居留年限。在横截面调查数据中，农

① 即仅知道持续期的开端，在末端都是“截取（Censored）”，没有“退出”。

民工的年龄分布中就包含了我们所需要的信息。我们所观察到的农民工的年龄分布实际上是考虑了农民工在不同年龄段上进入和退出城市的均衡结果，即所观察到的农民工年龄分布可以看作是一个典型农民工在不同年龄段上居留在城市的概率。借助人口学中预期余命的计算方法，则可以估计出农民工在不同年龄上的预期居留年限。预期余命的估计需要在一个封闭系统中，根据死亡概率估计不同年龄段的生存人数，其核心信息是不同年龄段的死亡概率。在我们的数据中，仅有年龄分布的信息，而没有死亡概率，即“退出”概率的信息。因此，要估计每一个年龄段上的生存人数，还需要一个强假设：即典型农民工在城市居留到某一年龄，其之前年龄段必定也居留在该地区，而之后年龄段则选择“退出”。

将农民工的年龄分布看作一个典型农民工在不同时间在城市居留的概率，那么他居留到59岁的概率只要不为零，那么他在16～58岁间必定也居住城市地区；同理，若他在58岁还在城市地区居留的概率不为零，那么16～57岁之间他也必定居住在城市地区①。这样，从最后一个年龄点开始向前累加，就可以得到每一个年龄段的累积居留概率。

为了更加精确起见，在实际计算中，我们使用月份作为年龄分布单位。调查涉及的流动人口年龄为16～60岁，转换为月份则为192～720月。给定每一个年龄点上的居留概率密度rx，x = 192，193，⋯，w，w = 720。r_x 可通过数据获得。那么累积居留概率为：

$$R_x = R_{x+1} + r_x , \tag{3}$$

因为我们研究的是劳动年龄农民工的城市居留年限，故在60岁以后数据右截断，因此有R720 = 0。求出Rx后，可以获得在每一个年龄段开始时居留在城市地区的农民工数量lx，x = 192，193，⋯，w，w = 720。进而，可以得到每一个年龄段在城市地区居留的农民工的人年数：

$$Lx = 0.5^* (lx + lx + 1) \tag{4}$$

据此，可以得到在x年龄段上农民工的未来累积居留人年数Sx：

$$S_x = L_x +_{x+1} + \cdots + L_{W-1} = \Sigma_{x=192}^{W-1} L_x \tag{5}$$

得到累积居留人年数后，可以得到某一年龄段上农民工未来在城市地区居留的预期年限：

$$Tex = Sx/lx \tag{6}$$

得到预期居留年限后，则可以通过（2）式得到完整的农民工城市居留时间Tx的一个估计。而对农民工城市居留时间的影响因素，则可以通过持续期分析（Duration analysis）进行（Kiefer，1988）。持续期分析又称“生存分析（Survival

---

① 限于数据，我们仅考察16～60岁的劳动年龄农民工。实际上，考虑到也有很多城市居民在退休后选择农村或其他城市地区养老，农民工退出劳动市场后所居地点的选择与其市民化过程相关不大。

analysis)”。由于持续期 Tx 的分布在很多情况下并不是正态分布，传统的 OLS 回归分析不再适用。此外，相比于传统的 OLS 回归，持续期分析还可以对数据的“截断”进行处理①。

在模型选择上，我们使用连续时间的比例风险模型（Proportional Hazard）来估计不同因素影响农民工城市居留时间的效应。设定持续时间 T 的累积分布函数和密度函数分别为：F（t）=P（T≤t），（t≥0），其含义是某一事件在时刻 t 之前结束的概率，其密度函数为 f（t）=dF（t）/dt。与之相对应的一个函数是生存函数：S（t）=1－F（t），表示某一事件在时刻 t 之前仍然持续的概率。那么风险函数（Hazard function）定义为：

$$h(t) = \lim_{h\to 0} \frac{p(t \leqslant T < t+h \mid T \geqslant t)}{h}$$

$$= \lim_{h\to 0} \frac{F(t+h) - F(t)}{h} * \frac{1}{1-F(t)} = \frac{f(t)}{1-F(t)} = \frac{f(t)}{S(t)} \qquad (7)$$

其含义是某一事件持续至 t 时刻的条件下，在［t，t+h）期间结束的概率，可以表示为持续期分布密度函数与生存函数之比。给定变量下的条件风险函数可以表示为（Wooldridge，2002）：

$$h(t;X) = \lim_{h\to 0} \frac{p(t \leqslant T < t+h \mid T \geqslant t, X)}{h} = \frac{f(t \mid X)}{1-F(t \mid X)} \qquad (8)$$

其中 X 为影响持续期风险函数的自变量向量。将（7）式模型化，得到可以估计的比例风险模型：

$$h(t;x) = \psi(X)h_0(t) \qquad (9)$$

其中 ψ（·），为 X 的非负函数，一般设定为：ψ（X）=exp（$X\beta$），β 为待估计的参数向量。h_0（t）为基准风险，对所有个体都相同。个体的风险函数与基准风险成比例，而 ψ（X）恰好为比例函数。对（9）的估计，一种方法是参数法，使用最大似然法对参数进行估计，但需要设定基准风险函数的形式。一般设定为服从 Weibull 分布（Addison and Portugal，1998）。另一种方法为半参数法估计（Cox，1972）。该方法不需要预先设定基准函数的形式，使用局部似然估计方法。本文分别使用两种估计方法对（9）式进行估计，并比较其结果。

通过参数估计得到估计系数后，可以通过下面的公式分别计算在以自变量为条件下的每一样本持续期的中位数和均值：

$$T'_{median} = \left[-\frac{ln(0.5)}{\psi}\right]^{1/\alpha} \qquad (10)$$

$$T'_{mean} = \left(\frac{1}{\psi}^{\frac{1}{\alpha}}(1+(1/\alpha)\right) \qquad (11)$$

① 在本文中，由于农民工城市居留时间的末端来自于根据农民工年龄分布得到的预期居留年限，因此不存在数据“截断”问题。

其中，$\psi = exp(X\beta)\,\Gamma(.)$，为 Gamma 函数。根据（9）和（10）还可以分别计算其他条件不变情况下，不同人群城市居留时间（持续期）的中位数和均值。

三　农民工城市预期居留年限及变量描述

本文使用的数据来源于国家人口计生委 2010 年下半年进行的流动人口动态监测数据的 A 卷。该数据在全国 31 个省（市、区）106 个城市进行，既包括省会等大城市，也包括地级市、县级市等中小城市。数据调查对象为户籍不在本地的流动人口，去掉来自港澳台地区外来人口以及城镇流动人口后，共有样本 105,620 个。

根据上一节给出的方法，我们首先估算了不同年龄段农民工在所居城市的预期居留年限（表 1）。一个典型男性农民工 16 岁到达所居城市后，一直居留在该地到 60 岁的预期居留年限为 18.54 年，女性农民工则为 17.06 年；21 岁男性农民工一直居留在所居城市的预期年限为 14.69 年，女性农民工则为 13.21 年；31 岁男性农民工一直居留在所居城市的预期年限为 9.22 年，女性农民工为 8.46 年。到 50 岁时，农民工在所居城市的预期居留年限仅剩下 4 年左右。

表 1　农民工分性别所居城市预期居留时间（单位：年）

年龄	男性	女性	年龄	男性	女性
16.0	18.54	17.06	39.0	5.83	5.22
17.0	17.66	16.17	40.0	5.54	4.90
18.0	16.83	15.31	41.0	5.34	4.66
19.0	16.06	14.55	42.0	5.03	4.39
20.0	15.32	13.83	43.0	4.92	4.23
21.0	14.69	13.21	44.0	4.61	3.99
22.0	14.06	12.65	45.0	4.41	3.88
23.0	13.44	12.13	46.0	4.25	3.79
24.0	12.90	11.69	47.0	4.10	3.71
25.0	12.34	11.23	48.0	4.28	3.95
26.0	11.79	10.74	49.0	4.46	4.26
27.0	11.24	10.25	50.0	4.04	4.04
28.0	10.70	9.78	51.0	3.70	3.75
29.0	10.22	9.39	52.0	3.19	3.23
30.0	9.73	8.94	53.0	2.79	2.81
31.0	9.22	8.46	54.0	2.46	2.42
32.0	8.75	8.02	55.0	2.05	2.08
33.0	8.28	7.60	56.0	1.64	1.75

续表

年龄	男性	女性	年龄	男性	女性
34.0	7.77	7.11	57.0	1.25	1.34
35.0	7.32	6.67	58.0	0.88	0.89
36.0	6.89	6.26	59.0	0.48	0.48
37.0	6.53	5.90	60.0	0.00	0.00
38.0	6.15	5.53			

注：在估算过程中，使用的是月份；为便于表示，此处仅给出整数年份的预期居留年份

与前文提到的章铮等（2008）、姚宇（2009）基于农村住户调查数据的农民工外出就业预期年限相比，本文的估算结果要短一些。其原因在于我们这里考察的农民工来到一个城市后，不考虑迁移到其他城市的情况下，农民工在所居城市一直居留到60岁的预期年限；而以农村住户调查数据的估算则将农民工在不同地点就业的情况也算作外出就业（只要农民工不回乡务农，那么就算外出就业），而不是农民工在同一个地点居留的预期年限。

农民工在所居城市的全部居留年限等于其实际居留年限（Tac）和预期居留年限（Tex）之和。我们使用的数据显示，农民工的实际居留年限平均只有4.68年，2年以下者所占比例为38.54%，2～5年所占比例为28.19%，5～10年所占比例为19.17%，实际居留年限在10年以上者仅占14.11%。

将农民工实际居留年限和调查时点年龄段的未来预期居留年限相加，得到农民工完整的在城市地区的居留年限。图1给出了农民工完整的城市居留年限的生存曲线和累积风险曲线①。随着城市居留时间的延长，农民工退出所居城市的风险快速上升。居留时间在15年内时，其退出风险还比较平稳；15年之后退出所居城市的风险快速增加。从所居城市退出的风险也存在性别差异，在15年内男性和女性农民工退出所居城市的风险没有显著差别，但是超过15年后女性退出

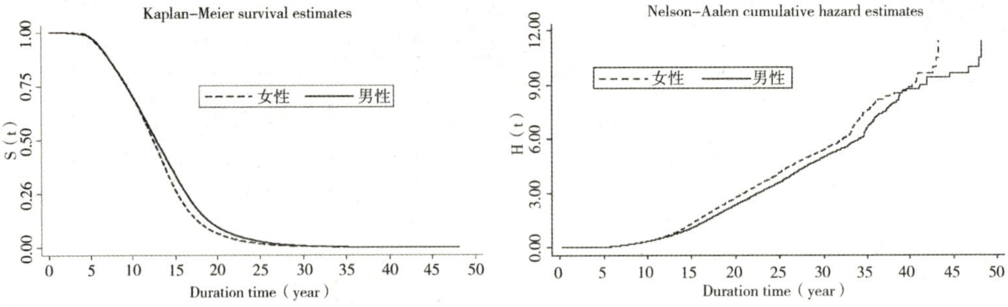

图1　农民工城市居留年限的累积生存曲线和累积风险曲线

① 生存曲线使用Kaplan – Meier方法估算；累积风险函数使用Nelson – Aalen方法估算。

所居城市的风险明显超过男性。一般而言，持续期回归中的自变量是那些不随时间变化的变量。虽然也发展出了处理随时间变化变量的方法，但是因为我们使用的是横截面数据，只有调查时点的信息，因此我们仅能使用那些不随时间变化的自变量对持续期进行回归。这些变量中，首先是农民工个体特征中不随时间变化的变量，主要是性别和教育程度。

教育水平。虽然一些农民工可以在打工期间通过在职学习提高自己的教育水平，但一般认为毕业时的教育水平对一个人的影响是最重要的，也是不随时间变化的。此处农民工的教育水平分为四类：小学及以下、初中高中、高中和中专、大专及以上。

其次，是关于农民工迁移特征的一组变量，包括农民工的来源地（户籍所在地）、所居城市所处的区域及层次，以及迁移的行政距离。我们将这些变量整合为如下：

流动的行政距离[①]，分为跨省流动、省内跨市和市内跨县。流动的行政距离越大，则来源地和打工地之间的经济社会发展状况、环境、政策以及制度差异就会越大，其在所居城市居留的时间可能越短；但是，流动的行政距离越大，则可能面临更多的发展机会，从而也可能提高其在所居城市的居留时间。实际效应还需要经验验证。

户籍所在地到居住所在地的地区差距，或流动区域。我们将农民工的来源地（户籍所在地）分为东、中、西部，居住城市也分为东、中、西部。根据城乡人口流动的推拉理论，来源地和打工地之间的发展差异是人口从农村迁移到城市的主要动力，对农民工在城市地区的活动是有影响的。我们将来源地和打工地的地区差异分为内部流动（东部—东部、中部—中部、西部—西部）、正向流动（中部—东部、西部—中部、西部—中部）和逆向流动（东部—中部、东部—西部、中部—西部），以考察流动区域对农民工城市居留时间的影响。

所居城市的层次，即所居城市是省会或计划单列市等大城市，还是地级市这样的中等城市，以及县级市这样的小城市。所居城市的层次代表了农民工所居地区的经济发展水平。层次越高，经济发展水平越高，而其维持基本生活的消费水平也就越高，从而降低其在城市居留的概率；但是城市层次越高，工作机会越多、收入越高，则可能提高他们在城市居留的概率。其实际效应如何，还需要经验验证。

上述变量的描述统计见表2。

---

① 不同于地理距离，行政距离以省、市、县、区等行政区划来划分距离。两个地方，即使地理距离很近，但若跨越两个省份，则其行政距离也大于地理距离很远的两个省内地区。

表2　变量描述统计（%）

性别		流动区域	
女性	49.48	东部－东部	21.04
男性	50.52	中部－中部	22.99
教育程度		西部－西部	22.07
小学及以下	18.50	正向流动	25.90
初中	60.84	逆向流动	8.00
高中/中专	17.58	所居城市性质	
大专及以上	3.08	东部省级市	25.85
流动距离		东部地级市	18.11
跨省流动	46.95	东部县级市	1.76
省内跨市	35.77	中部省级市	12.81
市内跨县	17.28	西部省级市	19.06
		中部西部地级市	20.26
		中部西部县级市	2.16

四　农民工城市居留年限的持续期分析

本部分我们分别使用参数估计和半参数估计（Cox 方法）估计农民工城市居留时间。自变量为不随时间变化的农民工的一些特征，包括农民工的个人特征以及他们的迁移特征。性别和教育程度为农民工的个人特征；户籍所在区、所居地区、所居地区层次、流动范围这些变量则为农民工的迁移特征。估计结果见表2。我们还在图3中给出了Cox半参数回归不同变量在其他条件不变情况下取不同值时的累积风险分布曲线。该曲线可以更直观地给出其他条件不变情况下，不同变量取不同值时风险比的差异。

参数估计得到系数后，使用（10）式和（11）式可以得到预测的农民工城市居留时间的中位数和均值。预测的农民工城市居留时间中位数的平均值为12.68年，居留时间均值平均为12.89年。表3给出了参数估计下的农民工城市居留年限不同分组的均值；表4给出了农民工城市居留年限参数估计和Cox半参数估计的系数。

表3 参数估计的农民工城市居留年限平均值（年）

全部	12.89	流动区域	
性别		东部—东部	13.36
女性	12.53	中部—中部	12.70
男性	13.25	西部—西部	12.88
教育程度		正向流动	12.80
小学及以下	12.40	逆向流动	12.56
初中	12.79	所居城市区域和层次	
高中/中专	13.61	东部省级	13.23
大专及以上	13.77	东部地级市	12.90
流动的行政距离		东部县级市	12.35
跨省流动	12.78	中部省级市	12.37
省内跨市	13.08	西部省级市	12.77
市内跨县	12.82	中部西部地级市	12.89
		中部西部县级市	13.53

农民工城市居留时间存在显著的性别差异：男性农民工离开所居城市的风险显著低于女性。男性农民工离开所居城市的风险比只相当于女性农民工的88%（Cox 回归结果）；男性农民工在所居城市的居留的平均年限为13.25年，而女性只有12.53年。

教育水平越低的农民工，他们在所居城市的居留时间越短，离开所居城市的时间早于高教育水平者。初中、高中/中专、大专及以上教育程度的农民工离开所居城市的风险比仅相当于小学及以下教育程度者的91%、78%和75%。小学及以下教育程度的农民工的平均居留年限只有12.40年；而高中/中专为13.61年。

从流动的行政距离上分析，相比于跨省流动和市内跨县的流动，省内跨市流动的农民工从所居城市退出的风险最低，即他们在所居城市的居留时间最长，为13.08年。而跨省和市内跨县流动的农民工在所居城市的居留时间没有显著差异。

从农民工在不同区域之间的流动范围来看，参数回归和Cox半参数回归的结果略有差异。参数回归的结果显示，东部－东部流动的农民工在所居城市的居留时间最长（13.36年），其次是中西部到东部的正向流动的农民工，然后是西部—西部流动的农民工和中部—中部流动的农民工；而逆向流动的农民工在所居城市居留的时间最短。这些差异都是统计上显著的。Cox半参数回归的结果则显示，只要是内部流动（东部—东部、中部—中部、西部—西部），他们在所居城市的居留时间没有显著差异；但是，相比于内部流动，跨区域的流动，即使是正向流动（中西部—东部），其在所居城市的居留时间也显著较短。当然，逆向流动的农民工他们在所居城市的居留时间最短。回归结果虽然略有差异，但可以肯定的是内部流动的农民工更容易在所居城市居留，特别是东部—东部流动的农民工在所居城市的居留时间是最长的。

所居城市地区和层次对农民工在城市的居留时间也有显著影响。总体来看，中西部地区县级市与东部省会和计划单列市（大城市）的农民工在城市居留时间没有显著差异，其居留在城市的时间最长（13.53年和13.23年）；其次是东部地区的地级市，农民工的居留时间也比较长（12.90年）。农民工居留时间排在第三的是中西部地区的地级市，第四位是西部地区的省级市，第五位是东部地区县级市，第六位是中部地区省级市。对这一结果的一个解释是，东部省会等大城市的公共服务设施更好，农民工在此可以获得较好的公共服务；而在中西部地区的县级市，则生活成本是最低的。

表4　农民工城市居留时间比例风险模型的参数估计和Cox半参数估计结果

变量	参数回归	Cox半参数回归
性别（女性为基准）		
男性	-0.1427*** 0.0062	-0.1253*** 0.0062
教育程度（小学及以下为基准）		
初中	-0.0720*** 0.0083	-0.1003*** 0.0083
高中/中专	-0.2313*** 0.0104	-0.2556*** 0.0104
大专及以上	-0.2532*** 0.0191	-0.2830*** 0.0191
流动的行政距离（跨省流动为基准）		
省内跨市	-0.0517*** 0.0101	-0.0508*** 0.0101
市内跨县	-0.0008 0.0116	0.0077 0.0116
流动区域（东部—东部为基准）		

续表

变量	参数回归	Cox 半参数回归
中部—中部	0.0666 ** 0.0302	0.0333 0.0302
西部—西部	0.0657 ** 0.0315	0.0151 0.0315
正向流动	0.0586 *** 0.0118	0.0354 *** 0.0118
逆向流动	0.1169 *** 0.0328	0.0733 ** 0.0328
所居城市区域与层次（东部省级市为基准）		
东部地级市	0.0512 *** 0.0095	0.0501 *** 0.0095
东部县级市	0.1550 *** 0.024	0.1500 *** 0.024
中部省级市	0.1591 *** 0.03	0.1913 *** 0.03
西部省级市	0.0456 0.0314	0.0969 *** 0.0314
中部西部地级市	0.0224 0.0292	0.0827 *** 0.0292
中部西部县级市	-0.1103 *** 0.0358	-0.0379 0.0358
截距	-7.2398 *** 0.0219	
ln_ p	1.0084 *** 0.0023	
N	105620	105620

注：表中给出的是估计系数 $\bar{\beta}$；风险比（Hazard Ratio）等于。限于篇幅，表中未给出风险比。系数下方为标准误

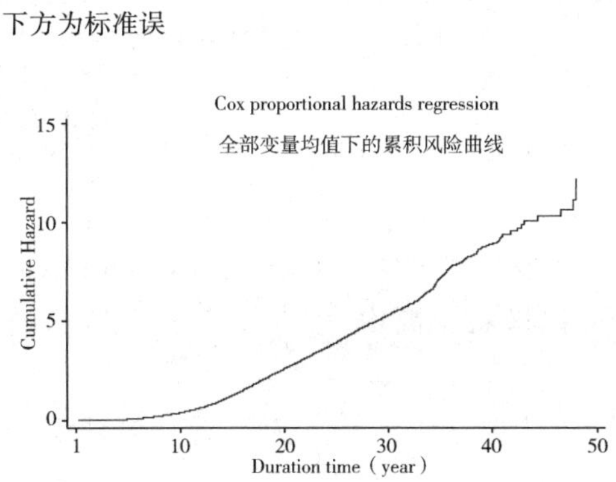

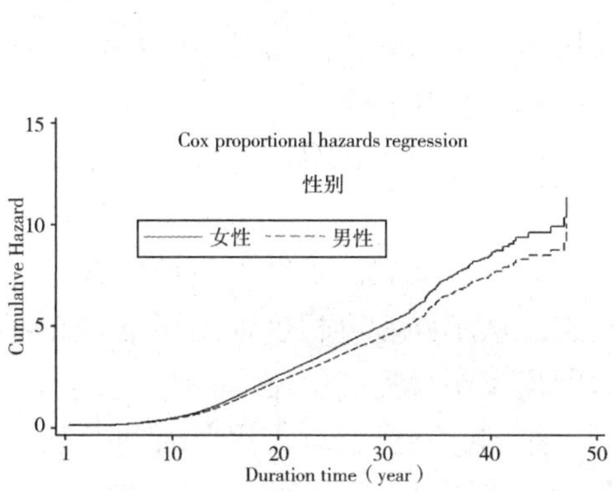

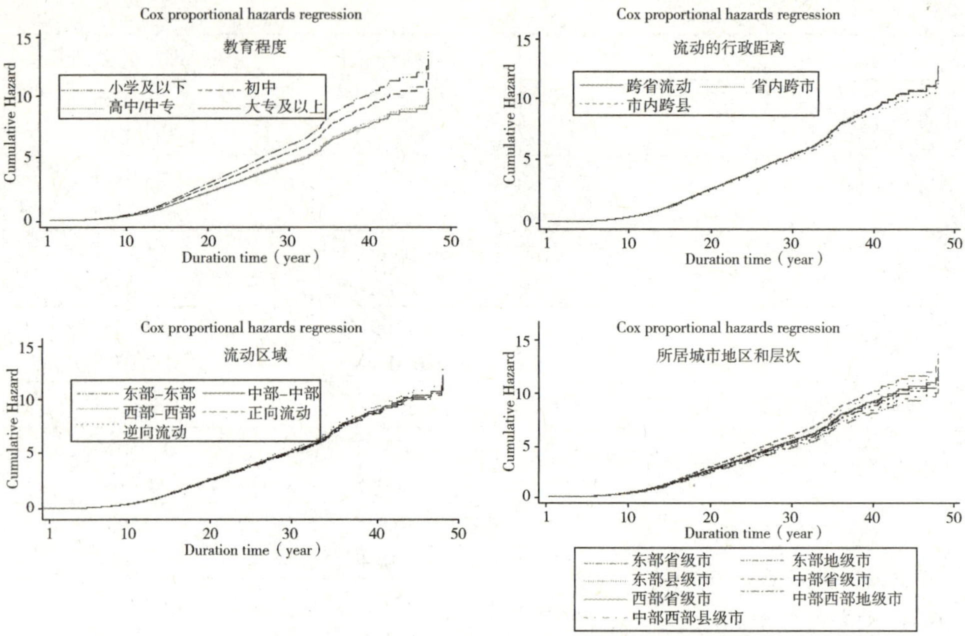

图 2　Cox 比例风险回归分变量及全部变量均值下的累积风险曲线

五　结论

农民工在城市的居留年限综合表现了农民工市民化的意愿、能力与障碍等因素，是判断农民工市民化的主要指标之一，也是科学制定相关政策的决策基础。本文在微观调查数据的基础上，估计了农民工在一个城市长期居留的预期年限，并将之与农民工实际居留年限结合起来，形成农民工城市居留的完整“持续期”；在此基础上，我们还使用参数估计和 Cox 半参数估计方法估计了影响农民工城市居留时间的因素。

第一，一个 16 岁男性农民工在一个城市的预期居留年限为 18.54 年；女性农民工为 17.06 年。超过 30 岁后，男性农民工的预期居留年限只有 9.73 年，女性农民工为 8.94 年。

第二，模型预测的农民工城市居留年限的均值为 12.89 年，中位数为 12.68 年。

第三，从农民工个人特征来看，男性和受教育水平较高者在城市的居留年限较长。从不同教育程度退出所居城市的风险比来看，高中/中专以上者在城市的居留概率明显提高。

第四，在所居城市居留时间较长的农民工主要是省内跨市流动者。而从流动范围看，则区域内部流动（东部—东部、中部—中部、西部—西部），特别是东部—东部流动的农民工在所居城市的时间最长。

第五，从农民工所居城市的层次看，东部地区大城市以及中西部地区县级市农民工的居留时间最长；中西部的大城市以及东部的地级、县级市则较短。

总体而言，我国农民工在城市的居留年限并不长；这不仅反映了城乡二元分割的制度障碍，也反映了农民工个人在城市居住的能力障碍。这些结论有如下的政策含义：

首先，农民工的教育水平是影响他们在城市居留的重要原因。高中以上教育程度农民工的城市居留年限明显高出初中及以下者。在当前条件下，虽然很难提高农民工的教育水平，但是提供各种类型的培训，以提高他们的人力资本积累水平，将是一个重要的政策选择。

其次，从当前农民工在不同地区和不同层次城市的居留年限看，那些居留时间较长的农民工还主要是省内跨市的迁移。从我国当前户籍制度改革的情况看，一些地区县域内的城乡户籍差异已经很小甚至消除；为推动农民工在城市的长期居住，应该着手推动地级市范围内以及省级范围内的户籍制度改革。

再次，农民工的社会保障政策需要重新考虑。当前我国实行的是以社会保险为主体的社会保障制度。而社会保险需要在就业阶段有一个持续的投保期。农民工在城市的居留年限大部分集中在13年左右，低于15年社会保险的最低连续投保期。因此，虽然有些农民工在城市参加了社会保险，但是由于他们在一个城市的连续居留年限不足15年，他们在退休后也就很难享受社会保险待遇。若说社会保障的全覆盖是农民工市民化的重要支撑条件，那么社会保险显然不能承担这一任务。因此，扩大非缴费型的社会救助项目并将之覆盖到农民工群体将是推动农民工市民化的重要条件。

第九章 农民工城市定居意愿的影响因素分析①

有序推进农民工的市民化是党的十八大提出的重大战略部署。在以户籍制度为代表的城乡二元分割体制仍然存在的情况下，大量进入城市就业和生活的农民工仍然处于“候鸟式”迁徙就业状态，无法在城市长期定居。这不仅不利于我国城镇化的顺利推进，也不利于城市社会稳定。那么，对于农民工而言，他们是否具有足够的在城市定居的意愿？有哪些因素影响了农民工城市定居的意愿？本文在国家计生委 2010 年流动人口监测数据的基础上，使用 Logit 选择模型对影响农民工城市定居意愿的诸因素进行分析。本文首先对农民工城市定居意愿进行描述统计分析，然后对 Logit 模型进行估计，并给出估计结果及其解释，最后是简短的政策讨论。

一 农民工城市定居意愿的描述性分析

在我们使用的问卷中，留城定居的意愿为如下问题：“您是否打算在本地长期居住。”对农民工的留城意愿进行描述性统计，可以发现调查样本中有 39.73% 的农民工有在打工地长期居住的意愿，24.78% 的样本没有在所在地长期居住的意愿，35.5% 的样本对此问题还没有考虑过（表 1）。下面，本文只对所设问题进行确定性回答的样本进行分析，即回答“是”或“否”的样本，总计 3736 个。

表 1 农民工的留城意愿

留城意愿	样本数	频率（%）	累计频率（%）
是	2301	39.73	39.73
否	1435	24.78	64.50
没想过	2056	35.50	100.00
总计	5792	100	——

① 本章作者何伟，系中国社会科学院经济研究所助理研究员。本文为社科基金青年项目“农民工市民化的障碍与途径”（11CJL032）成果之一。

（一）性别对定居意愿的影响

从性别上看，在1818个女性农民工样本中，有留城意愿的比例为60.62%；在1918个男性农民工样本中，留城意愿的比例为62.51%，男性略高于女性（表2），但通过显著性检验发现，两者的差别并不显著。

表2　性别与定居意愿

性别	无留城意愿		有留城意愿		总计	
	样本数	频率（%）	样本数	频率（%）	样本数	频率（%）
女	716	39.38	1102	60.62	1818	100
男	719	37.49	1199	62.51	1918	100
总计	1435	38.41	2301	61.59	3736	100

（二）年龄对留城意愿的影响

将农民工的年龄分为五组，留城意愿比例最低的是16～20岁年龄组，最高的是50岁以上年龄组（表3），留城意愿与年龄组之间并不存在单调变化关系。进一步考察新生代农民工和老一代农民工的留城意愿，划分的标准是30岁以下为新生代农民工，发现新生代农民工中有留城意愿的比重为58.81%，老一代农民工中有留城意愿的比例为63.65%，老一代农民工的留城意愿略高于新生代农民工（表4），但差别不显著。

表3　年龄与留城意愿

年龄	无留城意愿		有留城意愿		总计	
	样本数	频率（%）	样本数	频率（%）	样本数	频率（%）
16～20	138	49.46	141	50.54	279	100
21～30	517	39.44	794	60.56	1311	100
31～40	501	35.11	926	64.89	1427	100
41～50	256	39.45	393	60.55	649	100
51～59	23	32.86	47	67.14	70	100
总计	1435	38.41	2301	61.59	3736	100

表4　新生代农民工与第一代农民工的留城意愿

新生代农民工	无留城意愿		有留城意愿		总计	
	样本数	频率（%）	样本数	频率（%）	样本数	频率（%）
否	780	36.35	1366	63.65	2146	100
是	655	41.19	935	58.81	1590	100
总计	1435	38.41	2301	61.59	3736	100

（三）居留当地的时间长短与留城意愿

根据哪一年到达的所在地这个指标可以计算出居留当地的年限，将这一年限分为4组，分别是不满1年、1～4年、5～10年以及10年以上。有留城意愿的农民工比例，随着居留当地年限的增加而明显呈现出单调增加趋势（表5）。

表5　到城市时间与留城意愿

到当地时间	无留城意愿		有留城意愿		总计	
	样本数	频率（%）	频率（%）	样本数	样本数	频率（%）
不满1年	397	50.96	382	49.04	779	100
1～4年	735	41.06	1055	58.94	1790	100
5～10年	200	29.15	486	70.85	686	100
10年以上	103	21.41	378	78.59	481	100
总计	1435	38.41	2301	61.59	3736	100

（四）受教育程度与留城意愿

不同受教育程度的农民工留城意愿也有不同，除了小学及以下分组，自初中组起有留城意愿的农民工比例明显上升，从初中组的57%提高到大专以上组的78%，小学及以下组的比例略高于初中组（表6），可能的原因在于样本的数量，以及其他教育程度之外的原因。

表6　受教育程度与定居意愿

教育程度	无留城意愿		有留城意愿		总计	
	样本数	频率（%）	样本数	频率（%）	样本数	频率（%）
小学及以下	180	38.14	292	61.86	472	100
初中	916	42.88	1220	57.12	2136	100
高中与中专	295	31.89	630	68.11	925	100
大专及以上	44	21.67	159	78.33	203	100
总计	1435	38.41	2301	61.59	3736	100

（五）雇佣类型与留城意愿

本文将雇佣状态分为受雇状态和自我雇佣状态两种，通过交叉统计分析，发现自我雇佣状态农民工中有留城意愿的比例高于受雇农民工（表7），两个组别在统计上是显著的。

表7　雇佣类型与留城意愿

就业状态	无留城意愿		有留城意愿		总计	
	样本数	频率（%）	样本数	频率（%）	样本数	频率（%）
受雇	1039	45.61	1239	54.39	2278	100
自我雇佣	396	27.16	1062	72.84	1458	100
总计	1435	38.41	2301	61.59	3736	100

（六）工作类型与留城意愿

调查问卷并没有设计出一个直接可以划分农民工职级的变量，只能使用样本个人主观判断来测度农民工工作是否是技术性的还是纯体力的，虽然这样会造成测量误差，因为不同样本的自我评价标准并不相同，但经过与就业单位、行业、职业等变量分别进行交互分析，使用工作类型的主观评价指标，偏差并不大。交互统计的结果显示农民工的留城意愿随着所从事工作技术性的增加而提高（表8）。

表8　工作类型与留城意愿

工作类型	无留城意愿		有留城意愿		总计	
	样本数	频率（%）	样本数	频率（%）	样本数	频率（%）
技术	60	24	190	76	250	100
半技术	745	38.86	1172	61.14	1917	100
纯体力	417	41.66	584	58.34	1001	100
说不清	213	37.5	355	62.5	568	100
总计	1435	38.41	2301	61.59	3736	100

（七）各类保险、公积金与留城意愿

通过查看养老保险、医疗保险、工伤保险、失业保险、生育保险与住房公积金与留城意愿的交叉统计结果，发现是否拥有各项保险的农民工在留城意愿上的差异并不大，特别是养老保险，两个组别的留城意愿比例均为61.6%（表9）。

没有工伤保险和失业保险的农民工留城意愿比例甚至高于有这两类保险的农民工。几乎所有的保险种类分组并没有通过显著性检验。

表9　各类保险、公积金与留城意愿

保险类型	无留城意愿		有留城意愿		总计	
	样本数	频率（%）	样本数	频率（%）	样本数	频率（%）
养老保险						
无	1093	38.4	1753	61.6	2846	100
有	342	38.43	548	61.57	890	100
医疗保险						
无	983	38.49	1571	61.51	2554	100
有	452	38.24	730	61.76	1182	100
工伤保险						
无	1044	36.73	1798	63.27	2842	100
有	391	43.74	503	56.26	894	100
失业保险						
无	1213	37.75	2000	62.25	3213	100
有	222	42.45	301	57.55	523	100
生育保险						
无	1350	38.47	2159	61.53	3509	100
有	85	37.44	142	62.56	227	100
公积金						
无	1393	38.58	2218	61.42	3611	100
有	42	33.6	83	66.4	125	100
总计	1435	38.41	2301	61.59	3736	100

（八）打工地家庭特征与留城意愿

将农民工在城市的家庭类型分为单人户，无未成年成员的多人户和有未成年成员的多人户这三组，单人户农民工有留城意愿的比例为52.4%，无未成年成员的多人户有留城意愿的比例为57.07%，有未成年成员的多人户这一比例为75.2%（表10），说明打工地家庭人数的增加，对留城定居有促进作用，而未成年家庭成员的促进作用更大，可能原因是为了这些未成年家庭成员接受更好的教育。

表 10 家庭特征与留城意愿

打工地 家庭特征	无留城意愿		有留城意愿		总计	
	样本数	频率（%）	样本数	频率（%）	样本数	频率（%）
单人户	625	47.6	688	52.4	1313	100
多人户（无未成年成员）	495	42.93	658	57.07	1153	100
多人户（有未成年成员）	315	24.8	955	75.2	1270	100

（九）住房类型与留城意愿

本文将农民工的住房类型分为自购住房（包括商品房和保障性住房）、独租单位房（免费或收取租金）、合租单位房（免费或收取租金）、租住私房、其他等，发现有在城市有自购住房的农民工留城意愿的比例最大，达到了96.33%，其次是独自单位住房，比例为66.44%，再次是租住私房，比例为61.57%，合租单位房的农民工留城意愿比例最低，少于50%，单位提供的合租房，以工地工棚为主，这些农民工的居住环境差，留城意愿低，有其合理性（表11）。

表 11 住房类型与留城意愿

住房类型	无留城意愿		有留城意愿		总计	
	样本数	频率（%）	样本数	频率（%）	样本数	频率（%）
自购住房	8	3.67	210	96.33	218	100
独租单位房	99	33.56	196	66.44	295	100
合租单位房	302	54.81	249	45.19	551	100
租住私房	1001	38.43	1604	61.57	2605	100
其他	25	37.31	42	62.69	67	100

（十）居住位置与留城意愿

将农民工在城市的居住位置分为市区、城乡接合部和农村（城市郊区）三组，住在市区的农民工，有留城意愿的比例为71.75%，城乡结接部的农民工留城意愿下降，比例为66.06%，住在农村的农民工留城意愿比例仅为40.99%，呈现出中心向外围逐渐下降的趋势（表12）。下文将单独用一章来分析农民工的住房问题。

表 12　农民工的居住位置与留城意愿

住房位置	无留城意愿		有留城意愿		总计	
	样本数	频率（%）	样本数	频率（%）	样本数	频率（%）
市区	380	28.25	965	71.75	1345	100
城乡结合部	482	33.94	938	66.06	1420	100
农村	573	59.01	398	40.99	971	100

（十一）流动类型与留城意愿

外出农民工的流动范围，可以分为市内县外、省内市外、跨省流动三种，跨省流动农民工选择在打工地定居的比例仅有 50.23%，省内市外流动和市内县外流动的农民工留城比例分别为 71.29% 和 70.97%，两者差别不大（表 13）。

表 13　流动类型与留城意愿

流动类型	无留城意愿		有留城意愿		总计	
	样本数	频率（%）	样本数	频率（%）	样本数	频率（%）
跨省流动	855	49.77	863	50.23	1718	100
省内市外	526	28.71	1306	71.29	1832	100
市内县外	54	29.03	132	70.97	186	100

（十二）所在城市与留城意愿

不同城市的经济发展水平和就业机会不同，对农民工的态度和政策也各不相同，因此，农民工的留城意愿在不同的城市也体现出相应的差别。将这些城市进一步划分为特大城市、大城市和中等城市，对研究农民工市民化更有意义。从交叉统计表中可以发现，农民工选择在苏州、中山这些中等城市定居的比例之地，其次是北京这样的特大城市，选择郑州、成都定居的农民工比例最高（表 14）。

表 14　所在城市与留城意愿

流动城市	无留城意愿		有留城意愿		总计	
	样本数	频率（%）	样本数	频率（%）	样本数	频率（%）
北京	318	44.04	404	55.96	722	100
苏州	287	57.29	214	42.71	501	100
郑州	232	23.41	759	76.59	991	100
中山	254	55.82	201	44.18	455	100
成都	344	32.24	723	67.76	1067	100

（十三）家乡汇款多寡与留城意愿

将向家乡汇款的数额分为2000元以下，2000～5000元和5000元以上三组，这三组农民工有留城意愿的比例分别是66.45%、54.34%和51.35%，呈现出递减的特征（表15）。家乡汇款是代表与家乡联系强弱的重要指标①。

根据以上这些指标与留城意愿的交叉描述统计结果，发现个人特征、工作特征、城市家庭特征、居住特征等因素的不同都会导致留城定居意愿出现差别，为了进一步深入分析定居意愿的影响因素，我们选择了在交叉分析中显著的这些特征，进入将要建立的模型中。

表15 汇款与留城意愿

家乡汇款	无留城意愿		有留城意愿		总计	
	样本数	频率（%）	样本数	频率（%）	样本数	频率（%）
2000元以下	791	33.55	1567	66.45	2358	100
2000～5000元	389	45.66	463	54.34	852	100
5000元及以上	253	48.65	267	51.35	520	100

二 农民工定居影响因素的回归分析

最小二乘模型（OLS）常适用于因变量为连续变量的情况，当因变量为二值变量时，OLS模型就变为线性概率模型。线性概率模型仍然可以对回归的系数做出解释。线性概率模型的缺陷是，如果进行预测，则预测的概率容易超出［0，1］区间范围之外，而且解释变量的偏效应都不改变，这实际上违背了高斯马尔科夫定理。

设立一个模型，其边际效应由公式（1）给出，其中$f(x'_i\beta)$对应于累积概率密度函数$F(x'_i\beta)$，是其概率密度函数。由于概率密度函数可变，说明偏效应是可变的。

$$\frac{\partial F(x'_i\beta)}{\partial x_{ki}} = \beta_k f(x'_i\beta) \tag{1}$$

存在一个潜变量线性模型，其中潜变量y^*是无法观测的变量，潜变量可被解释为两个选择之间的效用水平差异。

① Glytsos, P. 1997. "Remitting Behaviour of " Temporary" and " Permanent" Migrants: The Case of Greeks in Germany and Australia," LABOUR, CEIS, Fondazione Giacomo Brodolini, vol. 11 (3), pages 409-435, November.

$$y_i^* = x'_i\beta + u_i \tag{2}$$

效用最大化的个体将面临两选择，如果潜变量大于零，则二值变量为1，如果潜变量小于等于零，则二值变量为0。

$$y^* = V(y = 1) - V(y = 0) \tag{3}$$

效用水平的差异可被建模为一个解释变量集合形成的方程，其概率模型可以由（4）推出。

$$\begin{aligned} prob(y_i = 1 \mid x_i) &= prob(y^* > 0) = prob(x'_i\beta + u_i > 0) \\ &= prob(u_i > -x'_i\beta) = prob(u_i \leqslant x'_i\beta) \\ &= F(x'_i\beta) \end{aligned} \tag{4}$$

若将 $F(.)$ 设定为 Logit 分布形式的累积分布函数，则公式（4）就成为 Logit 模型；若将 $F(.)$ 设为标准正态分布形式的累积分布函数，则上述模型就成为 Probit 模型。本文选取 Logit 模型来估计各种因素对农民工城市定居意愿的影响。Logit 模型可以通过最大似然法估计①。

在 Logit 模型中，选取是否有城市定居意愿的二值变量作为因变量，选取新生代农民工、在打工地的年限、受教育水平等个人特征，就业类型、工作类型、社会保障等工作特征，以及家庭人口、住房类型、居住位置、人均收入等家庭特征，迁移类型、家乡汇款情况和调研城市等变量作为自变量。

表 16　农民工留城定居意愿的影响因素 Logit 模型分析结果

变量	全体农民工	受雇农民工	自雇农民工
新生代农民工（是 =1）	0.1678 +	0.162	0.2084
在打工地的年限（参照组为不足 1 年）			
1～4 年	0.4029 ***	0.3499 **	0.6058 ***
5～10 年	0.8291 ***	0.6852 ***	1.0733 ***
10 年以上	1.0906 ***	1.1878 ***	1.1488 ***
受教育水平（小学及以下为参照组）			
初中	−0.1654	−0.0895	−0.3143 +
高中和中专	0.2367 +	0.3129 +	0.0542
大专及以上	0.6884 **	0.7339 **	0.8977
就业类型（自雇 =1）	0.2528 *		
家庭人均收入对数	0.1708	0.0736	0.3450 *

① Wooldridge, Jeffrey M. (2002): Econometric Analysis of Section and Panel Data, The MIT Press.

续表

变量	全体农民工	受雇农民工	自雇农民工
工作类型（参照组为纯体力工作）			
高技术型工作	0.6480***	0.5779**	0.8043*
半技术半体力工作	0.1183	0.0019	0.3920*
其他工作	-0.0125	-0.099	0.1479
养老保险（有=1）	0.2208	0.2121	0.4922
医疗保险（有=1）	0.2182+	0.1457	0.5238*
工伤保险（有=1）	0.1686	0.1828	0.2613
失业保险（有=1）	-0.5600***	-0.5541**	0.0247
生育保险（有=1）	0.4163+	0.5820*	0.9503
公积金（有=1）	0.3329	0.4511+	
农民工家庭类型（参照组为单人户）			
多人户，无未成年成员	0.3943***	0.3952**	0.5805**
多人户，有未成年成员	0.8821***	1.0903***	0.9129***
住房类型（参照组为有自购住房）			
独租单位房	-1.8380***	-2.0021**	-2.1188***
合租单位房	-2.3915***	-2.8015***	-1.5677*
租住私房	-2.1556***	-2.5371***	-1.9062***
其他	-1.9266***	-2.4799***	-1.7556**
居住地区（参照组为市区）			
城郊和城乡接合部	-0.1024	-0.1416	0.022
农村	-0.7379***	-0.7999***	-0.6122**
迁移类型（参照组为跨省迁移）			
省内市外	0.5165***	0.4951**	0.4778*
市内县外	0.6067**	0.6132*	0.4783
与家乡关系（参照组为汇款不足2000元）			
汇款2000元～5000元	-0.2180*	-0.1857	-0.3022+
汇款5000元以上	-0.142	-0.0972	-0.241
城市（参照组为北京）			
苏州	-0.5510***	-0.7406***	-0.0889
郑州	0.6200***	0.6614**	0.5904*

续表

变量	全体农民工	受雇农民工	自雇农民工
中山	-0.1671	-0.1619	-0.3812
成都	0.3129*	0.4285*	0.0759
截距项	-0.2657	1.1488	-1.635
样本	3730	2275	1453
Pseudo R2	0.1716	0.1670	0.1409

显著性水平：+ $p<0.10$，* $p<0.05$，** $p<0.01$，*** $p<0.001$

表16给出模型估计结果。总体回归中，在年龄方面，新生代农民工更倾向于在城市定居，但只在10%的显著性水平下显著。

流动到所在地时间长短对定居有显著的正向影响，年限越长，定居的意愿越强烈，且结果在0.1%的显著性水平下显著。来到打工地城市超过10年的系数甚至高于其他回归系数为正的变量。在城市打工时间越长，可能在以下几个方面促进了农民工城市定居意愿的提高。首先，在城市停留年限越高，越能适应城市的生活，并接受城市的生活方式。其次，城市停留时间长，有助于工作的稳定，并进一步促进收入的稳定和提高。

教育水平越高，意愿留城定居的概率就越大。以小学及以下为参照组，教育水平为初中的系数为负，且不显著，教育水平为高中和中专的系数为正，说明相对于小学文化程度，具有高中与中专教育水平的更倾向于在城市定居，但系数只在10%的水平下显著；大专及以上教育水平的系数大于其他教育水平，在1%显著性水平下显著。

从就业类型来看，自雇者的留城意愿比受雇农民工更强，且在5%的显著性水平下显著。这与以往所常见的观点和结论不同。因此，进一步将样本区分为受雇农民工和自雇农民工，去查看两者的影响因素是否一致。

以农民工对自身工作的评价来代表技术水平高低，发现从事技术性更高工作的农民工，意愿留城的概率比纯体力工作农民工要大很多。回归中将从事纯体力工作农民工作为参照组，从事半体力半技术性工作的农民工，选择本地长期居住的概率高于纯体力劳动者，但并不显著，从事技术性很高工作的农民工，本地定居的概率又高于半体力半技术农民工，且系数在0.1%的显著性水平下显著。

养老保险的系数虽然为正，但不显著，说明是否拥有养老保险并不影响农民工定居的决策。有类似结果的保险类型有工伤保险和公积金。其他保险类型中，医疗保险和生育保险的回归系数为证，但显著性水平为10%。失业保险对留城意愿的影响系数甚至为负。

打工地家庭人口越多，且家庭中有未成年成员，农民工在城市长期居住的意愿就越强烈。仍然使用上文描述性统计的分组方法，按照打工地家庭是否多于1人以及家庭中是否有未成年成员将农民工分为三组，即单人户、多人户但没有未成年成员、多人户且有未成年成员，这样可以区分出多人户对留城意愿的影响，以及多人户中有未成年成员对留城意愿的影响。以单人户（独自一人外出）为参照组，回归系数大小逐级增加，且均在0.1%显著性水平下显著。多人户的留城意愿更加强烈，而多人户中有未成年成员的留城意愿概率比没有未成年成员的多人户进一步提高。分析其原因，打工地家庭规模对农民工留城意愿具有促进效应，主要原因是家庭的规模效应。以往的研究证实了农民工的失业率比本地居民要低很多①，相应地农民工的劳动参与率也比本地居民家庭高，这从本文所使用数据中可以看出，不同家庭人口分组的农民工家庭与本地居民家庭，前者的劳动参与率均高于后者。多人户的收入和支出都存在规模效应。未成年家庭成员对留城意愿的促进作用体现在，未成年成员多数是在学龄前和上学阶段，在城市定居意味着他们能够接受更好的教育，实现收入的代际流动②。

家庭人均收入的提高，有助于农民工作出城市定居的决策，虽然这在统计上是不显著的。

住房类型对城市定居意愿的影响是显著的。以拥有自购住房的农民工为参照组，无自有产权住房的农民工的留城概率在0.1%的显著性水平上低于拥有自有产权住房的农民工。在城市定居的概率，依次在自购住房农民工、单位提供独租住房、租住私房、单位提供集体住房等分组上递减。城市住房问题是影响农民工留城意愿的重要因素，可以理解拥有自购住房的农民工的留城意愿很强烈，而单位提供独租住房也可以显著提高农民工的留城意愿，原因在于单位提供住房，无论是免费的还是缴纳租金，农民工所承担的住房开支一般都比从市场上获得住房要低，而且，单位提供住房具有持续性和稳定性，有助于农民工在城市长期定居。单位提供合租住房的留城意愿最低，原因是合租住房的生活环境等一般都比较差，影响了农民工留城的决策。

进一步分析居住位置对农民工城市定居意愿的影响。以在市区居住的农民工为参照组，居住在城郊和城乡接合部的系数为负，但不显著，而居住在农村的系数仍然为负且进一步变小，在0.1%的显著性水平上显著。在市区居住，容易受到城市生活方式的影响，也更容易融入城市生活中。

迁移类型反映了距离家乡的远近以及所在城市是否与家乡具有相似或相同的自然地理和人文环境。以跨省迁移为参照组，省内跨市迁移、市内跨县迁移的留

① 蔡昉、王德文，2009：《化解金融危机对中国的就业冲击》《宏观经济研究》第2期。

② Belton M. Fleisher & Dennis Tao Yang, 2006. "Problems of China's Rural Labor Markets and Rural - Urban Migration," Chinese Economy, M. E. Sharpe, Inc., vol. 39 (3), pages 6 - 25, May.

城意愿概率依次提高，分别在 0.1% 和 1% 的显著性水平上显著。市内迁移和省内迁移更有助于农民工留城定居的决策。长期以来，中西部都是农民工的主要输出地，但是，近年来出现的新情况之一就是中西部地区吸纳农民工的能力增强，而且跨省流动的农民工数量减少，省内迁移农民工比重提高，这从侧面反映了如果有条件的话，农民工还是倾向于选择迁移距离短的地方①。

农民工离开农村后，与家乡的联系主要体现在经济上和情感上。汇款是经济联系强弱的重要体现。将汇款分组纳入回归方程，考察与家乡的联系对农民工留城意愿的影响。回归结果表明，与家乡的经济联系越紧密，其留城意愿就越弱。

样本分别在五个城市进行抽样，这五个城市，北京是首都，郑州和成都是省会城市，苏州和中山是地级城市，可以分别代表特大城市、大城市和中等城市。以北京为参照组，农民工更倾向于去大城市定居，在地级城市定居的意愿则不那么强烈。这其实是农民工的理性选择，城市越发达，规模越大，就业机会倾向于越多，但是这些城市的生活水平也非常高，定居的成本很大。

区分了受雇农民工与自雇农民工后，回归的结果大体一致，这表明了所选择变量的稳健性。但是，出现了以下一些值得注意的变化。

第一，新生代农民工的系数仍然为正，但两个样本组都变得不显著了。

第二，受雇农民工与自雇农民工单独回归中没有改变系数的方向和显著性，而且自雇者留城意愿受流动到打工地时间长短的影响更大。根据论文第四章对自雇者（非正规就业者）的描述，自雇佣是劳动和资本的一种结合，既获得劳动报酬，又可以得到投资回报，资本积累的规模和收益率随时间的推移会增加。

第三，受教育水平对受雇者留城意愿影响没有发生改变，仍然是正向的显著影响，但是对自雇者的影响变得不显著了。这是因为从事自我雇佣的门槛一般没有受雇者的高，不会有受教育水平之类的限制。

第四，家庭人均收入方面，自雇者人均家庭收入开始显著地影响其留城意愿，显著性水平为5%，且系数大于自雇者，说明自雇者收入的提高，比受雇者更能促进留城定居的决策。

第五，受雇者和自我雇佣人员的留城意愿均受到工作类型的显著影响，与总体回归结果在作用方向和显著性上变化不大，但是，自我雇佣人员所从事工作类型中的技术性越强，比受雇者更能影响留城意愿。由于自雇佣者所从事的职业范围涵盖较大，有简单的纯体力非正规就业，也有从事技术性较强行业，并担任雇主的自雇佣人员。

第六，自雇佣身份迁移范围对留城意愿影响的显著性没有受雇者的强烈。

---

① 国家统计局的一项调查也有类似的结论。见国家统计局，2012：《2011 年我国农民工调查监测报告》，http：//www. stats. gov. cn/tjfx/fxbg/t20120427_ 402801903. htm

第七，自雇者在不同规模城市的留城意愿差异不显著。

第八，其他一些变量，包括社会保险和公积金、打工地的家庭类型、打工地的住房类型、与家乡的联系等，回归结果和总体相比基本没有变化。

三　结论

通过以上对农民工长期定居意愿影响因素的分析，发现个人特征、人力资本特征、工作特征、家庭特征和住房特征都显著影响了农民工的定居意愿，这些影响因素都属于定居的能力，可以看出，农民工定居的意愿是在自身现有经济社会条件的限制下做出的一个理性选择和决策。这些影响因素，概括起来就是“安居乐业”，有比较稳定的住所、有收入较高的工作或经营业务，是农民工有定居意愿的重要特征。

第十章　外来人口幸福感、社会融合对户籍迁入城市意愿的影响①

——基于2011年四省市微观调查数据的经验分析

一　引　言

改革开放以来，中国经济在飞速增长的同时也伴随着大规模的劳动力迁徙和流动，“孔雀东南飞”的迁徙路线和特征非常明显。外来人口大规模流向大城市和发达地区，为流入地经济发展做出了重要贡献，但由于外来人口在流入地落户的比例很低，外来人口表现出很高的流动性。流动性强不仅对外来人口的工作生活质量造成负面影响，也给流入地公共服务和社会管理带来诸多问题。如何使外来人口在本地“稳定”下来，对解决流动人口问题，推进我国城镇化进程，提高城镇化质量都具有重要意义。

近年来，各地在探索户籍制度改革的实践中，不同程度地调整了外来人口的落户门槛，为户籍迁移创造条件。但一些地区的改革试验表明，外来人口在流入地落户的意愿并非像人们想象般的强烈。2011 年原国家人口计生委组织的流动人口动态监测调查的结果显示，虽然农村户籍的流动人口大多表示愿意继续在城市生活，但约 60% 的受访者并不愿意转为非农户口。② 这一方面自然是由于外来人口在农村还存在土地、宅基地等难以割舍的物质利益，担心农转非后影响赡养父母、照顾家庭等，另一方面无疑也与外来人口在流入地的社会融合程度和生活满意度有关。社会融合状况取决于外来人口在流入地的工作生活状况，特别是享受公共服务、参与社区活动状况，特别是被本地人接受的程度。增强社会融合可以提高外来人口对流入地的归属感、认同感；生活满意度和幸福感则不仅取决于外来人口在流入地的生活状态，还与流动人口在流出地的状况有关，包括在流出地存在的家庭老人赡养问题和子女养育等。流动人口在流入地的生活满意度和幸

① 本章作者张鹏，系中国社会科学院经济研究所博士后，研究方向：经济增长。本文已发表在《经济评论》2014 年 第 1 期。

② 《中国流动人口发展报告 2012》第 8 页，中国人口出版社，2012 年第 1 版，北京。

福感更能预示其在当地长期居留的意愿，也是影响户籍迁入意愿的重要因素。显然，推进人口城镇化除了要继续深化户籍制度改革，不断消除外来人口在城市落户的制度障碍外，还必须城乡统筹，提高外来人口在流入地的生活满意度和幸福感，增强其城市落户意愿。

目前国内学术界对外来人口户籍迁入意愿的研究主要关注的是外来人口的个人特征、家庭和社会环境等因素的影响，虽然也有一些研究分析了社会融合状况的影响，但总体来看对外来人口主观心理感受的影响探讨得还不多。党的十八大以来，各级政府都高度重视国民的幸福感，重视物质财富增长带来的民生改善特别是国民的切身感受，体现了以人为本的执政理念。在此背景下，探讨户籍制度改革和推进城镇化的政策自然也应该把外来人口的生活满意度和幸福感放在中心位置，要让城镇化体现群众的意愿，助力国民幸福感的提升。鉴于此，研究外来人口生活满意度和幸福感对户籍迁移的影响具有很强的现实意义。

国外研究幸福感和社会融合状况对迁移的影响的文献也不多见。Polgreen 和 Simpson（2011）运用世界价值观调查数据，对世界 84 个国家的居民主观幸福感和劳动力迁移的关系进行了分析，他们发现主观幸福感较低的国家居民的迁出率较高而主观幸福感较高的国家更可能成为迁移的主要目的地。从理论上讲，迁移者的迁移决策主要取决于在迁出地和迁入地所获得效用的比较，将幸福感因素纳入迁移效用最大化理论框架，意味着外来人口在流入地的幸福感提供的效用大于返回户籍地。实证研究中，幸福感大多采用主观自评来度量。为了更全面地反映外来人口在流入地的实际生活状态，有必要同时采用社会融合状况的度量指标，后者基于经济、文化、社会、身份等多个维度度量。通常社会融合程度高会提升幸福感，但并非必然。

本文的目标是利用 2011 年国家人口计生委流动人口动态监测调查数据，将外来人口幸福感和社会融合状况纳入外来人口户籍迁入意愿影响因素的分析框架，实证考察它们对外来人口城市落户意愿的影响。本文将从调查数据中选取相关指标并使用主成分分析法对社会融合指标进行度量，还将分收入、行业和职业详细考察幸福感和社会融合状况对外来人口落户意愿影响的差异。本文后续部分的结构安排如下：第二部分为理论分析和计量模型，将在一个迁移者效用最大化模型的基础上，推导得出本文的计量分析模型；第三部分是数据来源和描述性统计；第四部分为实证分析，将分别就幸福感和社会融合状况对外来人口户籍迁入意愿进行总样本、分收入、分行业、分职业的回归；第五部分为简单的结论和政策启示。

二　理论分析和计量模型

借鉴 Hunt 和 Mueller（2004）关于定居地选择影响因素研究的做法，本文也以效用最大化的思路来分析幸福感和社会融合状况对外来人口户籍迁入意愿的影响。假设外来人口 i 迁居 j 地的间接效用函数 V_{ij} 可以表述为：

$$V_{ij} = V(h_{ij}, s_{ij}, \overrightarrow{\theta}_{ij}) \tag{1}$$

这里，h_{ij} 代表外来人口 i 在流入地 j 的幸福感，s_{ij} 为外来人口 i 在流入地 j 的社会融合程度。$\overrightarrow{\theta}_{ij}$ 为影响外来人口 i 户籍迁居本地的一些其他控制因素，包括个体特征、家庭特征、经济因素、流入地条件等。

外来人口 i 选择户籍迁移到流入地 j 的条件是实现迁移后余生效用最大化。余生效用可以表示为：

$$LV_{ij} = \int_0^T V_{ij}(.)e^{-\rho T}dT \tag{2}$$

这里 T 为表示余生的时间变量，$T = T^* - ti$，T^* 为外来人口 i 的预期寿命，ti 为外来人口 i 现在的实际年龄，ρ 为折现因子。

假定户籍迁移后影响外来人口 i 的间接效用函数的因素在余下的一生中保持不变，这样在折现因子、间接效用函数结构保持不变的情况下，（2）式即为：

$$LV_{ij} = \frac{1}{\rho}V_{ij}(.)[1 - \exp(-\rho T)] \tag{3}$$

将 $T = T^* - ti$ 替入，则（3）式为：

$$LV_{ij} = \frac{1}{\rho}V_{ij}(.)\{1 - \exp[-\rho(T^* - t_i)]\} \tag{4}$$

据此外来人口 i 余生户籍迁移到 j 地的总效用可以表述为：

$$LV_{ij} = LV(\rho, t_i, h_{ij}, s_{ij}, \overrightarrow{\theta}_{ij}) \tag{5}$$

这里的 ρ 不会随着定居地的变化而变化，其他因素如同（1）式。

按同样思路，外来人口 i 户籍不迁移到 j 地的余生总效用可表示为：

$$LV_{io} = LV(\rho, t_i, h_{io}, s_{io}, \overrightarrow{\theta}_{io}) \tag{6}$$

在随机设定的情况下，如果 $LV_{ij} > LV_{io}$，则 i 选择户籍迁入 j 地，记为 y = 1；如果 $LV_{ij} \leqslant LV_{io}$，则选择户籍不迁入，记为 y = 0。这样，外来人口 i 选择户籍迁入 j 地的概率可以表示为：

$$P(y = 1 \mid 0) = F(x, \beta) \equiv \frac{\exp(\beta' x)}{1 + \exp(\beta' x)} \tag{7}$$

可以看出，外来人口 i 选择户籍迁入 j 地的概率为经典的 Logit 模型，x 为影响 i 户籍迁入的因素，包括外来人口幸福感、在流入地社会融合程度等。基于以上推导，我们建立如下计量模型：

$$Migra_i = \alpha_0 + \alpha_1 happiness_i + \alpha_2 interg_i + \beta\vec{X}_i + \varepsilon_i \tag{8}$$

其中，$Migra_i$ 为个人 i 的迁移意愿，$happiness_i$ 为主观幸福感，$interg_i$ 表示社会融合状况，$\vec{X}_i$ 代表影响外来人口迁移意愿的其他控制因素，ε_i 为残差项。

三　数据来源和描述性统计

本文所用数据来自于国家人口计生委于2011年下半年开展的流动人口动态监测调查，选择了上海、江苏、浙江和广东等四省市的数据。[①] 该调查以流动人口作为调查对象，采取分层、多阶段、与规模成比例的PPS抽样方法进行抽样。首先对省级单位进行分层；其次在多阶段按照以下三个步骤进行随机抽样：先按PPS法抽选乡镇街道，然后在抽中的乡镇街道内按PPS法抽选村居委会，最后在抽中的村居委会内抽取个人调查对象。四个省市的样本量分别为上海4000个、江苏6000个、浙江6000个、广东10000个。调查内容包含流动人口基本情况、就业状况、居住状况、子女与计划生育服务和社会参与及心理感受等五个部分，蕴含的信息量非常丰富。

在问卷中，询问被访者是否愿意城市落户的问题是“您是否愿意转化为城镇户口”，选项依次为：“愿意”“不愿意”“说不准”，分别赋值为，愿意=1，不愿意=2，说不准=3。为了简化分析，我们将不愿意和说不准两个选项统一合并为不愿意并赋值为零。幸福感为本文重点考察的核心解释变量之一。关于幸福感的问卷问题为“与老家（流出地）相比，您在本地生活工作的幸福感如何?”，选项依次为：“更幸福”“差不多”“不幸福”“说不准”，同样我们将后三者合并为不幸福（准确地说是没有更幸福）并赋值为零。这种幸福感测度的方法较为简单，但其效度（validity）和信度（liability）已获得学术界认可。

本文中另外一个核心解释变量为社会融合状况。社会融合是外来人口不断融入流入地，逐步被周围环境同化和个人心理上逐步认同的过程。虽然社会融合作为一个相对成熟的概念为社会学家和经济学家所知，但具体的指标构建还没有统一的标准。任远和乔楠（2010）从外来人口自我身份认同、对城市的态度、与本地人的互动与感知的社会态度四个维度衡量了外来人口的社会融合程度。周皓（2012）从外来人口的经济状况、文化适应、社会适应、结构融合和身份认同等多个方面构建了外来人口的社会融合指标。根据所用调查数据的实际情况，本文

---

① 调查样本包含了四个省（市）大部分城市，具体为上海所辖的黄浦区、徐汇区、长宁区、静安区、普陀区、闸北区、闵行区、虹口区、杨浦区、宝山区、嘉定区、浦东新区、金山区、松江区、青浦区、奉贤区和崇明县等18个县区；广东省所辖的广州市、韶关市、深圳市、珠海市、汕头市、佛山市、顺德区、江门市、湛江市、肇庆市、惠州市、汕尾市、河源市、清远市、东莞市、中山市、潮州市和揭阳等18个城市；浙江省所辖的杭州市、宁波市、温州市、嘉兴市、湖州市、绍兴市、金华市、舟山市、台州市和丽水市等10个城市和江苏省所辖南京市、无锡市、徐州市、常州市、苏州市、南通市、连云港市、扬州市、镇江市、泰州市和宿迁市等11个城市。

主要从经济状况、社会参与、自我身份认同、对城市的态度和与流出地的联系等五个方面从问卷中选择相关指标来综合度量社会融合程度。具体指标包括：反映经济状况的有受访者家庭的月收入；反映社会参与状况是有外来人口参与本地社区文体活动、社会公益活动、计划生育协会活动、业主委员会活动、选举评先进活动情况和在流入地缴纳各种保险情况等；自我身份认同主要从外来人口在流入地的社会交往情况进行度量，若外来人口主要和流入地的同乡人交往，一定程度上说明其自我身份上并没有认为自己是本地人；对城市的态度从是否喜欢居住的城市、是否关注居住城市的变化、是否觉得本地人愿意接纳其为其中的一员、是否愿意融入本地、是否感觉本地人看不起外地人等五方面来衡量；与流出地的联系主要通过外来人口在老家的主要困难及一年回过几次老家等指标衡量。最后我们用主成分分析法将各个因素进行降维和综合，计算得到了反映社会融合程度的综合指数。

为了控制个体特征对外来人口户籍迁移影响，本文在模型中加入了年龄、年龄的平方、收入、受教育程度（小学以下、中等教育、大专及以上）、居留时间（一年之内、三年到五年、五年以上）、婚姻状况（已婚 =1，未婚或其他 =0）、性别（男性 =1，女性 =0）等变量。为了消除异方差性，我们分别对收入和年龄取了对数。幸福感、社会融合和个人特征变量的描述性统计具体见表 1：

从表 1 中可以发现外来人口中有 42.68% 愿意将户口迁居到城市，这说明更多的人对改变户籍持保留态度。在本地感到更幸福的人员大约占外来人口的1/3，反映外来人口在流入地的生活状况还远不够理想。从居留时间看，35.98% 的外来人口为五年以上，40.96% 为一年到五年，一年内短期居留的已占少数。另外外来人口中，74.76% 的为已婚人员，男性和女性各自所占比例相差不大，分别为 48.68% 与 51.32% 。

表 1　描述性统计

变量名	均值	标准差	最小值	最大值
居留意愿	0.42684	0.49463	0.00000	1.00000
幸福感	0.32882	0.46979	0.00000	1.00000
社会融合	0.00037	0.61560	-1.30594	2.12419
经济状况	8.29189	0.59236	5.29832	11.69525
社会参与状况	0.00071	0.64500	-0.42605	1.64688
自我身份认同	0.00032	0.40311	-0.50201	1.80933
对城市的态度	0.00049	0.44944	-2.27971	0.56243
与流出地联系	0.00015	0.40311	-0.59552	1.94922
收入对数	7.76323	0.41219	5.29832	10.81978

续表

变量名	均值	标准差	最小值	最大值
教育（小学以下）	0.14391	0.35101	0.00000	1.00000
教育（中等教育）	0.76683	0.42286	0.00000	1.00000
教育（大专及以上）	0.08926	0.28512	0.00000	1.00000
居留时间（≤1 年）	0.23063	0.42124	0.00000	1.00000
居留时间（1 年～5 年）	0.40961	0.49177	0.00000	1.00000
居留时间（≥5 年）	0.35976	0.47994	0.00000	1.00000
婚姻状况（已婚）	0.74761	0.43439	0.00000	1.00000
婚姻状况（未婚）	0.25239	0.43439	0.00000	1.00000
性别（男性）	0.48679	0.49984	0.00000	1.00000
性别（女性）	0.51321	0.49984	0.00000	1.00000

四　实证分析

（一）基准回归结果

本文主要分析外来人口幸福感和社会融合对其户籍迁入意愿的影响，我们分别对幸福感、社会融合、幸福感和社会融合的交乘项进行了回归，之所以要加入二者的交乘项，主要是为了捕捉幸福感是否通过社会融合对户籍迁入意愿产生影响。具体回归结果见表 2 和表 3：

根据表 2 中模型一至四的回归结果，我们发现幸福感的提升可以显著提高外来人口的户籍迁入意愿的概率，并且都在 1% 水平上显著。表 3 在表 2 的基础上进一步给出了幸福感、社会融合及其他各变量对外来人口户籍迁入意愿的边际效应影响，平均来看，外来人口主观幸福感每提升 1%，将会使外来人口愿意落户城市的概率增加 0.2 个百分点左右。这与理论预期相符。一般地说，幸福感强说明外来人口在流入地生活满意度高，城市能够为他们提供发挥能力的平台、包容的文化和相对自由平等的社会氛围，使他们能更好地融入所在的城市，更积极地参与城市的建设和发展；同时幸福感强也意味着外来人口较少地受到流出地问题的困扰，后顾之忧较少。这些都会增强他们户籍迁移城市的意愿。从回归结果看，社会融合与外来人口幸福感的交互项显著为正，这说明外来人口社会融合度加强了主观幸福感对其迁居城市意愿的正向效应。换句话说，幸福感在社会融合度较高的人群中更容易增强其迁移城市的愿望。

表 2　基准回归结果

	模型一	模型二	模型三	模型四	模型五	模型六	模型七	模型八	模型九
幸福感	0. 791 ***		0. 785 ***	0. 770 ***	0. 788 ***	0. 791 ***	0. 779 ***	0. 786 ***	0. 801 ***
	(0. 038)		(0. 038)	(0. 039)	(0. 038)	(0. 038)	(0. 038)	(0. 038)	(0. 039)
社会融合		0. 139 ***	0. 110 ***	0. 058 *					
		(0. 029)	(0. 030)	(0. 030)					
幸福感 * 社会融合				0. 159 ***					
				(0. 059)					
经济状况					0. 142 ***				
					(0. 046)				
社会参与状况						-0. 009			
						(0. 029)			
自我身份认同							0. 236 ***		
							(0. 047)		
对城市的态度								0. 182 ***	
								(0. 040)	
与流出地联系									0. 195 ***
									(0. 047)
年龄	0. 238	-0. 687	-0. 062	-0. 050	0. 158	0. 262	0. 099	0. 187	-0. 310
	(1. 599)	(1. 577)	(1. 602)	(1. 602)	(1. 600)	(1. 601)	(1. 602)	(1. 601)	(1. 606)
年龄的平方	-0. 049	0. 102	-0. 004	-0. 006	-0. 035	-0. 052	-0. 030	-0. 041	0. 028
	(0. 234)	(0. 231)	(0. 235)	(0. 234)	(0. 234)	(0. 234)	(0. 234)	(0. 234)	(0. 235)
收入	-0. 010	-0. 027	-0. 027	-0. 028	-0. 089	-0. 008	-0. 014	-0. 009	-0. 001
	(0. 053)	(0. 053)	(0. 054)	(0. 054)	(0. 059)	(0. 053)	(0. 053)	(0. 053)	(0. 053)
教育（中等教育）	0. 129 **	0. 055	0. 103 *	0. 097 *	0. 128 **	0. 131 **	0. 119 **	0. 124 **	0. 128 **

续表

	模型一	模型二	模型三	模型四	模型五	模型六	模型七	模型八	模型九
	(0.057)	(0.056)	(0.057)	(0.057)	(0.057)	(0.057)	(0.057)	(0.057)	(0.057)
教育（大专及以上）	0.171 *	-0.010	0.091	0.090	0.155	0.177 *	0.129	0.164 *	0.167 *
	(0.099)	(0.100)	(0.101)	(0.101)	(0.099)	(0.101)	(0.099)	(0.099)	(0.099)
居留时间（1~5年）	0.147 ***	0.167 ***	0.129 ***	0.130 ***	0.138 ***	0.148 ***	0.143 ***	0.143 ***	0.141 ***
	(0.045)	(0.045)	(0.046)	(0.046)	(0.045)	(0.046)	(0.045)	(0.045)	(0.045)
居留时间（≥5年）	0.364 ***	0.392 ***	0.339 ***	0.341 ***	0.343 ***	0.366 ***	0.358 ***	0.356 ***	0.364 ***
	(0.052)	(0.052)	(0.052)	(0.052)	(0.052)	(0.052)	(0.052)	(0.052)	(0.052)
婚姻（已婚）	0.070	0.073	0.071	0.070	0.011	0.070	0.070	0.066	0.041
	(0.057)	(0.056)	(0.057)	(0.057)	(0.060)	(0.057)	(0.057)	(0.057)	(0.057)
性别（男性）	0.037	0.049	0.048	0.049	0.053	0.036	0.045	0.038	0.035
	(0.038)	(0.038)	(0.038)	(0.038)	(0.038)	(0.038)	(0.038)	(0.038)	(0.038)
江苏	-0.769 ***	-0.778 ***	-0.794 ***	-0.796 ***	-0.760 ***	-0.767 ***	-0.765 ***	-0.750 ***	-0.764 ***
	(0.062)	(0.062)	(0.063)	(0.063)	(0.062)	(0.063)	(0.062)	(0.063)	(0.062)
浙江	-1.397 ***	-1.358 ***	-1.391 ***	-1.390 ***	-1.391 ***	-1.398 ***	-1.409 ***	-1.370 ***	-1.385 ***
	(0.063)	(0.062)	(0.063)	(0.063)	(0.063)	(0.063)	(0.063)	(0.063)	(0.063)
广东	-0.987 ***	-1.056 ***	-1.011 ***	-1.012 ***	-0.978 ***	-0.986 ***	-1.024 ***	-0.963 ***	-1.001 ***
	(0.060)	(0.059)	(0.060)	(0.060)	(0.060)	(0.060)	(0.060)	(0.060)	(0.060)
常数项	0.238	-0.687	-0.062	-0.050	0.158	0.262	0.099	0.187	-0.310
	(1.599)	(1.577)	(1.602)	(1.602)	(1.600)	(1.601)	(1.602)	(1.601)	(1.606)
样本量	14033	14033	14033	14033	14033	14033	14033	14033	14033
伪 R2	0.060	0.038	0.061	0.061	0.060	0.060	0.061	0.061	0.061

注：括号内系数估计的标准误，* $p < 0.1$，** $p < 0.05$，*** $p < 0.01$

表 3　边际效应分析

	(1)	(2)	(3)	(4)	(5)	(6)	(7)	(8)	(9)
幸福感	0.192		0.191	0.187	0.191	0.192	0.189	0.191	0.194
社会融合		0.033	0.027	0.014					
幸福感 * 社会融合				0.038					
经济状况					0.0341				
社会参与状况						-0.002			
自我身份认同							0.057		
对城市的态度								0.044	
与流出地联系									0.047
年龄	0.057	-0.165	-0.015	-0.012	0.038	0.063	0.024	0.045	-0.074
年龄的平方	-0.012	0.024	-0.001	-0.001	-0.008	-0.016	-0.008	-0.010	0.007
收入	-0.002	-0.006	-0.006	-0.007	-0.022	-0.002	-0.003	-0.002	-0.001
教育（中等教育）	0.031	0.013	0.025	0.023	0.031	0.031	0.0282	0.030	0.030
教育（大专及以上）	0.042	-0.002	0.022	0.022	0.038	0.043	0.0313	0.040	0.041
居留时间（1～5 年）	0.035	0.040	0.031	0.031	0.033	0.037	0.0343	0.034	0.034
居留时间（≥5 年）	0.088	0.095	0.082	0.083	0.083	0.089	0.0868	0.086	0.088
婚姻（已婚）	0.017	0.018	0.017	0.017	0.003	0.017	0.0167	0.016	0.010
性别（男性）	0.009	0.012	0.011	0.012	0.017	0.009	0.0109	0.010	0.009
江苏	-0.175	-0.177	-0.180	-0.180	-0.173	-0.174	-0.174	-0.171	-0.174
浙江	-0.300	-0.294	-0.299	-0.299	-0.299	-0.301	-0.303	-0.295	-0.298
广东	-0.225	-0.240	-0.230	-0.230	-0.223	-0.225	-0.233	-0.220	-0.228

外来人口社会融合度的提高对其户籍迁移城市意愿的影响也显著为正，同时根据表3的结果，我们发现社会融合度每提升1%，会使外来人口愿意户籍迁入城市的概率提高0.01～0.03百分点之间。社会融合程度高说明外来人口对城市的风俗习惯、社会人情、周围环境有深刻的了解，他们能够主动融入城市，户籍迁入进而在城市扎根的愿望自然就比较强烈。以社会融合测度中使用的一些具体指标，比如“我感觉本地人总是看不起外地人”为例，显然，如果被访者认为流入地当地居民对外来人口有负面看法甚至歧视的话，无疑会在一定程度上阻碍外来人口融入当地社会，他们户籍迁入城市的意愿自然会降低。相反，外来人口在本地经常参与所居住社区和当地的各种活动，如文体活动、社会公益活动、计生协会活动、业主委员会活动以及选举评先进活动等，则反映了该被访者在某些层次上和当地人能比较融为一体和享有当地人的一些权利，这将会对户籍迁入意愿产生积极作用。

在影响外出劳动力户籍迁入意愿的其他诸多因素中，与时间相关的年龄和进城年限一直被视为重要的影响因素。随着年龄的增长、进城年限的增加，进城外来人口往往能够获得更多的人力资本，更加适应所在城市的生活。从表2和表3的分析结果看，外来人口的居留时间能够显著增加其户籍迁移的意愿，并且随着居留时间的延长，系数估计值和边际效应也在增加。但是无论年龄还是年龄的平方都不显著。其他个人特征变量，如收入、婚姻和性别等对户籍迁入意愿的影响也不显著。从受教育程度看，随着外来人口受教育程度的提高，其迁移城市的意愿也在不断增强，这反映了教育作为提高人力资本的重要途径，能够提升外来人口的职业技能从而更好地服务于流入地的经济发展，无疑外来人口会有更强烈的愿望迁移于所在的城市。地区虚拟变量显著为负，说明上海外来人口户籍迁移的意愿显著高于广东、浙江和江苏。上海作为我国最大经济中心，户籍含金量较高，对外来人口的吸引力自然高于其他省市。

另外，上文在社会融合指标测量中我们知道社会融合由经济状况、社会参与、自我身份认同、对城市的态度和与流出地联系等五个维度组成，各个维度象征着不同的含义，通过对各个维度的考察可以研究它们对外来人口迁移城市意愿的影响差异，[①] 比如，随着劳动力成本的上升带来的劳动工资的不断上涨，带动了外来人口收入的增加，在这种情况下外来人口迁移城市的考量因素可能更偏重于“精神”层面（身份认同、对城市的态度以及与流出地的联系等方面）。为了考察这些影响差异，我们分别将社会融合的五个子指标带入方程（8）进行回归，具体结果见表2的模型五至模型九。我们发现外来人口幸福感对其迁移城市意愿依然具有显著的影响，这与上文的分析保持一致。从社会融合五个子指标看，社

① 感谢匿名审稿专家指出这点。

会参与状况对外来人口迁移城市意愿没有显著的影响，其他四个指标对迁移城市意愿影响最大的为自我身份认同，最小的为经济状况，此外对城市的态度和与流出地的联系对迁移城市意愿的影响也处于较高水平，具体而言，经济状况、自我身份认同、对城市的态度和与流出地的联系等指标每增加一个百分点，对外来人口户籍迁入意愿的边际影响分别为0.03，0.06，0.04和0.05（见表3），这印证了我们的上文的分析。因此，相对于收入而言，政府更应当从软环境着手，提高外来人口在城市的身份认同，使外来人口更好地融入于当地，这对于外来人口迁移城市更好地服务于城市建设具有重要的意义。从其他控制变量看，与模型一至四并无二致，这里就不再一一具体解释。

（二）按就业质量和收入分组的回归分析

就业质量对外来人口社会融合、幸福感有重要影响。就业质量高，意味着工资收入高、福利待遇好、职业声誉和社会地位也高，因而更可能社会融合程度高、幸福感强。流动人口动态监测调查把外来人口就业分为15个行业和18个职业，虽然缺乏统一标准，但基于各行业和职业的收入福利和社会评价，大体上可以分出高低等级。参照张昭时和钱雪亚（2011）的做法，本文将行业和职业简单归为两大类，即好行业与差行业，高端职业与低端职业，具体见表4：

表4　行业、职业分类表

分类	行业名称
好行业	电煤水生产供应、金融、社会服务、仓储通信、卫生体育、教育文化和广播电视、科研和技术服务，党政机关和社会团体
差行业	制造业、采掘业、农林牧渔、建筑、批发零售、住宿餐饮，其他
高端职业	国家机关及企事业单位负责人、专业技术人员、办事人员和有关人员、商业服务业人员、经商
低端职业	商贩、餐饮、家政、保洁、保安、装修、农林牧渔、生产运输设备操作人员、生产、运输、建筑、无固定职业及其他不便分类的从业人员

数据分析发现，从事国家机关党群组织、企事业单位负责人等高端职业的外来人口感觉幸福的比例较高，而从事生产运输设备操作人员等低端职业的外来人口感觉幸福的比例则较低。同样，在好行业就业的外来人口感觉幸福的比例也要大于在差行业就业的人口比例。这种职业和行业间的差异会不会影响到幸福感与户籍迁入意愿之间的关系呢？换句话说，幸福感对户籍迁入意愿的影响会不会随外来人口就业质量的差别而改变呢？为验证这个问题，我们按上述好行业和差行业、高端职业和低端职业的分类，分别进行了回归分析。

此外，上述分类中，考虑到垄断和资源禀赋差异造成行业相对工资差异等因素的影响，一些差行业的收入可能高于好行业①，譬如资源优势突出的地区会使得采掘业的行业平均收入高于地区平均收入，制造业相对集聚的地区由于规模经济、技术创新等因素的共同影响也可能会使制造业的收入高于本文分类中的一些好行业，因此为了降低行业分类的局限性，本文也按收入分组来考察幸福感和社会融合状况对迁移意愿的影响。目前学术界并没有对高收入的统一标准，2010年国家税务总局《关于进一步加强高收入者个人所得税征收管理的通知》② 提到要加强年收入所得在12万元以上收入者的税收征管，据此月收入10000元以上可以视为高收入的标准，但是我们发现调查样本中月收入大于10000元者只有51人，回归数据处理后只有31个样本，不能进行有效的分析。考虑到外来人口收入水平实际，本文选择个人所得税免征起点3500元为标准将收入划分为低于3500元和大于3500元两档，以期考察不同收入水平下幸福感、社会融合对户籍迁入意愿的影响。具体结果见表5和表6：

表5　分行业和职业回归结果

	差行业	好行业	低端职业	高端职业	收入≤3500元	收入>3500元
幸福感	0.783***	0.823***	0.740***	0.904***	0.763***	1.057***
	(0.042)	(0.103)	(0.045)	(0.075)	(0.040)	(0.134)
社会融合	0.098***	0.137*	0.063*	0.202***	0.110***	0.157
	(0.033)	(0.078)	(0.036)	(0.055)	(0.031)	(0.104)
年龄	-0.370	2.916	1.518	-6.328*	0.827	-12.583
	(1.740)	(4.281)	(1.854)	(3.328)	(1.652)	(7.867)
年龄的平方	0.029	-0.394	-0.232	0.923*	-0.142	1.891*
	(0.255)	(0.626)	(0.270)	(0.493)	(0.242)	(1.139)
收入	0.004	0.211*	-0.105	0.010	0.153**	-0.065
	(0.061)	(0.120)	(0.067)	(0.092)	(0.068)	(0.249)
教育程度	0.102*	0.019	0.097	0.018	0.077	0.617**
(中等教育)	(0.061)	(0.178)	(0.062)	(0.153)	(0.059)	(0.262)
教育程度	0.011	0.035	0.159	-0.127	0.089	0.435
(大专以上)	(0.118)	(0.235)	(0.162)	(0.185)	(0.114)	(0.314)
居留时间	0.089*	0.363***	0.042	0.366***	0.137***	-0.009

① 感谢匿名审稿专家指出这一点。

② 国家税务总局：《关于进一步加强高收入者个人所得税征收管理的通知》（国税发［2010］54号），http：//www.chinatax.gov.cn/n8136506/n8136593/n8137537/n8138502/9731330.html。

续表

	差行业	好行业	低端职业	高端职业	收入≤3500元	收入>3500元
(1～5年)	(0.049)	(0.130)	(0.053)	(0.091)	(0.047)	(0.196)
居留时间	0.292***	0.573***	0.285***	0.487***	0.365***	0.027
(≥5年)	(0.056)	(0.149)	(0.061)	(0.105)	(0.055)	(0.196)
婚姻	0.125**	-0.217	0.068	0.110	0.069	0.118
(已婚)	(0.063)	(0.141)	(0.070)	(0.099)	(0.060)	(0.191)
性别	0.034	0.074	0.093**	-0.048	0.069*	-0.246
(男性)	(0.041)	(0.102)	(0.045)	(0.072)	(0.040)	(0.156)
江苏	-0.726***	-1.083***	-0.732***	-0.969***	-0.798***	-0.808***
	(0.069)	(0.155)	(0.073)	(0.126)	(0.066)	(0.209)
浙江	-1.357***	-1.449***	-1.394***	-1.407***	-1.381***	-1.591***
	(0.069)	(0.159)	(0.073)	(0.127)	(0.066)	(0.212)
广东	-1.027***	-0.832***	-1.071***	-0.920***	-1.068***	-0.527***
	(0.067)	(0.143)	(0.071)	(0.117)	(0.064)	(0.193)
常数项	0.790	-3.411	-1.677	10.684*	-0.017	21.129
	(2.910)	(7.030)	(3.113)	(5.466)	(2.753)	(13.595)
样本量	12036	1997	10182	3851	12821	1212
伪R2	0.058	0.077	0.060	0.068	0.060	0.089

注：括号内为标准误，* $p < 0.1$，** $p < 0.05$，*** $p < 0.01$

表6　分行业和职业回归的边际效应分析

	(1)	(2)	(3)	(4)	(5)	(6)
幸福感	0.189	0.202	0.178	0.222	0.185	0.258
社会融合	0.023	0.034	0.015	0.049	0.026	0.039
年龄	-0.088	0.729	0.360	-1.554	0.198	-3.126
年龄的平方	0.007	-0.099	-0.055	0.227	-0.034	0.470
收入	0.001	-0.053	-0.025	0.0025	-0.037	-0.016
教育程度（中等教育）	0.0240	0.005	0.023	0.004	0.018	0.149
教育程度（高等教育）	0.003	0.009	0.038	-0.031	0.021	0.108
居留时间（1～5年）	0.021	0.091	0.010	0.090	0.034	-0.002
居留时间（≥5年）	0.070	0.142	0.068	0.120	0.088	0.007
婚姻（已婚）	0.029	-0.054	0.016	0.027	0.016	0.029

续表

	(1)	(2)	(3)	(4)	(5)	(6)
性别（男性）	0.008	0.018	0.022	-0.0119	0.017	-0.061
江苏	-0.163	-0.258	-0.164	-0.223	-0.180	-0.193
浙江	-0.289	-0.332	-0.297	-0.308	-0.296	-0.353
广东	-0.229	-0.204	-0.238	-0.219	-0.241	-0.129

从表5的回归结果看，可以得以下结论：首先，按就业质量和收入分层，分行业和分职业的外来人口主观幸福感的提升对其户籍迁入城市意愿的影响都在1%水平上显著，但好行业、高端职业及高收入行业的外来人口幸福感对户籍迁入意愿的影响要大于差行业和低端职业。具体而言，好行业、高端职业和高收入行业的外来人口幸福感增加一个百分点，将会使得其户籍迁入流入地的意愿增加0.20，0.22，0.26个百分点，高于差行业、低端职业和低收入群体（见表6）。好行业、高端职业及高收入职业者具有更好的生产生活条件的福利待遇，离职的机会成本较高，更希望通过户籍迁入保持工作和生活的稳定。

其次，分行业、分职业和各收入层次的外来人口社会融合状况对其户籍迁入城市意愿的影响也都显著，并且好行业、高端职业和高收入的外来人口社会融合状况对其户籍迁入城市意愿的影响也大于差行业、低端职业和低收入的外来人口。具体而言，好行业、高端职业和高收入行业的外来人口社会融合增加一个百分点，将会使得其户籍迁入流入地的意愿增加0.03，0.05，0.04个百分点，高于差行业、低端职业和低收入群体边际值（见表6）。可能的解释是，处于好行业、高端职业和高收入的外来人员在所在的城市地位较高，工作环境和氛围较好，更容易积累社会资源，这样户籍迁入更有利于其发挥社会资本的作用；

最后，在其他控制变量中，年龄和年龄的平方项只在高端职业的外来人口中显著，说明高端职业的外来人口年龄和户籍迁入意愿之间表现出U形关系，这些外来人口户籍迁入的愿望会随着年龄先下降而上升后。收入变量在多数情况下不显著，只有在好行业和收入低于3500元两种情况下显著，这时收入对迁移意愿的影响为正，这与很多文献的研究结论一致。居留时间对户籍迁入意愿的影响显著，居留时间越长户籍迁入意愿越强，并且好行业和高端职业外来人口居留时间的增加对其户籍迁入意愿的影响要比差行业和低端职业的外来人口大得多。在婚姻状况方面，差行业情况下已婚者比未婚者户籍迁入的意愿更强。分性别看，低端职业和低收入的男性外来人口户籍迁入意愿大于女性。无论是分行业还是分职业，上海外来人口户籍迁入意愿都强于其他三省。

五 研究结论与政策启示

本文的实证分析发现，外来人口幸福感和社会融合状况对其户籍迁入意愿有显著影响，增强幸福感、提高社会融合程度会强化外来人口户籍迁入的愿望。分行业、职业考察还发现，幸福感和社会融合状况对户籍迁入意愿的影响普遍存在，但在好行业和高端职业的外来人口中，影响更大。此外，本文的研究还发现，年龄、婚姻、收入等因素在多数回归中对外来人口的户籍迁入意愿影响不显著。结合这些发现，可以得出结论：相对于年龄、婚姻和收入水平等个体特征而言，幸福感、社会融合状况等在现阶段对外来人口户籍迁入决策具有更重要的作用。

如前文所述，我国目前流动人口中愿意把户籍迁入城镇的不到半数。虽然外来人口愿意在城市居留就业，并且相当比例的人实际居留时间已在5年以上，但对户籍迁入城市很多人仍然持谨慎态度。不可否认，我国当前的人口城镇化问题，特别是城市外来人口市民化程度低问题与户籍制度障碍有直接关系。逐步放宽对外来人口在城市落户的限制是我国户籍制度改革的长期目标。但单纯放宽落户限制恐怕还不够，要使外来人口真正市民化，还必须普遍提升外来人口在城市生活的满意度和幸福感，增强他们户籍迁入的意愿，从而真正在城市安定下来、稳定下来。为此不仅要通过基本公共服务均等化，解决外来人口在城市生活的困难和后顾之忧，改善他们的就业状况，促进外来人口在流入地的社会融合程度等，还需要城乡统筹，切实解决外来人口在流出地存在的问题，只有这样才能真正提高外来人口的生活满意度和幸福感，增强他们户籍迁入城市的愿望。从提升幸福感入手探讨促进外来人口落户城市、在城市稳定下来的条件和路径，可成为解决我国城市化问题的一条新思路。

第十一章　农民工市民化程度的判断及政策[①]

一　农民工市民化程度的一个基本判断

（1）农民工市民化程度的判断指标：农民工在所居城市的居住年限。推动农民工的市民化是党的十八大以及“十二五”规划提出的重大战略决策。有序推动农民工的市民化，需要对当前农民工市民化的程度有一个比较准确的判断，这也是制定相关政策的决策依据。然而，现有的研究中对我国农民工市民化程度的判断都比较笼统，缺乏数据基础，其使用的标准也不一致。例如，分析农民工城市定居的意愿、能力，或者分析诸如户籍等各种制度性障碍。

实际上，对农民工市民化程度的判断，一个综合性的、具有均衡结果意义的指标是农民工在所居住城市的居住年限。这一指标综合了农民工市民化的意愿、能力，并包含了各种制度性障碍的信息。

基于此，我们使用原国家计生委 2010 年在全国 106 个城市的农民工监测数据，将农民工在所居城市的已有居住时间加上他们到 60 岁时的预期居留时间，构造了农民工完整的城市居住时间，作为判断农民工市民化程度的一个指标。

（2）仅有 30% 的农民工在所居城市的居住时间超过 15 年。数据分析显示，农民工在所居城市的居住时间平均为 12. 9 年。在所居城市居住时间低于 15 年的占全部农民工的 69. 9%，高于 15 年的占 30. 1%；在所居城市居住时间超过 20 年的占 7. 94%，超过 25 年的仅占 2. 18%。我国参加社会保险并能够在退休后享受待遇的一个前提条件是连续缴费 15 年。若以 15 年为限作为农民工完成市民化的判断标准，那么我国农民工中大约有 30% 完成了市民化。当然，这一标准是比较宽松的；若考虑到有相当一部分农民工并没有参加社会保险，即使连续居住 15 年以上，也无法获得社会保险待遇，那么我国农民工市民化的程度还要降低。

---

① 本章作者王震，系中国社会科学院经济研究所副研究员。本文为社科基金项目“农民工市民化的障碍与途径研究（11CJL032）”成果之一。

二　农民工在所居城市居住时间的影响因素

我们使用风险比例模型估计了影响农民工市民化程度的诸因素。估计结果显示，性别、教育程度、流动的行政距离、流动区域以及所居城市的层次等都对农民工在所居城市的年限有显著影响。主要结果如下：

（1）教育水平越高，则在所居城市的居住年限越长。小学及以下教育程度者在所居城市的平均居住年限只有 12.4 年；初中教育程度者则上升到 12.8 年；高中/中专教育程度者为 13.6 年；大专及以上则为 13.8 年。这表明人力资本因素对农民工市民化的影响是显著的。

（2）省内跨市流动的农民工在所居城市的居住年限高于跨省流动和市内跨县流动的农民工。若将农民工流动的行政距离区分为跨省流动、省内跨市和市内跨县流动，那么分析结果显示，省内跨市流动的农民工在所居城市的居住年限最长，为 13.1 年。而跨省流动和市内跨县流动的农民工在所居城市的居住年限并没有显著差别，都显著低于省内跨市流动者。

（3）从东部地区到东部地区流动的农民工在所居城市的居住年限最长。另外是西部地区到西部地区的流动。对于跨区域的流动，正向流动（西部到中东部、中部到东部）的农民工在所居城市的居住年限显著高于反向流动（东部到中西部、中部到西部）的农民工。

（4）在所居城市的层次上，首先呈现“两头高、中间低”的趋势。在东部大城市（省城和计划单列市）的农民工以及在中西部县级城市的农民工其居住年限最长；其次是东部地区的中等城市（地级市），以及中西部地区的大城市。之所以出现这种趋势，一个是考虑农民工在东部大城市可以获得较高水平的公共服务，而在中西部的县级城市，则生活成本较低。

三　推动农民工市民化的相关政策建议

有序推进农民工的市民化是党中央提出的一个重大战略决策。从当前农民工市民化程度的判断看，我国农民工中仅有 30% 左右在所居城市的居住时间达到 15 年。以外出就业农民工数量 1.5 亿计算，仅有大约 4500 万能够完成市民化。根据我们的分析，我们认为应从以下几个方面提高农民工在所居城市的居住年限，推进农民工市民化。

（1）加大农民工培训力度，实施农民工人力资本再开发战略。农民工的人力资本状况不仅是促进农民工市民化的主要因素，也是提高整个农民工群体素质的主要途径。教育水平较高的农民工在所居城市的居住时间长，能够顺利完成市民化。虽然教育水平不可在短期内得到提高，但加大农民工就业培训的力度，实施农民工人力资本再开发，应该是短期内提高农民工人力资本积累的主要手段。

（2）由低到高逐层放开户籍壁垒，促进农民工市民化。从当前户籍制度改革的情况看，多数省份县域内城乡户籍制度的壁垒已经开始消失。我们的分析显示当前省内跨市流动的农民工在城市居住年限较长。从推进农民工市民化的角度，现在已经到了放开地级市范围和省级范围内的户籍壁垒的有利时机。

（3）加快中小城市基础设施，提升公共服务能力，特别是以大城市为核心的中小城市群建设。我们的分析结果显示，东部地区大城市的农民工他们在所居城市的居住年限最长，其中一个重要原因是大城市基础设施建设完善，能够提供高质量的公共服务。但是我国当前的情况还不允许农民工都进入到大城市就业和生活。因此，一个重要的政策选择是加快围绕大城市的中小城市群建设，提升这些中小城市的公共服务能力，增强对农民工的吸引力。

（4）合并城乡低保制度，为农民工提供最低生活保障。社会保障是农民工在城市定居下来的主要因素。当前我国农民工社会保障的政策思路是将农民工纳入到城镇职工缴费型的社会保险体系中。而我们的分析显示大多数农民工无法满足在所居城市居住连续满 15 年的条件。就此而言，多数农民工在城市实际上处于没有任何社会保障的情况，一旦遇有各种风险，即陷入无所依靠的境地，不利于社会稳定。一个政策选择是合并城乡低保制度，并以此为基础建立社会保障底线，使农民工在所居城市也能申请最低生活保障。

第十二章　以社会救助为基础重构农民工社会保障体系[①]

一　以城镇职工社会保险为主体的农民工社会保障政策评估

（1）农民工社会保险覆盖率长期维持在较低水平。2009 年国务院颁布《城镇企业职工基本养老保险关系转移接续暂行办法》（以下简称《办法》），确定了我国农民工社会保障的政策框架，以参加打工地的城镇职工社会保险为主。《办法》为了适应农民工就业的流动性，取消了“连续缴费”的限制，规定可以分段计费，最后加总。《办法》还提出制定城镇职工养老保险与农村社会养老保险制度之间的衔接办法。但是，自该《办法》实施以来，农民工社会保险的覆盖率长期维持较低水平。根据国家统计局农民工监测报告，截至 2012 年农民工城镇职工基本养老保险的覆盖率只有 14.3%，医疗保险为 16.9%，失业保险为 8.4%，生育保险为 6.1%；覆盖率最高的工伤保险也只有 24%。

（2）农民工在城市居住的预期年限低，参保意愿不足。调查显示农民工的参保意愿不足。虽然《办法》为了适应农民工就业的流动性，取消了连续缴费的规定，但总的缴费年限仍需满 15 年。而我们的研究显示，超过 70% 以上的农民工无法在城市居住满 15 年。这意味着对于大多数农民工而言，即使他们参加了城镇职工社会保险，也很难享受保险待遇。这是导致农民工参保意愿低的主要原因。

（3）社会保险与正规就业相关联，无法覆盖非正规就业及无就业的农民工。城镇职工社会保险与正规就业相关联，只有正规就业的农民工才有可能参加。但是，调查显示接近一半的农民工从事非正规就业；还有一部分农民工处于非就业

---

① 本章作者王震，系中国社会科学院经济研究所副研究员。本文为社科基金项目“农民工市民化的障碍与途径研究（11CJL032）”成果之一。

状态。这些农民工就业不稳定，收入低，相比于正规就业的农民工更加需要社会保障。

（4）没有条件参加社会保险的农民工，处于社会保障真空中。按照当前我国社会保障体系的设计，农民工无法获得城镇非缴费型的社会救助。如此一来，就使那些没有被社会保险覆盖的农民工处于社会保障真空中。而往往是这部分未被社会保险覆盖的农民工，他们遭遇社会风险、陷入贫困和生活无着的概率远高于那些被社会保险覆盖的农民工。这些农民工一旦在城市遭遇社会风险，即陷入无所依托的境地，极易成为影响社会稳定的源头。

二　社会救助扩展到农民工群体具备可行性

（1）将城镇社会救助项目扩展到农民工群体。我国当前的城乡社会救助体系实行按户籍的属地化管理。农民工由于没有打工所在地户籍，因此不能在打工地申请社会救助。这一状况导致的结果就是，大多数没有被社会保险覆盖的农民工实际上处于社会保障的真空中。基于此，一个可行的政策选择是将社会救助项目，尤其是最低生活保障制度扩展到农民工群体。相比于社会保险制度，社会救助属于非缴费型项目，对农民工而言，社会救助项目不与就业相关联，更具广覆盖的意义；在他们遭遇社会风险时又能提供基本的生活保障，构成社会的“安全网”。

（2）将社会救助项目扩展到农民工群体已经具备了可行性。将社会救助项目扩展到农民工群体，主要有两个障碍：一是社会救助项目的筹资；二是项目管理，特别是救助项目申请人的锚定机制。社会救助项目是非缴费型的，需要政府直接财政支出。在筹资以地方政府为主的情况下，考虑到财政负担，城市地方政府不愿将农民工纳入到本地救助制度中。另外，在社会救助的管理上，由于农民工的流动性，如何准确审核申请人的家庭收入也是一个难题。但是，现在已经具备了解决这两个问题的可能性：

首先，地方政府对社会救助项目的筹资责任近年来已大大下降，中央政府成为社会救助项目的主要筹资方。以最低生活保障制度为例，2011 年中央政府支出在农村低保支出中所占比例已达 75.27%；在城镇低保支出中的比例为 76.07%。中央政府已经承担了 3/4 以上的低保筹资责任。

其次，将农民工纳入城镇社会救助体系，在财政上是可承担的。我们的测算显示，将农民工纳入到城镇社会救助体系，新增加的政府财政支出仅有 4.09 亿元到 5.38 亿元。我们根据 2010 年原国家计生委全国农民工监测数据和该年度城乡低保标准及平均补助标准，测算了将农民工纳入到城镇低保制度中需新增的财政支出。2010 年农民工中家庭人均收入低于城镇低保标准的比例为 1.41%，以此计算，2010 和 2011 年只有大约为 216.22 万和 223.67 万农民工具备低保申请资格；按照城镇平均救助额，新增加的政府支出大约为 4.09 亿元和 5.38 亿元。

最后，从管理层面，经过十几年的实践，我国社会救助体系的管理水平有了很大提高，锚定机制也逐渐成熟。鉴于在每个城市申请社会救助的农民工人数不会很多，也不会对城镇社会救助管理部门带来很大的压力。

三　相关政策建议

将社会救助扩展到农民工，并以之为基础构建农民工的社会保障体系，是促进农民工市民化的有效手段，也是推动农民工城市融入，减少社会不稳定因素的重要措施，具有重要意义，也具备可行性。从政策实施角度，有如下建议：

（1）提高社会救助项目的统筹层次为中央政府统筹，减少乃至取消地方政府社会救助的筹资责任。如前所述，中央政府支出已占城乡低保支出的 3/4 以上，全部由中央政府筹资后，中央政府增加的支出，包括承担的原地方政府的筹资以及新增加支出，大约为 323 亿元，仅占当年中央财政收入总额的 0.63%。

（2）在管理层面仍实行属地化管理，但社会救助的申请与户籍脱钩，实行按居住地的属地化管理。这样，一方面农民工有资格在居住地申请社会救助项目，另一方面可以继续使用原有的管理机制。

（3）建立全国性的社会救助信息联网系统。防止地域分割带来的信息孤岛问题，并防止申请人多地重复申请的现象。

（4）以社会救助为基础，建立农民工社会保障底线，并在此基础上拓展其他社会保障项目。建立社会保障底线（Social Protection Floor，SPF）是近年来包括联合国在内的国际社会倡导的推动社保全覆盖的社会保障策略。在此基础上逐步拓展其他社保项目，为农民工构建较为完善的社会保障体系。

第三部分

城市化模式与规模

第十三章　中国城市化模式和演进机制[①]

一　引　言

改革开放以来，以沿海地区为先导，我国经历了一个工业规模迅速扩张的时期，我们称之为“低价工业化”。但是低价工业化也导致了一些突出问题，如以单一资源集聚为特征的“块状经济”、产业链条偏短、分工程度低。长期以来，受制于户籍制度改革的滞后，以及工业化发展水平的落后，我国城市化进程相对缓慢。20 世纪 90 年代末期以来，随着经济建设投资向城市部门发展的倾斜，快速城市化进程启动，2011 年城市化率达到 51.27%，第一次跨过城市化率 50% 这一重要临界点，2012 年这一值已经达到 52.57%。根据国际城市化经验，在这个临界点之后，城市化进程将从量变转向质变，主要标志是经济增长动力因素发生了根本转变：即，经济增长动力由城市化初期的产业发展带动城市发展，转变为城市化中后期的以“空间资源配置”推动增长的阶段，空间集聚推动着技术进步、知识溢出和经济结构快速调整。

城市化水平 50%～70% 这个阶段，如果进展顺利，城市化的集聚效应将会推动人均国民收入迅速提高和产业结构优化，完成增长方式的转变，顺利进入到可持续发展的轨道；如果进展不顺利，也可能导致城市化高成本抑制产业调整，降低国家竞争力，从而导致经济增长与社会发展脱节，易陷入“中等收入陷阱”。拉美国家在 1950—1980 年间创造了经济增长奇迹，其间，城市化水平由 40% 提高到 60%，人口向少数大城市高度集中。但是 20 世纪 80 年代以后城市化水平提高，却没有带来人均国民收入的相应提高，城市规模效应缺失、城市化与产业发展和社会进步脱节，导致拉美的停滞。而发达国家，如德国、日本、美国在城市

---

① 本章作者张自然，系中国社会科学院经济研究所副研究员、博士，研究方向：技术进步与经济增长；本章作者张平，系中国社会科学院经济研究所副所长、研究员，研究专长：经济增长；本章作者刘霞辉，系中国社会科学院经济研究所经济增长室主任、研究员，研究专长：经济增长。本文内容是《经济学动态》2014 年第 2 期的一部分。

化稳步提高的同时，长期积极推动技术进步和产业竞争力提高，促使经济进入持续发展轨道。

为适应经济发展需要，我国在不同历史时期提出了相应城市发展方针。改革开放以来，工业化进一步促进了城市化演进。1996 年我国城市化率达到 30%，进入城市化快速发展阶段；2011 年城市化水平达到 51.27%，已经跨越城市化由量增到质变的临界点（即城市化率为 50%）。但是，问题也开始显现：一是土地城市化远远快于人口城市化，服务业发展严重滞后于工业部门发展；二是以外延式扩张为特征的城市化后劲不足，地区内部、区际之间发展不平衡；三是收入差距日益扩大，失地农民、城市低收入人群和农民工面临“贫困化”的威胁，影响社会经济的不稳定性因素增加；四是依赖于资源扭曲、土地财政和负债扩张的政府主导型投资模式难以持续，城市的无序扩张、拥挤与污染、基本公共服务不足与管理效率不高的问题比较突出。

而中国城市化模式和演进机制的选择，是决定城市化空间资源配置成功与失败的关键，也是决定城市经济可持续发展的关键。鉴于国内外城市化的经验教训，本项目致力于城市化率 50% 以后的中国可持续发展研究，包括以下几个层面：①从历史的角度探索中国城市化的阶段特点、规律，而城市规模则是不可回避的重要问题之一，因此本文重点研究了中国城市的最大最优规模；②探索新时期中国城市化与产业竞争力之间的关系，包括城市化与产业结构、第三产业就业的关系；③研究城市化与城市聚集创新理论。

二　城市化发展规律

（一）中国城市化思想演进

发达国家绝大部分的劳动人口和产出都集中在城市，落后国家的人口则主要集中在农村。这就意味着，经济发展的过程同时也是一个空间结构转变过程，这就是城市化。城市化主要特征是人口的大量迁徙，来自各个地区，操着南腔北调的人相互聚集在一起并形成城市。

城市化已经成为中国经济的主推动力。城市化是指随着社会经济的发展，非农人口占总人口的比重不断提高的过程。人口和资本向城市集中，是由于生产要素在空间上的聚集所产生的外部效益，以及城市的先进文化、生活方式等所产生的城市引力。按照最新的研究结果，中国在 2011—2016 年为城市化增速为最高水平。这一期间的城市化增长率约为 1.4 个百分点，城市化率则在 51.43%～58.5% 之间，此后中国的城市化增速将逐步放缓。采用中国城市化 Logistic 增长模型预测结果为 2015 年、2020 年、2030 年中国的城市化率分别为：57.11 %、

63.94%和75.86%，可以预测中国2030年将有10.62亿的城市人口，即10亿多中国人生活在城市里。要达到2030年75.86%的城市化率的目标，今后每年要提高城市化水平1.29个百分点，相当于每年有近1900多万人转移到城市来。

新中国成立以来我国城市化思想的变迁不断地反映和指导着我国城市化的实践，这种变迁经历了一个否定之否定过程。以改革开放为界，改革开放之前经历了一个从新中国成立之初的城乡人口自由流动、农村人口自发向城市集聚、城市的发展不受规模限制，到限制城乡人口自由流动、农民就地城市化、限制大城市发展的变迁；改革开放之后经历了一个反向过程，从限制农村人口向城市转移的僵化的城乡隔离户籍制度逐渐过渡到城乡人口按经济规律双向流动的一体化户籍制度，从限制大城市规模、小城镇遍地开花到大中小城市共同发展同时限制特大城市人口规模的城市化方针的变迁。

新中国建立后，建设一个富强独立的社会主义国家成为当时的追求目标，尽快实现工业化是全体中国人的强烈愿望，城市化的程度和途径是从属于工业化方式的。在新中国成立时经济极端落后的基础上建设一个基本完整的工业体系，我国选择的是偏重于积累而压缩消费，优先发展重工业的策略。相应地，在城市发展上强调建设生产性城市，反对消费性城市。最初几年并没有明确反对建设大城市，也没有明确限制农村人口迁移到城市。但随着计划经济体制的实施、粮食统购统销中的失误、“大跃进”、浮夸风等一系列“左”的错误的发展，粮食供给发生多次紧张，正常的城乡人口流动机制逐渐被僵化的城乡分割的户籍制度所代替。“大跃进”后直至改革开放，人民公社体制成为农村奔向共产主义天堂的“金桥”，成为“乡村化城市”或“城市化乡村”的载体。但20年的人民公社并没有给农村带来城市般的生活，带来的却是城乡差距的拉大，两元经济结构的加深。

改革开放后，学术理论界有了较大的自由研究空间，关于我国城市化的各种主张都被表达了出来。虽然直到20世纪末，近20年的时间里“限制大城市规模，大力发展小城镇”的思想一直占据主导地位，但其他的城市化道路声音也一直未断。21世纪初人们在城市化的理论和实践上都更前进了一步，提出了以城市群为我国城市化的主要形态，大中小城市共同协调发展，放开中等城市户籍限制，鼓励大中城市发展并以经济手段取代行政手段控制特大城市人口过快增长，逐步实施城乡一体化的户籍管理制度的城市化思想。工业化创造供给，城市化创造需求。东南亚金融危机后我国主要采取了扩大投资需求的措施使经济克服了通缩状态，时至今日我国经济趋缓单靠扩大投资需求来拉动，效果已极为有限，甚至会对我国经济结构的调整累积许多负面影响。扩大消费需求应当是我国当前和今后提升经济的主要措施，而加快城市化进程，则可以释放出巨大的国内消费需求。

根据我国城市化思想与实践以改革开放为分界点划分为两个阶段：①改革开放前城市化发展不稳定阶段；②改革开放后城市化进入复苏和加速发展阶段。改革开放前：新中国成立前后到“大跃进”开始，坚持城市发展工业，城市领导乡村，城乡互助的方针；另外从“大跃进”开始至“文革”结束，以人民公社为城市化的载体，追求公社工业化，消灭城乡差别。改革开放以来，城市化思想主要体现在对城市规模和发展模式的讨论中，重点发展小城镇的思想占主导地位，中国分散式城市化特征比较明显，这种特征与低成本工业化的资源粗放利用机制相互关联。然而，随着空间集聚进程的演进，中国经济增长的土地、能源、环境压力越来越大，如何在分散式的城镇发展与集中的城市化之间寻找平衡，就成为越来越引人注目的话题。时至今日大中小城市共同发展，加快城市化推动经济可持续增长成为大部分学者的共识。党的十八届三中全会提出，推进农业转移人口市民化，逐步把符合条件的农业转移人口转为城镇居民。创新人口管理，加快户籍制度改革，全面放开建制镇和小城市落户限制，有序放开中等城市落户限制，合理确定大城市落户条件，严格控制特大城市人口规模，预示着新型城市化路径和理念走入城市发展规划的视野。

（二）中国城市化模式

由于中国的渐进式改革，使我们不得不将城市化这样一个长期结构性问题的视野放回到改革开放前。计划经济时期中国的城市发展，受到了重工业优先发展战略和计划经济的严重限制。重工业的资本密集型特征，要求严格限制城市部门的就业人数。改革开放以后，劳动力空间流动并没有放开，乡镇企业为代表的、以市场为导向的工业化是在农村土地上开始的。由于中国政治体制对于政治中心的强调，中国市场经济推动的、以“乡镇企业”为主体的农村工业化相对应的城市化只表现为“县域城市化”。近年来，由于土地管理制度的原因，县域和地级市一级的城市化更为明显。大城市的范围扩展，则受到了户籍制度的明显限制，说明中国城市化模式存在一定问题。

中国城市空间结构存在的问题，集中在关于城市化模式的讨论上。选择“小城镇”模式还是“大城市”模式，是中国城市化战略中最旷日持久的争论。归纳起来主要有以下几种观点：（1）大城市重点论。主张中国城市化以大城市为主体的思路认为：大城市发展是城市化过程中的普遍现象；大城市的规模经济和集聚效应远高，能最大程度地节约土地；大城市有利于资源环境管理，节省土地资源、水资源和公共建设资源，且有利于第三产业发展，增加就业机会（如王小鲁等，1999）。（2）中等城市重点论。主张中国城市化以中等城市为主体的思路认为：比起小城镇来，中等城市具有较大的生产生活集聚效应，又能够避免大城市人口、经济密度过高引发的城市病；与大城市和小城镇相比中等城市比较容易实现经济效益、社会效益和环境效益的统一；发达国家城市化过程的“分散—集中—再分散”趋势，人口最终趋于向中等城市扩散（如李金来，1990）。(3) 小城镇重点论。其理论依据为，中国农村人口众多，现有大中城市基础设施无法承接将要从农业中转移出来的几亿剩余劳动力，而通过小城镇发展乡镇企业和商品经济，既可以容纳农村剩余人口，发展农村的第二、第三产业，提高农民的收入，也可以促进城乡交流，避免西方国家城市化过程中“大城市病”和农村凋敝并存现象的发生。(4) 城市体系论。国家“十一五”规划纲要提出在继续坚持大中小城市和小城镇协调发展的基础上，把城市群作为推进城镇化的主体形态，形成高效协调可持续的城镇化空间格局。

在选择城市化模式选择问题上，我们更应该考虑城市化的出发点，是应该以转移农村剩余劳动力为核心，以低成本为政策取向；还是应当以长期增长和知识空间外溢为核心，以效率为政策取向？随着刘易斯转折点的出现和中国农村剩余劳动力转移的逐步完成，效率和长期增长可能更应该成为城市化模式的注脚点。由于低成本同时意味着低收入和粗放，在转变经济发展方式，缓解资源约束考量下，大城市和大城市带动周边城市发展的城市群战略应当成为我们的首选，并以此促进产业竞争力的提高和空间的优化，并以此带动经济结构的转型升级。

（三）中国的最优城市规模

空间集聚效应的有效发挥，需要依托适度城市规模。从各国城市化路径看，最佳城市规模及城市分布模式，国情不同差异较大。最佳城市规模问题受到广泛关注的原因是：最佳城市规模与用地规模和公共设施规模相关，与产业的效率相关，与城市可持续发展相关。最佳城市规模形成的机制是，随着空间集聚规模的增大，集聚成本也会上升，最终在特定阶段达到平衡。尽管促使最佳城市规模形成的因素很多，但发达国家城镇化经验显示，城市最佳规模与城市的产业特征关系极大。如，德国、意大利，最佳的城镇规模是 20 万～50 万人口。参照国外经验，在研究中国城市最佳规模时，我们立足于中国城市化趋势，基于规模的成本—收益法对中国最佳城市规模问题进行探讨。

是不是存在城市最优规模、中国适合发展哪种规模的城市的争论一直不断。1980 年《全国城市规划工作会议纪要》提出“控制大城市规模，合理发展中等城市，积极发展小城市”作为我国城市发展的基本方针。此后中国城市化实际上是围绕这个方针进行。岳清唐在《建国以来我国城市化思想之演进》一文中则提出发展大城市的几条理由：第一，大城市的发展是工业化过程中的普遍现象；第二，大城市的规模经济和集聚效应远高于小城镇，大城市能最大程度地节约土地；第三，小城镇浪费土地资源、水资源和公共建设资源，不容易解决环境污染问题，影响了第三产业发展，就业机会有限。也有提走中等城市道路。中等城市既能够发挥工业生产与城市社区的集聚效应，克服小城镇在这方面的不足；又能够避免大城市人口过度密集可能引发的城市病。（岳清唐，2010）这届政府现在又开始提倡“城镇化”作为中国经济的“引擎”，“城镇化”真的能引导中国经济转换经济增长方式吗？城市规模小真的合理吗？

为此国内外经济学家对是不是存在最优城市规模做了开拓性的研究。国外对城市规模研究的情况有：阿隆索（Alonso，1971）［1］，Robert，1978）［10］、哈维（Harvey，1981）［5］，理查德森（Richardson，1972）［8］，亨德森（Henderson，1974）［6］，卡马尼（Camagni，1993）［3］，托利、克瑞菲尔德（2001）［14］，斯特拉斯蔡姆（2001）［26］、Duranton & Puga（2004）［4］，Au& Henderson（2006）［2］，阿瑟·奥莎利文（2008）［23］等。阿隆索（Alonso，1971）［1］提出了一个城市总成本—收益模型，认为城市边际收益和边际成本会随着城市规模的扩大而增加，但呈递减趋势，后者呈递增趋势，两条边际曲线的交点即为最优城市规模点。安东尼和罗伯特（Anthony & Robert，1978）［10］、哈维（Harvey，1981）［5］等则进一步发展了阿隆索的总成本—收益模型，认为城市的实际规模即城市均衡规模是由平均收益曲线和平均成本曲线的交点决定，而最优规模是由边际收益曲线和边际成本曲线的交点决定。由于边际收益曲线和边际成本曲线分别处在平均收益曲线和平均成本曲线的上方，这说明，城市存在一个内在的驱动力，使得城市的实际规模要大于它的最优规模。理查德森（Richardson，1972）［8］根据聚集经济和不经济提出了城市最优规模理论，他认为随着人口的聚集，聚集经济使居民的边际收益呈倒“U”形曲线变化，而聚集不经济使居民的边际费用呈“U”形曲线变化，边际收益与边际费用相等时的人口规模为城市最优规模。正的外部性促使生产集中，负的外部性（如土地成本、房价、物价上升和环境污染）促使生产分散，因此城市会有一个最优规模。亨德森（Henderson，1974）［6］认为城市的内在驱动力的实质是城市聚集经济。如果城市聚集经济的规模效应可以弥补城市规模扩大带来的交通拥挤、环境污染、房价上升、物价上涨、资源约束以及其他生产生活费用上升等方面的负面影响，城市扩张的边际社会收益大于边际社会成本，即意味着偏大城市规模不一定会导致效率损失。只有聚集经济带来的收益全部转化为城市地租，流入土地所有者手中，城市规模扩张的内在驱动力才会因为可获土地的限制而逐渐弱化。卡马尼（Camagni，1993）［3］进而认为大多数最优城市规模模型研究的是单个城市的最优规模，忽略了城市与其所在的城市体系的紧密联系，而且它们多数是在新古典框架下进行的，城市内部市场被假定为完全竞争市场，经济计量分析中用同一城市生产函数来估计所有城市最优规模，因此不可避免地会产生相同的最优规模城市。从而将最优规模提升到网络城市层面。托利、克瑞菲尔德（2001）［14］，斯特拉斯蔡姆（2001）［26］也认为存在最优城市规模。Duranton & Puga（2004）［4］将迪克西特—斯蒂格利茨（Dixit - Stiglitz）垄断竞争模型引入单中心城市增长模型，得出了最优城市规模与城市聚集经济关系表达式：N * = e/（1 +2e）t，它表明最优城市规模 N * 与反映城市聚集成本的参数 t（单位交通成本）成反比，与反映城市聚集收益的参数 e（中间产品不变替代弹性的值）成正比，最优城市规模与城市聚集效应呈倒 U 字形关系。Au& Henderson（2006）［2］发现城市的净聚集效应首先随着城市规模上升而急剧上升，在达到峰值之后缓慢下降，因此与城市规模之间的关系呈倒 U 形变化。随着城市的产业结构变化，城市的最优规模也有不同；当制造业与服务业增加值之比为 1 时，城市的最佳就业人数规模在 127 万人，相当于最优人口规模 250 万人左右。而当上述比值为 0.6 时（适用于更大城市），最优人口规模为 290 万～380 万人，并得出中国城市的平均规模过小的结论。阿瑟·奥莎利文（2008）［23］研究了城市规模状态，认为大城市的自我强化效应将导致城市陷入“过大”的低效率状态，而在城市化快速发展时期，由于大城市的集聚效益更大，吸引了更多的人口和资源进入大城市，而使小城市规模难以扩大，从而造成了城市规模的“两极分化”趋向。

国内针对城市规模研究主要有：杨小凯和霍格宾（Yang & Hogbin，1990）［9］、王小鲁、夏小林（1999）［31］，金相郁（2004）［22］、金相郁（2004）［22］、李秀敏等（2007）［16］和杨波（2008）［28］等。杨小凯和霍格宾（Yang & Hogbin，1990）［9］在一个分权的分层网络框架中探讨了最优城市规模和城市层级问题，认为最优的城市层级是生产分工水平的增函数，是城市规模和交易效率的递减函数。分工水平提升将增加城市数量，城市规模越大、交易效率越高，城市数量就越少。王小鲁、夏小林（1999）［31］采用成本—收益方法得出中国的最有城市规模为 100 万—400 万人，并认为中国的大城市不是太多，而是太少；中国应该改变限制大城市而重点鼓励小城镇发展的政策，优化城市规模，这将改善资源配置状况，提高资源利用效率和经济效益，加速经济增长。金相郁（2004）［22］利用聚集经济方法与最小成本方法度量并比较中国东部沿海地区三个超大城市的最佳城市规模，得出 2002 年三大直辖市的北京、天津、上海的最佳城市规模为 1251.7 万人、951.3 万人和 1795.5 万人；而用最小成本法得到的三个城市的最优规模分别为 801.5 万人、1126.2 万人和 2123.1 万人。李秀敏等（2007）［16］和杨波（2008）［28］采用王小鲁、夏小林（1999）的成本—收益法并分别用不考虑人力资本和考虑人力资本得到的城市最优规模分别为 270 万人和 249.63 万人，最大规模分别为 1086 万人和 1002.25 万人。

在总结前人城市规模探讨的基础上，选取中国 264 个地级及地级以上城市 1990—2011 年的数据采用成本—收益法来研究中国城市的最大最优适度规模问题。并按不考虑人力资本、人均受教育年限和考虑人力资本三种情况来分析 264

个城市规模收益情况，外部成本则考虑政府成本、企业工资成本、通货膨胀成本、住房成本和环境成本几个方面，得出了最小最大城市规模范围和最优城市规模范围，即最优城市规模即净规模收益峰值在556万～614万人之间，外部相对成本最低时的城市规模为578万人。合理的城市相对规模净收益大于0.3的城市规模为166万～2441万人，此时的外部相对成本大部分不超过0.5。城市相对规模净收益为正的区间为65万～3569万人之间。根据这一结论，中国的大城市、超大城市不是太多而是太少。像北京、上海这些超大城市虽然目前面临交通拥挤、环境污染尤其是严重的雾霾这类问题，但其城市规模还远远没有达到饱和的区间。需要做的是已效率创新驱动经济转型升级，转变经济增长方式，以改善人民的福利水平。

三 城市化与产业竞争力

城市化与产业竞争力的问题，其实是城市化和产业结构匹配的问题。包括城市化与工业发展的匹配、城市化与服务业发展的匹配、城市化与农业发展的匹配、城市化与就业的匹配等几个方面：

（1）城市化与工业发展的匹配。城市化和工业化呈阶段性特征，即在工业化初、中期，人均GDP和城市化水平还不高，城市化水平随着工业的发展而提高，工业化进程带动了城市化的发展，城市化水平与工业化呈正的相关性；在工业化中、后期，随着人均GDP的提高，人们对服务业的需求增加，服务业在GDP中所占比重也呈上升趋势，工业占GDP的比重则降低，而此时城市化水平仍然逐步提高，城市化与工业化呈现负相关的特征。鉴于中国经济发展现状和可持续发展要求，低成本工业化模式向城市化演进中的一个重要任务，是充分利用空间集聚提升工业化水平。因此，城市化进程中的再工业化依然任重道远，城市化发展应该适应工业化的这一客观要求。新时期中国城市化量增到质变的主要特征，是城市化推动工业内生型增长路径形成。厘清“工业发展—地理集中”的发展脉络，有助于我们理解工业化和城市化的关联机制。

（2）城市化与服务业发展的匹配。与城市化和工业化的阶段性特征不同，各国和地区的城市化和服务业显著正相关，即随着人均GDP的提高，对服务业的需求越来越多，服务业得到发展，城市化水平越来越高。Singelmann（1978）［32］首次明确了城市化是服务业发展的原因。Daniels（1991）［1］等通过计量分析检验了美国大中小城市区域的服务业成长，研究认为城市形成的区域市场是服务业发展的基础，城市化的发展促进了服务业的扩张。Harris（1995）［31］就城市在印度经济中的作用进行了研究，结果表明城市在国家经济发展中起了关键作用，城市是流通商品的主要中心，发挥着巨大的网络效应，是服务业中许多行业的核心。Chang 等（2006）[30] 对中国城市化和经济增长的研究表明，城市化通过服务业部门的扩张创造了大量的就业机会。农村部门自给自足决定了其对服务业的需求有限，而城市生活的市场倾向引致居民对于运输、零售等服务业的需求更大，城市化能够刺激服务业的产出和就业的增加。张自然（2008）[27] 发现人均服务业增加值与城市化水平之间存在长期均衡关系，城市化对人均服务业增加值的正向作用明显强于人均服务业增加值对城市化的反向作用。而中国服务业发展滞后的问题，主要与以下因素有关：分散式城镇化模式对服务业集聚的整合力度不够、服务业效率偏低，及服务业产业化滞后。新时期城市化与服务业的匹配，主要体现在工业集聚与服务业集聚的良性互动中：集聚效应导致的工业技术进步，要求有服务业技术进步相匹配；集聚效应导致的分工深化，不仅表现为城市内部工业与服务业的联系趋于紧密，而且表现为城市之间专业分工的明晰。鉴于中国服务业发展现状，以空间结构调整带动服务业发展，是一个值得系统探讨的路径。

（3）城市化与农业发展的匹配：城市化对资源的整合，不仅是城市集聚效应对工业和服务业的提升，而且，随着人口向城市的迁移，农业部门的增长也内生于这个过程中。我们关注城市化与农业匹配的主要原因是：未来一二十年里，城市人口将达到 10 亿人，工业发展和人口增长的农业保障问题将越来越显著，土地制度、农业生产方式、农业生产结构等方面的变革要求也自然产生，农业现代化问题也相应提上日程。

（4）城市化与就业：基于廉价劳动力比较优势的低成本工业化，为推动中国经济规模迅速扩张做出了贡献，可以看作中国经济高速增长时期对人力资源的第一次整合和使用。然而，随着人口红利窗口的关闭，依赖廉价劳动力进行资本积累的禀赋优势逐渐丧失。面对这种问题，城市化进程制度建设、政策制定和管理措施实施，更需要具有前瞻性，充分运用城市化资源集聚优势，在人力资本培育、人口健康保障方面有力应对，是新时期政策和管理的核心。

四　城市化与城市聚集创新

从发达国家经济增长的历史来看，工业化、城市化和现代化的过程，不仅表现在经济结构的变迁上，而且表现在地理空间的变迁上。空间集聚的本质，是人口迁移所导致的城市人口密度和经济密度的提高，以及由此产生的内生增长效应。Reinert（2009）在对发达国家和发展中国家经济增长进行考察后认为，两者差距的根源在于截然不同的增长路径。发达国家竞争力的根源，在于对增长三动力的严格发挥，即：创新、报酬递增、集聚效应（空间聚集、创新聚集、城市群）。

“增长三动力”的核心，是新技术和新生产模式带来的知识和劳动生产率的增长，这也是理解经济发展的关键。就技术创新而言，包括企业的“产品创新”和“过程创新”。“产品创新”是报酬递增和经济持续发展的保证，通过产业联动和城市化的空间集聚效应，产品创新又被发挥成“过程创新”，两个创新的互动在更大程度上导致了整体经济的报酬递增。通过技术创新，发达国家长期保持了竞争优势。技术创新的目的，是筑起产业进入的高壁垒和获得高利润。是在开放条件下，发达利用这种优势让本国产品和服务与外国竞争，并保持国内真实收入的增长。因此，竞争力可以看作真实工资提高的过程，不完全竞争导致的“租金”与之紧密相关。

（1）创新。熊彼特认为，“创新”就是把生产要素和生产条件的新组合引入到生产体系中，也就是实现生产函数的变化，包括五个方面：引入一种新产品；引入一种新工艺；开发新的市场；开发新的原材料来源；引入一种新的产业或企业组织形式。内生增长理论继承和发展了熊彼特技术创新和制度创新思想，从经济主体的利益最大化行为出发，提出品种多样化创新（产品创新）和质量创新（工艺创新）等；新制度从组织效率、制度、文化等角度研究创新问题。

创新活动是一种经济活动，但又不是一种普通的经济活动。它的活动主体是研发人员，它涉及专业化分工，涉及知识的生产和外溢。而一个研发人员必须在一个大市场中才能专门发展其才能，不断地得到雇佣。创新活动有两个积聚力量：① 分工是第一种集聚力量，大的市场能够加深分工，而分工的不断深化导致创新活动的不断集聚。② 第二种集聚力量是知识的外溢。知识的外溢受距离限制。虽然随着现代通信技术的发展，编码知识的传播对距离的依赖性减少。但创新活动更多的是依赖于面对面的默示知识，依赖于人们面对面的交流和思想碰撞，而这将决定集聚在一起将会带来更多的创新灵感。创新活动的三种离心力量：① 第一种离心力量运输成本。不论是农产品、普通产品，还是创新产品，要达到消费者手中是有运输成本的，运输成本过大，将降低集聚区域人们的效用水平，使人们倾向于分散存在，以便靠近产品生产地。即大的运输成本是第一种离心力量。②第二种离心力量是拥挤成本。创新活动集聚在某一区域，会随着经济活动密度的增加，区域内的拥挤成本上升，租金、交通时间等会大幅提高，会带来区域内人们效用水平的下降。③第三种离心力量是由于地域文化、传统、政府政策、自然条件所导致的生产要素的不可流动性，使人们不可能集聚在一起。本文讨论了流通成本的高低对创新分布状态的影响。当流通成本较高时，创新活动倾向于分散分布；当流通成本在较低的水平时，创新活动倾向于集聚分布；而当流通成本为零时，创新活动成对称均衡分布，这正是新古典经济学中假设交易成本为零的结果。本文的简化分析提出两个临界点，这两个临界点的大小都与 μ 和 σ 相关。μ（消费者在创新产品上的支出比重）越大，两个临界点的值都变大；σ（创新产品之间的替代弹性）越大，两个临界点的值越小。

（2）规模报酬递增。经济研究对于规模报酬递增机制的关注，贯穿于当代内生增长理论、企业管理理论和新地理经济理论的发展过程中。根据舒尔茨（2001，中译本）的论述，报酬递增来源于以下几个方面：①劳动分工和专业化；②技术进步；③人力资本积累、教育培训、“干中学”和知识获得；④知识外溢、经济思想；⑤经济制度和经济组织；⑥恢复经济均衡。在这些来源中，舒尔茨特别强调专业化和人力资本对于报酬递增的重要性。并认为，专业化、人力资本促进经济增长，现代经济系统的最突出特点是人力资本的增长，人力资本积累带来了人均国民收入的增加。

主流经济学文献对报酬递增因素及其之于经济增长的影响机理进行了分析。在其经典文献《报酬递增与经济进步》中，Young（1928）用迂回生产的概念深化斯密的分工思想，他认为，表现为报酬递增的主要是生产资本化或迂回方法的经济，并发展出“分工一般取决于分工”的著名论断。阿罗（1962）的干中学理论认为，知识经济活动的产物，将在企业的生产经营活动中得到积累；企业积累的知识会逐渐变成全社会的公共知识，即“干中学”有较强的正外部性，“干中学”是报酬递增的来源。罗默（1986）和卢卡斯（1988）各自发展了阿罗的“干中学”思想，并把阿罗的劳动者专业技能提高导致递增报酬的假设，扩展到由知识和人力资本外部性导致的递增报酬假设，分别建立了基于知识外溢导致报酬递增的内生增长模型和基于人力资本外溢导致报酬递增的内生增长模型。罗默1990年的模型假定技术进步由追求利润最大化的代理人有意识的投资行为带来，因此，技术进步在模型中是内生的。

新经济地理理论为报酬递增的认识注入了新的要素。以克鲁格曼为代表的新经济地理学，在迪克西特—斯蒂格利茨模型的基础上，建立了描述经济活动在空间分布的区域模型、城市体系模型和国际模型（Fujita，Krugman，Venables，1999）。其中用于描述区域经济活动分布的核心—外围模型是所有其他空间经济模型的基础模型。Fujita and Thisse（2002）把格罗斯曼—赫尔普曼—罗默的具有产品差异的内生增长模型结合进上述核心——外围模型，提出了一个分析集聚与增长的“一般”分析框架。集聚经济是规模经济和范围经济的深化，产生于特定区域内企业集群（杨国亮，2005）。由于企业集群具有空间上集聚和专业化的特征，因此，与单个企业相比，企业集群内企业在横向规模上扩张了，而在纵向规模上收缩了。纵向一体化程度低是集群企业的一般特征，意味着企业之间分工和专业化程度不断提高，进而形成有利于知识传播、创新网络，在扩大市场需求的同时，降低生产成本，提高效率。

（3）空间聚集：世界银行（2009）的研究报告提出城市化促进经济增长的相互联系“三维角度”：密度、距离和分割。城市化过程中空间人口密度的上升，不仅缩短了信息知识传播的地理距离，而且消除经济联系的地理分割，从而节约了交易成本、增加了效率提高和收入公平的机会，这都是经济获得持续增长动力的必要条件。①空间集聚、规模效率与报酬递增：人口和资源的空间集聚，是城市规模扩张和规模经济产生的前提。空间集聚的规模效率，主要表现为城市公共设施及公共服务的利用效率。因此，城市规模扩张中蕴含了人均成本降低所带来的报酬收益。公共设施建设及公共服务的有效提供，是城市化顺利推进的必要条件，也是避免城市化消极效应的保证。②空间集聚、创新外溢与报酬递增：产业集聚需要三个关键因素：专业劳动力“稠密市场”的存在，基础设施的支持，以及知识和技术的外溢。产业的空间集群导致成本降低、区域创新网络的形成以及区域规模报酬的出现。因此，我们关注中国城市化的创新潜力挖掘及创新政策的作用。③空间集聚、分工深化与报酬递增：改革开放以来，以沿海地区为先导，我国经历了一个工业规模迅速扩张的时期，但是低成本工业化也导致了一些突出问题，如以单一资源集聚为特征的“块状经济”、产业链条偏短、分工程度低。新时期城市化进程中的产业结构差异度及其作用分析，是我们关注的重点之一。④空间集聚、范围经济与报酬递增：空间集聚导致的范围经济，是指多元化集聚经济优势。城市化进程中的空间结构调整，具有将不同层次的人力资源、消费群体整合在一起的功能，这种多元化集聚有利于城市市场规模的扩大，对于内需具有较大的拉动作用，并间接带动经济效率的提升。

（4）创新集聚：创新集聚是伴随城市化过程中生产要素的空间集聚所产生的一种现象，城市化对于人口、经济密度的提升，城市化对于空间距离的拉近以及市场分割的削弱，为创新集聚提供了土壤，各种各样的创新动因也产生于这个环境中。研究认为，创新集聚的激励因素，包括以下方面：①创新投入要素的地理集中。这一机制一般采用知识生产函数的形式，即创新过程的产出是研发投入或人力资本投入的函数，投入因素的空间集聚导致了更多的创新产出。如，Lucas（1988）认为人力资本的区域经济中，是技术水平提高的动因。一些研究认为，人口密度的提高有助于专利的生产和知识传播、溢出，类似地，研发资金、实验室的集聚及其外部性对于产业创新作用显著。②空间布局与生产集中的互动。创新活动通常伴随着生产活动的集中，而生产活动集中又产生于空间布局的变动，因此，创新活动与空间布局之间存在良性的互动关系。而且，空间布局的不断创新，有利于优化创新资源的流动和整合，保持创新的活力。③创新网络的协同效应。Freeman（1991）对创新网络的定义是，创新网络是处理系统性创新的一种制度安排，网络构架的主要连接机制是企业间的创新合作关系。创新网络类型包括合资企业和研究公司，合作研发协议，技术交流协议，有技术因素推动的直接投资、许可证协议、分包、生产分工和供应商网络、研究协会、政府资助的联合研究项目等。企业网络结构及其联系的区域性外溢效应，是促进创新的重要动力。

区域创新集聚的主要载体是城市化集聚辐射效应。城市化与产业集群互动，产业集群拓展城市空间结构。发达国家城市化过程的一个显著现象是，大城市产业集聚发展到一定程度后，将产生对城市周边地区的辐射带动效应，从而促进周边地区城市化水平的提高。知识、产业的关联把城市联系起来，形成城市群或城市圈。因此，城市群是不同等级规模的城市以大城市为核心组成的城市集合体，是城市化进程演进到高级阶段的地理经济现象。

城市集群的形成，使得城市分工和专业化成为可能。位于城市圈核心的大城市，以其规模和强大的资源集聚能力，更有可能充当创新集聚的角色，并经由创新扩散和知识传播，促进区域产业集群结构的升级，最终促进创新集群产生。根据丁魁礼等（2010）的研究，所谓创新集群，是指以新知识生产、新产品大量涌现为本质含义的创新型组织（创新型企业、各种知识中心和相关机构），基于地理集中或技术经济空间集中与外界形成有效互动的产业组织形态，如技术集群、知识集群、智力集群等。城市群的发展和演化，为报酬递增的创新集聚要素的成长提供了条件，创新动力是产业集群结构优化、产业竞争力持续提高的动力源。

第十四章　世界城市发展与产业效率提升[①]

——上海样本

本次研究是继上期《上海市创新转型发展指标体系研究》提出的“持续效率改进推动结构变革”命题的延续，主要基于上海的发展阶段和新的经济理论观点对上海当前和今后5年逐步深化的“世界城市发展和产业效率提升”进行关键要素调研和测量。我们走访了金融、科技创新企业、开发区、医院、互联网培训、德国商会等十家机构调查，并对劳动力市场、产业、制度分割和服务业的外部效应做了测量，给出了上海发展趋势的政策性评估。

一　基本结论

上海处于关键转型期，作为今后一二十年中国发展的新示范，要求在战略上有突破性思维和举措：（1）上海要从作为增长极发展起来的特大城市角色，转向参与国际竞争的国际城市发展的道路；要从作为主导外围制造基地发展起来的副控中心城市，转向作为服务于全球资源再配置和高端产业链延伸的主控中心城市。（2）上海必须打破工业化时期运营系统、管理体制等的分割问题，加速产业横向融合，提高知识配置力，加快制度矩阵创新，培育城市聚集—创新潜力。（3）进行产业结构转型，提高服务业的效率和生产系统升级，通过可贸易现代服务业体系的建立，沿着效率提升技术创新系统；促进现代制造业零部件的国产化，通过加工度深化和一体化潜力的开发，使上海生产系统内生于国际分工之中。（4）借助自贸区的制度实验，突破传统体制对金融、医疗、教育、信息、法

---

① 本章作者为“中国经济增长前沿课题组”，负责人为中国社会科学院经济研究所张平、刘霞辉、袁富华。中国社会科学院经济研究所，邮政编码：100836，电子邮箱：zhangping_cass@126.com。本项目受国家社会科学基金重大招标课题“加快经济结构调整与促进经济自主协调发展研究”（批准文号12&ZD084）和中国社会科学院陆家嘴研究院重大招标课题资助。本文执笔人张自然、袁富华、张平、刘霞辉。参加本项目调研的人员有张磊、陈昌兵、王宏淼、付敏杰、张小溪、张鹏、陆明涛、李芳芳、辛超、王亮。本内容发表在《上海证券报》2014年4月29日。

律等现代服务业的羁绊，特别应该探索金融和财税的体制试点改革，形成参与全球竞争的新体制。

二　上海市面临的问题

进入新世纪以来，2013年城市化率突破90%，进入到了稳定期，投资推动乏力，消费拉动超过了投资；上海市服务业增加值比重超过50%，工业规模化扩张动力减弱，近年来表现出持续的“结构性减速”，增长落潮过程中各种各样的体制分割问题及其对持续增长的摩擦加剧。

从其他国家经济追赶经验看，一旦高增长启动，工业化的强大推动力将发生作用，“增长极”的资源集聚能力持续累积。此时，经济的主要矛盾和问题集中于规模化扩张之上，同时把制度安排及过程调整置于一种被动适应的地位。而当经济减速发生时，规模化工业扩张所带来的负面影响显现。从经验看，有两种力量制约工业化规模扩张，一是工业资源的制约，一是土地租金的上升。两个因素迫使资源环境消耗性重化工业转移，“增长极”消失，经济减速发生。

经济由高速向低速增长的演替，使得一些制度缺陷和经济矛盾凸显。典型的是所谓“结构双重性”问题。与历史上拉美、日本等初级重化工业化高增长结束后所面临的问题相似，上海也不得不面对诸如大型企业和小型企业效率、工资双重性差异、产业间效率工资差异等问题，这些矛盾将是生产系统梯度由初级（传统）重化工业化向深加工度化持续爬升的重要阻力。上海“结构双重性”问题根源于自身生产组织安排问题：不但面临工业化带来的生产运营制度的分割——每一个产业纵向分割，要素横向基本不进行交换，更严重的是传统计划体制带来的部门分割。以开发区为例，每个开发区从园区名字就能看出主管部门，开发区成为部委的自留地。课题组走访的大量企业共同特点就是，只要能翻越制度分割篱笆，就能获得创新的利润，不论是金融企业、技术创新企业、互联网公司、德国的职业培训机构、开发区甚至是医院，都迫切需要体制变革打破分割，推动创新发展。

作为中国工业化发展时期的大城市，上海市是中国发展的“增长极”，是中国所有先导产业配置的中心，成为中国工业化发展最快的典范。2007年工业化带来的高增长阶段逐步回落后，工业化带来的产业纵向一体化分割和制度分割显露出来，追赶所导致的经济异质性加剧，构成由高速增长向均衡增长的主要障碍。分割产生的内在原因是，政府主导经济增长模式下“增长极”对资源的过度集聚和依赖，先导产业的国家战略支持，“选择性融资支持（selective financing）”。这三条在新的发展阶段遇到了问题，上海作为在工业化中定义的高产业关联性主导产业从高度聚集开始进入迁出阶段，如钢铁和重化工、造船和汽车制造等高关联产业因环保、土地价格上涨、劳动力成本等多因素要转移，选择性融资支持也失去对象，工业化中的资源集中变得没有方向了。城市中企业空间聚集和创新活动赖以发展的“横向联系聚集—创新模式”——即所谓的“面对面交流”“劳动力流动”“企业家创业聚集”和“大学知识外溢”等的创新机制，与原有的工业化推动的“纵向一体化”聚集有着巨大的差异。工业化推动的纵向分割主要表现是各种各样的结构双重性（dual structure），大企业与小企业生产率的差异；产业间生产率的差异；区域间生产率的差异；（在中国）所有制企业生产率的差异；以及相应工资差异等。

以上海为例做简单的测量，得出上海经济分割现象见下述四张表格表 1-1、表 1-2、表 2 和表 3，分别从企业规模、企业所属关系（央地企业）和企业所有制关系三个层面，给出上海效率和工资分割状况的简单说明。前期《上海报告》中，我们已经就第二、第三产业效率差异问题，给出过比较详细的说明，因此，这里就细分行业和工业企业的问题进行分析。

1. 大中小型工业企业效率分割显著

表 1-1、表 1-2 是按照工业企业规模对效率分割给出的比较。截至 2011 年，经过 30 年的规模化扩张，大型企业与中小企业之间的劳动生产率和人均资本装备差异比较明显。

从 2011 年与之前年份的总产值劳动生产率对比来看，尽管中小型工业企业与大型工业企业的表现出缩小的态势，但是其差距依然较大，除去 1 万人以上的大型企业，3000 人以上的大型企业劳动生产率为小型企业的 2～3 倍。大型企业与中小型企业效率差异，主要来源于人均资本装备水平的差距。从数据可以看出，大型企业与中小型企业人均总资产的差异，也通常在 2～3 倍。

一般认为，由于资本存量较低，中小型企业往往比大型企业具有较高的资本利润率，因为只有这样，经过一段时期的发展，才能实现自由竞争的利润均等化和中小企业对大企业的追赶。但是，上海的工业企业的资本利润率，在大型企业和中小企业之间差距缩小的趋势不显著，这是规模化经济增长中的一个值得关注的问题。

表 1-1 上海按规模分的工业企业效率双重性：2011 年

	总产值劳动生产率（万元/人）	人均资产（万元/人）	资产利润率（%）
1 万人及以上	375.5	296.9	5.8
5000～9999 人	190.7	190.6	14.7
3000～4999 人	185.9	154.4	10.5
2000～3000 人	125.7	126.6	6.3

续表

	总产值劳动生产率（万元/人）	人均资产（万元/人）	资产利润率（%）
1000～1999人	36.1	36.8	6.5
500～999人	88.7	82.7	7.4
300～499人	120.2	113.4	9.8
100～299人	77.5	74.4	6.9
100人以下	108.5	101.6	5.8

数据来源：《上海统计年鉴》

表1-2　上海按规模分的工业企业效率双重性：2002年和2007年

	2002			2007		
	总产值劳动生产率（万元/人）	人均资产（万元/人）	资产利润率:%	总产值劳动生产率（万元/人）	人均资产（万元/人）	资产利润率:%
1万人及以上	103.5	196.9	6.5	360.9	279.0	6.3
5000～9999人	80.1	110.3	7.9	109.7	137.9	7.2
3000～4999人	61.5	83.3	5.6	147.4	117.0	7.1
1000～2999人	38.3	51.7	3.1	75.0	84.8	6.5
1000人以下	42.5	56.8	5.1	63.7	59.3	6.6

数据来源：《上海统计年鉴》

2. 中央和地方工业企业分割显著

表2中中央和地方工业企业的分割，主要表现在劳动生产率和资本装备的差异上。从2002年以来的情况看，上海市地方工业的劳动生产率与人均资本装备，与中央企业的差距愈来愈大。地方工业企业的资产增值能力（资产利税率），在2007年以前与央企有较大差距，但近年来差距逐步缩小，2011年基本与央企资产利税率持平。

表2　上海中央、地方工业大中型工业企业双重性

	2011		2007		2002	
	中央	地方	中央	地方	中央	地方
工业总产值劳动生产率（万元/人）	467.5	112.0	319.3	82.7	74.7	45.5
年末人均资产（万元/人）	14.1	91.4	418.8	65.7	143.6	57.8
资产利润率:%	4.2	9.9	7.1	6.3	5.7	5.2
资产利税率:%	14.7	13.9	13.4	9.5	11.9	8.7

数据来源：《上海统计年鉴》

3. 不同所有制行业分割显著

表3提供了上海不同所有制行业的工资比较，包括国有单位、集体单位、外资单位以及其他单位。总体印象是，汇聚了中国个体私营小企业的“其他单位”，与国有、集体、外资单位的工资差距，在各个行业均比较明显（除去个别行业如公共管理和社会组织）。一个有意思的现象是，上海国有单位工资与外资单位比较起来，只要是行政垄断程度低的行业——特别是服务业中一些垄断程度较低的行业，外资单位工资都比国有单位高。

表3　上海行业工资的制度双重性：工资指数的比较

	国有单位工资指数	集体单位工资指数	港澳台及外商投资单位工资指数	其他单位工资指数
全市	1.6	1.0	1.4	0.7
制造业	1.5	1.0	1.3	0.7
建筑业	1.6	1.3	2.2	0.9
交通运输、仓储和邮政业	1.2	0.6	1.4	0.9
信息传输、计算机服务和软件业	1.7	1.0	1.6	0.7
批发和零售业	1.6	1.0	2.4	0.6
住宿和餐饮业	1.5	1.1	1.0	0.9
金融业	1.2	0.5	1.8	0.9
房地产业	1.4	1.1	1.6	0.8
租赁和商务服务业	1.3	0.9	3.3	0.7
科学研究、技术服务和地质勘查业	1.4	1.2	2.2	0.7
水利、环境和公共设施管理业	1.2	0.8	0.5	0.8
居民服务和其他服务业	2.2	1.6	1.3	0.9
教育	1.1	0.7	1.6	0.5
卫生、社会保障和社会福利业	1.1	0.8	1.4	0.4
文化、体育和娱乐业	1.4	1.0	0.8	0.5
公共管理和社会组织	1.0	0.8	0.0	1.1

注：（表中工资指数＝各所有制单位工资÷平均工资）。数据来源为《上海统计年鉴》

更为重要的是，在上海结构性减速日渐显著的情况下，如果分割问题解决不好，很可能从与国际结构型互补，转变为“结构平行”，形成比较劣势。即当上海这样的大城市演化出来类似于发达国家的产业结构（或者产业服务化）时，如果依然坚持原有“干中学”技术模仿路径，那么制造业和服务业效率提高要受制于发达国家的技术扩散，而成本又大大高于后发国家，将面临国际市场竞争的“双重比较劣势”。随着上海的资源约束加剧、劳动力成本提高，如果不能及时转型，制造业比较优势不久将丧失殆尽，加之服务业本来受到管制效率就低，“双重比较劣势”已经逐步显现。这种双重比较劣势的后果，比单一工业化时期对经济的打击还要大。

三 上海市经济转型的理念

上海是新兴经济体特大城市发展的典型样本之一，它所赖以成功的基点是通过政府的特定政策集聚了大量资源，在产业上则表现为劳动分工的深化。分工创造效率是经济学诞生时就已经确定了的基本经济规律之一，该理论最成功的应用对象是工业化，特别是生产各类标准品的工业产品。但是，过细的劳动分工产生的最大问题是，企业的生产或经营体系过度标准化，资源分割，人的作用变得越来越小。现代经济理论表明，经济中真正活跃的要素，也是可以长期促进经济增长的应该是创新和人力资本的提升，也就是人的作用应该变得越来越大。从目前的情况看，政府可以通过一定的政策集中资源，但是，如果人的作用变得越来越小，产业和分工越来越细。这些资源很难得到集聚所产生的正效应。上面的分析表明，上海目前缺的不是资源，而是这些资源在现阶段不能得到有效的组合和使用。这就要求我们重新思考，上海怎么样从过去追求分工深化来创造效率，转向集聚创造效率的方面来。

作为中国经济的心脏，上海长期承担着发动机的角色。它既从国外吸收技术和资源，又将这些资源和技术向国内扩散；它既从国内吸收人才和资金，又向国外出口中国制造的各种类型的产品。但是，如果从全球经济的角度看，上海本质上内生于中国的经济体制和经济系统中，外生于全球经济系统；它是全球经济的参与者，但不是全球经济体系的决策者，更不是全球经济规则的制定者。从本质上说，它属于全球经济的外围，而不是核心决策层。上海所追求的世界城市，其目标应该是将上海内生于全球经济体系之中，成为其中的参与者和决策者。上海自贸区的建立为此目标已经迈进了一步，但路还很长。

服务业从“分工结果”到“增长条件”，最终成为“创新推进器”。从生产关联角度看，对于服务业的作用，存在两种认识：“结果说”和“条件说”。结果说认为服务业作为经济增长的结果而存在，或者近似表述为，服务业作为工业化过程分工的一个环节存在。条件说认为服务业的重要性远超过单纯生产率的衡量范畴，在很多情况下，服务业不是增长的结果，而是增长的前提条件。目前，全球价值链（GVN）已经将产品设计、品牌分销、管理和金融服务，以及产品技术定义为微笑曲线的利润两头了，而一般制造是最低端的，服务已经成为驱动经济的动力条件。联合国贸易发展理事会1985年的研究报告指出了服务业是增长的条件。1990年之后服务业的研究受到欧洲的广泛重视，到了新世纪，基于互联网已经推动全球服务业的大范围贸易。以互联网推动的服务业可贸易带到了基于复杂产品系统的技术创新和智能制造体系，已经构成了新的全球创新动力，也成为发达国家对发展中国家进行利润获取的新工具，当前的全球服务业谈判都直指这方面。我们希望上海市经济转型架构于基于创新的服务业平台上。

四 上海市生产系统转型的方向

工业化过程的增长加速与减速，与生产系统梯度升级的特定阶段有关，相应地，分割治理与生产组织方式和制度框架的功能演进密切相关。借用小泽辉智（Terutomo Ozawa）的雁阵追赶分析框架，图1给出了生产系统结构升级梯度的一个直观表述，这个图示是线性升级路径——即升级环节具有清晰的阶梯爬升特征。基于现有工业化经验，产业结构次序爬升的路径如下：①要素禀赋使用阶段（即资本、劳动驱动阶段，典型如纺织业）→②非差异化分工阶段（即规模驱动阶段，此时重化工过程发生，企业产品相似，后果是重复建设。典型如钢铁、石化产业）→③差异化分工阶段（即装配线生产阶段，典型如汽车、电子元件产业）→④熊彼特创新阶段（即知识驱动阶段）→⑤信息经济阶段（即IT驱动阶段或新经济阶段）。

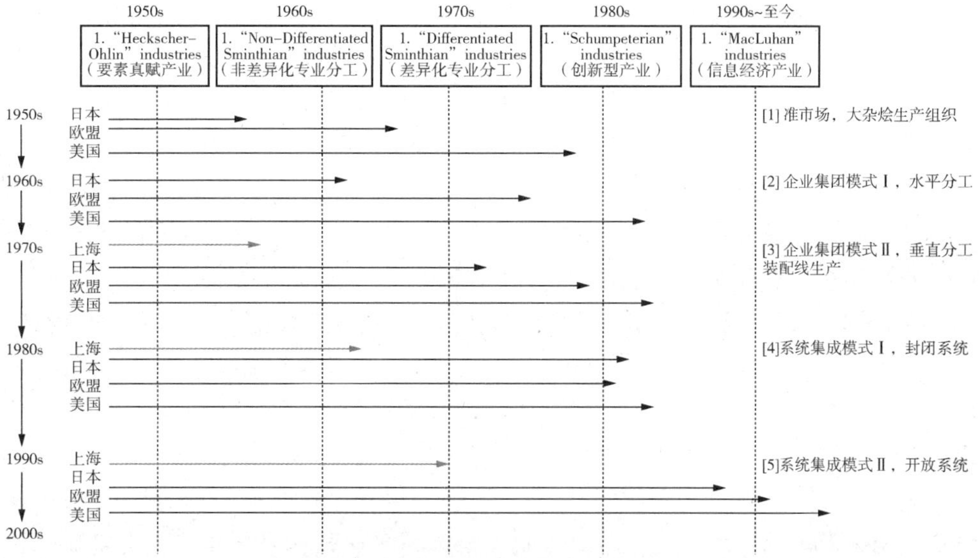

图1 经济追赶阶段及生产组织

来源：Terutomo Ozawa（2005），上海统计年鉴

上述五个生产阶段对应着五种生产组织管理方式：①准市场或政府主导的生产组织→②水平分工的企业集群 I→③纵向一体化的企业集群 II→④向内的系统集成模式 I（即企业、金融等的国内一体化）→⑤开放的系统集成模式 II（典型如美国、欧盟企业全球资源配置）。粗略划分，我们把上述 5 个生产系统升级梯度归纳为三类：①到②为初级重化工业化阶段，这个阶段的增长劳动、资本要素驱动，在国际分工体系中处于产业链末端，原材料进口支撑制成品出口和规模化是其典型特征。政府主导的水平分工是主要生产组织形式，生产管理粗放、重复建设、资源消耗、附加值低、生产链条短、以低要素价格获得国际竞争力是主要问题。③为深加工度阶段，这个阶段的重要特征是生产一体化，生产上移到国际产业链的中间环节。“以机械设备进口支撑机械制造出口”和注重效率是其典型特征，由于一体化的需要，协调管理作为一种创新形式逐渐变得重要。④和⑤为精细化阶段，网络化资本主义作为一种创新形式开始出现。

发展成功的经济体——如日本、韩国、中国台湾，生产系统以制造业转型为核心进行梯度升级的两条并行路径是：产业的深加工度化和制度矩阵更新。这也是上海生产系统转型的方向和趋势。

从工业化国家成败的经验教训看，生产系统转型成功与否，关键就是看能不能迈过制造业深加工度化这道门槛。深加工度化的魅力和建立困难，就在于该阶段有一个不同于初级（或传统）重化工业化阶段的鲜明的特征——即，生产的网络化和默认知识。此时，保持稳定（均衡）增长的制度安排必须重新构建，不能依靠本土资源的增长极进行扩张了，而要积极参与到国际要素流的主动配置过程中，从制造中心向服务中心转变，主动调整制度安排是这一阶段所必须。

深加工度化阶段，无论是汽车、飞机还是现代电子产品，其生产的支撑单元是高附加值零部件，其组织形式是围绕装配线生产的一系列网络化零部件供应商，纵向和横向联合组成了一个生产综合体（或企业集团）。一旦这样的企业集群形成，便具有了生产环节上的垄断优势。典型的例子是，发达国家的汽车生产商向国外转移，常常连同其主要零配件供应商也一起转移（或者零部件从母国进口），因为 FDI 接受国在短期内不可能建立起本地高质量的服务商。更重要的是，深加工度化阶段的企业集团不仅仅是一个技术概念，它更多的是生产组织管理观念，大量技术知识、管理知识都以默认知识（师傅带徒弟，口传身教）的形式存在，需要大量的培训、试错才能获得。

制度矩阵嬗变的目标是促使生产系统梯度爬升，我们提出两阶段的创新路径：第一阶段，分割打破——即通过制度整合和激励规则消除分割，这是城市经济的核心层面，我们把这样的创新叫作“初级创新”。协调管理的初级创新，本质上是生产组织和制度的整合，在由初级重工业化、向深加工度化和纵向一体化演进的十字路口，至关重要。从生产系统结构梯度看，“次级创新”发生在生产集成化时期，与深加工度化的纵向一体化相比，这个时期工业部门内部、工业与服务业之间，城市生产与生活消费之间，已经形成致密的纵横网格。因此，由“初级创新”向“次级创新”的演替，是自主创新普遍的时期，不可能蛙跳实现。

面对初级重化工业化后增长减速，我们认为，上海现阶段首要的任务是治理分割问题——即要想实现生产系统的深加工度化，制度矩阵需要更新，目的是增强上海新增长阶段的制度适应性效率。只有横向的制度支撑建立起来，上海才有可能走向有效率的稳定路径，进而爬升到次级创新的梯度。

五　上海市作为世界城市的核心命题

全球经济发展经验表明，存在工业化阶段向城市化阶段服务业发展导致的结构性减速。但是发达国家保持竞争优势的核心仍是服务业和制造业的效率改进，尽管各国策略不同。

初级重化工业化阶段，服务业作为“分工的结果”存在，由于这个阶段选择性融资向工业，尤其大型重化工业的支持，服务业比较效率低下有其内在经济逻辑。之后待生产系统完成向深加工度化的转型，升级服务业、提高服务业可贸易性，才合乎经济逻辑，深加工阶段后，服务业是作为制造业“互补性条件”存在，这是高级阶段的“生产条件说”。因此，我们给出的经验准则是：在生产系统梯度进入深加工度化之后，高效的服务业效率才能导致更高的制造业效率。

世界城市就是服务于全球资源再配置和创新，它起到了全球网络控制中心节点的作用，即作为创新“缩放器”和“学中学”的知识配置力而存在，不断升级生产系统，利用制度体系服务于全球产业的要素流的配置。工业化的规模化扩张时期，初级重化工业化的技术来源是“干中学和投中学”，生产系统的知识配置能力弱，甚至对创新具有抑制作用。深加工度阶段以后，随着城市化的发展，经济网络化程度更高，如果这个梯度得以顺利推进，那么，那么网络的知识配置力会越来越强大。换言之，各种“节点”通过知识网络的相互作用，会放大能力。即，通过“学中学（learning by learning）”不断增加网络的“知识转移能力”和企业的“知识吸收能力”，两个能力累积扩张，最终推动经济效率路径的形成。

从世界城市比较看，依据英国2010年英国经济家咨询发表的《全球城市竞争力基准》报告比较看，上海市的物质方面指标居于全球第一方阵，如：经济活力（Economic strength）列全球120个城市的第五位；物资资本（Physical capital）和金融成熟（Financial maturity）均保持着较高的水平，略低于前六位城市，稳居大陆的首位。

但上海软实力就相对比较弱了，特别是：（1）制度效率（Institutional effectiveness）低。制度效率的细类指标上包括最大比重的是财政自主权（Fiscal autonomy，权重占 28.6%）、政府效率（占 28.6%）和税（包括了增值税税率和税制，权重占 14.3%）、法律执行和民主，这说明了城市的成熟需要更多的财政自治，才能有自我发展和完善的能力。（2）社会文化和人力资本层次较低。主要差距来自于文化开放、多元和活力，而人力资本上缺乏企业家精神以及教育质量等问题。但总体上看上海人力资本在大陆排第一，在全球处于中上水平。（3）全球吸引力方面：世界 500 强进驻、国际航班次数、全球领先的大学、有影响的国际会议和著名智库注册数量，在这方面上海还有很多可进取和改进的地方。

而向世界城市升级根本是靠软实力，即制度、人才、企业家精神、全球资源聚集吸引力。上海已经完成了全球制造业“副控制中心”，即链接全球和区域配置的核心地位，现在是要进一步突破原有增长极赶超时的制度桎梏，重塑上海的世界资源配置的服务能力，制度变革是关键。

六 几点建议

1. 打破选择性融资支持体制，还大企业和小企业公平的投融资环境。主要是打破大企业的自然、行政垄断优势，给予小企业在市场、融资上的便利，提升城市就业能力，更增加企业创新活力。

2. 以自贸区进行全新的制度实验。第一，确立境内关外的自贸区架构，设立自贸区管委会制度，并依据自身需求设立组织机构，割断原有纵向体制对自贸区的延伸，否则打破纵向切割就成为空谈；第二，探索区域拥有适度立法权，建立财政和税收的相对独立体制，建立符合国际标准的法规体系，适应国际资源配置需要；第三，探索建立高效的监管模式。

3. 自贸区的建立着重探索世界城市的财税和金融的改革，为中国未来发展找出新的路径，集中在：（1）探索建立与国际接轨的地方税制体系，如向居民开征零售税（VAT）、由居民消费时缴纳的价外增值税、进而探索不动产税等，形成地方体制；（2）探索资本项下自由兑换，为多层次全球金融服务体系探索开路。

4. 加强知识产权保护和人力资本提升。第一，有效落实公共资助研究知识产权保护。第二，尝试适度吸收德国知识产权管理的发明人原则，充分保障研究人员参与技术创新的权利。具体地讲，就是将公共资助研究成果首先归属于研究人员，只有通过特定的行为、程序才能转化为公共研究组织的财产。第三，要求公共研究组织成立专业化技术转让部门，实施排他性专利许可，并激励其建立高科技衍生企业或初创企业，以增强公共研究组织，特别是研究人员参与创新合作的谈判能力，从而发挥基础研究在突破性创新中不可替代的作用。第四，借鉴英国模式，由政府资助机构在体制、融资和技能上对公共研究组织成果商业化活动提供一次性的全方位扶持。第五，重塑公平的市场竞争环境，按三中全会的精神尽快建立知识产权法庭，确保创新外溢效应发挥。在知识产权保护的同时，提升人力资源的培训系统，增加人力的聚集，保证服务业的提升和生产系统升级。

第十五章　中国最优最大城市规模探讨[①]

一　引　言

中国处于高速城市化进程中。按最新的中国城市化预测结果，中国在2011—2016年为城市化增速为最高水平，这一期间的城市化增长率约为1.4个百分点，城市化率则在51.43%－58.5%之间，此后中国的城市化增速将逐步放缓。按照中国城市化Logistic增长模型预测，预计2015年、2020年、2030年中国的城市化率分别为：57.11％、63.94％和75.86％，可以预测中国2030年将有10.62亿的城市人口，即10亿多中国人生活在城市里。要达到2030年75.86%的城市化率的目标，今后每年要提高城市化水平1.29个百分点，相当于每年有近1900多万人转移到城市来。如此快速的城市化直接导致城市人口规模空前巨大、大、中型规模城市快速增加。

1996年中国人口在100万以上的“大”城市只有34座，总共拥有7300万非农业人口，城市化率仅30.48%（王小鲁等）。今天中国城市化进程则是突飞猛进，在我们按2010年常住人口计算本文的264个地级及地级以上城市覆盖人口为118497.83万人，占全国常住人口137053.69万的86.46％。264个城市中超过2000万人口的城市有2座（2012年北京市常住人口也已经超2000万人），城市人口在1000万～2000万人的城市有11座，城市人口在500万～1000万人的城市有73座，城市人口在200万～500万人的城市有134座，城市人口在100万～200万人的城市有34座，城市人口在50万～100万人的城市有7座，城市人口在30万～50万人的城市有2座，低于30万人口的城市仅一座。这个大规模和超大规模城市越来越多。城市规模增大由于各种生产要素产生聚集而得到规模收益，但人口规模达到一定程度必然对城市产生一定的负面效应，包括城市交通拥挤、环境污染、资源压力、市政基础设施跟不上城市扩张和人口规模膨胀的步

① 本章作者张自然，系中国社会科学院经济研究所副研究员、博士，研究方向：技术进步与经济增长。

伐，城市规模过大也因外部成本过大而存在一些问题。

是不是存在城市最优规模、中国适合发展哪种规模的城市的争论一直不断。1980 年《全国城市规划工作会议纪要》提出“控制大城市规模，合理发展中等城市，积极发展小城市”作为我国城市发展的基本方针。此后中国城市化实际上是围绕这个方针进行。岳清唐（2009）则提出发展大城市的几条理由：第一，大城市的发展是工业化过程中的普遍现象；第二，大城市的规模经济和集聚效应远高于小城镇，大城市能最大限度地节约土地；第三，小城镇浪费土地资源、水资源和公共建设资源，不容易解决环境污染问题，影响了第三产业发展，就业机会有限。也有提走中等城市道路。中等城市既能够发挥工业生产与城市社区的集聚效应，克服小城镇在这方面的不足；又能够避免大城市人口过度密集可能引发的城市病。这届政府现在又开始提倡“城镇化”作为中国经济的“引擎”，“城镇化”真的能引导中国经济转换经济增长方式吗？城市规模小真的合理吗？

为此国内外经济学家对是不是存在最优城市规模做了开拓性的研究。国外对城市规模研究的情况有：阿隆索（Alonso，1971），Robert，1978）、哈维（ Harvey，1981），理查德森（ Richardson，1972），亨德森（Henderson，1974），卡马尼（Camagni ，1993），托利、克瑞菲尔德（2001），斯特拉斯蔡姆（2001）、Duranton & Puga（2004），Au& Henderson（2006），阿瑟·奥莎利文（2008）等。阿隆索（Alonso，1971）提出了一个城市总成本—收益模型，认为城市边际收益和边际成本会随着城市规模的扩大而增加，但边际收益呈递减趋势，而边际成本则呈递增趋势，两条边际曲线的交点即为最优城市规模点。安东尼和罗伯特（Anthony & Robert，1978）、哈维（ Harvey，1981）等则进一步发展了阿隆索的总成本—收益模型，认为城市的实际规模即城市均衡规模是由平均收益曲线和平均成本曲线的交点决定，而最优规模是由边际收益曲线和边际成本曲线的交点决定。由于边际收益曲线和边际成本曲线分别处在平均收益曲线和平均成本曲线的上方，这说明，城市存在一个内在的驱动力，使得城市的实际规模要大于它的最优规模。理查德森（ Richardson，1972）根据聚集经济和不经济提出了城市最优规模理论，他认为随着人口的聚集，聚集经济使居民的边际收益呈倒“U”形曲线变化，而聚集不经济使居民的边际费用呈“ U”形曲线变化，边际收益与边际费用相等时的人口规模为城市最优规模。正的外部性促使生产集中，负的外部性（如土地成本、房价、物价上升和环境污染）促使生产分散，因此城市会有一个最优规模。亨德森（Henderson，1974）认为城市的内在驱动力的实质是城市聚集经济。如果城市聚集经济的规模效应可以弥补城市规模扩大带来的交通拥挤、环境污染、房价上升、物价上涨、资源约束以及其他生产生活费用上升等方面的负面影响，城市扩张的边际社会收益大于边际社会成本，即意味着偏大城市规模不一定会导致效率损失。只有聚集经济带来的收益全部转化为城市地租，流入土地所有者手中，城市规模扩张的内在驱动力才会因为可获土地的限制而逐渐弱化。卡马尼（Camagni，1993）进而认为大多数最优城市规模模型研究的是单个城市的最优规模，忽略了城市与其所在的城市体系的紧密联系，而且它们多数是在新古典框架下进行的，城市内部市场被假定为完全竞争市场，经济计量分析中用同一城市生产函数来估计所有城市最优规模，因此不可避免地会产生相同的最优规模城市。从而将最优规模提升到网络城市层面。托利、克瑞菲尔德（2001），斯特拉斯蔡姆（2001）也认为存在最优城市规模。Duranton & Puga（2004）将迪克西特—斯蒂格利茨（Dixit - Stiglitz）垄断竞争模型引入单中心城市增长模型，得出了最优城市规模与城市聚集经济关系表达式：N * = e ÷（1 +2e）t，它表明最优城市规模 N * 与反映城市聚集成本的参数 t（单位交通成本）成反比，与反映城市聚集收益的参数 e（中间产品不变替代弹性的值）成正比，最优城市规模与城市聚集效应呈倒 U 字形关系。Au& Henderson（2006）发现城市的净聚集效应首先随着城市规模上升而急剧上升，在达到峰值之后缓慢下降，因此与城市规模之间的关系呈倒 U 形变化。随着城市的产业结构变化，城市的最优规模也有不同；当制造业与服务业增加值之比为 1 时，城市的最佳就业人数规模在 127 万人，相当于最优人口规模 250 万人左右。而当上述比值为 0.6 时（适用于更大城市），最优人口规模为 290 万～380 万人，并得出中国城市的平均规模过小的结论。阿瑟·奥莎利文（2008）研究了城市规模状态，认为大城市的自我强化效应将导致城市陷入“过大”的低效率状态，而在城市化快速发展时期，由于大城市的集聚效益更大，吸引了更多的人口和资源进入大城市，而使小城市规模难以扩大，从而造成了城市规模的“两极分化”趋向。

国内针对城市规模研究主要有：杨小凯和霍格宾（Yang & Hogbin，1990）、王小鲁、夏小林（1999），金相郁（2004）、金相郁（2004）、李秀敏等（2007）和杨波（2008）等。杨小凯和霍格宾（Yang & Hogbin，1990）在一个分权的分层网络框架中探讨了最优城市规模和城市层级问题，认为最优的城市层级是生产分工水平的增函数，是城市规模和交易效率的递减函数。分工水平提升将增加城市数量，城市规模越大、交易效率越高，城市数量就越少。王小鲁、夏小林（1999）采用成本—收益方法得出中国的最有城市规模为 100 万～400 万人，并认为中国的大城市不是太多，而是太少；中国应该改变限制大城市而重点鼓励小城镇发展的政策，优化城市规模，这将改善资源配置状况，提高资源利用效率和经济效益，加速经济增长。金相郁（2004）利用聚集经济方法与最小成本方法度量并比较中国东部沿海地区三个超大城市的最佳城市规模，得出 2002 年三大直辖市的北京、天津、上海的最佳城市规模为 1251.7 万人、951.3 万人和 1795.5 万人；而用最小成本法得到的三个城市的最优规模分别为 801.5 万人、1126.2 万人和 2123.1 万人。李秀敏等（2007）和杨波（2008）采用王小鲁、夏小林

(1999）的成本—收益法并分别用不考虑人力资本和考虑人力资本得到的城市最优规模分别为270万人和249.63万人，最大规模分别为1086万人和1002.25万人。王小鲁（2010）仍然认为我国目前一百万人口以上大城市不是太多，而是仍然太少。

从已有的研究来看，大多数学者认为城市有一个最优规模，只是对最优规模的具体处于什么样的范围存在着较大的争议。比较典型的有王小鲁、夏小林(1999）认为城市最优规模在100万～400万人左右。这一最优规模和当时的城市数量、规模的环境相适应。在1995年后中国城市化处于结构性拐点并进入加速阶段，城市的数量和规模已非王小鲁、夏小林（1999）当时的状况可比，并且由于交通的改善，市辖区的实际边界已大大扩展，宜采用全市常住人口来分析城市规模。因此我们有必要探讨中国城市尤其是地级及地级以上城市现今阶段是不是存在最优城市规模，在这个城市规模下城市规模收益最大而城市外部成本最低，即通常所说的城市规模净收益最大化。本文选取中国264个地级及地级以上城市1990—2011年的数据来研究中国城市的最大最优适度规模问题。按不考虑人力资本、人均受教育年限和考虑人力资本三种情况来分析264个城市规模收益情况，外部成本则考虑政府成本、企业工资成本、通货膨胀成本、住房成本和环境成本几个方面，得出了最小最大城市规模范围和最优城市规模范围（由于条件限制暂不考虑资源约束）。最优城市规模即净规模收益峰值在556万～614万人之间，外部相对成本最低时的城市规模为578万人，最优规模约为7600万人。合理的城市相对规模净收益大于0.3的城市规模为166万～2441万人，此时的外部相对成本大部分不超过0.5。城市相对规模净收益为正的区间为65万～3569万人之间。

本文第二部分为城市规模收益—外部成本模型，第三部分为数据来源及处理，第四部分为实证：适度城市规模—城市规模收益和外部成本，第五部分为结论。

二　城市规模收益—外部成本模型

随着城市规模的增大，由于集聚效应引致各种要素、资源向城市集中，各种要素和资源的集中同时给城市带来外溢效应，反过来促进城市规模的扩大，并相应产生了城市规模收益。同时城市规模的扩大也导致人口的过分集中，各种外部成本包括交通拥挤、环境污染、公共服务基础设施不足等负的外部效应逐步显现。因此城市规模同时伴生着城市规模收益和城市外部成本两个方面。城市规模收益呈倒U形形状：随着城市规模的扩大，城市规模收益逐渐上升，当城市规模达到一定地步，城市规模收益开始逐步减小。在城市规模比较小时基本的基础设施、公共服务和环境维护仍然存在较大的外部成本，当城市规模逐步扩大城市逐步有足够的财力提供市政基础设施、解决环境污染、交通拥挤和公共服务等外部问题，城市外部成本逐步减小。当城市规模达到一定程度，人口过分集中，各种市政基础设施、解决交通拥挤、环境治理和提供公共服务能力达到极限，此时外部成本逐渐上升。因此城市外部成本呈U形形状。

城市的规模收益用 Y 表示，外部成本用 X 表示，U 是城市人口规模，本文在王小鲁和夏小林（1999）的基础上加上人力资本或平均受教育年限构建城市模型：

$$Y = Y_u(U) \tag{6}$$

$$X = X_u(U) \tag{7}$$

（一）城市规模收益模型

（1）柯布—道格拉斯生产函数。

假定资本存量 K 与人力资本 H 和劳动力 L 的规模报酬不变，用柯布—道格拉斯函数，不考虑城市规模收益的柯布道格拉斯函数为：

$$Y_N = AK^{\alpha}(HL)^{1-\alpha} \tag{8}$$

其中 Y_N，K，H 和 L 分别表示不考虑城市规模收益的国内生产总值 GDP，固定资本存量，人力资本存量和劳动。α 和 $1-\alpha$ 分别表示资本和人力资本和劳动的产出弹性。

设技术进步或生产率水平为 $A = A_0e^{gT}$，其中 A_0 是初始生产率水平，g 是生产率增长率，T 是时间。则有：

$$Y_N = A_0e^{gT}K^{\alpha}(HL)^{1-\alpha} \tag{9a}$$

将（3a）两边除以 HL 有：

$$Y_N/(HL) = A_0e^{gT}(K/(HL))^{\alpha} \tag{10b}$$

对上式两边取对数有：

$$Ln(Y_N/(HL)) = C + gT + \alpha Ln(K/(HL)) \tag{11}$$

其中 Y_N 为不考虑城市规模收益的产出，$C = Ln(A_0)$。

（2）考虑城市规模收益的城市生产函数。

在式（8）的基础上可以设定考虑城市规模收益的城市生产函数为：

$$Y = AK^{\alpha}(HL)^{1-\alpha}U^{\gamma} \tag{12}$$

其中 Y，K，H，L 和 U 分别表示考虑城市规模收益的国内生产总值 GDP，固定资本存量，人力资本存量，劳动力和用城市人口总数表示的城市规模。α 和 $1-\alpha$ 分别表示资本和考虑人力资本的劳动的产出弹性，γ 表示城市规模效应。

$$Y = A_0e^{gT}K^{\alpha}(HL)^{1-\alpha}U^{\gamma} \tag{13}$$

式（13）两边除以（HL）并取对数，并为了反映规模收益之间可能的对数非线性关系，该函数在取对数形式时还加入了 U 的对数二次项：

$$Ln(Y/(HL)) = C + gT + \alpha Ln(K/(HL)) + \gamma_1 LnU + \gamma_2 (LnU)^2 \quad (14)$$

其中 $C = Ln(A_0)$，T 是时间趋势（$t=0, 1, 2\cdots$）式（14）与城市规模有关的部分是

$$f(u) = \gamma_1 LnU + \gamma_2 (LnU)^2$$

由式（11）和式（14）有：

$$Ln(Y/(HL)) = Ln(Y_N/(HL)) + f(u) \quad (15)$$

即：

$$Ln(Y) = Ln(Y_N) + f(u) \quad (16)$$

其中 Y 为城市总产出，Y_N 为不考虑城市规模收益的产出，$f(u)$ 为规模收益有关部分。

城市的总产出等于不考虑城市规模收益的产出和考虑城市规模收益的产出部分之和，即：

$$Y = Y_N + Y_U \quad (17)$$

其中 Y 为城市总产出，Y_N 为不考虑城市规模收益的产出，Y_U 为城市规模收益导致的产出。

由式（16）和（17）有：

$$Ln(Y) = Ln(Y - Y_U) + f(u) \quad (18)$$

$$Ln((Y - Y_U)/Y) = -f(u) \quad (19)$$

$$Y_U/Y = 1 - \exp(-f(u)) \quad (20)$$

设 y_u 为相对规模收益，即城市规模收益占 GDP 的比值 $y_u = Y_U/Y$，有：

$$y_u = 1 - 1/\exp(\gamma_1 LnU + \gamma_2 (LnU)^2) \quad (21)$$

（二）城市外部规模成本模型

构造和城市规模相关的部分的外部成本模型：

$$LnCost = LnCost_c + \beta_1 LnU + \beta_2 (LnU)^2 \quad (22)$$

其中 $Cost$ 为城市规模带来的成本，$Cost_c$ 为与城市规模无关的成本。

三 数据来源及处理

采用 1990—2011 年间 264 个地级及以上城市的全市数据，数据均来源于历年《中国城市统计年鉴》《中国统计年鉴》、中国各省区市统计年鉴和具体城市统计年鉴。

（一）GDP

产出数据采用 264 个城市全市的地区生产总值 GDP。由以 1990 年为基期的

各市1990—2011年的国内生产总值指数和当年GDP可以得到以1990年为基期的不变价格地区生产总值GDP。

（二）固定资本存量

资本投入应该采用资本服务值，是一个流量的概念。资本投入量为直接或间接构成生产能力的资本存量，它包括直接生产和提供各种物质产品和劳务的各种固定资产和流动资产，也包括为生活过程服务的各种服务和福利设施的资产。但由于资本的使用者往往是资本的所有者，不存在一个市场化的资本租赁价格对资本的实际使用进行准确的度量。因此通常的做法是用资本存量数据替代资本的流量数据。目前测量资本存量的通用方法是永续盘存法（PIM）。永续盘存法是对历年投资形成的固定资产进行重估价后，根据所选折旧方式来确定某个资本消耗，按逐年推算的方法计算历年的资本存量总额。对中国的固定资本存量进行的估算比较典型的有贺菊煌（1992）、邹至庄（Chow，1993）、王小鲁和樊纲（2000）和吴延瑞（Wu，2003）。

本文也采用永续盘存法来计算固定资产存量，计算方法是将第i个城市的第t年的固定资本存量表示为：

$$K_{it} = K_{i,t-1}(1-\delta) + I_{it} \tag{23}$$

其中I_{it}是第i城市第t年的当年新增固定资产投资，K_{it}是第i城市第t年的固定资本存量，δ是折旧率。

固定资本存量的确定涉及基年固定资本存量、折旧率、新增固定资产投资和固定资产价格指数等几个方面。

1990年各市的固定资本存量由各省区市固定资本存量按当年各市占各省份的全社会固定资产投资的比来确定。

把各市的全社会固定资产投资总额按照全国的全社会新增固定资产投资与全社会固定资产投资总额的比换算成各市的全社会新增固定资产投资。

各市1991年后的固定资产价格指数直接引用《中国统计年鉴2012》中各省区市的固定资产价格指数，再将1990—2011年的固定资产价格指数换算成以1990年为基期的固定资产价格指数。

由于中国法定残值率为3%～5%，且现有文献中一般选择折旧率为5%，本文也选取折旧率为5%。

由各市1990年的固定资本存量、全社会新增固定资产投资、以1990年为基期的固定资产价格指数和折旧率，按照永续盘存法式（23）就可以计算出264个城市1990—2011年以1990年为基期的固定资本存量。

（三）劳动投入

在全要素生产率分析中，投入数据应当是一定时期内要素提供的“服务流量”，它不仅取决于要素投入量，而且还与要素的利用效率、要素的质量等因素有关。劳动投入有如下三种指标：①劳动者报酬；②总劳动时间，通过平均劳动时间乘以就业人数取得；③劳动者人数，通常采用就业人数。理想的劳动投入指标应能既反映劳动投入的数量，也要能反映劳动投入的质量。从这个角度来说，劳动者报酬是比较理想的指标。如果一个国家或地区产业结构相对成熟，就业市场化程度很高，劳动的供给和需求保持着较为稳定的关系，劳动报酬完全由劳动的数量和质量决定。但劳动者报酬存在变量的选择和数据采集的问题，还存在如何才能准确反映价格调整的问题。作为劳动投入，总劳动时间比劳动者人数统计得更细，也更准确，但也不能反映劳动的质量。同时我们国家统计数据并没有劳动小时数的统计，有部分研究者用抽样调查的方式获取劳动时间，其结果可能比采用劳动人数更不准确。因此多数研究选用劳动者人数即就业人数作为劳动投入。这是因为它能够简明直接地体现劳动投入量的规模，不存在价格调整的问题，统计数据也较容易获得。劳动投入采用中国 264 个城市 1990—2011 年年末全市就业人口数。

（四）人力资本

采用各地级及地级以上城市小学、中学和大学的在校生数量来衡量。人力资本的衡量有以下三种方式：教育年限法、劳动者的收入水平和受教育水平的不同支出来衡量。

第一种是教育年限法。教育年限法在承认不同等级教育的就业人口具备不同的人力资本水平的前提下，按受教育年限将就业人口进行分类。人力资本仅考虑受教育年限的影响，可以分为特殊教育，小学教育，初中教育（包含职业初中），高中教育，中专教育（包含职中），大专及以上教育（含本科生、研究生）。受教育年限分别设定为，特殊教育 6 年，小学毕业 6 年，初中毕业 9 年，高中毕业 12 年，中专教育 12 年，大专及以上毕业为 15 年。

蔡昉、都阳（2003）用每年新增劳动者的人力资本数量作为一个社会的新增人力资本。每年新增的人力资本等于各教育阶段毕业的学生中没有继续接受教育的人数乘以他们完成的学习年数，计算式为：$h_i = \sum (g_i - r_{i+1}) y_i$，其中 g_i 表示某教育阶段的毕业生人数，r_{i+1} 表示下一个教育阶段的招生数，y_i 表示完成的受教育年限，具体用 6、9、12、16 分别代表我国小学、初中、高中、大学的教育年限。与此类似，罗凯提（2006）用平均受教育年限，黄永兴（2007）采用受教育年限累积法来计算人力资本的度量。本数据包括小学、中学和大学的在校学生数。可以认为小学：中学：大学 =6：12：16。

第二种是以劳动者的收入水平来作为人力资本衡量。其理论依据是在规模报酬不变的情况下，要素报酬刚好将劳动产出分配完，劳动者的报酬刚好反映其边际产出。但我国各省市劳动者的收入情况很难获得，而且没有对应的劳动者收入指数，并且劳动者收入并不能反映其边际产出，所以这一方法在中国难以使用。

第三种方法是通过受教育水平的不同支出来衡量人力资本，这里称为人力资本。教育成本法则主要是从成本和收益的角度来观察人力资本水平的高低。各层次受教育人口的教育支出比例大致为：小学：初中：高中：大专及以上 =1：1.7：4：22. 这里有：小学：中学：大学 =1：2.55：22。我们认为以各种受教育水平的不同支出衡量人力资本更合理。

城市规模采用各地级及地级以上城市全市人口数。

本文将通过不考虑人力资本、考虑人均受教育年限和人力资本三种方式来估算城市规模收益情况。

四 实证：适度城市规模—城市规模收益和外部成本

（一）相对规模收益函数

下面分别计算不考虑人力资本、考虑人力资本和人均受教育年限三种情况的规模收益函数和相对规模收益。

1. 不考虑人力资本的相对规模收益

$$Ln(Y/HL) = -0.9527 + 0.0601 \times T + 0.3768 \times Ln(K/HL) + 0.3741 \times LnU - 0.0256 \times (LnU)^2$$

t　−5.7109　52.804　48.354　6.29　−4.839

R 为 0.7854，调整后的 R 为 0.7852，F 为 5310.877. 均在 5% 条件下显著。

其中 $\gamma_1 = 0.3741$，$\gamma_2 = -0.0256$。

由式（21）有城市相对规模收益函数为：

$$y_u = 1 - 1/\exp(0.3741 \times LnU - 0.0256 \times (LnU)^2) \quad (24)$$

式（24）表示城市的相对规模收益，从图 1 的浅蓝色曲线可以看出，城市的相对规模收益曲线呈倒 U 形，表明随着城市规模的增大，城市相对规模收益递增。当城市规模增大超过城市的最优规模时，城市的相对规模开始递减。[①]

2. 考虑人力资本的相对规模收益

$$Ln(Y/HL) = -2.1548 + 0.0261 \times T + 0.5136 \times Ln(K/HL) + 0.7867 \times LnU - 0.0686 \times (LnU)^2$$

---

① 王小鲁、李秀敏和杨波计算的规模收益只包含 $(LnU)^2$ 部分，最终结果都是规模收益只随着城市规模上升直到占 GDP 的 100%，即 $y_u = \frac{\dot{Y}_u}{Y} = 1$。与现实经济不符。

t　−11.355　25.5　64.003　11.581　−11.301

R 为 0.6293，调整后的 R 为 0.6291，F 为 2463.442。t 均在 5% 条件下显著。

其中 $\gamma_1=0.7867$，$\gamma_2=-0.0686$。

由式（21）有城市相对规模收益函数为：

$$y_u = 1 - 1/\exp(0.7867 \times LnU - 0.0686 \times (LnU)^2) \qquad (25)$$

式（25）表示城市的相对规模收益，从图 1 的橙色曲线可以看出，城市的相对规模收益曲线呈倒 U 形，表明随着城市规模的增大，城市相对规模收益递增。当城市规模增大超过城市的最优规模时，城市的相对规模开始递减。

3. 用人均受教育年限的相对规模收益

$$Ln(Y/HL) = -2.3833 + 0.0513 \times T + 0.3868 \times Ln(K/HL) + 0.4641 \times LnU - 0.0352 \times (LnU)^2$$

t　−14.084　47.731　49.384　7.714　−6.565

R 为 0.7407，调整后的 R 为 0.7405，F 为 4144.513。t 均在 5% 条件下显著。

其中 $\gamma_1=0.4641$

$\gamma_2=-0.0352$

由式（21）有城市相对规模收益函数为：

$$y_u = 1 - 1/\exp(0.4641 \times LnU - 0.0352 \times (LnU)^2) \qquad (26)$$

式（26）表示城市的相对规模收益，从图 1 的蓝色曲线可以看出，城市的相对规模收益曲线呈倒 U 形，表明随着城市规模的增大，城市相对规模收益递增。当城市规模增大超过城市的最优规模时，城市的相对规模开始递减。

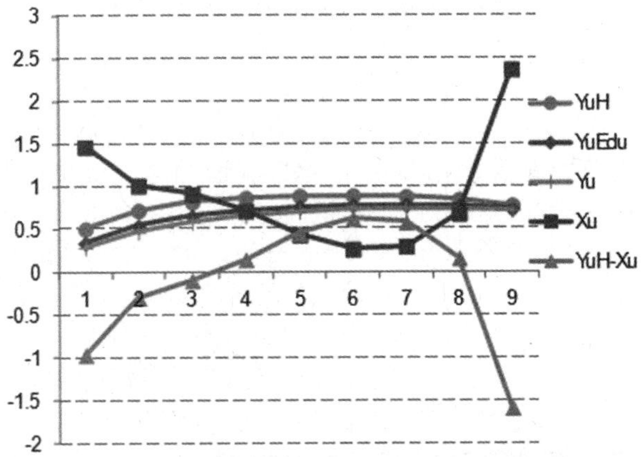

图 1　相对规模收益和相对规模外部成本曲线

注：YuH、YuEdu 和 Yu 分为为考虑人力资本、考虑人均受教育年限和不考虑人力资本的城市相对规模收益曲线；Xu 为城市外部相对成本；YuH - Xu 为考虑人力资本的城市相对规模净收益。横轴为城市常住人口数的自然对数 LuU

（二）城市规模外部相对成本

考虑到外部性问题，并不只是企业和个人来承担外部城市规模成本，政府作为市场的监督者有义务承担城市规模扩展过程中的相当大一部分。城市规模外部相对成本包括政府支出成本、企业工资成本、通货膨胀成本、住房成本和环境成本等几个部分。

1. 政府支出成本函数

政府成本主要由城市公共基础设施投资、公共服务管理成本等，用地方财政支出占 GDP 现价的比来表示。

可以建立城市相对地方政府支出函数为

$$Lng = Lng_c + a_1 LnU + a_2 (LnU)^2 \tag{27}$$

其中 $g = G/Y$，是财政支出占 GDP 的比重，g_c 是财政支出的初始值。

设 g_U 表示由政府负担的城市外部相对成本占 GDP 的比重，由式（27）可以导出由政府支出，本文认为政府支出外部相对成本即是财政支出。从而可以得出政府负担的城市外部相对成本函数，即政府成本函数：

$$g_U = g = \exp[Lng_c + a_1 LnU + a_2 (LnU)^2] \tag{28}$$

用 264 个地级及地级以上城市 1990—2011 年的数据模拟的结果为：

$$Lng = 0.4882 - 1.6166 \times LnU + 0.1729 \times (LnU)^2$$

$$Lng_c = 0.488169$$

$$g_c = 1.6293\text{[王小鲁和夏小林(1999)的为 0.152]}$$

2. 个人和企业的外部规模成本

鉴于王小鲁等、李秀敏等和杨波计算的个人消费外部成本随着规模的增大远远超过 GDP，说明采用大、中城市和农村商品零售价格指数来衡量的外部消费成本不是太合适①。而李秀敏等和杨波用工资成本和房地产价格得到的地租成本来表示的企业成本随着城市规模的扩大先有所增长，随后却变为负数，和现实意义不符。

1）企业承担的工资成本。

企业的工资成本用工资总额与 GDP 现价的比值来表示。

$$LnW = LnW_c + a_1 LnU + a_2 (LnU)^2$$

$$LnW = -0.590582 - 0.451713 \times LnU + 0.026437 \times (LnU)^2$$

---

① 例如，当城市规模到 1096 万人时王小鲁、杨秀敏和杨波计算的个人消费外部成本超过 GDP 的 50%，而目前已经达到这一城市规模的上海和北京的个人外部成本显然远远没有这么高。

$$W = \exp(-0.590582 - 0.451713 \times LnU + 0.026437 \times (LnU)^2)$$

2）个人承担的物价成本。

用消费价格指数来衡量物价成本。物价上升幅度为消费者个人承担的城市规模成本。

物价成本为：（EXP（0.059043 − 0.009791 × LnU + 0.000905 × $(LnU)^2$）− 1）

3）住房成本。

住房成本用房地产投资与 GDP 现价的比表示。

住房成本：EXP（−9.435881 + 0.758815 × LnU + 0.03576 × $(LnU)^2$）

4）共同承担的环境成本。

环境成本用全市工业废水排放和全市工业烟尘排放的加权平均得到。

环境污染成本：1 − POWER（全市工业废水排放达标率！C2 × 全市工业烟尘排放达标率！C2，1/2）。

环境成本为：EXP（−3.67017 + 1.828238 × LnU − 0.278213 × $(LnU)^2$）

（三）三种情况城市规模

考虑人力资本、人均受教育年限和不考虑人力资本的城市规模范围见表 1，限制外部相对成本的城市规模见表 2。

3. 考虑人力资本的城市规模范围

考虑人力资本的城市净相对规模净收益大于 0 的城市规模范围为 32 万～3569 万人之间；

只考虑城市净相对规模收益最大时城市最优规模为 556 万人；

限定城市净规模收益大于 0.3 时，城市规模范围为：88 万～2441 万人。

限定城市净相对规模收益大于 0.4 时城市规模范围为 123 万～1998 万人；

限定城市净规模收益大于 0.45 时，城市规模范围为：147 万～1772 万人。

4. 考虑人均受教育年限的城市规模范围

考虑人均受教育年限的城市净相对规模净收益大于 0 的城市规模范围为 54 万～3294 万人之间；

只考虑城市净相对规模收益最大时城市最优规模为 590 万人；

限定城市净规模收益大于 0.3 时，城市规模范围为：137 万～2039 万人。

限定城市净相对规模收益大于 0.4 时城市规模范围为 200 万～1556 万人；

限定城市净规模收益大于 0.45 时，城市规模范围为：255 万～1287 万人。

5. 不考虑人力资本的城市规模范围

不考虑人力资本的城市净相对规模净收益大于0的城市规模范围为65万～3197万人之间；

只考虑城市净相对规模收益最大时城市最优规模为614万人；

限定城市净规模收益大于0.3时，城市规模范围为：166万～1901万人；

限定城市净相对规模收益大于0.4时城市规模范围为257万～1366万人；

限定城市净规模收益大于0.45时，城市规模范围为：354万～1033万人。

6. 限定外部相对成本范围时的城市规模

外部相对成本最低时城市规模为578万人；

限定外部相对成本不超过0.45时，城市规模范围为：143万～1920万人；

限定外部相对成本不超过0.5时，城市规模范围为：118万～2165万人；

限定外部相对成本不超过0.6时，城市规模范围为：84万～2618万人。

城市相对规模净收益大于0：最小规模城市人口时人力资本应该相对比较低，此时按不考虑人力资本的最小城市规模为65万人，城市规模较大时人力资本相对较高，最大城市规模采用考虑人力资本的城市规模3569万人。

城市相对规模净收益大于0.3时：不考虑人力资本时166万人，考虑人力资本的为2441万人。

城市相对规模净收益大于0.4时：不考虑人力资本时257万人，考虑人力资本为1998万人。

城市相对规模净收益大于0.45时：不考虑人力资本时354万人，考虑人力资本的为1772万人。

限定外部相对成本不超过0.5时，城市规模范围：118万～2165万人。

最优城市规模：考虑人力资本：556万人，人均受教育年限：590万人，不考虑人力资本：614万人。这是在相对规模净收益在峰值的情况下。实际最优城市规模结合具体情况应该有一个范围：

综合三种情况来看，最优城市规模即净相对规模收益峰值在556万～614万人之间，外部相对成本最低时城市规模为578万人。合理的城市相对规模净收益大于0.3的城市规模为166万～2441万人，小于1920万人外部相对成本不超过0.4，小于2165万人外部相对成本不超过0.5，2165万～2441万人之间外部相对成本不超过0.6。城市相对规模净收益为正的区间为65万～3569万人之间。（王小鲁等1998年前的结果的最优城市区间在100万～400万人之间）。

三种情况城市规模范围见表1。

限定成本范围见表2。

表1　三种情况城市相对规模净收益情况

YuH	净规模收益大于0		最优规模	净规模收益>0.4		净规模收益>0.45		净规模收益>0.3	
指标	最小规模	最大规模	最优	最小规模	最大规模	最小规模	最大规模	最小规模	最大规模
x = LuU	3.45	8.18	6.32	4.841	7.6	4.99	7.48	4.48	7.8
U（万人）	32	3569	556	123	1998	147	1772	88	2441
YuEdu	净规模收益大于0			净规模收益>0.4		净规模收益>0.45		净规模收益>0.3	
指标	最小规模	最大规模	最优	最小规模	最大规模	最小规模	最大规模	最小规模	最大规模
x = LuU	3.99	8.1	6.38	5.3	7.35	5.54	7.16	4.92	7.62
U（万人）	54	3294	590	200	1556	255	1287	137	2039
Yu	净规模收益大于0			净规模收益>0.4		净规模收益>0.45		净规模收益>0.3	
指标	最小规模	最大规模	最优	最小规模	最大规模	最小规模	最大规模	最小规模	最大规模
x = LuU	4.18	8.07	6.42	5.55	7.22	5.87	6.94	5.11	7.55
U（万人）	65	3197	614	257	1366	354	1033	166	1901

注：YuH、YuEdu 和 Yu 分为为考虑人力资本、考虑人均受教育年限和不考虑人力资本的城市规模收益

表2　限定外部相对成本范围城市规模范围

外部成本	最低成本	外部成本不超0.45		外部成本不超0.5		外部成本不超0.6	
指标	规模	最小规模	最大规模	最小规模	最大规模	最小规模	最大规模
x = LnU	6.36	4.96	7.56	4.77	7.68	4.43	7.87
U（万人）	578	143	1920	118	2165	84	2618

（四）对其他人城市规模收益和成本的分析

王小鲁等、李秀敏等和杨波计算的规模收益只包含 $(LnU)^2$ 部分，最终结果都是规模收益只随着城市规模上升直到占 GDP 的 100%，即 $y_u = \frac{Y_u}{Y} = 1$。与现实经济不符。

（相对规模收益计算公式为：$y_u = 1 - 1/\exp(\gamma_1 LnU + \gamma_2 (LnU)^2)$）

王小鲁等、李秀敏等采用工业固定资产投资或者工业固定资产原值，并且未对 GDP 和固定资产原值进行价格指数折算，杨波进行了固定资产原值折算，但 GDP 采用指数不详。

采用财政支出占 GDP 比来衡量相对政府规模支出成本部分比较合理。但政府支出成本中与规模无关部分的确定方式均比较牵强，即政府支出规模成本为政府支出占 GDP 的比减去一个与城市规模无关的值，这个值不论计算结果是多少，最后他们基本定在 3% 左右。

采用商品零售价格指数衡量的居民支出成本有一定的合理性，但居民规模支出成本随着城市规模增大持续上升，最终超出了 GDP 的承受范围，感觉可以对这一计算方法进行改进。另外大城市、地级城市和农村的商品零售价格的比是城市居民成本增加的一个因素，但城市居民成本更大的部分可能是居民消费价格指数，同时房地产价格上升导致的居民居住成本的上升。

企业成本部分的工资成本部分随着城市规模增大略有上升后（李秀敏等计算的工资成本最高占到 GDP 的 21.9%，杨波计算的为 12.4%），规模继续增大，工资外部相对成本转变为负。减去的与规模无关的部分值也在 3% 左右，但解释较为牵强。结果不太合理。

地租成本最高占到 GDP 的 17.2%（杨波的地租成本为 5%），随着规模增大也变为负。减去的与规模无关的部分值也在 3% 左右，但解释较为牵强。地租成本衡量企业的城市规模成本也存在一定的问题。

相对政府支出成本、企业成本的工资成本和地租成本等均存在减去一个 3% 左右的与城市规模无关的值，减去的这三项的与规模无关的项的和为 9% 左右，但就是 1% 的变化对最优和最小最大城市规模的计算产生非常大的影响。相对城市规模成本的这个与城市规模无关的值的确定有点随意，而且缺少合理的解释。

在相对规模收益固定的情况下，外部相对成本的变动将对城市最大规模产生很大的影响。考虑到王小鲁等的个人消费外部相对成本的计算方式不太合理（个人消费外部相对成本远大于财政支出成本），同样另外两位作者的衡量企业的工资成本和租金成本的方式也不够合理（工资成本和租金成本递减至负数）。其他人城市规模收益和成本的分析结果见附表 3。

附表 3　其他人计算的规模收益和外部成本

人口规模对数	王小鲁等计算的规模收益和外部成本			李秀敏等规模收益与成本					杨波等城市规模与收益（人力资本）			
x = lnU	王 Yu	gu	pS	作者 1gu	wu	ru	pS	Yu	作者 H2gu	wu	ru	Yu
1	0. 0222	0. 077	0. 049	0. 1022	0. 04149	0. 033	0. 0522	0. 05	0. 02624	0. 0415	0. 0272	0. 023
2	0. 0861	0. 052	0. 063	0. 0697	0. 09219	0. 066	0. 0706	0. 19	-0. 0154	0. 0796	0. 0427	0. 089
3	0. 1833	0. 042	0. 087	0. 0527	0. 15046	0. 104	0. 0988	0. 37	-0. 0374	0. 1114	0. 0502	0. 19
4	0. 3023	0. 042	0. 125	0. 0457	0. 19905	0. 139	0. 1432	0. 56	-0. 0495	0. 1237	0. 0471	0. 312
5	0. 4302	0. 051	0. 191	0. 0466	0. 21935	0. 164	0. 2146	0. 73	-0. 0565	0. 1108	0. 0345	0. 443
6	0. 5551	0. 075	0. 309	0. 0556	0. 2027	0. 172	0. 3331	0. 85	-0. 0606	0. 0787	0. 0167	0. 569
7	0. 668	0. 126	0. 528	0. 0756	0. 15623	0. 162	0. 5352	0. 92	-0. 063	0. 0406	-0. 001	0. 682
8	0. 7631	0. 237	0. 953	0. 1132	0. 09806	0. 135	0. 8899	0. 96	-0. 0642	0. 0085	-0. 015	0. 776
9	0. 8384	0. 499	1. 82	0. 1833	0. 04602	0. 098	1. 5318	0. 99	-0. 0646	-0. 013	-0. 025	0. 85
10	0. 8946	1. 183	3. 673	0. 3181	0. 00948	0. 061	2. 7292	0. 99	-0. 0643	-0. 024	-0. 03	0. 904
11	0. 9343	3. 18	7. 837	0. 5925	-0. 011	0. 029	5. 0332	1	-0. 0632	-0. 029	-0. 032	0. 941
12	0. 9608	9. 763	17. 68	1. 1901	-0. 021	0. 004	9. 608	1	-0. 061	-0. 03	-0. 033	0. 966
13	0. 9777	34. 38	42. 15	2. 5924	-0. 025	-0. 01	18. 985	1	-0. 0572	-0. 031	-0. 034	0. 981
14	0. 9878	139. 1	106. 3	6. 1554	-0. 027	-0. 02	38. 83	1	-0. 0508	-0. 031	-0. 034	0. 99
15	0. 9937	646. 8	283. 2	15. 988	-0. 027	-0. 03	82. 208	1	-0. 0396	-0. 031	-0. 034	0. 995

续表

人口规模对数	王小鲁等计算的规模收益和外部成本			李秀敏等规模收益与成本					杨波等城市规模与收益（人力资本）			
16	0.9968	3460	797.8	45.524	-0.027	-0.03	180.15	1	-0.0194	-0.031	-0.034	0.997
17	0.9985	21290	2376	142.27	-0.027	-0.03	408.65	1	0.01845	-0.031	-0.034	0.999
18	0.9993	2E+05	7482	488.3	-0.027	-0.03	959.49	1	0.09359	-0.031	-0.034	0.999
19	0.9997	1E+06	24904	1840.8	-0.027	-0.03	2331.9	1	0.25118	-0.031	-0.034	1
20	0.9999	1E+07	87641	7623.5	-0.027	-0.03	5866.4	1	0.60185	-0.031	-0.034	1
21	1	1E+08	3E+05	34683	-0.027	-0.03	15276	1	1.43137	-0.031	-0.034	1
22	1	2E+09	1E+06	173338	-0.027	-0.03	41176	1	3.52056	-0.031	-0.034	1
23	1	2E+10	5E+06	951695	-0.027	-0.03	114881	1	9.12957	-0.031	-0.034	1
24	1	4E+11	2E+07	6E+06	-0.027	-0.03	331771	1	25.1971	-0.031	-0.034	1
25	1	7E+12	1E+08	4E+07	-0.027	-0.03	991773	1	74.3432	-0.031	-0.034	1

注：其中 gu 是政府支出规模成本，pS 居民消费成本，wu 是工资成本，ru 是租金成本，Yu 是规模收益

五 结 论

采用1990年不变价格的GDP和以1990年为基期的固定资本存量得出的相对城市规模收益，以政府成本、个人成本、企业成本和环境成本来衡量外部相对成本，用两者收益之差来判断最大最优规模相对较为合理。

本文采用了264个地级及地级以上市的1990—2011年的数据分析了城市相对规模收益和城市外部相对成本，得出了最小最大城市规模范围和最优城市规模范围。最优城市规模即净相对规模收益峰值在556万～614万人之间，外部相对成本最低时城市规模为578万人。合理的城市相对规模净收益大于0.3的城市规模为166万～2441万人，小于1920万人外部相对成本不超过0.4，小于2165万人外部相对成本不超过0.5，2165万～2441万人之间外部相对成本不超过0.6。城市相对规模净收益为正的区间为65万～3569万人之间。

根据这一结论，中国的大城市、超大城市不是太多而是太少。像北京、上海这些超大城市虽然目前面临交通拥挤、环境污染尤其是严重的雾霾这类问题，但其城市规模还远远没有达到饱和的区间。需要做的是已效率创新驱动经济转型升级，转变经济增长方式，以改善人民的福利水平。

当然，城市规模本身就是一个动态变化过程，城市规模往往受到历史条件、地理位置、经济发展、技术进步等的影响，具有不同自然资源条件的地区的城市规模也会不同。城市规模可以随着技术进步、交通设施改进、环境质量改善，城市最优规模的边界也相应变大。

第十六章　以财税改革推进新型城镇化的战略选择[①]

对于发展中国家来说，城镇化[②]（或城市化）的核心是人口和经济活动的地理集中。城镇化过程完成后，大量生产性人口集聚的城市部门将取代农村成为整个经济体生产、消费、创新等经济活动和社会管理的中心，成为内生增长与可持续发展的地理中心。作为一个系统工程，城镇化过程伴随着经济社会从传统社会向现代社会、从农业到工业和服务业、从分割治理向国家治理的转变，伴随着从“远亲不如近邻”的基于血脉乡亲的邻里互助式传统社会资本纽带向“天涯若比邻”的基于现代商业信用的淘宝式信用平台式的现代社会资本转型。我们发现，不论是社会转型、产业转型、社会资本体系转型，还是国家治理模式转型，都能找到其所依赖的财税制度基础。对于中国这样一个以政府推动为基本特征的国家，适当的财税制度激励，对于推动城镇化模式转型和新型城镇化发展比一般的发展中国家更加重要。

一　传统城镇化模式特征及其财税制度基础

（一）速度胜于质量，同质化扩张

经过改革开放初期大规模的“地改市”，1996 年中国的地级市数量增加到 218 个，城市总数增加到 666 个，总人口达到 3.73 亿人，占当年全国总人口数量

① 本章作者付敏杰，系中国社会科学院财经战略研究院副研究员，研究方向：财政与经济增长。张平，中国社会科学院经济研究所副所长、研究员，研究专长：经济增长。本文为国家社科基金青年项目《政府行为与中国经济增长：比较经济发展视角的解读》（项目号：12CJL027）”、国家社科基金重大招标项目《加快经济结构调整与促进经济自主协调发展研究》（项目号：12&ZD084）”的阶段性研究成果。

② 在城市化或者城镇化的研究上，国内研究存在二分法，突出表现为理论研究采用“城市化”一词，政策研究则采用“城镇化”。但其作用机制是一致的，都是指从发展中国家传统的城乡二元结构向城市部门转变的空间地理集中（付敏杰，2013）。本文采用“城镇化”，但是混用了城镇和城市，涵盖国内城镇化政策研究和国外关于城市化的研究。

12.24 亿人的 30.48%。自此，中国的城镇化率开始超过 30% 这个诺瑟姆曲线的加速节点，进入快速发展期。到 2011 年城镇化率超过 50%，完成整个加速区间，中国的城镇化进入平稳发展期。[①] 15 年间中国城镇化率上涨了 21 个百分点，完成了英国 50 年、美国 40 年和日本 35 年完成的历史进程。[②] 毋庸置疑，速度快是中国城镇化的第一特征。

快速扩张的背后，是城镇建设的高度同质化和批量制造思路。这主要来自于地方政府竞争模式的同质化和地方政府对于城镇建设的决定权过大，缺乏制衡机制。崭新的各级高新区、开发区，老城改造、城中村拆迁，新建的中心广场富丽堂皇，在城区旧中心的东南西北四面八方的“摊大饼”式扩张和由此导致的高架桥、二环、三环到四环，特大城市还有五环和六环，地铁、展览馆、规划馆、图书馆、植物园、动物园、写字楼外墙、住宅高度、家乐福、沃尔玛，成为每一个城市的标配。几乎完全相同的市政建设，街边绿化、甚至垃圾桶都一副模样，近乎完全一致的城市精神。在钢筋水泥的森林里，特色城市文化难觅其踪。过于标准化的建筑、服务、政府、政府干预和经济发展模式，构成了今天城市居民生活的几乎全部。不同城市间差别不在于是否有万达广场，而是万达广场在什么位置。

（二）以土地为载体，聚集能力差

在新世纪以来的 12 年（2000—2012 年）中，城镇人口共增加 2.53 亿人，相当于美国城市现有人口总和，或者 1950 年以来新增城市人口总和；年均增加 2100 万人，速度远远超过了世界历史上任何一个国家。[③] 但土地城镇化的扩张速度更快，2000—2012 年中国的城镇人口增加了 50% 左右，同期建成区面积却增加了一倍多，地面硬化的速度远远超过了城市文化的蔓延。[④] 在如此快速的城镇化进程中，城市的集聚能力不升反降。这种城镇化模式带动中国经济走上资产负债表式扩张路径，催生了资产泡沫，直接促成了中国外延扩张型发展模式。人口聚集能力不足，则成为建设创新型国家的最大障碍（课题组，2011）。

回顾整个城镇化加速期，不难发现城镇化的基本载体是土地，土地财政和土

---

① 基础数据来自各年度《中国统计年鉴》。文章以下部分如未特别注明，数据均来自各年度《中国统计年鉴》。

② 《转型期的城市化：国际经验与中国前景国际研讨会举行》，光明网，2013 年 9 月 25 日。http：//politics.gmw.cn/2013 -09/25/content_ 9011156.htm

③ 按照联合国出版的世界城市化展望（World Urbanization Prospects：The 2013 Revision）的数据，欧洲 1950 年城市人口为 2.81 亿，2010 年为 5.37 亿，新增不到 2.56 亿人，2010 年美国城市人口为 2.55 亿。

④ 按照《中国统计年鉴 2013》的数据，2000—2012 年中国的城市建成区面积从 2.24 万平方公里增加到 4.56 万平方公里，同期的人口从 4.59 亿增加到 7.12 亿。

地金融是城镇化扩张的两条腿。土地储备中心是城市的资金流动中心，地方政府利用土地收储、整理、出让和抵押来撬动整个城镇和整个国民经济资金循环流程。城镇土地的使用体现了地方政府的三个意图：（1）开发区工业用地，地方政府几乎以零地价提供给工业企业（很多地方开发区的土地租价，甚至远远低于地方政府的土地收储整理成本），地方政府用土地补贴来获得本地参与全球竞争和全球定价的工业这个贸易品部门发展和由此带来的丰厚增值税分享；（2）商业和住宅出让土地，地方政府通过招拍挂形式出让土地，获得丰厚的土地出让金，这么做是因为不动产属于非贸易品，不参与全球定价，从而产生了我们所熟悉的“土地财政”；（3）成立以土地资产为主的城投平台，负责将更大规模的收储土地通过资产估值向银行申请大笔的商业抵押贷款，构成了地方融资平台和地方债的主体。因为土地出让的核心是作价，所以用于商业抵押的土地数量一般都会远远超过招标挂土地数量。世界银行（2005）的一份调研报告显示，2003 年在沿海地区城市建设的资金来源中，土地融资已经是土地财政的 2 倍[①]。为了强化土地金融的核心作用，部分城市甚至出现了土地出让金返还，目的就是要保低价和以土地为核心资产的城投平台资产总值，从而从银行获得更多的贷款。[②] 地方融资平台整治后，土地抵押贷款开始受限，但是规模依然很大。根据《2013 中国国土资源公报》的数据，2013 年招拍挂牌出让土地 33.88 万公顷，合同价款 4.04 万亿元。在全国 333 个地市、2852 个区县和 40446 个乡镇中，2013 年年底有据可查的 84 个重点城市处于抵押状态的土地就达到了 40.39 万公顷，抵押贷款总额达到 7.76 万亿元。以土地为核心的城镇化，将整个国民经济绑架在土地价格上。

（三）福利分割，排斥外来者

城镇居民所享受到的公共服务上存在巨大差别。这种分割首先来自城镇居住的户籍人口和非户籍人口的公共福利差别，以户籍制度为载体，越是大城市差别就越大。户籍制度形成于计划经济时期，其对于计划经济发展的主要作用机制是将发展中国家普遍存在的城乡二元结构分割成城乡两个相对独立的系统——农村户口和城镇户口，通过制度性环境隔离将农村农业剩余以剪刀差的形式转移至城市工业部门，以实现资本快速积累和重工业优先发展，以国家制度扭曲要素禀赋来实现以计划经济为载体的赶超战略。在计划经济二元户籍系统下，从农村系统向城市系统人口流动的许可方式是升学、提干和当兵，其他方式都有可能被遣

---

① 世界银行（2005）调研发现，城市建设资金中土地融资、土地财政和财政支出比重已经达到6：3：1。

② 《地方政府为保地价私下返还出让金 部分可返还 80%》，央广网，2014 年 8 月 31 日。http：//china. cnr. cn/ygxw/201408/t20140831_ 516353255. shtml

返。尤其重要的是，这种要素禀赋扭曲赋予了城镇部门相对于市场均衡值更高的人均资本水平和更高的劳动边际产出，造成了城乡居民收入的分化和以企业利税为核心的城乡两部门不同的人均财政能力和差别巨大的公共服务水平。以户籍为基础的福利分割的一部分表现为不同的基础设施等硬件，更多的则表现为以职工所在单位为纽带的人均财政支出，后者天生就具有单位内外的排他性福利分割和单位不同级别职工之间的福利再分割，全社会大福利被分割成为条条块块、千差万别的小福利。这些以单位为基础传统的计划经济福利分割，背后的经济制度支撑则是间接税制和财政支出补助供方（单位）的显著特征，使得居民直接缴纳的税收总额与福利总量不成比例，对于公共服务的诉求被财政幻觉所掩盖。随着市场部门的逐步做大和国家财力的迅速增强而得以缓解，以基础设施来表现的城乡福利分割，则可以通过放松后的城乡人口流动来实现共享。

分割还表现在城镇地区的不同户籍人口内部。随着改革开放后城镇化的地理性快速扩张、原有的城市全民所有制企业的破产和退出，大部分城市版图里开始出现农村户口和集体所有制，从而出现全民所有制、集体所有制和私有制并存的结构。在过去 10 年，城市版图内部的城市户籍与农村户籍之间再次出现了巨大的以土地为核心的以所有制为基础的社会福利分割。土地从集体所有向全民所有转轨中所产生的巨大价差，一部分被一级市场垄断的城市政府占有，另一部分则通过土地财政支出而直接返还给集体所有制的农民。通过福利来买断农民的集体土地使用权，使其转化为市民的社会代价是巨大的。城中村拆迁成为中国特有的造富运动，由此诞生了一个具有中国特色的特殊群体——“拆迁富豪”。一个城中村拆下去，一批富翁站起来。由于这些福利转移都是通过土地来实现的，最终土地附着物——房产的购买者就必须以高房价的形式为这些福利买单。这些成本基本都由新进城的外来迁入购房人员承担，并通过租金上涨传导到全体迁移劳动者身上，成为今天城镇部门和全社会福利分割的主体。

二　新型城镇化的基本特征

新型城镇化是针对传统城镇化模式的弊病而生的，首要的目的是纠错纠偏，纠正传统城镇化发展模式中过度强调速度、忽视效益和福利分割问题。新时期新型城镇化的核心是以人为本、质量第一和福利共享。

（一）以人为本，因地制宜

以人为本是新型城镇化的第一要义。土地扩张超过人口扩张，导致城市人口集聚能力下降和城市文化、城市人文关怀缺失。林立的高楼大厦只是给了城市坚硬的外壳，却不能保持城市精神的存在。古往经来，城市历经变迁，繁华市中心变成了贫民区，繁华的京都可能早已奚落成一片黄土，只有特色鲜明的城市精神才能让城市永存。建设城市精神，成为保持城市活力和未来 10 ~ 20 年城市间竞争的主要手段。经过 50% 的拐点后，城镇化将沿着原有城市空间再配置的方式展开，城镇化的主体将不再是简单的农民进城，而是从城市人口到城市人口的再流动，或者劳动力空间和产业再配置。如果产业按照特定的空间分布，则劳动力的空间再配置成为新型城镇化的驱动力。以人为本的城镇化，意味着城镇化将以满足城镇和全民需要为基本价值导向，这是扩大内需的需要，更是增强经济内生动力的关键所在。这样公共支出将逐步撤出铁路、公路和基础设施建设领域，更多地向城市的非“生产性的”部门，即教育、医疗、卫生、社保、文化等“软件”倾斜。

（二）质量第一，注重效益

在经历前期的快速扩张之后，新型城镇化必然要走注重效益的精耕细作之路。在中国经济增速换挡的背后，新型城镇化承担着推动整个国民经济发展方式转型的重要任务。产业升级、提质增效，实施创新驱动，增强内生动力，提高科学技术应该水平及其对于整个国民贡献，都和新型城镇化联系在一起。公共支出将不仅仅采用财政投入来考评，而是转向结果考评和社会绩效评价。在新时期背景下，生态环境、资源承载力和可持续发展是考核新型城镇化的重要标尺，同时注重经济效益、社会效益、生态效益、政治效益和文化效益，增强城市发展的可持续性，都是未来城镇化的重要内容。

（三）福利共享，平等发展

以人为本的深层含义是福利共享。打破福利分割，构建全民统一的社会保障和国民福利体系，是新型城镇化发展的社会正义性所在。首先是打破基于户籍制度的福利分割，让进城务工人员享受到与城市户籍人口基本相同的、与自身对社会贡献基本相称的社会福利。逐步取消基于不同所有制的福利待遇差别，让各种所有制公平竞争，消除体制内外差别。在基本公共服务均等化之后，推动公共服务无差别化。让公民享受无差别的公共服务，早已经是很多发达国家宪法的基本要义。德国宪法就写明：“不能因为公民出生在不同地区而享受有差别的公共服务。”公共服务无差别化，是未来社会福利体制的基本改革方向。

三　以财税改革推进新城城镇化的战略要点

（一）财税制度要突出自然人的贡献，降低对企业和资本的依赖

我国现行政府收入体系和税收制度中存在典型的“企业中心主义”特征，突

出表现在三个比例上。2012 年我国税制的基本结构是，间接税占比 70%，企业缴税占比 90%，个人缴税仅为 6.5%，大部分还是由企业代扣代缴的。[①] 以企业为中心的税收制度是计划经济的产物，基本特征是税务征管人员每天都围绕企业运转，基本不和个人打交道。正因为缴税主体是企业，地方政府通过种种手段，例如税收空转、税收返还、项目补贴等名目繁多的样式，将支出的大部分转移给企业。不论是计划经济时期的经济建设支出，还是今天的地方政府采购，莫不如此。甚至连民生支出，往往也是采用民生工程项目形式，将资金和项目交给企业运行。由于大量的企业税收发生在投资环节，在税收最大化的前提下，地方政府大量的招商引资行为就变成自然而然的事情。土地财政和土地金融出现的原因，就是因为地方政府收入与企业联系过于紧密。对于很多区县政府来说，在现行的产业背景下，只要和几个大开发商搞好关系，年度税务征管任务就完成了绝大部分。开发商已然成了地方财政最主要的纳税人和代扣代缴义务人，自然地获得了很大程度的税收谈判和公共服务谈判权。地方政府过多的求助开发商来实现其收入目标，对于开发商的违规融资、欺诈等其他违法违规行为也只能听之任之，只要不爆发成社会问题，一般不会管。在间接税造成的企业税制下，很多地方政府提供的公共服务主要面向企业和资本，对居民和自然人的关注远远不够，以人为本变成了“纸上画画、墙上挂挂”的口号。

实现以人为本，以劳动者为本，首先要大力推进个人所得税改革，提高居民对税收的直接贡献，降低整个政府收入、税收和税制对企业的依赖。其次，要将纳税从生产环节向消费环节转型，使居民直接贡献超过企业。推进零售税改革，如果能采用价外税的方式更好，不但能培养纳税人意识，更能使居民的区域间流动成为影响地方政府收入的重要因素，用以强调劳动力流动对于地方政府竞争的约束意义，促进通过居民用脚投票促进地方公共服务改善制度的形成。推动财产税系改革，让财产税成为地方政府稳定的收入源，促使地方政府有更强烈的经济动机来保护私有财产。增加财产保有环节税收，不但可以让社会财富充分流动，从而产生更高的资本效率，还可以抑制地方政府过度追求现金流的渴望，让城镇化所累积的巨大财富成为社会治理的稳定基础。

（二）编制城市资产负债表，建立城镇基金，促进公共资源跨期统一配置模式的形成

打破公共资源碎片化模式，建立统一的跨期配置模式。从特定时间点来看，我国各级政府的公共资金预算基本上都包括四个部分，分别是公共财政预算、政

---

① 《高培勇：新一轮财税改革的基本方向》，新浪财经（长安讲坛），2014 年 2 月 22 日。http：//finance. sina. com. cn/sinachanganforum/roll/20140222/160318300133. shtml.

府性基金预算、国有资本经营预算以及社会保险基金预算。2012 年全国四种预算决算的收入规模分别是 117253. 52 亿元、37534. 90 亿元、1495. 90 亿元和 31411 亿元，总额为 187695. 3 亿元 ，政府收入结构数据为 1 : 0. 32 : 0. 01 : 0. 27①。支出规模分别为 125952. 97 亿元、36330. 87、1402. 80 和 23931 亿元，总和为 187617. 7 亿元，支出结构数据为 1 : 0. 28 : 0. 01 : 0. 19。从城镇政府层面来看，四大预算中以土地出让收支为核心的政府性基金比重会更高。例如在全国五大城市上海、北京、天津、重庆和广州地方政府性基金收入与地方公共财政收入的比值分别为 34. 47%、36. 14%、53. 88%、84. 20%和 41. 67%，都远远高于全国 32. 01%的比例。市本级政府性基金收入与市本级公共财政收入的比值为 35. 37%、32. 18%、37. 10%、118. 43%和 53. 57%，更加依赖政府性基金。

独立编制的政府预算，意味着封闭运行的公共资源，无疑大大降低了公共资源的配置效率。事实上公共资源的分割远不止四个部分，在公共预算内部和政府性基金内部，存在着公共资源的再次分割。② 以政府性基金为例，2012 年的决算数据显示，目前全国至少征收 45 种政府性基金（最后一项是其他基金收入），总收入决算值为 37534. 90 亿元，但是其中最大的基金项目是国有土地使用权出让金收入为 26691. 52 亿元，占全部政府性基金收入的 71. 11%。其余 44 种政府性基金收入总和也不过 10842. 98 亿元，占全部政府性基金收入的不到 30%，占国有土地使用权出让金收入比例不到一半。但是每一项基金都要对应着一套班子、一批人马、一批政策，严重降低了公共资源的统一配置效率，给市场造成了严重的干扰。

提高公共资源配置效率，是城镇化时期政府财税改革的重要内容。打破公共预算、政府性基金预算、社会保障预算和国有资产经营预算在预算范围和预算期限上的分割状况，推进全口径预算，以跨年期预算取代单期预算。通过建立城市资产负债表，从现有分割预算模式逐步走向公共资源的全口径长期预算，促进公共资源的一体化配置。

（三）推动财税制度的社会功能化改革，推动国家治理

《中共中央关于全面深化改革若干重大问题的决定》将财税定位为国家治理的基础和重要支柱，意味着必须从全新的更加广泛的国家治理视角去审视现有的财税制度，包括税收、税制、非税收入和财政支出（高培勇，2014）。马斯格雷夫版本的传统财税功能强调了财税制度应该起到资源配置、宏观稳定和收入分配作用，这也是目前被普遍认可的财政功能版本。后来税收作为一种经济手段被引

① 预算数据来自财政部网站 2012 年财政决算数据。

② 张斌（2012）分析了目前征收的 27 种专项基金，认为其大部分具有直接增加产品成本的间接税性质。

入社会经济生活和经济发展，财税又承担了更多的社会功能，例如节能降耗、环保绿色、政治民主、社会公正，还要促进文化产业发展和文化大繁荣。

从总体来看，目前中国税收的筹资功能较强，但是其他功能较为欠缺。从国家治理角度看，这种单条腿走路的状况必须得到改变。收入分配功能已经被连续提高的个税扣除额局限到了极小的领域，税收制度对于绝大部分人口的收入分配状况无可奈何。① 新型城镇化所要求的生态友好型发展，要求对于污染产业和企业征收惩罚式高税收，征收环境税也变得非常重要；新型城镇化要求的可持续发展，则要求降低能耗，对于节能降耗的税收减免和财政支出就必不可少；新型城镇化要求的产业现代化，就要求降低企业税收，对于产业升级、企业技术进步和与此相关的资本设备投资予以税收减免。同时更重要的是，在今天全球化背景下，给予支出补贴必须在国际贸易规则允许的范围内进行。对于企业的税收减免和支出补贴要更加隐性，对于生产要素的补贴和税收优惠要逐步增加。

（四）打破福利分割，建立统一的社会福利体系

福利共享，是现代政治的基本理念，也是现代国家治理的重要部分。打破条块分割的社会福利体制，建立与经济和社会发展阶段相称的统一的社会福利体系，让每一个社会主义劳动者、每一个城镇居民都能享受到与自身社会贡献相称的公共福利，是财税制度改革的重要方向，也是未来国家治理的重要内容。

从理论上讲，以户籍制度改革打破福利分割的基本方式有三种。第一种方式是取消户籍制度，保留捆绑在户籍上的福利。第二种是保留户籍差别，改革社会福利制度。第三种是同时改革户籍制度和社会福利制度。目前来看，国家采用的是第三种方式，即同时改革户籍制度和社会福利制度。表现为 2014 年 7 月 30 日公布的《国务院关于进一步推进户籍制度改革的意见（国发〔2014〕25 号）》和正在积极推进的养老体制改革。第三种方式改革力度大，见效快，缺陷主要是处在两种改革交叉区的社会主体会同时面对两种改革，难以形成对于制度的稳定预期。

以所有制改革打破社会福利分割，主要是打破双轨制。养老体制改革首当其冲，目前体制内养老支出采用现收现付制，支出的方式是公共财政拨款；体制外则采用基金账户制，支出方式按照社保基金统筹，筹资方式二元化造成了社会主体的养老福利分化，应当逐步统一并建立适当补偿机制。推动教育体制改革，促进基本教育公共服务均等化。减少教育资源的不均衡配置，将教育补贴方式从补贴服务供给方（学校）转为补贴需求方（学生），有利于教育资源均衡配置，更

---

① 个税纳税人数仅为 2400 万，占总人口的不到 2%。因为这税收制度不能调节 98% 的人口的收入分配状况。见《个税纳税人缘何只有 2400 万》，中国经营报 2011 年 7 月 16 日，转自 http://finance.sina.com.cn/roll/20110716/025810158370.shtml，2014 年 9 月 19 日。

有利于缓解教师收入分配差距，推动教师教授治校，促使学校的主要精力从跑部委、跑项目跑经费转为搞科研、评教学。推动医疗体制改革，促使财政医疗支出由主要补贴供给方（医院）转向通过账户制补贴需求方（病人），让医院的主要收入来自医疗服务而不是药品加价，可以增加医院和医生的服务意识，增加医院对于服务病人的投入，促进医院、医生之间的良性竞争，更能有效缓解医患矛盾，促进医患关系和谐。

第四部分

区域调研案例

第十七章　欠发达地区城乡一体化道路[①]

——赣州苏区扶贫示范样本

一　前　言

中国特色社会主义道路的根本目的是实现大多数人的现代化。中国是在一个落后的农业国基础上直接进入社会主义的，这一国情决定了中国的社会主义建设道路首先是经济上的赶超。在经济发展和赶超的总体战略上，中国根据地区间不平衡的现实，采取了一部分地区先富起来，通过先富带动后富，最终实现共同富裕的道路。在这一过程中，不同地区实践了不同的发展道路。东部沿海地区率先实现现代化，进入了小康社会；而中西部一些地区仍处于赶超的起始阶段，甚至一些地区还处于贫困状态。推动落后地区经济社会实现快速发展，乃至跨越式发展，是实现全国全面同步进入小康社会的必然要求。

推动落后地区经济赶超、社会发展，采取什么样的战略和模式事关重要。通过外部支持，特别是国家资金及政策扶持的“大推动”，实现跨越式增长是一个途径；通过大量承接沿海发达地区产业转移，实现本地工业化也是一个途径。但要让国家扶持及承接产业转移带动的经济增长可持续，最关键的还是要形成内生增长能力，走内生成长道路，使地区经济增长、社会发展与生态保护同步推进，城乡居民共同富裕。

从中国特色社会主义建设的理论及其他地区的实践看，落后地区形成内生增长能力，实现大多数人的现代化，需要从两个方面突破：一是三化并进，即农村现代化必须现行，工业拉动农业、城市化推动并举；二是否是在跨越式增长与五个文明同步前进，探索一条可持续，文明发展的社会主义特色道路。

赣州作为原中央苏区的核心地区，同时也是连片贫困地区，近年来在中央振

---

① 本章作者王震、姜长青、袁富华，系中国社会科学院经济研究所副研究员；张平，中国社会科学院经济研究所副所长、研究员，研究专长：经济增长。

兴苏区发展的政策支持下，已经点燃了一条通向大多数人现代化的道路，形成了在中央支持、承接产业转移下的内生成长道路。作为苏区精神的发源地，赣州在形成落后地区赶超发展模式的过程中，进行了许多新的探索，这些新探索的经验极大丰富了中国特色社会主义道路的实践内涵。总结赣州发展的实践经验，不仅为落后地区在新情况下实现赶超提供借鉴，也是中国共产党领导全国人民全面实现小康，实现中华民族伟大复兴的重要组成部分。

赣州振兴苏区发展的经验，不仅包括实现经济的跨越式增长，而且也是实现城乡一体化发展、城乡居民共同富裕的发展；不仅包括经济建设，也包括了社会民生发展、生态发展等全面发展，是五个文明同步推进的发展。特别是赣州继承苏区精神，并在此基础上形成的“三送”工作机制，丰富了和提升了国家治理能力现代化的实践，为赣州发展模式纳入了新的成分。

本报告拟从如下几个方面对赣州发展样本进行研究与总结：第一，突破城乡分割的藩篱：土坯房改造；第二，工业化、城镇化与农业现代化三化并举，推动内生性、跨越式发展；第三，丰富国家治理能力现代化的实践内涵：苏区精神与“三送”工作机制；第四，赣州实现经济与社会发展跨越的条件及预期模拟。最后，在上述分析基础上，给出中国特色的社会主义建设新探索的赣州样本的总结。

这四个方面构成一个相互联系、相互支撑的整体发展战略：突破城乡分割，实现农民到农民工、农民工到市民的两个转变，释放了农村生产力，为工业化和城镇化提供了稳定的劳动力基础，同时也为农业现代化提供了物质条件。土坯房改造是实现突破城乡分割藩篱的主要政策抓手。工业化、城镇化与农业现代化的共同发展、相互促进，则是赣州将中央资金和政策支持及承接产业转移有效转化为内生增长动力，实现内生成长模式的主要途径。

治理能力的现代化是现代政治文明的重要组成部分，也是十八届三中全会提出的全面深化改革的总目标。从实践层面，治理能力现代化为经济和社会发展提供了一个高效率的运作平台和稳定和谐的社会环境，同时也密切了干群关系，巩固了党的执政基础。赣州继承苏区精神，建立的“三送”工作机制和网络，为赣州经济社会发展提供了良好的社会环境，提高了政府的行政效率，密切了干群关系，从而丰富了国家治理能力现代化的实践内涵。从经济发展的表现分析，赣州要实现“一年一变样、三年大变样、五年上台阶、八年大跨越”，确保2020年与全国同步全面建成小康社会的目标，也需要满足一定的条件。这需要对不同发展情景进行模拟，并以之为基础提出相关政策建议。

二 突破城乡分割：“两集中、两转变”同步实现

城乡之间的二元分割是发展经济学面对的核心问题。如何突破二元框架，也

成为发展经济学理论及各国经济发展实践要面对的首要问题。而中国在计划经济时代形成户籍制度更是在制度上固化了城乡之间的二元分割。改革开放以来的经济发展，一个关键的逻辑线索就是市场经济的力量如何突破城乡二元分割。东部沿海地区的经济发展模式，即出口导向的劳动密集型产业发展，在劳动力上所依靠的也是大规模的进城农村劳动力（农民工）。

但是，依靠大规模的农村劳动力发展劳动密集型产业，并借此突破城乡分割的经济起飞模式，并不适合中西部地区，特别是赣州这样的“次贫困”区域的经济起飞。

首先，在东部沿海地区经济起飞阶段，围绕经济中心增长极附近的地区，主要是劳动力的净流出区。赣州在过去几十年间一直是人口净流出区，截至2013年全市外出流动人口152万，占全市户籍人口的16.4%；流出人口的主要目的地一是广东（98万），二是福建（23万），三是浙江（7.6万）。与此同时，赣州的人口老龄化程度也在不断加深，2013年年末60岁以上人口已占全部人口的12.75%。这两个因素，一是劳动力大量外流，二是人口老龄化加深，都使赣州已无法复制沿海发达地区以劳动密集型加工制造业为主的发展模式。

其次，在城乡一体化发展未取得明显进展、城乡差别依然存在的情况下，大规模农村劳动力进入城镇地区就业的模式，也导致了不少问题，其中最突出是进城农民工“半城市化”“虚城市化”现象凸显，城乡二元体制在城市内部复制。在珠三角地区，一些城市外来农民工占比远超本地人口的状况普遍。像东莞、深圳、佛山、广州等珠三角核心城市，常住人口中没有城市户籍的外来人口就分别高达71.9%、72.4%、38.7%和23.1%。这导致了一系列社会问题，也影响经济结构的转型升级与可持续发展。

在这样的情况下，赣州采取什么样的战略突破城乡二元分割、实现城乡一体化发展，成为赣州振兴苏区发展、与全国同步进入全面小康的首要问题。从赣州的实践看，赣州采取的战略可总结为借助中央振兴苏区发展的契机，以加大民生投入为突破点，以土坯房改造为抓手，全面推进农村土地流转集中经营和人口集中居住，同步实现农民转变为农民工和农民工转换为市民。这一战略的背后，实际上体现了赣州对城乡一体化发展的重新认识。城乡一体化发展不仅是在农村盖房、修路，更是农村居民就业和收入结构的升级；加大民生投入，不仅是财政投入，更是激活农村居民活力的重大举措。

针对赣州农村居民生活居住条件长期恶劣的情况，国务院《关于支持赣南等原中央苏区振兴发展的若干意见》中把解决农村危旧土坯房改造、农村饮水安全等民生问题作为首要任务。赣州借助这一契机，以加大农村民生投入为突破口，以土坯房改造为抓手，同步推进“两集中、两转换”。

（一）通过土坯房改造及相关的农村基础设施建设，在条件允许的情况下实现农村居民的集中居住

农村居民集中居住的最关键问题是集中居住的居民有业可就；若集中居住的居民仍以分散的农业生产活动为主要就业方式，那么集中居民就没有任何意义。对此，赣州市的做法，一是坚持居民自愿，二是集中居住点主要依托工业园区进行建设，并加大对集中居住点的基础设施投入。从落实的情况看，在涉及土坯房改造的农村居民中，大约70%选择了集中居住在中小城镇和工业园区附近。赣州农村居民集中居住之所以能够顺利实现的重要前提，一是赣州农村居民已有大量外出打工者，他们本就在城镇地区工作和生活；二是赣州依托本地资源大力建设和发展工业园区，从而创造了就业机会。当然，在工作方式的创新以及坚持居民资源等也为土坯房改造过程中实现居民集中居住创造了条件。

农村居民的集中居住，一方面降低了农村基础设施建设的成本，另一方面也为农村工业化发展提供了劳动力。而对农业和农村经济发展而言，则通过土地流转实现了农村土地的适当集中经营。一部分农村居民集中居住，主要从事第二和第三产业后，他们在农村的土地就具有了进行流转并集中经营的可能性，为农业产业化、现代化提供了条件。而实现农业生产经营的适当集中，正是农业和农村经济发展的主要模式之一。

从赣州土地流转的情况看，林地流转面积575万亩，占林地总面积的12.5%，耕地流转面积81.9万亩，占承包耕地面积的18.2%。而在土地流转和集中经营的过程中，也逐步形成赣州特色农业生产体系。例如，流转后的林地主要用于经营果业、油茶、工业原料林和毛竹林等产业。其中油茶林47万亩，占8%；果园124万亩，占22%；毛竹林48万亩，占8%；原料林213万亩，占37%；其他143万亩，占25%。流转的耕地主要经营水稻、蔬菜、烟叶、白莲、花卉等产业，其中以种植水稻为主，流转面积41.1万亩，占流转总面积的50.1%；种植蔬菜、烟叶、白莲、花卉等作物32.4万亩，占39.6%；其他8.4万亩，占10.3%。

（二）依托土坯房改造，实现城乡一体化发展，同步推进农村居民转变为农民工和农民工转换为城镇居民

中国城镇化的一个典型特征是农村居民转变为农民工的过程和农民工转换为城镇居民的过程并不同步。这是导致中国城镇化出现“半城镇化”“虚城镇化”现象背后的主要原因。而其背后的根源则是城乡二元分割的体制。如何同步推进这两个转变过程，使之从不同步发展变为同步发展，是探索中国特色新型城镇化和城乡一体化的关键环节，也是解决城乡二元分割，实现城乡全面同步发展的关

键环节。党的十八大报告及十八届三中全会对推进城乡一体化发展及积极推进农民工的市民化都有明确的表述和要求。

赣州作为落后地区，在城乡一体化发展进程中同步推进农村居民转变为农民工和农民工转变为城镇居民完全有可能借鉴其他地区的经验，走出一条自己的道路。赣州市提出要“完善新型城镇化相关制度措施，打造农业人口随就业和居住地变化自然进城的制度通道。有序引导具备条件的农民工自愿转户进城，落实就业、住房、医疗、教育、社保等配套政策，确保转户居民真正享受城镇居民的同等待遇。探索城乡一体的户籍管理制度，逐步取消城乡户籍差别，实行统一身份管理。”在如何落实这一战略规划的过程中，赣州的突破口和抓手是土坯房改造和移民搬迁。在土坯房改造和移民搬迁过程中，赣州将集中在中小城镇和工业园区附近居住的居民的就业能力提升作为一个工作重点，通过加大职业培训、提供免费就业技能培训、推动自主创业等方式，提升转移居民的就业能力。

就业的转换只是完成了农村居民转变为农民工这一阶段，若没有农民工成功转换成为城镇居民这一过程，其后果就是“半城镇化”“虚城镇化”。这一现象已在中国多数地区，特别是一些沿海发达地区出现。如何避免这一现象，同步推进两个转变，是赣州等落后地区实现城乡一体化发展，推动新型城镇化的重要议题。赣州市的实践主要包括两个方面：一是结合农村土坯房改造和移民搬迁，在新的集中居住点大力推动基础设施建设，特别是推进教育、医疗、社保等公共服务的全覆盖。这一模式的优点，一是减轻了基础设施和公共服务城乡全覆盖的投入压力，提高了财政投入的使用效率，二是将城乡一体化发展与新型城镇化发展融为一体。

第二个方面，针对一些农村居民进入赣州等中心城区就业，赣州的做法是消除户籍制度藩篱，对进程农民工一视同仁、同等对待，在义务教育、公共卫生、社会保障等方面，实行与原有城镇居民相同的待遇。特别是为了稳定居家进入城市中心区就业和生活的农民工，赣州在市区各居民小区提供的公共服务，也向他们开放。例如，一些社区提供的居家养老服务，不区分户籍，而是按照居住地原则，一视同仁，一并提供。

找到一条新型的城乡一体化发展道路，突破城乡二元分割的藩篱，是发展经济学的重要议题，也是探索中国特色社会主义建设道路的重要部分。赣州的实践以加大农村民生投入，特别是土坯房改造和移民搬迁为抓手，实现了农村居民的集中居住，并促进了农村土地流转和适度集中经营，同时也实现了农村居民转变为农民工和农民工转变为城镇居民两个过程的同步。这其中的经验，一是有效借助了中央苏区振兴的良好契机，二是统筹安排，提升居民就业能力，实现良性发展、多方共赢，三是政府治理能力和执政能力的有力支撑。

突破城乡二元分割，同步推进“两集中、两转换”，从更高层次上，也是赣州推进新型工业化、城镇化和农业现代化三化并举，形成内生发展模式的基础和前提条件。报告下一部分将主要对这一点进行论述。

<案例1>

于都县上欧工业小区移民搬迁安置示范区

于都县上欧工业小区移民搬迁安置示范区按照“公共服务、社区服务、就业平台三到位”的思路，以“扶贫开发、产业发展与城市建设融于一体”的模式打造。该示范区位于上欧工业新区内，占地面积100亩，总建筑面积14.3万米^2，新建安置房1193套（其中50米^{2}户型411套、110米^{2}户型686套、130米^{2}户型96套），总投资3.6亿元。按照建设新型居住社区的要求，项目配建中小学校、医院、银行、停车场、超市及社区服务中心等公共服务设施，对群众就医、就学、行政服务等方面实行一站式服务。建成后，在整体搬迁区域内、家有两名以上青壮年劳动力（45岁以下）、原住地外没有房屋的移民户，可按1400元/米^{2}的特惠价格自愿认购（同地段商品房市场价至少4000元/米^2）。

<案例2>

上犹县水岩乡井仔村土坯房改造

上犹县水岩乡井仔村，位于水岩乡西部，共有4个自然村，18个村民小组，人口307户1435人，其中库区、深山区移民172户。是上犹最为贫困地区之一，最远的下井村民小组需途经营前镇到水岩圩，路程32公里；浊水片7个村民小组无陆路，到水岩圩需乘船2个多小时才能到达，群众移民搬迁意愿强烈。该县在县城南区（东山镇南塘村垇下组）建设“梦想家园——城南社区”，项目总占地为93亩，规划入住1103户5000人，专门安置“水上漂”（含“双渡”）农户及深山区、库区、地质灾害频发区农户。政府让搬迁户享成本价购房，既得权益不变，还能享受一系列优惠政策，子女接受城里孩子一样的教育，搬迁后对移民还将进行专门培训，就近到工业园上班，享受和城里一样的生活。

三　新型工业化、城镇化与农业现代化三化并举：内生发展模式的形成

工业化、城镇化与农业现代化三化发展的非同步性是中国经济过去几十年的

一个重要特征。非同步发展在改革开放初期的经济赶超阶段具有其必然性和必要性，是工业化带动赶超战略的要求，也是中国成功迈出低收入阶段的重要经验。在过去几十年间，中国工业化率一直远高于城镇化率。截至2012年中国的工业化率已接近90%，但城镇化率仅有53%。

就工业化与城镇化的对应关系而言，按照钱纳里的世界发展模型，一国的工业化率达到30%时，城镇化率可以达到60%；工业化率达到40%时，城镇化率一般在75%以上。国际上城市化与工业化的比率一般为140%～250%。而中国的这一比率在2012年只有58.5%，江西省也只有53.8%。这种城镇化与工业化水平的背离，表明我国城镇化的发展空间和必要性依然较大。具体到我们调研的赣州，2013年工业化率已经超过了40%，但城镇化率还不到43%，城镇化与工业化的比率仅有49.4%，低于江西和全国的一般水平。

实际上，若考虑中国仍然存在的城乡二元体制，以及由此导致的“半城镇化”“虚城镇化”状况，中国的城镇化水平还要降低。这涉及户籍人口与常住人口城镇化的差异。国家统计局的数据显示，2013年年末中国大陆总人口为13.6亿，城镇常住人口7.31亿，乡村常住人口6.29亿，中国城镇化率达到了53.7%，比上年提高了1.1个百分点。数据同时显示，2013年中国“人户分离人口”达到了2.89亿人，其中流动人口为2.45亿人，这其中大多数是农村人口。“户籍城镇化率”仅为35.7%左右。常住人口城市化率比户籍城镇化率高18个百分点。就赣州而言，2013年全市城镇化率达42.56%，同比提高1.4个百分点。中心城区建成区面积94.97平方公里，新增6平方公里；总人口90.2万人，新增12.2万人，但就户籍人口的城镇化率而言，只有20%左右，低于全国的平均水平。这种常住人口与户籍人口城镇化率的非同步，导致了一系列社会问题，增大了社会运行成本。

在工业化与城镇化非同步的同时，是农业现代化的滞后。中国农业仍以农户家庭生产为主，规模化和产业化程度低，农产品附加值低，农村居民从农业中获得收入在总收入结构中越来越低。

三化非同步发展的模式需要进行反思。中央对三化非同步发展带来的隐患高度重视，在党的十七大报告、十八大报告以及十八届三中全会都有明确提及，要求三化并举，共同发展，在工业化、城镇化发展中同步推进农业现代化。

当前，赣州的发展面临着良好的外部机遇。第一个机遇是作为原中央苏区的核心地区，中央提出了振兴苏区发展的若干意见，从资金上、政策上扶持赣州发展；第二个机遇是珠三角、海西经济区的产业转移使赣州成为承接产业转移的主要地区之一。这两个外部机遇可能会刺激赣州的短期经济增长；但是，要形成稳定的可持续性发展，其关键和核心是要将外部机遇转化成内部的内生发展动力，形成良性循环的内生发展模式。而如何将外部机遇转化为内生增长动力，形成有赣州特色的内生发展道路，则需要有发展战略上的考虑。

在这样的背景下，赣州将新型工业化、新型城镇化与农业现代化发展有机结合起来，尝试打造新的内生发展优势，形成有赣州特色的内生发展道路。在战略结构上，工业化方面，赣州依托本地资源特色和承接产业转移，并通过引入高科技产业提升本地工业层次，形成带动力强、辐射面广的产业链条；在承接产业上，考虑与本地产业的衔接，考虑本地优势，考虑形成本地产业网络。在城镇化方面，坚持城乡一体化发展，将突破城乡二元分割与新兴城镇化相结合，通过大力发展工业化，为城镇化过程中的进城农民工提供就业机会；而城镇化则又为工业化发展提供稳定的高素质的劳动力资源及消费市场。工业化和城镇化的发展，又为农业的产业化和现代化提供了条件。

（一）推进新型工业化

工业化是一个地区经济发展的龙头，也是落后地区实现赶超的主要依托。赣州的推进新型工业化发展方面，主要依托两个方面：一是充分发挥本地资源优势，将本地资源优势转化为产业优势；二是抓住珠三角等发达地区产业转移的契机，大力招商引资，并与本地企业嫁接，形成产业链条。赣州拥有丰富的稀土、钨矿资源，此前以矿产资源为主的工业一直是赣州的支柱产业。但是这一产业的发展，一是缺乏深加工，产业链条短，二是受市场价格波动的影响大。为推进新型工业化发展，赣州着力提升矿产资源型工业的层次，延伸产业链条，形成产业网络，提升带动能力。

赣州推进新型工业化的第二个依托是承接产业转移。承接产业转移是多数中西部地区实现经济赶超都在使用的政策手段。对于赣州而言，承接产业转移又有其自身的考虑。赣州承接产业转移并不是饥不择食，对所有产业都一概承接，而是把握几个原则：一是坚持与本地资源和原有工业体系的衔接，招商引资的产业符合赣州的资源优势，并能够与本地原有工业体系形成合力。二是坚持引进企业的合理布局，包括产业布局和地理布局。引进的产业主要分布在以赣州开发区为核心，以龙南经开区、瑞金经开区为支点，以赣州“三南”至广东河源、瑞金兴国至福建龙岩产业走廊为两翼的“一核两翼”布局中。三是对引进的企业坚持环保标准，将经济发展与生态保护有机结合起来。

（二）新型城镇化大发展

与全国其他地区相似，赣州在过去几十年间的工业化与城镇化也是非同步发展，且其城镇化与工业化的比率低于全国和江西，这表明赣州的城镇化与工业化的差距更大、更明显。因此，大力推进城镇化，并将之与工业化的发展相互促进、相互结合，是赣州发展战略的重要方面。

赣州新型城镇化的主要抓手是农村的土坯房改造及移民搬迁，政策的主要侧重点则在于公共服务的全覆盖：一是城乡居民的全覆盖，突破城乡差距，二是取消城镇户籍居民与非户籍居民之间的差别，实现公共服务实有人口的全覆盖。赣州公共服务的全覆盖，并不是实行简单的“平均主义”，其政策着力点是提升农业转移人口的城镇就业能力，同时为他们提供适应其特点的公共服务。

与推进工业化相联系，赣州在推进农业转移人口城镇化的过程中，一是加快职教园区建设，开展定向、订单培训，提升农业转移人口的人力资本积累，积极搞好人力资源的二次开发，使它们成为合格的产业工人；另外，将进城务工人员纳入城镇社会保障体系中，特别是将住房保障向农民工开放。

与工业化相适应的城镇化是赣州形成内生发展动力的重要环节。工业化能够持续发展，并能够实现转型升级，两个条件必不可少：一是在供给方，需要有高素质的劳动力的支撑。这是工业持续转型升级的必要条件；而若没有城镇化的支撑，高素质劳动力的供给是不可持续的，从而工业转型升级也将面临极大的阻力。二是在需求方，工业化的发展需要需求拉动，城镇化的大发展为本地工业化提供了强劲的市场需求，这是实现内生增长的前提条件。从一些东部沿海地区的发展轨迹看，缺乏高素质劳动力持续供给以及缺乏内需拉动是当前这些地区面临转型升级困难的主要原因。

在这方面，赣州的经验值得借鉴。赣州的城镇化进程并不是孤立进行的，而是与城乡一体化发展，特别是城乡公共服务均等化、土坯房改造和移民搬迁等同时进行，因而其效果比较明显，进展平稳。这一模式也为我国新型城镇化的发展模式提供了新鲜的经验。

（三）农业现代化

与工业化和城镇化发展相联系的一个进程是农业的现代化。农业现代化的重要性众所周知。没有农业的现代化就没有国家的现代化。赣州在推进新型工业化、城镇化发展的同时，利用有利契机同时同步推进农业的现代化。

赣州工业化和城镇化的发展为农业现代化提供了有利的条件，第一是为农村土地的流转及适度集中提供了条件；第二则是工业资本进入农业，农业生产流程和生产标准的现代化。这两点主要体现为农业的产业化。赣州农业产业化的发展，实践了多种形式，为赣州特色农业的发展提供了制度平台。在农业产业化过程中，农户通过各种方式与龙头企业结合起来。一方面，农户土地得到充分利用，特别是农户通过土地入股方式，既实现了土地的适度集中，又获得了土地收益；另一方面，农户作为农业工人进入农业企业就业，获得稳定的劳动收入，避免了小农户无法应对市场风险的问题。从赣州农业产业化经营的成效来看，已形成了一定的规模，其带动能力日渐增强，品牌效应凸显。

农业现代化的发展，进一步解放了农村生产力，为新型工业化和城镇化的发展提供了基础；而工业化与城镇化又反过来为农业现代化提供动力支持。在三化同步发展的过程中，赣州逐渐形成内生发展的动力机制。

［相关知识］

赣州承接产业转移情况

（一）承接省外资金项目情况

1. 项目总量。2011—2013 年，全市县（市、区）上报 5000 万元以上工业项目 504 个，平均每年 168 个。近三年分别为 157 个、165 个和 182 个，逐年增长趋势明显。

2. 资金来源。新引进项目中，央企 14 个，广东 287 个（其中深圳 97 个，广州 27 个），福建 65 个，浙江 49 个，北京和湖南各 13 个，江苏和湖北各 11 个，上海 10 个。

3. 项目行业分布。从新引进项目产业分布看，围绕全市各工业园区引进主导产业、配套产业占比优势明显。电子信息产业 80 个，新型建材及特种陶瓷、家具项目 67 个，依托资源（包括稀土、钨、铜）所引进的采矿、加工业共 60 个，食品、生物医药及农业产业化项目 55 个，工艺品制造等二产项目 67 个，轻纺项目 44 个，旅游及生活服务业和化工项目分别为 28 个，机械制造项目 15 个，包装及纸制品项目、汽车制造及其零配件产业项目各 22 个，其他各类行业共 100 余个。

（二）承接外资企业情况

1. 项目总量。全市累计新批外商投资企业 364 家，三年分别新批项目 129 个，116 个和 119 个，平均每年批准外资项目 121.3 个。三年累计合同外资总额 33.4 亿美元，累计实际利用外资 30.8 亿美元。三年新批 1000 万美元以上外资企业 117 家，合同外资总额达 17.87 亿美元，已实际到位外资 12.94 亿美元。

2. 资金来源。新批准设立的外资企业来自中国香港、美国、日本等 53 个国家或地区。其中港资企业 321 家，占 87.9%，台资企业 20 家，占 5.7%，其后依次来源于英属维尔京群岛、澳门、萨摩亚、美国、日本、新加坡和韩国。

3. 项目类型。新批准外资项目中，一产项目 74 个，二产项目 275 个，三产项目 15 个。新批外资项目三大产业比重为 20.27∶75.62∶4.11。

4. 行业分布。新批外资已投产项目行业分布主要包括，轻工业（含纺织服装、鞋、玩具、箱包等）企业 226 个，占 61.8%，其中纺织服装企业 87 个，占 37.9%。电子组装类项目 55 个，占 15.1%，农产品种植项目 46 个，占 12.6%；

其他项目还包括资源（金属）深加工，食品加工，学前教育、咨询服务等三产项目，生活用品制造，以及汽车零部件生产、加工和组装等项目。

［相关知识］

赣州的农业产业化

主导产业规模不断壮大。2013 年，全市脐橙种植面积达到 173.93 万亩，产量 150.05 万吨，比 2011 年增长 12.47%。生猪出栏 617.16 万头，蔬菜播种面积 164.07 万亩，分别比 2011 年增长 12.20%和 2.12%。花卉苗木种植面积达到 19 万亩，油茶种植面积达到 215 万亩，工业原料林面积达到 374 万亩，分别比 2011 年增长 52.98%、13.76%、21.04%。

龙头企业实力和效益显著提高。2013 年全市年销售收入 500 万元以上的农业龙头企业达到 463 个，5000 万元以上的 125 个，超亿元的 51 个，分别比 2011 年增加 52 个、32 个和 10 个。全市有农业产业化市级龙头企业 178 个，省级 80 个，分别比 2011 年增加 55 个和 33 个，有国家级龙头企业 2 个。

龙头企业自身实力和辐射带动能力不断增强。2013 年全市仅省级以上龙头企业固定资产达到 47.20 亿元，销售收入 127.91 亿元，上缴税收 2.87 亿元，税后利润 7.12 亿元，分别比 2011 年增长 37.85%、22.12%、6%和 37.72%。赣州市康尔实业有限公司 2013 年在马来西亚成功上市。

企业带动能力不断增强。2013 年，全市仅省级以上龙头企业带动 75.12 万户农户从事农业产业化经营，农户户均增收 2885 元，分别比 2011 年增长 15.36%和 28%。

农产品品牌效应和质量安全水平大幅度提升。2013 年，全市共有国家级农业标准化示范区 21 个、省级 13 个，累计推广农业标准化种植面积 135 万亩。全市有地理标志产品 6 个，省著名商标（江西名牌产品）168 个，中国驰名商标 8 个，分别比 2011 年增加 2 个、118 个和 4 个。

一体化水平显著提高。如脐橙产业，无病毒良种繁育体系建成并达到设计生产能力，可满足脐橙生产的需要；拥有果品采后商品化处理加工销售企业 212 家，其中精深加工企业 10 家，果品分级生产线 194 条，分级处理能力每小时达 2295 吨；建立大型贮藏库 20 万吨，其中冷库 10 万吨，简易贮藏库 56 万吨。统一了脐橙品牌，营销体系较为健全，不仅在国内所有省会城市有较为稳定的销售市场，并且远销港、澳、东南亚、俄罗斯、中东、蒙古、印度等 20 多个国家和地区。一体化经营的完善，使产业从加工、流通环节增值的份额显著增加。

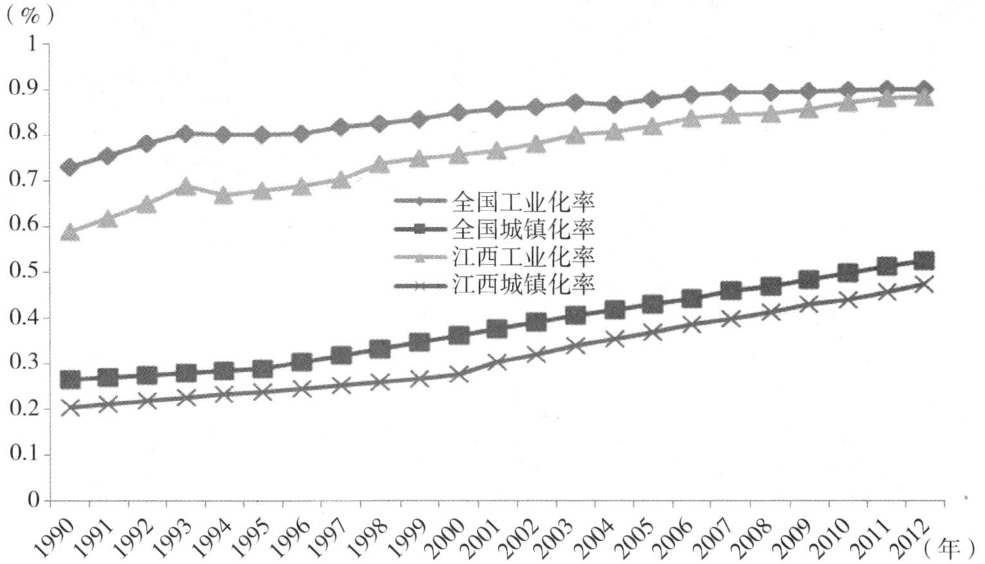

图1 全国和江西工业化率与城镇化率变动情况（1990—2012）

注：工业化率定义为非农产业产值占总产值比重；城镇化率为常住人口中城镇常住人口占总人口比例。下同

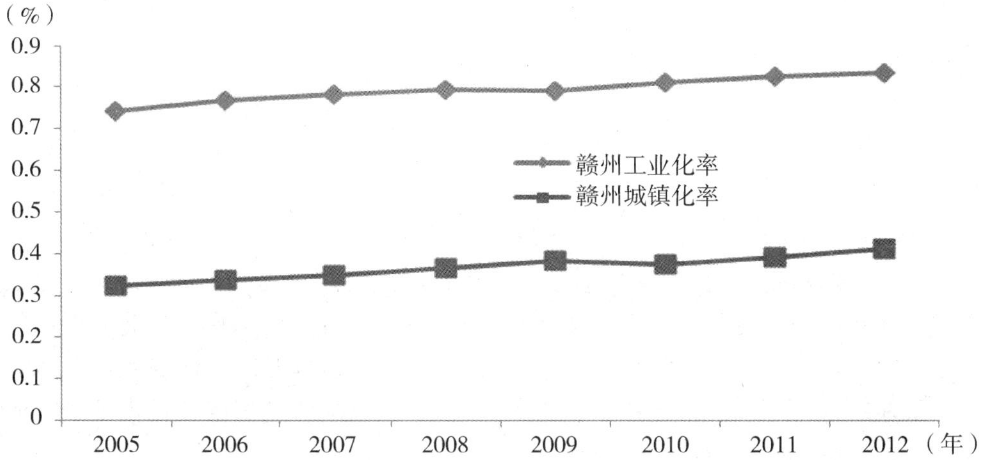

图2 赣州工业化率与城镇化率情况（2005—2012）

四 继承苏区精神，丰富国家治理能力现代化的实践内涵：“三送”工作机制

赣州抓住中央苏区振兴发展的有利契机，以社会民生投入为突破口，以土坯房改造为抓手，推动统筹城乡一体化发展，打破城乡二元分割，为工业化、城镇

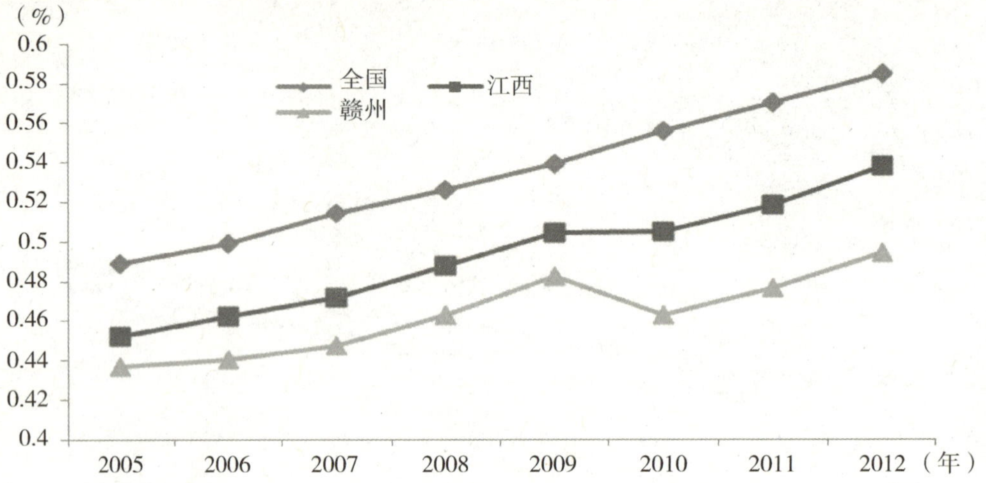

图3　全国、江西、赣州城镇化与工业化比率（2005—2012）

注：城镇化率与工业化率的比率 = 城镇化率/工业化率

化和农业现代化同步推进提供了基础；同时，赣州在发展战略上大力推进工业化、城镇化和农业现代化三化并举，力图将外部优势和机遇转化为赣州的内生发展动力。赣州作为落后地区，要想在短时间内实施上述赶超型战略，达成振兴发展的目标，还需要两个前提条件：一是政府执行能力的提升，以高效政府执行落实各项政策措施；二是稳定和谐的社会环境和密切的干群关系，从而为赶超战略的落实和推进提供良好的外部环境。这两个方面都涉及国家治理能力的现代化。

国家治理体系和治理能力的现代化是党的十八届三中全会提出的改革总目标。这一目标的提出立足中国发展的现实，是中国特色社会主义道路的重大探索和突破。治理的概念不同于传统的管理，基于新公共管理理论，公共性是治理的本质特征；公共治理强调政府和社会对公共秩序的共同参与和治理，强调参与双方的双向互动、双向参与，是国家权力与公民权利的互动。国家治理能力现代化的理论内涵各方已有较为共识的论述。但是，国家治理能力现代化的实践内涵却不能从理论直接得来，还需要各部门、各地区的实践来丰富。赣州在推动苏区振兴发展，实现经济社会全面赶超战略的过程中，实践的“三送”工作机制和工作网络无疑是地方层面对国家治理能力现代化的一个有益探索。

在赣州苏区振兴发展战略中，以土坯房改造为抓手的城乡一体化是破局之作，其成败直接关系着工业化、城镇化和农业现代化的同步推进。虽然各级政府对土坯房改造加大了投入，财政补贴平均占到了土坯房建造成本的15%左右，对负担较重的群体政府还采取了特殊的补贴方式，但无可讳言在改造过程中仍会涉及不同利益的冲突。若不能有效化解和调整这些利益冲突，那么土坯房改造以及移民搬迁等措施便不能顺利落实。一些地区为此导致问题已成为社会不稳定因素，不仅阻碍了经济社会发展，而且成为久治不愈的社会顽疾。赣州在推进土坯房改造以及其他发展战略的过程中，也遇到了这种情况。能否有效化解不同方面的利益冲突，实现多方共赢，实际上体现了政府治理能力的高下。

赣州市对此问题高度重视，从五个文明一起抓的角度，继承和发扬苏区精神，探索实践了干部“送政策、送温暖、送服务”的“三送”工作机制和工作网络，极大丰富了国家治理能力现代化的实践内涵，密切了干群关系，巩固了党的执政基础。赣州所谓原中央苏区的核心地区，早在革命年代就形成了以坚定信念、求真务实、一心为民、清正廉洁、艰苦奋斗、争创一流、无私奉献等为主要内涵的苏区精神。中央已经苏区精神定位为“既蕴涵了中国共产党人革命精神的共性，又显示了苏区时期的特色和个性，是中国共产党人政治本色和精神特质的集中体现，是中华民族精神新的升华，也是我们今天正在建设的社会主义核心价值体系的重要来源”。赣州的“三送”工作机制与苏区精神一脉相承，根据新时期新任务，既有继承也有发扬。

从国家治理能力现代化的角度，赣州的“三送”工作机制与网络的特征主要体现在干部下基层与居民达成直接联系，形成面对面的互动，共同参与公共治理过程。赣州“三送”机制是欠发达地区实现跨越发展与文明同步，在公共政策层面的一种探索和实践形式。在土坯房改造、移民搬迁等现实工作中，“三送”发挥了不可替代的作用。

首先，“三送”使政府的战略意图与民众直接沟通，减少了政府与民众之间因信息沟通不畅导致的效率损失。按照一般的群众意见传递机制，群众对政府工作的意见和建议需要经过多层程序才能到达决策者手中。而“三送”工作确定的领导干部及一般干部的联系点、联系户制度，则将政策的决策者、执行者与群众直接联系在一起，极大降低了政策执行中的交易成本，减少了因信息传递的扭曲。

其次，各项政策在执行过程中会遇到各种现实情况，产生各种问题。一般的解决问题的方式虽有其必要性，但及时性不够，导致问题产生与问题解决之间的时间差。在多数情况下，这一时间差是导致问题扩大和发酵的关键。“三送”机制使作为政策直接执行者的各级干部和政府工作人员直接面对群众，提高了政策执行过程中解决现实问题的及时性，极大缩短了问题产生与解决的时间差，提高了政策执行效率。

再次，政府与群众的直接沟通、政策执行过程中产生问题的及时解决，一方面提高了政策决策的群众基础，提高了政策执行效率，另一方面则是为发展战略的实施提供了稳定和谐的社会环境，是经济文明与政治文明、社会文明一起抓、共同进步的结果。民意的直接沟通，将群众意见和建议直接进入了决策过程，不同利益在政策决策中都得到反映，执行过程中各种现实问题得到及时解决。诸多社会矛盾和社会问题都消化在萌芽阶段，多方利益实现了共赢，其结果是稳定和谐的社会环境；而稳定和谐的社会环境又是苏区振兴发展战略得以顺利推进的前提条件。

最后，赣州的“三送”工作机制和网络密切了干群关系，巩固了党的执政基础。群众路线是我们党执政理国的一个法宝。中央对密切联系群众的重要意义已做过明确的论述。但在实践过程中，群众路线的落实并没有一个规定好的形式，其实现需要根据现实情况和现实问题采取一定的表现形式。赣州将群众路线的实现纳入到苏区振兴发展的大战略中，探索和实践和“三送”工作机制和工作网络，创新了群众路线的实现形式。“三送”工作机制对推动赣州经济社会跨越式发展，实现与全国全面同步进入小康社会具有重要的现实意义。这一点在赣州推动土坯房改造、移民搬迁以及承接产业转移等工作中都有明确体现。更为重要的，“三送”工作机制的群众路线实现形式密切了干群关系，坚定了广大人民群众永远跟党走的信念，巩固了党的执政基础。赣州广大群众家中普遍自愿悬挂党的领导人的画像正体现了这一点。

综合而言，赣州的“三送”工作机制，在继承和发扬苏区精神的基础上，提高了政策制定和执行效率，为苏区振兴发展提供了和谐稳定的社会环境，密切了干群关系，巩固了党的执政基础，成为赣州三化并举实现跨越式发展的不可或缺的条件。“三送”工作机制的创新，同时也体现了五个文明一起抓，相互联系、相互促进的精神，丰富了国家治理能力现代化的实践内涵。

[相关知识]

赣州“三送”工作机制与网络

2010 年 12 月赣州市启动了干部下基层“送政策、送温暖、送服务”的“三送”工作。该项工作实施三年以来，形成了稳定长效的工作机制与网络，成为助推赣州苏区振兴发展的重要经验。

“送政策”：立足宣传、解惑，着重解决信息不对称的问题；

“送温暖”：立足排忧、解难，着重解决感性不沟通的问题；

“送服务”：立足发展、致富，着重解决宗旨不落实的问题。

赣州“三送”工作机制的主要内容包括如下三个方面：

第一，构建双向全覆盖、工作常态化的联系服务群众网络。实行“三联系一挂职”，解决“干部怎么下去”的问题。一是领导和机关干部挂点联系。市级领导干部包县并挂点联系 1 个乡镇、1 个村，县（市区）处级领导干部和市直单位主要负责人挂点联系 1 个村。以上领导干部在所联系的村里的直接联系 20 户群众。二是下派工作队驻点联系。市、县各部门、单位抽调人员组建工作队，脱岗常驻挂点村、社区。每个工作队3人左右，工作队长一般由工作能力强的工作骨干和后备干部担任，联系群众50户以上，工作队没人联系群众50户以上。三是乡镇（街道）干部包片联系。四是新列后备干部和新进工作人员，派到村、社区挂职锻炼一年，参与“三送”工作。

第二，明确干部直接联系服务群众的职能任务。“三送”干部的只能明确为“五促进”：一是促进创业致富；二是促进环境提升，帮助整治村容村貌，改善群众生活环境；三是促进民生改善；四是促进社会和谐；五是促进基层党建。

第三，规范干部直接联系服务群众的运行机制。建立干部直接联系服务群众的“五项制度”，解决长效化常态化问题。一是公开承诺制度。将联系服务的责任单位、下派干部名单、联系对象等进行公示，公开承诺帮扶的具体事项、措施办法及完成时限；二是民情家访制度。联系干部每年都要逐户上门家访，记好“民情日记”，建立“民情台账”；三是四级联系制度。对群众反映的问题和困难实行市、县、乡、村四级联动解决。建立全市统一的“96333”群中信息服务电话；四是民意测评制度；五是奖惩制度。

五 赣州实现跨越式发展的条件与模拟

（一）“次贫困地区”与跨越式发展

发展经济学对如何开启贫困区域大推动、进而促进经济内生增长路径形成的争论形成已久，是采取非平衡增长还是平衡增长模式，至今未达成有说服力的意见。赣州样本的意义在于，通过它我们可以在现实中寻找一个非平衡增长还是平衡增长理论的融合点。非平衡增长理论家认为他们的观点具有“一般性”，平衡增长是在“特定”情境下才能有效。这种认识对于观察赣州样本具有启发性。

首先，中国30多年的“非平衡增长”，导致了大片欠发达区域：不仅包括西部大片资源、交通瓶颈制约显著的区域，也包括不少东、中部内陆腹地产业转型滞后的区域。由此，中国区域经济发展呈现了鲜明的分层：

“增长带或增长极区域—近增长极区域—次贫困区域—贫困区域”。

我们对“次贫困区域”的定义是：“次贫困区域”和“贫困区域”有着明显区别：尽管两者都受到“增长极”或近增长区域资源牵引而成为落后者，但是，“次贫困区域”虽然流出了劳动力，但是相比于“贫困区域”而言，仅仅是暂时丧失了部分发展潜力，一些对于经济追赶至为重要的不可移动“虚拟储蓄”—典型如土地（或许还包括矿产等）—仍然留下来。“次贫困区域”足够的土地资源成为后发优势必要条件，而这恰恰是“贫困区域”所不具备的。这个定义意味着，虚拟储蓄（包括可流动的劳动力，以及不可流动的土地资源—也包括边际收益递减的矿产资源）对于“次贫困区域”追赶是重要的。

换句话说，满足了必要（投资、虚拟储蓄）和充分条件（政府作用）的“次贫困区域”，容易走上一个确定性的“结构性加速”发展轨道。因此，我们可以给出这样一个预想或推断：

在新一轮大推动背景下，未来10～20年连片扶贫战略结束后，中国原来的欠发达区域将产生新的分化。“次贫困区域”由于大推动的政策支持，将步入经济成熟阶段，而没有受到政策推动的“次贫困区域”将落在后面，连同资源贫乏的“贫困区域”落在区域经济结构的尾部。因为劳动力成本、资源成本的上升，将会阻断这些区域进一步上升的通道，此时，国家战略将转入特定贫困点的扶持，而非连片大推动。

可以看出，次贫困区域的一个典型特征是，这些区域不为贫困陷阱问题困扰，但是相对贫困仍然是着重克服的问题，需要投资推动进入快速增长的轨道。否则，则因内生增长动力的缺乏与先发工业化地区差距越来越大，在次贫困与贫困的不确定性增长区间徘徊。

因此，如果我们把过去30年中国经济非平衡增长看作第一轮工业化大推动—它在加速过程中加剧了区域分化，那么以《中国农村扶贫开发纲要（2011—2020年)》为契机，中国第二轮大推动行将开启。1980年以来的扶贫计划，在《纲要》中明确上升到国家的战略地位，因此能够赶上这一轮政策支持的“次贫困区域”，可以说获得了充分的机遇。然而，并非所有“次贫困区域”（如发达省份腹地的农业区域）都能享受到《纲要》的政策，造成未来经济增长的不确定前景。

（二）赣州作为“次贫困区域”的基准情景：差距

1. 赣州人均GDP差距与全国、全省差距持续拉大

2012年，赣州市人均GDP 16277元/人，为全省平均水平的0.57倍、全国平均水平的0.42倍。这里我们可以看到隐现的“次贫困区域”特征。首先，赣州样本经济增长呈现持续加速趋势，这种加速使得经济远离贫困循环累积状态。其次，从赣州经济增长与本省和全国平均水平对比看，2000年以来，无论在经济增长率上还是在人均GDP上，该样本与全国乃至全省平均水平差距一步步拉大(图1)。

不仅如此，与省内其他城市相比，2000年以来赣州市追赶速度也比较缓慢，体印象是，2000—2012年这10年里，该市与经济相对发达城市如南昌、景德镇等差距扩大；以前与该市经济处于同一水平的城市，也呈现赶超赣州的态势。

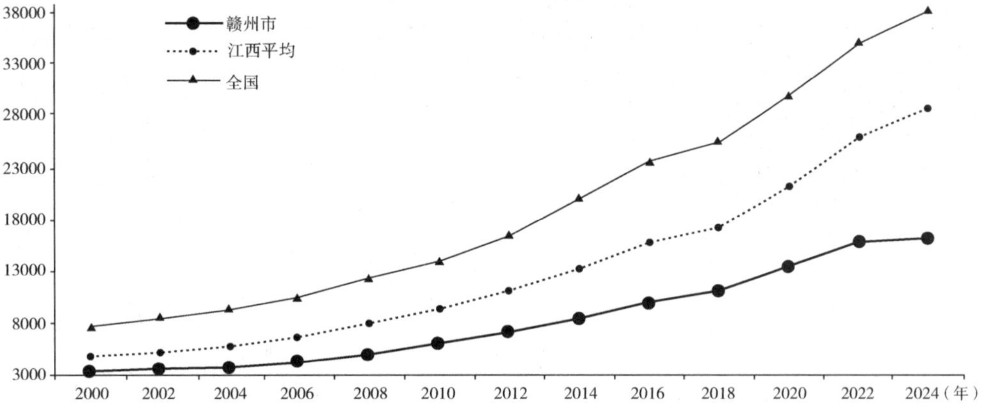

图1　赣州市人均 GDP 与全省、全国水平的对比（单位：元/人）

数据来源：江西省统计年鉴、赣州统计局

表1　赣州市人均 GDP 与其他城市的对比（赣州 =1.0）

	2000	2005	2011
南昌市	3.0	3.7	3.3
景德镇市	2.0	2.1	2.2
萍乡市	1.7	2.0	2.2
九江市	1.4	1.5	1.7
新余市	1.8	2.6	4.3
鹰潭市	1.5	1.9	2.4
赣州市	1.0	1.0	1.0
吉安市	1.0	1.1	1.1
宜春市	1.1	1.1	1.2
抚州市	1.0	1.1	1.2
上饶市	0.8	1.0	1.1

数据来源：中国统计年鉴，江西省统计年鉴

表2　2011 年居民消费对比（赣州市 =1.0）

	全体居民	农村居民	城镇居民
南 昌 市	4.2	3.3	4.5
景德镇市	2.3	2.2	2.0
萍 乡 市	1.6	1.2	2.4
九 江 市	1.5	1.1	1.7
新 余 市	2.1	1.4	2.0

续表

	全体居民	农村居民	城镇居民
鹰潭市	1.6	1.3	1.7
赣州市	1.0	1.0	1.0
吉安市	1.1	1.0	1.5
宜春市	1.3	1.5	1.3
抚州市	0.9	0.9	0.8
上饶市	1.0	1.0	1.5

数据来源：江西省统计年鉴

2. 区域资源集聚能力弱，地理分割状况显著

与初始低收入水平相关联的，是区域集聚能力弱，这也是“次贫困区域”和贫困区域常见的经济特征。从要素因果循环累积角度看，低集聚能力意味着高生产、生活成本（通勤成本）和低经济外部性，鼓励劳动力外流及自然资源潜力的发挥，导致低经济发展水平。

GDP强度：2002年、2005年、2011年赣州市GDP强度分别为68、127、339万元/平方公里。表3显示，10年来，赣州与本省经济相对发达地区的差距呈逐渐扩大趋势，如2000年鹰潭、新余、萍乡等市GDP强度分别为赣州的3.2、3.0、3.8倍，2011年扩大到3.5、7.2、5.1倍。即使过去与赣州经济水平相当的地区，近年来也有超过赣州的趋势，如抚州、上饶市2011年GDP强度分别为赣州的1.2、1.4倍。

从市区人口集中程度看，2000年赣州市市区人口占全市总人口的比重为5.9%（表4），2011年为7.7%，与其他地区相比较低。尽管市区人口集中程度受地区自然环境的影响较大而呈现差异，在地区对比上有其局限性。但是，从城市发展角度看，市区人口集中程度可以作为“增长极”溢出效应大小的一个指标，在很大程度上可以评价一个地区发展能力，因此在城乡一体化上赣州市还有很大的潜力可挖。

赣州区域资源集聚能力较弱的另一个表现是地理分割状况显著。若以公路交通密度作为地理分割的代理变量，那么赣州每平方公里的公路里程在江西省十几年来一直是最低的（表5）。

表3 赣州市（全市）GDP强度与其他城市的对比：赣州市=1

	2000年	2005年	2011年
南昌市	8.6	10.7	10.7
景德镇市	2.7	2.9	3.2
萍乡市	3.8	4.7	5.1
九江市	1.7	1.8	2.0
新余市	3.0	4.4	7.2
鹰潭市	2.2	2.7	3.5
赣州市	1.0	1.0	1.0
吉安市	0.9	0.9	1.0
宜春市	1.5	1.6	1.7
抚州市	1.0	1.1	1.2
上饶市	1.1	1.3	1.4

数据来源：中国城市统计年鉴，江西省统计年鉴

表4 赣州市市区人口占全市人口的比重与其他城市的对比:%

	2000年	2005年	2010年
南昌市	39.4	44.2	42.0
景德镇市	28.1	28.7	29.1
萍乡市	44.6	45.4	46.1
九江市	11.5	12.4	13.6
新余市	71.3	71.9	77.7
鹰潭市	16.5	17.0	21.0
赣州市	5.9	6.7	7.7
吉安市	10.8	10.8	11.3
宜春市	18.3	18.4	19.4
抚州市	26.9	27.6	29.2
上饶市	5.3	5.5	6.1

数据来源：江西省统计年鉴

表5 每平方公里的公路里程（单位：公里/平方公里）

	2003年	2006年	2011年
南 昌 市	0.37	1.32	1.39
景德镇市	0.44	0.73	0.82
萍 乡 市	0.60	1.31	1.69
九 江 市	0.37	0.83	0.97

续表

	2003 年	2006 年	2011 年
新 余 市	0.52	1.21	1.30
鹰 潭 市	0.44	0.98	1.07
赣 州 市	0.30	0.59	0.67
吉 安 市	0.32	0.72	0.82
宜 春 市	0.44	0.80	0.92
抚 州 市	0.38	0.64	0.70
上 饶 市	0.34	0.71	0.81

数据来源：江西省统计年鉴

（三）赣州作为“次贫困区域”的大推动情景：跨越发展

1. 赣州未来 10 年发展目标——大跨越轨迹模拟

赣州振兴苏区发展的总目标是实现“一年一变样、三年大变样、五年上台阶、八年大跨越”，确保 2020 年与全国同步全面建成小康社会。为了对这种目标进行模拟，我们设定了江西、全国的未来增长情景。提供了赣州 10 年人均 GDP 追赶、投资需求、投资消费转换以及劳动力需求（回流比例至少 50 万，占劳动力流出比例的 1/3 左右）。我们模拟大推动的假设是，赣州经济水平如果赶超了全省及全国平均水平，即认为接近于实现小康目标，实现了跨越。

从实现设定目标所需的经济增长速度而言，要达到“一年一变样、三年大变样、五年上台阶、八年大跨越”，确保 2020 年与全国同步全面建成小康社会的目标，赣州在 2014—2022 年的地区生产总值年均增速需要达到 17.5%，人均 GDP 年均增速需要达到 17%。

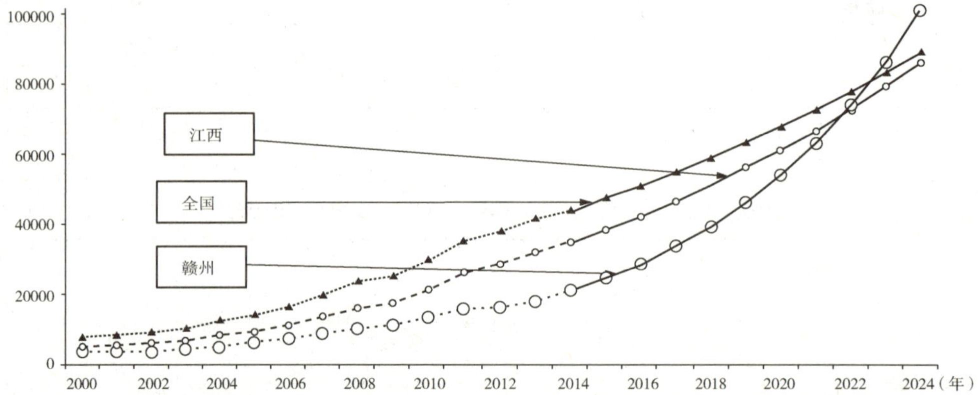

图 5　赣州市 2014—2022 年大跨越情景：人均 GDP 增速 17%，GDP 增速 17.5%

2. 大推动投资需求和投资/消费转换

如果考虑工业发展偏好和服务业发展偏好，以及投资与需求与消费需求之间的转换，那么可以设定三种情景。本部分的数据根据基本的数据比例关系推算（复杂的产业、消费与投资联系需要求助于系统动力学软件进行模拟）。

A. 高投资情景：要实现图5跨越目标，2013年及以后，高投资率持续10年——即每年的固定资产投资/当年GDP保持在0.8的水平。这种情景意味着，赣州未来10年需要在工业发展上做足文章，把工业比重做上去。就像本省其他兄弟城市所做的那样。

B. 中投资情景：要实现图5跨越目标，2013—2017年高投资率持续5年——即每年的固定资产投资/当年GDP保持在0.8的水平；2018年及以后投资率维持在0.7。这种情景意味着，赣州未来10年仍需要着重发展工业，把工业比重做上去。但同时也兼顾服务业的发展和消费增长对经济的拉动。当然，消费需求的作用是在2018年投资率下降后出现的。

C. 低投资情景：要实现图5跨越目标，2013—2015年高投资率持续3年——即每年的固定资产投资/当年GDP保持在0.8的水平；2016—2018年投资率维持在0.7；2019—2024年投资率维持在0.5。这种情景意味着，赣州未来5年仍需要着重发展工业，把工业比重做上去。但2018年之后，必须重视城市化发展及相应需求对经济增长的重要作用。如果消费需求上不去，这个方案不能成立。

表6 为实现跨越的高投资情景（投资率0.8） 单位：亿元

年份	固定资产投资	每年固定资产投资增量
2013	1331（赣州实际投资）	
2014	1567	237
2015	1846	278
2016	2172	327
2017	2556	384
2018	3007	451
2019	3536	529
2020	4158	621
2021	4887	729
2022	5742	855
2023	6744	1003
2024	7920	1175

表 7　实现跨越的中投资情景（2013—2017 年投资率 0. 8；其后为 0. 7）

单位：亿元

年份	固定资产投资	每年固定资产投资增量
2013	1331（赣州实际投资）	
2014	1567	237
2015	1846	278
2016	2172	327
2017	2556	384
2018	2647	90
2019	3112	466
2020	3659	547
2021	4301	642
2022	5053	753
2023	5936	883
2024	6970	1035

表 8　为实现跨越的低投资情景（2013—2017 年投资率 0. 8；其后为 0. 7）

单位：亿元

年份	固定资产投资	每年固定资产投资增量
2013	1331（赣州实际投资）	
2014	1567	237
2015	1846	278
2016	1912	66
2017	2250	338
2018	2647	397
2019	2223	394
2020	2614	391
2021	3072	458
2022	3609	538
2023	4240	630
2024	4979	739

3．大推动的劳动力需求

这里提供了一个简单的劳动力需求预测：即，按照劳动参与率变动和 GDP 增长预测未来劳动力需求。（1）我们这里的总人口预测是按照赣州市人口自然增长率变动趋势外推得到，使用了一条缓慢下降的人口自然增长率变动曲线。（2）按照图 5 所设定的目标，以及上述投资需求情景，我们认为，该市未来十年劳动力需求将增加 40 万～50 万人，也就意味着，若大推动成功，未来十年里至少需要 1/3 左右的劳动力回流。

表 9　赣州市劳动力需求及人口预测

年份	总就业（年末万人）	总人口（年末万人）
2010	480. 2	907. 3
2011	491. 7	918. 3
2012	506. 4	926. 7
2013	517. 5	928. 5
2014	520. 9	934. 7
2015	524. 3	940. 6
2016	527. 4	946. 3
2017	530. 4	951. 7
2018	533. 3	956. 9
2019	536. 1	961. 8
2020	538. 7	966. 5
2021	541. 1	970. 9
2022	543. 4	975. 0
2023	545. 6	978. 9
2024	547. 6	982. 5

六　总　结

中国在过去几十年间实现大多数人现代化的主要发展战略之一是地区间的不平衡发展，一部分地区率先进入小康社会。在这一条件下，要实现全国全面小康，关键是落后地区如何实现跨越式发展。赣州作为原中央苏区的核心地区，也是落后地区，一直在探索实现一条五个文明同步推进的跨越式发展道路。近年来，特别是中央振兴苏区若干意见提出以来，赣州抓住中央振兴苏区发展及承接产业转移的有利契机，推动新型工业化、城镇化和农业现代化三化并举，将外在条件和机遇转化为内生发展动力，力争实现与全国同步进入全面小康社会。

虽然时间尚短，赣州对新的发展模式和发展道路探索的最终效果还未显现，但这几年的实践也充分表明这一探索值得总结，亦应成为中国特色的社会道路探索的一部分。

赣州的发展面临外部的机遇，一是中央对苏区振兴发展的资金与政策扶持，二是珠三角等发达地区的产业转移浪潮。但是，这两个外部优势能否转化为赣州的内生发展动力，在战略上需要统筹考虑。赣州的实践，首先是找准突破口和抓手。这个突破口就是突破城乡二元分割，统筹城乡一体化发展；而抓手则是赣州的危旧土坯房改造及移民搬迁。通过顺利实施大规模土坯房改造与移民搬迁，实现了“两集中、两转变”，即将农村居民集中到工业园区附近和城镇居住，在农村通过土地流转实现土地经营的适度集中；农村居民转变为农民工与农民工转变为城镇居民同步推进。“两集中、两转变”相互促进、相互联系，为新型工业化、城镇化与农业现代化提供了基础和条件。而赣州将外部优势转化为内生发展动力的主要战略举措就是新型工业化、城镇化与农业现代化同步推进。承接产业转移要与本地产业发展有效衔接，城镇化要为工业化提供高素质劳动力及消费市场，工业化发展为进入城镇的居民提供就业与收入，工业化与城镇化则推动了农业现代化、产业化的快速发展。由此，三个方面的有机融合，共同构成赣州发展的内生动力。

在赣州经济与社会大发展的过程中，还需要地方政府治理能力的支持与保障。赣州继承和发扬苏区精神，探索群众路线的有效实现形式，建立了“三送”工作机制与工作网络。“三送”工作机制与网络，一是建立了群众与政策决策之间的有效沟通渠道，二是将政策执行者与群众之间的距离打破，提高政府的执行效率。这两个方面又为各项政策的落实及发展目标的实现提供了和谐稳定的社会环境。从国家治理能力现代化的角度，赣州的“三送”机制极大丰富了国家治理能力现代化的实践内涵。

从经济增长的角度，赣州由于原先的基础较为薄弱，要实现“一年一变样、三年大变样、五年上台阶、八年大跨越”，确保2020年与全国同步全面建成小康社会的战略目标，还需要付出极大的努力。从经济增长的情景模拟看，赣州要实现上述战略目标，赣州在2014—2022年的地区生产总值年均增速需要达到17.5%，人均GDP年均增速需要达到17%。而要实现地区生产总值的快速增长，不论在何种假定情境下，都需要在未来几年将工作重心放到投资与工业增长上，以投资和新型工业化作为带动经济增长的龙头；同时，提升居民消费水平，大力发展服务业。赣州的快速增长还需要劳动力的支持与配合，因此，赣州在未来几年也需要提速城镇化，特别是要做好外出劳动力的回流，以满足本地工业化与城镇化的需求。在本地劳动力就业转化方面，则需要进一步推动农业产业化，将更多劳动力从农业中释放出来。

从当前的情况看，赣州正在探索一条落后地区实现赶超的新型道路；这一新型道路不同于其他地区赶超模式之处，一是以统筹城乡发展，突破城乡二元分割为突破口，以加大民生投入为抓手；二是通过三化并举，着力打造经济增长的内生化动力；三是提升政府治理能力现代化，提升执政效率，并保持稳定和谐的社会环境。赣州发展模式的雏形已现，初步效果也已显现出来，长期效果则还需要未来几年甚至几十年的努力。

第十八章　农村劳动者选择机制[1]

——深圳梅州市双城样本

一　引　言

中共十八大报告提出，“坚持走中国特色新型城镇化道路，推行以人为核心的城镇化”，正式提出了要将人而非土地或资本作为新型城镇化的核心。基于这一理念，中央政府相继发布了一系列文件，明确了农业转移人口市民化、公共资源均衡配置和城市合理分布等作为新型城镇化的核心内容。之所以要提“新型城镇化”，是因为旧的城镇化无视居民作为理性人的选择机制，片面强调基础设施与投资对城镇化的推动，忽视了劳动力迁徙与社会保障制度建设，从而造成城市规模分布不合理、农民工市民化缓慢等问题（李培林，2013）。因此，要实现新型城镇化战略部署，应首先从理解劳动力迁徙和农业转移人口市民化的微观机制入手，推动微观主体按照制度与政策设计进行选择。

作为一项中国城镇化微观视角的代表性研究，张翼（2011）基于农民工微观调查数据分析发现，绝大多数进城农村劳动者不愿意转变为非农户口，原因主要是不愿失去承包土地，而原因转户的主要原因是孩子的教育与升学。这一研究提出了中国新型城镇化的主要问题，即迁徙、公共服务、户籍、土地等，而我们有必要进一步深入理解进城农村劳动者的决策机制和选择条件，为推动新型城镇化找到具操作性的政策抓手。对于一个代表性农村劳动力而言，他的生命阶段即青年时的就业、中年时子女的教育、老年时的养老，都与城镇的不同就业形式的福利比较、城乡公共服务差异、城乡户籍制度和社会保障体系的选择有关（参见秦立建与王震，2014）。为简化分析，我们可将代表性的进城农村劳动者的选择简

---

① 本章作者陆明涛，系中国社会科学院金融研究所博士后，研究方向：经济增长；张平，中国社会科学院经济研究所副所长、研究员，研究专长：经济增长。本文感谢国家社会科学基金重大招标课题“加快经济结构调整与促进经济自主协调发展研究”（12&ZD084）的支持。本文得益于与中国社科院经济所王震副研究员、张自然副研究员等的讨论，特别受益于朱犁老师和匿名审稿人的修改意见，在此一并致谢。

化为三个问题：其一，是否向城镇迁徙流动，即在农村和城镇之间进行选择（在中小城市和特大城市之间的选择机制类似）；其二，在城市选择何种就业方式（正规就业/非正规就业），即在城乡居民社会保障加自我储蓄养老和城镇职工社会保障之间进行选择；其三，是否放弃农村户口实现市民化，即在土地保障加农村居民社会保障和城镇职工社会保障之间选择。

为理解上述问题，我们在对广东省深圳和梅州两个城市调研的基础上，从进城农村劳动者如何选择入手，根据有关理论模型，建立居民迁徙、就业、户籍与社会保障体系选择的分析框架，比较各种选择之下的收入和社会保障水平，并结合深圳和梅州的基本情况分析其中的政策变量，以探讨可操作性的政策启示。

二 文献述评

关于农村劳动者向城镇迁徙流动的这一问题，更高的工资水平可能已不再是主要吸引力。最近的研究证实，大城市的工资收入优势已经逐渐消失（王春光，2001；宁光杰，2014），但农村劳动力向城市迁徙仍在大规模地进行。因此，劳动力流动必然存在工资之外的原因，Tiebout（1956）所开创的公共支出影响迁徙决策的研究传统可能更符合实际。许多研究表明，教育、医疗、文化在内的城市公共服务是劳动力迁移的重要考虑因素（如付文林，2007；方大春与杨义武，2013），其中让子女获得更好教育是尤为重要的原因（张翼，2011；国家发展改革委经济体制与管理研究所社会调查课题组，2014）。因此将公共服务加入效用函数（参见 Turnovsky，1996），将迁移决策理解为效用最大化的结果，可为新型城镇化研究提供一种微观机制。

劳动者迁徙第二个问题是，由于工资水平差距长期存在，为何农村劳动者向城市的迁徙过程不能迅速完成以弥补工资水平差距。流动的劳动人口的迁移决策必然是理性权衡比较的结果，如迁移的成本—收益比较（李惠，1993）。相当大规模的农村劳动者并不愿意向城镇迁徙，必然是经济中存在一种折中机制（tradeoff），平衡了进城农村劳动者迁徙带来的收益（Williamson，1988）。据学者研究，一种重要的折中机制就是迁徙造成的流动成本（付文林，2007）。流动成本的内容广泛，但从社会调查的结果来看，与迁徙前相比迁徙劳动者及其家庭最重要的新增支出即为住房支出，包括租房或买房的支出（严翅君，2007）[①]。因

---

① 严翅君（2007）、褚荣伟与张晓冬（2011）等研究都指出，对农民工而言，住房消费（包括房租、水电燃气）约占个人年均消费的20%左右，是除食品消费之外的最大支出项目。但是，严翅君（2007）的调查数据表明，农民工和农村居民的年人均食品支出差额约为1200元，而人均住房消费约为1550元，这笔消费在农村由于住房自有而无须额外支出。对于城市间迁徙的劳动者而言，住房是最大的额外支出的判断也同样适用。

此，将住房支出作为平衡城市高收入和高公共服务优势的流动成本，可成为理解劳动者迁移决策的微观机制。

如果进城农村劳动者迁徙的目的不再是为了更高收入，则他们进城后的就业就成为新型城镇化面临的问题。进城农村劳动者特别是新生代农民工的就业短工化趋势日益显著[①]，非正规就业成为进城农村劳动者的重要就业形式[②]。就业短工化和非正规化的一个重要原因是企业为了规避较高的社会保障支出，雇主将原应缴纳社保的工资发放给进城农村劳动者，使得劳动者短期离职不会因社保缴费时间不够而损失已缴社保。据世界银行北京代表处的报告，中国正式就业劳动者的边际税负[③]已达约45%，而欧盟15国的平均水平仅42%（World Bank Office，2012，第28页）。因此，由于许多进城农村劳动者因种种原因无法享受各种保险，则雇主和劳动者都愿意将这45%在双方之间分配而不是上缴。城乡居民社会保障体系的健全与融合，降低了进城农村劳动者非正式就业的机会成本，更提升了劳动者非正式就业的可行性。因此，剖析进城农村劳动者正式就业与非正式就业的福利水平比较，有助于理解进城农村劳动者的就业行为选择，有助于促进新型城镇化下的正规就业发展。

关于进城农村劳动者的市民化和社会保障问题，户籍身份是农业转移人口市民化的主要内容，而社会保障、特别是养老保障是农业转移人口考虑的首要因素（国务院发展研究中心课题组，2011）。随着社会保障制度的全面推进，特别是农村和城镇居民社会保障体系的建立健全和融合，进城农村劳动者的市民化意愿已不再像以前那样强烈（如张丽艳与陈余婷，2012；姚植夫与薛建宏，2014等）。据国家发展改革委经济体制与管理研究所社会调查课题组（2014）调查，即便是在东部特大城市，也只有39.9%的农村进城劳动者表示愿意转换为城市户籍。张翼（2011）更是发现，只有11%左右的农民工愿意放弃承包土地转换为城镇户口。其背后的原因可能在于，对于仍保有土地的进城农村劳动者而言，离乡不离土的可行性为他们提供了土地保障的可能（国家发展改革委经济体制与管理研究所社会调查课题组，2014），选择继续保有农村户籍意味着拥有土地保障加城乡居民社会保障的双重保障，而选择转换为城市户籍最好的选择也就是城镇职工社会保障，则户籍选择意味着两种保障方式的选择。因此，探讨户籍转换背后的保

---

① 《清华课题组：新生代农民工的困境与出路》，2012年9月5日，http://www.tsinghua.edu.cn/publish/news/4207/2012/20120906144641078788988/20120906144641078788988_.html.

② 据“中国农民工调查”项目数据，2010年来农民工签订合同比例一直下滑，2012年降至59%（孟昕，2014）。秦立建与王震（2014）也发现农民工签订合同降低了农民工的户籍转换意愿。

③ 边际税负定义为（总劳动成本－净工资收入）÷总劳动成本。

障方式与水平选择的条件，有助于为户籍制度改革提供理论依据与政策参数估计。

三 深圳和梅州样本的典型意义

要分析进城农村劳动者的选择行为，需要选择有代表性意义的典型样本进行参数设定和模拟分析。广东是中国改革开放的先锋，是中国最先实现经济起飞的省份，也是经济增长率最先进入减速通道的省份之一，且与北京、上海等直辖市相比，广东省的整体发展阶段与省内的区域发展差距可以看成是中国经济未来发展的微缩样本，广东省目前的城镇化态势与中国未来将面临的形势有很大的类似，因此基于广东省发达程度最高和最低的深圳和梅州两个样本的分析，应能为探讨中国城镇化整体趋势提供富有前瞻性和代表性的参考。

深圳市是我国改革开放的最前哨和成功典范，2004 年农村城市化城镇化率就已达 100%（深圳统计年鉴，2012），深圳的城市规模、城市化效率都是领先全国的少数几个城市之一，与北京上海等并称为“北上广深”特大城市。据中国城市统计年鉴数据，2005 年起深圳人均 GDP 超越广州，2012 年达 123247 元，成为广东省人均 GDP 最高的地区，远高于其他特大城市。深圳吸引了来自全国各地的大量流动人口，非户籍人口远高于户籍人口，但深圳的人口构成是由城市间转移和农民工转移而来，而北京上海的流动人口主要是其他城市人口转移而来，因此深圳为研究进城农村劳动者市民化提供了极好的条件。

梅州市位于广东省东北部与江西省交界处，属于典型的山区地带，区位特征与交通条件限制了梅州的经济发展。据广东统计年鉴数据，自 2006 年起梅州人均 GDP 一直排名广东省最低，2012 年为 17396 元，仅为深圳的 1/7。因而梅州可以作为发展水平较低的中小城市的样本，供与深圳等特大城市在城市迁徙的效用水平和社会保障水平进行比较。

由于经济发展水平的差异，深圳和梅州所表现出的城镇化特点也有极大差异。如图 1 所示，深圳的城镇化率在 2005 年以前就已经达到了 100%，而梅州的城镇化率仍然在 45% 以下徘徊。但深圳 100% 的城镇化率并不意味着城镇化进程已经完成，按照新型城镇化的要求，城市移民的市民化才是城镇化质量的表现，其重要指标是户籍人口占常住人口的比例。深圳这一比例到 2012 年仍不到 30%，反映出深圳常住人口并未市民化的重要事实。梅州户籍人口占常住人口比一直维持在 120% 的高位，意味着大量梅州户籍人口外迁到了其他地区，这也意味着梅州市不能很好地留住本地居民和吸引外地居民，在梅州的农业户口不愿转成城市户口。更值得注意的是，自 2008 年以来，深圳常住人口增长率不断下降，2012 年仅为 1% 左右，这意味着深圳市对外来人口的吸引力在不断下降。因此，以深

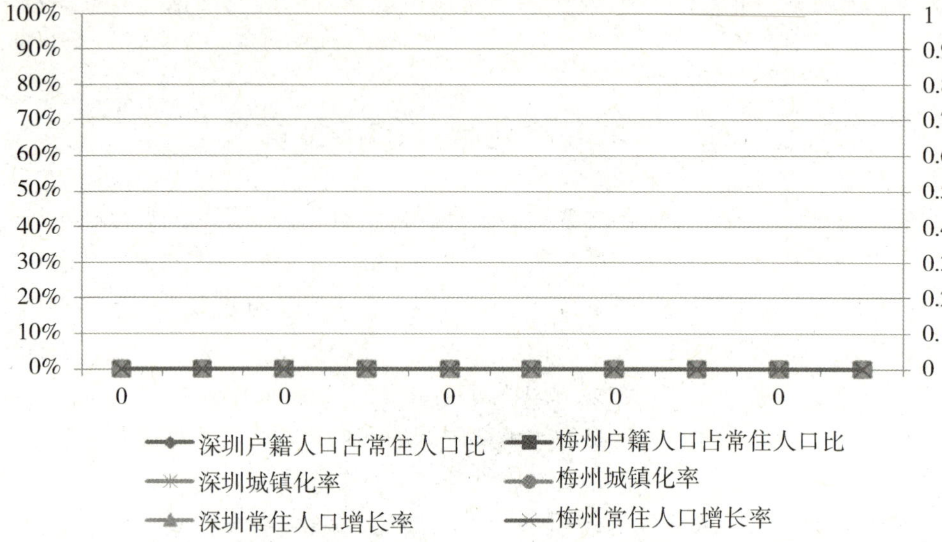

图1　深圳市与梅州市城镇化相关数据对比

数据来源：各年度广东统计年鉴

圳和梅州为例，探讨进城农村劳动者的迁徙和市民化决定因素，具有突出的典型意义。

为进一步探讨了解城镇化过程中进城农村劳动者的选择机制，笔者所在的中国经济增长前沿课题组在深圳和梅州进行了深入的企业调研，调查走访了多家商业和工业制造公司（均在5000人以上），发现很多中低层职位的外省来深圳的工作人员和农民工都加入了社保，也有相对稳定的工作，按深圳积分入籍制度已具备获得深圳户口的条件，企业出于激励因素也不遗余力地推动他们入籍。但调研发现，这些企业中每年入籍人数很少，大多数工作人员和农民工都认为生活成本太高，无法持续在深圳生存而不愿入籍，同时，虽然梅州市放开了户口制度，但愿意将农村户口转为城市户口的人口非常少，许多农民认为城市户口提供的保障水平还不如持有土地，这与国家发展改革委经济体制与管理研究所社会调查课题组（2014）的调查结果是一致的，城市户口的吸引力在下降。从调研情况看来，深圳和梅州面临较为严峻的新型城镇化形势，两座城市的人口迁徙、农业转移人口市民化和社会保障建设特征具有较好的样本意义。

四　城市居住迁徙的选择

1．抵消流动成本的个人收入与公共服务的权衡

参照Turnovsky（1996）的设定，对于消费者而言，效用函数不仅取决于对私

人物品的消费，还取决于对公共服务的消费。公共物品由政府提供，取决于政府的消费性支出，私人消费取决于个人收入。效用函数采用 Turnovsky（1996）的乘积形式，由于不考虑资源的跨期配置，则代表性经济人的即期效用函数可写为

$$U=\frac{(C.C^{\eta})^{1-\sigma}-1}{1-\sigma} \tag{1}$$

其中 C 为私人消费，G 为政府消费性支出，$0<\eta<1$ 为政府消费性支出对居民效用的影响因子，即假定公共服务能提高居民的效用水平，且满足边际效用递减规律。σ 为居民的风险厌恶系数。

在最简单的情形中，只考虑劳动者家庭的工资收入，假定其由外生决定，则居民的城乡居住选择主要取决于当期效用水平的比较，而不需考虑经济的跨期资源配置问题，这样就能在类似 Lucas（2003）所考虑的局部均衡框架内进行福利比较。假定居民有两个选择：（1）住在中小城市（或农村/镇）；和（2）住在特大城市[①]。住在中小城市时，个人消费完全取决于自己的可支配收入，而迁移到特大城市时，还需要付出一个较大规模的流动成本。流动成本包含内容广泛，但对于居民而言，在由中小城市向大城市迁徙的过程中，消费支出最大的项目是居住成本，特别是以市民化为目的迁徙必须考虑购房/租房支出。因此个人预算约束分别为：

$$C_1=(1-S).Y_1 \tag{2}$$

$$C_2=(1-S).(Y_2-H) \tag{3}$$

其中 $H>0$ 为外生给定的流动成本，s 为外生储蓄率，为简单起见可假定城乡居民的储蓄率相同。事实上，引入不同的储蓄率也不会对模型分析造成很大影响。

假定居民在特大城市和中小城市/农村的工资收入不同，特大城市由于更具机会、规模经济、范围经济等原因，居民能获得更高收入，则令

$$\lambda Y_1=Y_2 \tag{4}$$

其中 $\lambda>1$ 为特大城市收入相对中小城市的倍数。

进一步考虑公共服务支出，假定中小城市的人均公共服务支出低于特大城市。这与经济现实比较接近，即便考虑适当的人均支出水平，特大城市在公共服务方面的支出也往往高于中小城市和农村。假定代表性经济人在中小城市和特大城市所享受的公共服务数量存在如下关系：

$$\varphi G_1=G_2 \tag{5}$$

其中 $\varphi>1$.

假定经济处于均衡状态，即对代表性居民而言，生活在中小城市与迁移到特

① 之所以考虑中小城市和特大城市的权衡比较，是因为农村的公共服务水平很难衡量，但在数据允许的条件下，农村和乡镇或农村和中小城市也能构成相应比较。事实上，后文的分析只要求公共服务水平存在差异，对比较的两个选项并没有特别要求。

大城市无差异，即居民在两个选择上可以得到相同的效用水平，则有

$$\frac{C_1. G_1^{\eta})^{1-\sigma} - 1}{1 - \sigma} = \frac{C_2. G_2^{\eta})^{1-\sigma} - 1}{1 - \sigma} \tag{6}$$

化简，并将－代入上式，则有

$$H = \left[\lambda - \frac{1}{\varphi^{\eta}}\right]. Y1 \tag{7}$$

上式表明，要保证迁徙与否对代表性居民无差异，必须满足如下条件，即流动成本会完全抵消居住在大城市所得到的相对中小城镇/农村的收入与公共服务水平的收益。若将上式左边看成是迁徙的成本（即流动成本），右边则为迁徙带来的收益，包括更高的收入和更高的公共服务两部分。只要流动成本小于迁徙收益，居民就将选择由中小城镇/农村移居到特大城市。换言之，以更高住房成本为代表的流动成本是对特大城市更高收入和更高公共服务等优势的折中，否则所有劳动者都会迁移到特大城市。

由上述分析可知，居民迁移到特大城市，在支付以住房成本为代表的流动成本之后，未必能获得比原有水平高的净收入，特别是在不断高企的房价等流动成本的推动下，迁移到特大城市甚至可能会造成净收入（从而消费水平）的下降，但由于特大城市能提供远高于其他地区的公共物品消费，因而居民会因为这一点而被吸引到特大城市。

上述分析是建立在同质的代表性个人的基础上，而将劳动者看成是在工资收入上有差异的异质性群体可能更符合现实，如记劳动者 i 而言，工资收入 y_i 可取（0，$\bar{y}$]）D_ Dd_ $\bar{y}$ 为非常大的任意常数。对于任意特定时间点，流动成本 H 是外生常数，人均公共服务水平 G 也可看成为与收入无关的常数，则由式可知，必然存在一个由下式决定的收入门槛 $\hat{y}$，工资收入低于此门槛的劳动者 i，式等号变成大于号，则表明他们的迁徙收益要低于迁徙成本，迁徙是不划算的，反之亦然。由－式，门槛收入可通过下式计算：

$$\hat{y} = \frac{Y_1}{\varphi^{\eta}} + H \tag{8}$$

上式表明，门槛收入由迁出地工资水平、公共服务差距和流动成本共同决定。

2. 深圳与梅州的模拟测算

上式给出了居民在特大城市和中小城市的福利比较，由于该式主要与工资收入倍数、公共服务水平差距及迁出地工资水平有关，因此也可以理解为中小城市与农村的对比。虽然现实中难以获得农村相对于中小城市的公共服务水平数据，但中小城市相对于特大城市的收入和公共服务差距很容易获得。因此，为了给出现实经济情境分析，我们可以根据式分析居民选择从梅州迁往深圳的条件，来观

察居民迁徙的行为选择。

在校准之前需要为公共服务和流动成本两个变量选择指标。本文研究中以教育资源投入水平作为公共服务水平的代理变量，一个合适的指标是中小学在校学生生均教育拨款（政府在教育方面的支出除以中小学在校学生人数），这是因为一方面义务教育的投资主要由城市所在的地级政府负责，而高等教育主要根据高校归属由省级政府或中央政府进行投资，城市所在地级政府教育支出与中小学教育投入之间的关系非常紧密；另一方面，由于城市居民的中小学就读子女一般就地入学，而高等教育很容易到外省或其他城市就读，因而居民仅关心所在城市的中小学教育质量，是否迁徙也主要考虑这一指标，而相对不关心所在城市的高等教育情况。

由于缺乏一致的各城市各年度的房租数据，本文采用各城市商品房住宅销售价格作为流动成本的代理变量。这一变量也有其合理性，在中国目前的城市化过程中，迁入各城市的居民，特别是那些关心教育和医疗资源的有市民化意愿的居民，大都是以在迁入城市安家为目标的，因此深圳的房价可以视为迁移流动的主要成本。从房价数据来看，深圳和梅州的房价相差 5 倍，深圳 2012 年的商品房平均售价约为 19000 元。对于能获得平均工资的个人而言，以每年人均购买 $2m^2$ 计算住房支出是合理的。每人每年购买 $2m^2$，若家庭夫妻二人都参加工作则年均购买 $4m^2$，经过 20 年则可购买一套 $80m^2$ 的住房安家，比较符合现实①。

根据深圳与梅州的具体情况，对式所有参数进行校准。参考严成樑与龚六堂（2009）的校准数值，将 η 设定为 0.3。据《广东统计年鉴 2013》可以获得深圳和梅州的在岗职工平均工资水平、政府在教育方面的支出、中小学在校学生人数，从而根据式可以求得深圳相对于梅州平均工资收入的倍数、生均教育经费支出的倍数，进而求得居民由梅州迁徙到深圳的收益。同时，从 CEIC 数据库中可以导出自 2005 年起各地级市商品房住宅销售价格，从而可以求出迁徙的成本。

根据计算结果（如表 1 所示），比较流动成本与迁徙收益，就可以大致看出深圳对于梅州居民的吸引力。从时间序列来看，从 2010 年起，迁徙的成本就逐渐高过收益，与 2008 年以来深圳劳动者人数增长率基本一致，从而能较好地解释深圳自 2010 年以来吸引力下降的原因。

---

①　由于本模型的目的在于解释劳动迁移行为的趋势，而非在精确描述，因此取 2 或其他相近范围的值虽然会影响等式取值水平，但对各变量变化趋势没有影响，从而不影响本模型的主要结论。

表 1　由梅州向深圳迁徙的成本与收益比较

项目	2005 年	2006 年	2007 年	2008 年	2009 年	2010 年	2011 年	2012 年
流动成本：深圳房价 ×1.5	13992.56	17696.08	26739.27	25646.00	28778.00	37907.20	42074.10	37991.85
工资收入倍数	2.25	2.22	2.06	2.00	1.94	1.89	1.75	1.59
深圳平均工资	32476.00	35107.89	38797.36	43731.49	46715.25	50455.03	55142.21	59010.00
梅州平均工资	14416.82	15787.02	18821.06	21816.06	24099.59	26670.86	31466.89	37129.00
公共服务倍数	5.67	4.61	5.07	4.79	3.22	2.25	3.82	3.80
深圳公共服务	6000.00	7008.90	10047.28	11651.22	15088.53	13065.61	19713.80	23612.70
梅州公共服务	1058.34	1521.24	1980.22	2430.60	4689.64	5804.86	5159.62	6216.97
迁徙收益：按式计算	23909.67	25126.53	27232.47	30095.85	29746.38	29543.67	34093.05	34134.14
净收益	9917.11	7430.44	493.20	4449.85	968.38	−8363.53	−7981.06	−3857.71
门槛收入：按式计算	22558.89	27677.45	38304.16	39281.64	45746.87	58818.56	63123.27	62867.71
门槛收入/深圳平均工资	69.46%	78.84%	98.73%	89.82%	97.93%	116.58%	114.47%	106.54%
深圳就业人口增长率	2.51%	5.81%	6.13%	5.45%	6.05%	4.77%	0.84%	0.87%

数据来源：各年度广东统计年鉴，各年度深圳统计年鉴，CEIC

依据（8）式计算门槛收入，并比较门槛收入与深圳平均工资水平，也可以看出自2010年以来，门槛收入已经高于深圳平均工资，对于乡城迁徙的进城农村劳动者而言，要达到这一门槛收入越来越难，因而迁徙到深圳的可行性就自然下降了。

五　城镇就业方式的选择

由于正规就业部门一般严格根据劳动法规为劳动者缴纳城镇职工社会保险，而非正规就业者往往通过不签订劳动合同等形式规避社会保险方面的成本，因此本节将正规就业等同于缴纳城镇职工社会保险，非正规就业等同于不缴纳城镇职工社会保险。在现有的制度下，不缴纳城镇职工社会保险则由城乡居民基本社会保险覆盖，则是否选择正规就业，就意味着居民是选择城镇职工社会保障，还是选择城乡居民基本社会保障和个人保障。对养老保险而言，就意味着城镇职工养老保险（简称职工保）和城乡居民基本养老保险（简称城乡保）加个人储蓄养老之间的权衡选择。

1. 职工保和城乡保加储蓄养老的权衡选择

假定对个人而言，选择是否缴纳城镇职工社会保险是理性选择的结果，劳动者对两种方案本身无差异，则其考虑的就是工资和养老金形成的总体待遇水平的差异。

根据《国务院关于完善企业职工基本养老保障制度的决定的规定》（国发［2005］38号）文件的规定，当劳动者缴纳城镇职工养老保险（简称职工保）时，需要缴纳税前工资的28%作为养老金，其中20%进入社会统筹账户实行现收现付制的发放方式，每缴存一年发放1%；8%进入个人账户进行投资实现保值增值，退休后个人账户养老金按退休后平均存活寿命进行发放。假设在最简单的情境下，个人工资w（与社会平均工资相同）、保值率r、通货膨胀率ρ为0、个人缴费a年、领取养老金b年（假定个人余命与社会平均余命相同）都固定为常数，则个人每年能获得的养老金由下式决定

$$D_1 = 0.01.w.a + 0.08.\frac{w}{b}.\sum_{i=1}^{a-1}(1+y)^i$$

$$= 0.01.w.a + 0.08.\frac{w}{b}.\frac{(1+r)^a - 1}{r} \quad (9)$$

等式右边第一项表示统筹账户养老金，按缴存年数计算缴费比例，再乘以工资水平；右边第二项表示个人账户，计算办法为将退休时个人账户养老金（包括

缴费金额和投资增值部分）根据退休时的平均余命分摊到每一年①。

与此同时，根据《国务院关于建立统一的城乡居民基本养老保险试点的指导意见》（国发［2011］18号），不参加职工保的农民应自动选择缴纳城乡居民养老保险（简称城乡保），且城乡居民保障体系一体化。根据这一文件，每年可获得的养老金计算办法为

$$D_2^j = g + \frac{h}{b} \cdot \sum_{i=1}^{a-1} (1+r) = g + \frac{h}{b} \cdot \frac{(1+r)^a - 1}{r} \quad (10)$$

其中g为政府补贴，h为缴纳水平，r为城乡保个人账户的增值率（为简洁起见假定与职工保个人账户增值率相同），a和b分别为缴费和领取年限。由于居民可以选择养老保险的缴费水平，则假定居民选择的缴费水平为收入的比例s，即h = s×w，则式可以表示为

$$D_2^j = g + \frac{s \cdot w}{b} \cdot \frac{(1+r)^a - 1}{r} \quad (11)$$

对于不缴纳城镇职工养老保险的劳动者而言，少缴纳的养老金可以作为私人储蓄或消费，在这里假定居民可采用最保守的投资策略，即银行1年定期的储蓄，假定去除通货膨胀后的实际利率为r'，则有

$$\frac{0.28 \cdot w - s \cdot w}{b} \cdot \sum_{i=1}^{a-1} (1+r')^i = \frac{0.28 \cdot w - s \cdot w}{b} \cdot \frac{(1+r')^a - 1}{r'} \quad (12)$$

则对于劳动者而言，要让劳动者选择正规就业即职工保，就是要求城乡保和个人储蓄的综合保障水平要低于职工保，即下式应大于零：

$$\begin{aligned} D &= D_1 - D_2 = \\ &= 0.01 \cdot w \cdot a + 0.08 \cdot \frac{w}{b} \cdot \frac{(1+r)^a - 1}{r} \\ &\quad - g - \frac{s \cdot w}{b} \cdot \frac{(1+r)^a - 1}{r} - \frac{0.28 \cdot w - s \cdot w}{b} \cdot \frac{(1+r')^a - 1}{r'} \end{aligned} \quad (13)$$

由上式可以看出，个人选择正式就业或非正式就业，取决于一系列参数的取值，特别是投资回报率水平和政府补贴水平。

深圳职工保与城乡保加个人储蓄的保障水平比较

要比较深圳职工保与城乡保的保障水平，首先根据深圳的实际情况对式的参数进行校准。在最简单的情形下，假定两种利率相等且都等于0，即养老金个人账户和个人储蓄的增值率与通货膨胀率相等②，则有

---

① 为简单起见，上式还假定了退休后个人账户金额不再增值，但即便放松这一假定也不影响本节结论。

② 根据有关规定，中国目前的城镇职工养老金和居民基本养老金个人账户资金除少量交由全国社保基金运营能获得一定的投资收益外，大部分资金只能以银行存款和投资国债为主，投资收益率一直在低位徘徊，甚至有时低于CPI增长率，参见郑秉文（2013）等。

$$D_1 = 0.01.w.a + 0.08.\frac{a}{b}.w$$

$$D_2 = g + 0.28.\frac{a}{b}.w \tag{14}$$

要满足 D1 = D2 且 g > 0，则必须有 b > 20。这意味着即便是没有补贴（g = 0）的情况下，代表性劳动者必须连续领取养老金 20 年，才能使得职工保和城乡保加个人储蓄收益相等，少于 20 年则职工保收益低于城乡保。根据我国第六次人口普查数据，预期寿命只有 74.83 岁，这意味着大部分人领取养老金年限低于 20 年。因而只要政府有一定水平补贴，居民就一定会选择居民养老保险。若加上政府补贴，则城乡保加个人储蓄的收益更高。

从另一个角度来看，若进一步假定劳动者缴纳和领取养老金年限均为 15 年且政府对城乡保的补贴为 0，则 D1 = 0.23w，而 D2 = 0.28w，可见职工养老保障严格劣于城乡养老保障。这是因为中国现有的职工养老保险的运营还担负着消解国企改制造成的“老人”“中人”的改制成本的功能，劳动者缴纳 5% 的工资以补贴“老人”“中人”。正因为这一补贴的存在，即便政府不向城乡保进行补贴，城乡保和个人储蓄提供的保障水平也要高于职工保的保障水平。

考虑养老金个人账户投资增值率高于个人储蓄水平的情形。假定个人账户投资增值率为 5%，个人储蓄利率设为 0（即完全被通货膨胀率所抵消）。进一步假定个人缴费 15 年（最低缴费年限），领取养老金 15 年（按女性 170 个月计算），则有

$$D_1 = 0.01 \cdot w \cdot 15 + \frac{0.08 \times 21.6}{15} \cdot w = 0.265w$$

$$D_2 = g + \frac{s \times 21.6}{15} \cdot w + \frac{0.28 \times w - s \cdot w}{15} \cdot 15 = g + 0.44sw + 0.019w \tag{15}$$

根据《深圳市人民政府关于印发深圳市实施 <广东省城镇居民社会养老保险试点实施办法> 细则的通知》的规定，深圳市政府补贴即居民养老保险基础养老金水平为 300 元/月，合 3600 元/年，根据《深圳统计年鉴》，深圳平均在岗职工工资水平（59010 元），求得 g = 0.06w，代入上式，可得 s = 0.423。这一结果表明，在给定的政府补助标准下，若个人账户投资增值率高于个人储蓄利率水平，则要达到与职工养老保险体系相同的保障水平，居民养老保险体系就必须选择更高水平的缴费额（本例中相当于平均工资的 42.3%）以上。这意味着如果职工保个人账户能取得相对于个人其他储蓄形式更高的增值率，则会吸引大量劳动者选择正规就业。

对目前的中国养老金体系而言，由于养老保险个人账户全部由政府部门管理，除全国社保理事会管理的少部分社保基金外，绝大多数社会保障基金并没有专业投资机构和投资人员参与，因而多年来社保基金大都以银行存款、国债等保

守资产的形式进行保管和投资，增值率非常低，与此同时，由于金融市场的不完善，家庭也缺乏必要的投资渠道，资金增值率非常有限，这都与本节第一种情形非常类似，因而这种情况下必然导致劳动者选择不缴纳职工社会保险而转向城乡居民社会保险。要解决这一问题，就必须通过发展金融市场，提高养老金的投资回报率，过渡到本节所讨论的第二种情形，才能解决这一问题。

3. 城镇居民社会保障的非正规就业含义

对于规避社会保险的劳动者，用工方不给他们缴纳保障水平较高的城镇职工养老保险，而让他们自己选择带有一定水平政府补贴的城镇居民养老保险，从而降低了企业的用工成本。虽然我们缺少深圳和梅州城镇职工养老保险覆盖率的具体数据，根据广东省总体水平可以大致推断这两个城市也面临就业非正规化的问题。根据《中国统计年鉴》有关数据进行计算可知，2012 年广东省城镇职工养老保险（简称“职工保”）参保人数占总人口比例约为 38%，低于北京的 58%、上海的 60%、浙江的 40%，位列全国第四。考虑到广东较为年轻的人口结构、较低的政府机关事业单位工作人员比例（政府机关事业单位工作人员的养老保险主要是单位工资制），广东的城镇职工养老保险覆盖率并不是很令人满意，这意味着仍有相当大规模的就业人员并未加入城镇职工养老保险，而是选择了城乡居民养老保险。

在城镇的进城农村劳动者或城镇居民选择城乡居民社会保障，其影响已远超个人选择。一方面，选择城镇居民社会保障人数的增加意味着领取补贴的人数增多，从而增大了政府对养老系统补贴；另一方面，选择城镇居民社会保障人数的增加意味着缴纳城镇职工养老保险的人数减少，从而减少了分摊职工养老保险体系转轨成本的人数。因而在养老金转轨改革和人口结构变迁的双重压力下，意味着更大的养老金缺口。为了填补新增的养老金补贴缺口和职工养老金缺口，政府不得不增加税收，或是进一步提高正规部门的社会保障缴费比例，从而进一步提高了正规就业劳动者的税负水平，造成经济的进一步非正规化。与此同时，正规就业往往与工业紧密联系，非正规就业与服务业紧密联系，对于发展中国家而言，非正规就业过快发展往往会危及结构变迁。因此，正规部门和非正规部门的福利成本和收入差距，以及非正规部门带来的经济过早服务业化，正是拉美国家陷入中等收入陷阱的重要原因。

六　户籍转换的选择

本节我们假定进城农村劳动者只关心退休后的养老保障水平，而不关心养老保障经费的来源。虽然我们知道即便是城镇职工养老保险的统筹账户也是与个人缴费水平紧密相关的，因而土地保障加有政府补贴的城乡保一定严格优于自我储蓄的职工保。然而，个人对养老安排的短视即只关心退休后的保障水平而不去比较支出责任，正是政府推行强制储蓄的社会保障的主要原因之一（参见 Lindbeck & Persson（2003）的综述）。因此，本节我们只比较劳动者退休后的保障水平，不考虑社会保障的缴费支出。

1. 土地保障＋城乡保和职工保的权衡选择

沿用上节假定，个人每年从职工保所获得的养老金由下式决定

$$D_1 = 0.01 \cdot w \cdot a + 0.08 \cdot \frac{w}{b} \cdot \sum_{i=1}^{a-1} (1+r)^i$$

$$= 0.01 \cdot w \cdot a + 0.08 \cdot \frac{w}{b} \cdot \frac{(1+r)^a - 1}{r} \tag{16}$$

进城农村劳动者仍然保留土地，则他仍然能从土地获得地租作为一种保障形式。地租的水平取决于农业产出水平和地租在农业总产出中的收入份额。根据常见的农业经济学研究文献，农业部门生产函数为包括资本、劳动和土地在内的三部门 CD 型生产函数，并满足规模报酬不变及稻田条件等常见条件（参见 Echevarria，1998），分别记资本和劳动的产出弹性为 α 和 β，则土地的产出弹性即地租占农业的收入份额为，农业总年产出和当年农业劳动者总人数为 Y^A 和 L^A，则农业劳动者人均地租水平由下式给出

$$D_2^q = (1 - \alpha - \beta) \frac{Y^A}{L^A} \tag{17}$$

不参加职工保的农村劳动者选择城乡保，每年可获得的养老金为

$$D_2^j = g + \frac{s \cdot w}{b} \cdot \frac{(1+r')^a - 1}{r'} \tag{18}$$

则居民是否选择市民化从而缴纳城镇职工保，取决于下式是否大于0：

$$D = D_1 - D_2 = D_1 - D_2^q - D_2^j$$

$$= 0.01 \cdot w \cdot a + 0.08 \cdot \frac{w}{b} \cdot \frac{(1+r)^a - 1}{r} -$$

$$(1 - \alpha - \beta) \frac{Y^A}{L^A} - g - \frac{s \cdot w}{b} \cdot \frac{(1+r')^a - 1}{r'} \tag{19}$$

可以看出，乡城迁徙的进城农村劳动者的市民化选择主要取决于各养老体系的参数。

2. 深圳职工保与土地保障水平比较

要考虑在深圳的乡城迁徙进城农村劳动者是否会选择深圳户籍从而缴纳深圳职工保，首先要根据深圳的具体情况对式的重要参数进行校准。对于农业生产函

数中各要素产出弹性系数，有许多不同的计量方法和结果［例如，Jacoby（1993）、Cornia（1985）、Chow（1993）等］。大致的结论是，劳动的产出弹性在0.11～0.4之间，资本的产出弹性在0.05～0.08之间，土地的产出弹性在0.4～0.6之间，可见土地租金和劳动仍是主导。参照1953年土改之前佃农与地主之间对农业最终产品分配的比例及Chow（1993）①，我们设定劳动份额 $\alpha=0.35$，资本份额 $\beta=0.15$，则土地份额 =0.5。

考虑最简单的情景，假定 $s=8\%$，即个人选择居民养老保险缴费额为工资的比例与城镇职工养老保险相同；假定 $r=r'$，即居民养老保险与职工养老保险个人账户的增值率相等，则D1和D2两个养老保障方案的个人账户养老金可以抵消，则式变为

$$D = D_1 - D_2 = D_1 - D_2^q - D_2^j$$
$$= 0.01 \cdot w \cdot a - (1 - \alpha - \beta)\frac{Y^A}{L^A} - g \qquad (20)$$

上式表明，只有当进城农村劳动者所获职工保统筹账户养老金水平高于他所拥有耕地产生的地租收入与政府对居民养老保险基础养老金补贴之和，他才会选择户籍转换。当能获得更高的统筹账户养老金较高时，他倾向于选择加入城市户籍，缴纳城镇职工养老保险进行养老准备；而当进城农民工缴费工资指数较低，而农业地租收入和政府补贴较高时，他们将选择保持农业户籍。

根据有关统计数据，我们可以大致计算出在深圳的农业进城劳动者所面临的职工保和土地保障。采用《中国统计年鉴2012》中有关第一产业总产出和就业人数计算得到，农业部门劳均产出约为20000元，土地租金分配份额为0.5，则从理论上说，土地能获得约10000元的租金。假定该进城农村劳动者来自梅州，则根据《梅州市人民政府关于印发梅州市城乡居民社会养老保险实施办法的通知》，他能获得的政府补贴为65元/月，合780元/年。则土地保障与城乡保养老金支付水平之和为10780元。

考虑深圳职工保的保障水平。据《深圳统计年鉴2013》，2012年深圳平均在职工资水平为59010元，若在深圳的进城农村劳动者的工资水平达到该水平，则

① 1953年土改完成后，佃农生产作为一种生产方式基本消失，因而较难观察农业生产最终产品的分配，而土改前佃农与地主的对农业最终产品的分配比例，几乎都是按照佃农（劳动报酬）、地主（土地地租）和农具农畜与种子（资本）三个部分进行分配的，且分配比例大致为3.5：5：1.5。参见方行（1992）等研究。虽然传统的佃农生产方式在现代科技条件下不可能复活，现代技术水平下的农业必将以专业化和规模化方式经营，但农产品的生产过程并无革命性变化，因而可以合理假设农业生产函数中各要素弹性保持基本稳定。Chow（1993）没有直接推导规模报酬不变的农业CD型生产函数，但若将其得到的参数之和单位化为1，则结果大约也等于3.5：5：1.5。

15 年的养老保险缴费能带来每年 8851.5 元的统筹账户养老金，远低于地租。进一步测算可以发现，只有当农民工的指数工资水平（为个人工资和社会平均工资的加权平均）超过 104000 元时，参加职工养老保险才能超过土地养老和城乡居民保险的保障水平。而这一工资水平对于进城农村劳动者而言极难达到，这意味着在深圳的进城农村劳动者一定会选择继续持有农村户口以享受更高的土地保障。

上述的分析是在假定存在自由竞争的土地租佃市场的条件下，拥有土地的农民可以得到土地对最终产品的贡献份额作为地租。尽管在中国现有政治环境下，土地并未实现私有化和自由买卖，但近年来不断出现的农村土地流转在事实上形成了初步的地租价格。由于土地流转尚未形成高层次规范管理的流通市场，公开规范的地租数据不可得。我们在梅州的调查结果表明，农户土地流转目前所采用的形式都是固定租金，每亩每年为 500 ～ 1000 元，政府每年还有土地流转补贴 100 元/亩，但由于政策不断鼓励推动，这一价格在逐年上涨。根据《梅州统计年鉴 2013》计算得到 2010—2012 年梅州农业部门劳均耕地面积为 2.53 ～ 2.66 亩，以 2.5 亩计算，地租按每亩 800 元计算，则每年可获得地租 2000 元。则地租与城乡保之和仅为 2780 元，低于 8851.5 的城镇职工养老保险水平。进一步计算可以得出，只要当地租达到 3228.6 元/亩，进城农村劳动者从土地保障和城乡保组合中得到的保障水平就能高于职工保。因此从这个角度来看，目前对进城农村劳动者而言，加入城镇职工保似乎还是具有较大吸引力的。

但是，养老保障是一个长期问题。本节讨论的进城农村劳动者所面临的社会保障选择问题，最少也是在他们可以领取退休金前 15 年，以确保符合缴纳职工保 15 年的最低要求。假定个人领取养老保障 15 年，以反映预期寿命 75 岁左右的统计事实，则进城农村劳动者必须考虑 30 年的土地租金水平。由于政府支持鼓励和农业专业合作社的发展，土地流转价格即地租近年来已在不断上涨，所占最终产品份额在逐渐提高。随着政府在土地确权流转方面的政策支持和倡导推动，按现有框架计算的地租价格预计很快就能超过 3228.6 元/亩。因此，农民对地租水平有更高期待，因而不愿过早流转，或不愿流转时间太长。对于进城农村劳动者而言，他们因此对土地保障逐渐更关注，对土地租金上涨的期待使他们对城镇职工保的兴趣进一步下降。

七 结论与政策建议

新型城镇化的核心关键在于建立推动人向规划方向流动并按照政策设计目标进行选择的机制，因而理解城市化过程中人的选择机制至关重要。笔者所在的课题组通过对深圳和梅州两个分别代表特大城市和中小城市的典型个案的深入研究及调查访谈，从个人理性选择入手，分析进城农村劳动者在城镇化过程中面临的几种重要选择，试图从微观角度理解劳动者的选择机制。本文主要发现可归纳如下：

第一，进城农村劳动者对于大城市更高的公共服务水平的追求是劳动者向大城市迁徙的动力，而以住房为代表的流动成本降低了个人净收入，形成向大城市迁徙的阻力。更高的公共服务水平和较低的个人净收入构成了个人向大城市迁徙的权衡机制，这种权衡机制有助于解释城市的相对规模和居民的迁徙行为。即便在大城市得到的扣除住房成本后的个人可支配收入低于中小城市水平，进城农村劳动者还是很有可能选择大城市以获得更高的教育、医疗等公共服务水平。

第二，进城农村劳动者进入城市后，面临是选择缴纳城镇职工社会保险的正规就业，还是通过非正规就业从而选择城镇居民社会保障和用节省下来的社保缴费进行个人储蓄。本文发现，在养老金个人账户收益率很低时，由于城镇居民社会保障不仅没有消解转轨成本的负担，还能获得政府的补贴，因而成为进城农村劳动者的首选。只有当个人账户能获得比个人其他养老选择更高的收益率时，城镇居民才会选择参加城镇职工养老保险，城市正规就业部门才能得到发展。

第三，农民工市民化要求把他们纳入城镇社会保障体系，但调研发现进城农村劳动者已逐渐失去对市民化的兴趣。对于乡城迁徙的进城农村劳动者，由于往往他们还能保留土地保障，他们市民化的选择主要是同时保持土地保障和城乡居民社会保障，或是选择城镇职工社会保障体系。本文发现，虽然目前土地保障水平较低，但出于对未来地租的考虑，当地租上涨到一定水平，地租和城乡居民社会保障体系的组合一定会优于城镇职工社会保障水平，这是进城农村劳动者不愿意放弃土地和农村户口的根本原因。

根据公共服务水平和抵消流动成本的权衡选择是否迁徙、根据福利成本选择就业方式和根据保障水平选择户籍身份，构成了中国新型城镇化中的三个重要微观机制。这些微观机制对于我们理解刘易斯拐点之后、产业和人口结构都已发生重要变化的中国经济条件下的未来城镇化发展趋势有着重要的意义。基于上述分析，可以得到如下政策启示：

首先，从劳动迁徙来看，刘易斯拐点到来之后，城乡工资水平的差异不再是劳动力迁徙的主要原因，劳动力的乡城迁徙决策成为权衡选择。对于能获取较高收入的进城农村劳动者而言，他们将选择迁徙到具有更高公共服务水平的特大城市，而中国未来城镇化势必伴随着收入结构由倒丁字形向纺锤形的优化变迁（孙慧，2012），而这将意味着更多高收入群体将向大城市迁徙，因此未来城市规模布局将面临更大挑战。要合理化城市规模分布，最重要的对策当然是尽量推行公共服务均等化，其他可行的政策工具还包括通过经济适用房、廉租房等降低农村劳动者迁徙到中小城市/乡镇的流动成本，或是通过产业发展等方式提高进城农村劳动者在中小城市/乡镇的可支配收入水平。

其次，从福利成本来看，正规部门职工保较高的福利成本使得居民逐渐选择非正规部门进行就业，而非正规就业造成进城农村劳动者工作日益短期化，不利于他们的工资增长和人力资本积累，对财税和长期经济增长也会带来重要挑战。要控制非正规经济的发展，避免城市化走向拉美化，就要从养老金负担这个症结入手，通过财政手段消解养老金转轨成本，提高职工保养老金个人账户增值率，从而提升正规就业的相对福利水平，实现正规就业与结构变迁和新型城镇化协调发展。

最后，从户籍选择来看，进城农村劳动者仍然保留农村户籍和土地，不仅不利于他们融入城市生产生活方式，也降低了土地和资本的使用效率。中国农业部门资本存量和生产效率仍然亟待提高，农民离乡不离土使得土地使用效率低，资本也难以进入，长期来看不利于农业乃至经济整体的增长与发展。因此，健全规范土地流转等方式，虽然能在短期提升土地的使用效率，但也造成地租不断上涨，进而使农民产生对未来地租水平进一步上涨的预期，从而降低了他们转换户籍身份的意愿。因此，要推动进城农村劳动者加快户籍身份转换以提高新型城镇化质量，一方面需要通过产业发展等方式提高他们的收入，另一方面也要通过大力发展职工保以提高城镇户籍的吸引力。

第十九章　从积分入户到人才引进[1]

——对近年来深圳市户籍制度改革创新的分析

自经济特区成立开始，深圳市沿城镇化道路已经走过了30多个春夏秋冬，从原本人口不足三万的边陲小镇，一跃成为人口超千万的现代化国际化都市，是目前全国唯一没有农村的城市。可以说，深圳市是迄今国内城镇化最为全面、彻底的城市，是一个非常独特的城镇化案例。“推进人的城镇化，一个重要的环节在户籍制度。”[2] 深圳市城镇化建设的成功，与其不断完善的户籍制度不无关系。在过去的几十年里，深圳市通过户籍制度改革积极服务于城市社会经济发展做出了有益的探索。2010年以来，为了适应新的发展形势，深圳市又实施了灵活的人才引进（旧称积分入户）政策。在当前全国以人为核心的新型城镇化深入发展的关键时期，研究深圳市户籍制度的改革，尤其是2010年以来从积分入户到人才引进政策的变迁，具有十分重要的理论意义和实践价值。

一　近年来深圳市进行户籍制度改革的背景

2010年中央一号文件《关于加大统筹城乡发展力度，进一步夯实农业农村发展基础的若干意见》提出，把符合条件的农业人口转变为市民，特别是把新生代农民工转变为市民。关于农民工入户问题，多年来全国各地各有各招，不时地有新政策出台。但从实际效果看，这些新政策的尝试更像是敲开户籍坚冰的“春风行动”，春风化雨只能一年一次，沐浴到春风的人也少之又少，绝大部分农民工只能站在城外无法企及。

在这样的背景下，为了探索和完善流动人口管理，有效引导流动人口融入所在城市，广东省人民政府于2010年6月颁布了《关于开展农民工积分制入户城镇工作的指导意见（试行）》，在全省实施农民工积分制入户政策。这是一项综合考虑流动人口各个方面特点，以管理与服务流动人口为目的，采用定性与定量

---

① 本章作者朱衍强，在深圳市城市发展研究中心任职。

② 习近平：《在中央城镇化工作会议上的讲话》，2013年12月12日。

相结合的方法，通过累计积分进行科学计量，具有“简便明晰，通俗易懂，操作方便，管理灵活”特点的户籍制度改革措施。

深圳市的户籍、非户籍人口比例结构长期严重倒挂，户籍人口数不及常住人口数的1/3，不利于构建和谐的劳动关系，不利于社会稳定，也不利于经济长期持续发展，因此更需要通过制定合适的户籍政策和符合本市发展的人才战略，引进能为本地区经济社会发展所需的人才，完善人口结构。但传统的人才引进方式主要通过调干、招调工等渠道，采用条件评价方式，评价标准主要是学历、技能等，存在标准单一、方法简单等问题。鉴于以上种种不足，2010年8月，深圳市政府出台了《深圳市外来务工人员积分入户试行办法》（深府办〔2010〕70号），由此开始施行引进积分入户政策。

二 深圳市积分入户政策的实施及其特点

（一）积分入户政策的实施

深圳市的积分入户政策既贯彻落实了中央和广东省的安排部署，又借鉴了香港和加拿大等地移民政策的经验。根据《深圳市外来务工人员积分入户试行办法》对积分入户政策及其适用对象的界定，所谓积分入户，是指通过科学设置和确定积分指标体系，对外来务工人员入户深圳市的条件进行指标量化，并对每项指标赋予一定分值，当指标累计积分达到一定分值时，外来务工人员可按深圳市招收技术工人办法申请入户。凡已办理深圳市居住证、纳入深圳市就业登记且缴纳社会保险的外来务工人员，均列入适用对象。不难理解，通过实施积分入户，“以分数换户籍、凭成绩论高低”，应该是当前最为系统、公平、便利并具可操作性的“外来务工人员本地化”的好政策。

积分入户政策实施后，深圳市就可以根据全市经济社会发展情况，按照统筹兼顾、稳妥有序的原则对外来务工人员积分入户进行宏观调控，将积分入户工作统一纳入户籍人口机械增长年度计划内进行管理。从政策实施的效果看，积分入户政策进一步畅顺市外人才的入户渠道，有利于增强广大外来务工人员的归属感，为深圳市引进更多符合经济社会发展的各类优秀人才，加快城市化进程，提高城市核心竞争力。

（二）积分入户政策的特点

从深圳市发布的外来务工人员积分入户指标及分值表看，积分入户政策具有以下特点：

1. 指标设置的积极导向特性。深圳市的积分入户指标可以划分为“正向指标”和“负向指标”两大类，从激励和惩罚两方面对外来务工人员进行引导。一级正向指标包括基本情况（含年龄、身体健康、就业状况等）、个人素质、居住情况、参保情况、奖励加分等。文化程度与得分高低成正比关系；专业技术职称与职业资格都是加分项，分值的设置结合了深圳市急需的技术性人才情况；参加献血、义工、青年志愿者服务、慈善捐赠等加分项目对于引导居民积极行为，凝聚主流价值观，构建和谐深圳有非常积极的意义。对居住条件和年限的导向有利于稳定外来务工人员，促进他们尽快融入深圳。一级负向指标只有一个，即“减分指标”，包括违反计划生育政策、违法犯罪、不良诚信记录等内容，如有涉及，将被大量减分。

通过科学的设置指标体系，合理设计指标的导向性特征，并用奖励和惩罚措施，积分入户政策对外来务工人员起到了一定的正向引导与社会化控制及其选择的作用。这种导向作用不仅体现在积分方向上，还体现在城市人力资源战略上，为引进急需的人力资源发挥引导作用，由此将增加和稳定人口、完善公共服务与获取城市发展所需人力资源巧妙地结合起来。

2．实施形式上开放灵活。深圳市积分入户制度不再设定入户指标数额，仅以积分值为依据，申请人只要符合相应的条件的，达到一定的分值，就可依程序办理入户手续。全市按照综合评价、量化标准、公开透明、程序规范的原则，实行统一政策、统一审核标准、统一信息管理，最大限度地满足外来务工人员的入户需求。

3．降低学历权重，注重人口的存量转换。过去，深圳市的入户政策把初中及以下学历人群排除在外。实行积分制以后，没有高学历的优秀人才，只要在个人素质、社会贡献等其他方面也比较出色，同样可以积累足够的分数，学历不再成为入户的“拦路虎”。

相比其他一些城市的积分制度，深圳市降低了学历的得分值，但更强调申请人的技能和贡献，按择优原则，有计划、有步骤地转化存量人口中的优秀人才。例如，按东莞市2010年的入户积分标准，本科及以上即可获得80分，而按同一年深圳的标准则只能得60分；在东莞市，初级工可得30分，而在深圳只能得10分；按东莞市的规定，参加城镇基本养老保险、基本医疗保险、失业保险、工伤保险、生育保险，每个险种每累计满1年积1.5分，深圳则规定，缴纳深圳市社会养老保险每满1年积3分，缴纳其他社会保险险种每个每满1年积1分。

4．具体指标入户分数逐年确定，当年积分不转入下年。关于具体指标入户分数的确定：深圳市积分入户的分值是“动态”的，每年都会变化，今年积分入户分值为100分，并不意味着今后积分入户分值都是100分，而是要根据积分入户申请人当年积分情况以及入户指标情况，来确定最终的积分入户分值。

此外，深圳市规定积分分值不能跨年度使用，公示以后人事部门将受理已下达计划指标积分入户人员的书面申报资料。如果申请人由于书面申报资料不全等原因没能入户，其分值不能留在下一年使用。

三 从积分入户到人才引进的转变

（一）人才引进制度的导入

在两年实施积分入户政策的成功经验基础上，深圳市于 2012 年全面取消招调工入户政策，统一通过积分制入户。2013 年，又进一步将招调工、调干与积分入户制度予以整合，由此开始了统一的人才引进制度。在人才引进制度框架下，深圳市对市外在职人才的引进实行统一政策、统一渠道、统一采用综合量化的评价方式，打破干部与工人的身份界限，建立了统一的在职人才引进渠道，提高了人才引进的整体协同性。从积分入户到人才引进的转变，不是单纯的渠道整合，而是人才引进、户籍改革领域的一项重大变革和创新，具有鲜明的特色：

1. 人才评价方式更加客观。这种方式突破了传统人才评价方式由政府主导的单一模式和以学历、职称、技能等条件为主的单一标准，而通过构建综合多元化的人才评价体系，对申请人的学历、技能、纳税、居住、社保、社会贡献等量化赋分，将人才综合素质及优势特点全面体现，强调靠实践和贡献评价人才，对人才评价方式更为科学、全面、客观。这样一来，深圳市就既能引进有一技之长的专长，还能引进综合平衡发展的通才，更好地满足企业的人才需求和城市的可持续发展。

2. 人才引进机制更加公平。通过建立统一的人才引进政策和渠道，对市外各类人才（包括干部、工人）使用统一政策、统一标准、统一渠道予以引进，只要达到核准分值均可申办入户，没有学历、身份、指标等条件限制。这种公平、公正、合理的人才引进方式，有助于更加客观地评价人才，为经济社会发展提供实用有效的人才保障，也有利于营造公平公正、尊重人才的良好环境。

3. 入户核准方式更加简便。通过制定人才引进综合评价指标和设定积分分值表，简便明晰，通俗易懂，方便群众熟悉政策内容；通过简化流程，提供尽可能便捷的服务，操作方便，管理灵活，方便群众掌握操作要求。例如，积分入户申请人可以自己对号入座在网上测试自己入户积分分值，每一项指标要素、评分标准及分值清晰明了，通过量化计分。更进一步地，这还有助于提升行政审批公开化和透明度，通过网上公示，接受社会和市民监督，公开透明。

（二）人才引进政策的重点调整内容及其原因分析

至今，深圳市实施人才引进政策已有两个年头。在 2013 年的工作经验基础上，深圳市又在2014年对人才引进政策做了进一步的调整和完善，其内容主要包括：

1．全国计算机信息高新技术积分的调整。2014年的政策增加了全国计算机信息高新技术考试的积分：获得两个以上高级模块合格证书的积40分；获得一中一高或两个中级模块合格证书的积20分，不累积。全国计算机信息高新技术考试作为一种模块化的考核，主要是为了辅助其他职业更好地使用计算机，属于工具性的辅助技能。在产业转型升级阶段，深圳市的人才需求主要集中具有较高专业技能的技术技能型高技能人才。为此，深圳市对辅助性技能的分值进行调整，是为了确保所引进人才与我市产业转型阶段的用人需求相适应，同时引导和促使一线员工提升专业知识和岗位技能，以更好地适应深圳市企业的用人需求。

2．专利积分规定的调整。与2013年的政策相比较，2014年删除了对“外观设计专利”的积分，同时将“实用新型专利”的积分由“获得1项积30分”降至“获得1项积10分”。这是因为，在近年来人才引进政策实施过程中，以及在修订分值表的两次征求意见时，相关行业主管部门及其他多个单位和社会公众都建议对专利积分指标和相关规定进行调整，因为具有核心创新能力的专利项目，主要是集中在发明创造专利领域。通过对专利积分规定进行调整，能更好地适应创新性城市建设的需要。

3．夫妻分居积分规定的调整。按2013年的积分标准规定：属于夫妻分居的，另加40分；但2014年的标准则删除了此条。其原因：一是通过人才引进制度入户的对象应是有一定生存发展技能的在职人才，对个人素质的指标项应主要体现个人的素质和能力；二是属于夫妻分居的人员，符合人才引进条件的，可通过人才引进渠道引进入户。不符合人才引进条件，也可通过公安部门的随迁渠道引进，入户渠道是完全畅通的；三是在年龄减分规定中，对配偶为本市户籍的，不进行年龄减分，体现了在人才引进渠道中对夫妻分居人员的人文关怀。

4．高中学历积分规定的调整。按2013年的积分标准规定：高中学历（含普高、中专、职高、中技），计40分；但2014年的标准则删除了此条。其原因是，为更好地适应产业转型升级对人才的需求，近年来深圳市重点加大对高技能、专业型、创业型的人才的引进力度，对高中及以下学历层次人员，通过调整积分政策引导其学知识、学技能、学文化，逐步提升自身的生存和发展技能，向技能型、专业型、创业型人才发展，以更好地适应产业转型升级的人才需求。

5．社会服务指标分值的调整。主要是将2013年政策规定中“参加献血（包括献造血干细胞），最高分不超过6分”降至2014年的“最高分不超过5分”；以及“参加志愿者（义工）服务，服务每满50小时积2分，最高不超过10分”降至“最高分不超过5分”。其原因是，此类指标属于导向性指标，主要是发挥社会导向性作用，在人才评价指标体系中的权重和分值应合理设定，不宜过高。合理设置社会服务的积分，可以在引导公民从善助人的同时，鼓励和引导更多的人员通过学文化、学技术、学技能来提高自身综合素质，更好地适应深圳市的人才需求。

6. 中级工、初级工积分的调整。中级工、初级工积分在2013年分别是50分和30分，在2014年则依次降为40分和20分。这是因为：一是根据我市产业转型升级的需要，技能人才引进的重点应从一般性的技能人才逐步转移到引进高技能人才群体（即高级工以上）；二是通过调低中级工、初级工的分值，保持高级工以上分值，引导技能工人提高自身的技能水平，从而更好地适应产业转型升级需要。

7. 45周岁以上的年龄减分规定的调整。根据2013年积分标准的规定，在40周岁以上，每增长1岁减2分。但2014年的规定有所调整：从40周岁起减分，其中40～45周岁期间，每增长1岁减2分；45周岁以上每增长1岁减5分。其原因：一是有利于人才引进年龄结构的优化；二是在年龄规定上，更符合深圳市户籍政策“1+5”文件，以及原来调干政策和积分入户政策相关规定的精神。

8. 纳税积分规则的调整。与2013年比较，2014年在纳税积分规则方面的调整主要是体现在对个人所得税征税数额的调整，而且2014年更明确了个人所得税范围，即包括工资、薪金所得（含全年一次性奖金），劳务报酬所得，利息、股息、红利所得；其具体变化参见表1。从中可以看出，2014年的积分纳税额有所提高。这是因为社会平均工资每年都有所增长，应该根据其每年的增长幅度，对积分分值所对应的个人所得税税额进行相应调整，同时将个人所得税的积分项目范围予以明确，剔除偶然所得等项目，能更为准确、客观的反映个人的实际能力和社会贡献度。

表1 2013年与2014年个人所得税征缴积分调整情况

一级指标	二级指标	三级指标		指标分值
纳税情况（3个年度内累计）	在本市缴纳的个人所得税	2013年	2014年	——
		12万元以上	13.4万元以上	100分
		10～12万元	11.2～13.4万元	90分
		8～10万元	9～11.2万元	80分
		7～8万元	8～9万元	70分
		6～7万元	6.9～8万元	60分
		5～6万元	5.8～6.9万元	50分
		4～5万元	4.6～5.8万元	40分
		3～4万元	3.5～4.6万元	30分

除此以外，深圳市还对2014年社保、专利、房产、单位申报加分等指标的积分规则作了调整，以通过进一步完善积分规则，使积分体系更为合理，对人才的评价更为科学、准确，防范人才引进中的投机行为、虚假申报和违规行为。

（三）人才引进政策调整的特点分析

深圳市人才引进政策的优化方向是，坚持人才引进数量和质量并重、引进市外人才与转化存量人才并重，坚持人才评价的市场导向，坚持制度的持续完善。分析深圳市2014年出台的人才引进实施办法以及人才引进综合评价指标体系，不难发现，此次调整具有以下特点：

1. 更符合产业转型阶段的用人需求，通过加大高技能、专业型人才引进力度，进一步优化人才队伍结构。一是通过调整中级工、初级工分值，保持高级工以上技能分值，取消高中学历层次积分，引导技能工人努力提高自身的技能水平，向高技能、专业性、创业型人才发展，以更好地适应产业转型升级需要。二是根据专业技术人才成长的规律，以及深圳市职称制度改革的精神，调整专业技术资格的积分规则，采取职称与学历组合的积分方式。三是合理调整社会服务等导向性指标的分值，在引导公民从善助人的同时，鼓励和引导更多的人员通过学文化、学技术、学技能来提高自身的综合素质。

2. 更强调和注重人才的实绩，通过进一步优化指标体系，对个人的实际能力和社会贡献做出更为科学、客观的评价。一是根据社会平均工资增长幅度调整投资纳税指标分值，同时将个人所得税积分项目范围予以细化，剔除偶然所得等项目，更准确、客观的反映个人的实际能力和社会贡献度。二是调整45周岁以上的减分规定，由原来的每年减2分调整为每年减5分，促进人才队伍年龄结构的优化。三是调整夫妻分居的积分规定，申请人配偶为本市户籍的，不另外加分，但年龄超过40周岁也不减分，以体现人文关怀。这一调整主要基于以下考虑：人才引进的对象是有一定生存发展技能的在职人才，其评价指标应主要体现个人的素质和能力；另外，夫妻分居人员如符合人才引进条件可通过申办人才引进，如达不到人才引进条件也可通过公安部门随迁入户，其入户渠道是完全畅通的。

3. 评价体系更为科学合理，通过进一步完善积分规则，防范人才引进中的投机行为、虚假申报和违规行为。一是调整专利发明人积分和计分规则，对发明人存在变更情况不予积分。二是调整社会保险计分规则，对补缴社会保险的年限不予计算。三是调整房产积分规则，对短期内频繁变更产权的房产不予重复积分。四是调整单位申报加分的条件，鼓励员工稳定就业，单位稳定用工，防止投机参保加分。五是将虚假申报人才引进等行为纳入不良诚信记录减分范围，营造合法依规、注重诚信的人才引进秩序和社会氛围。

四　深圳市实施人才引进政策的成效

（一）对全市总人口的影响

2013 年年末，深圳市常住人口 1062.89 万人，同比上年增长 8.15 万人，增长 0.77%；相比 2010 年增加 25.69 万人，年均增幅 7.62%。在该年年末的常住人口中，户籍人口 310.47 万人，非户籍人口 752.42 万人；户籍人口在常住人口中的占比仍然只有 29.21%。但是，由于实施了积极的人才引进政策，四年来户籍人口占比呈逐年上升趋势，从 2010 年至 2013 年分别为 24.20%、25.59%、27.27%、29.21%；相应地，非户籍人口占常住人口的比重依次是 75.80%、74.41%、72.72%、70.79%，呈逐年下降趋势（参见图 1）。

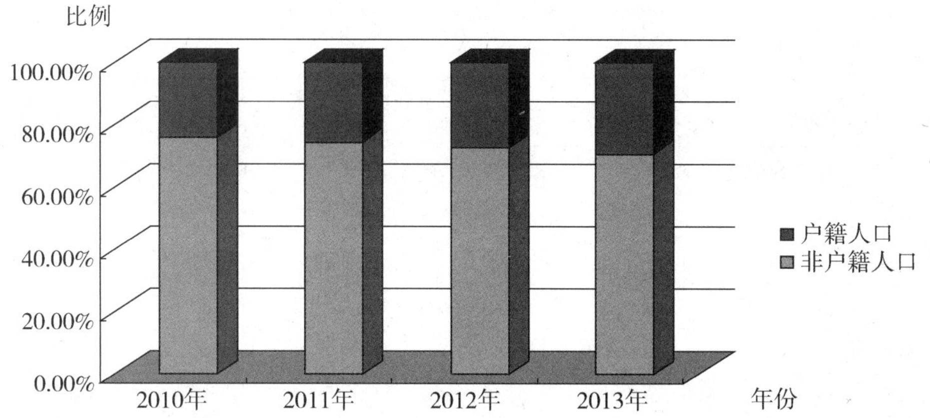

图 1　2010—2013 年深圳市户籍、非户籍人口比例

由上可见，深圳市通过实施科学合理的人才引进政策，加大人口优化置换力度，为缓解户籍、非户籍人口结构比例倒挂问题，同时沉淀吸纳非户籍人口的优秀人才发挥了非常积极的作用。2013 年户籍人口同比上年增加了 7.95%，而非户籍人口则连续三年出现负增长。在新增户籍人口的 20.8 万人中，纯粹的机械增长人口（政府接受迎接毕业生、调进军转军休干部、招生等）为 4.2 万人，仅占总体的 20.0%，而 80.0% 为非户籍常住人口政策性入户或出生入户人口。①

（二）对人口行业结构的影响

由表 2 可知，从行业分布上看，相比 2010 年，2013 年比重下降较大的有制

① 数据转引自：深圳市发展和改革委，《深圳市户籍人口机械增长计划实际完成情况表》。

造业（-20.34）、农林牧副渔业（-7.13）、科学研究和技术服务及地质勘查业（-5.70）、租赁和商业服务业（-5.17）；比重增加较大的有居民服务和其他服务业（+16.55）、卫生/社会保障和社会福利业（+7.89）、住宿和餐饮业（+6.56）、信息传输/计算机服务和软件业（+6.46）、交通运输/仓储及邮电通信业（+6.22）。高学历人口占比有逐年下降趋势：2013年为58.68%，而2010年则为74.53%。

表2　2010年、2013年分行业新增户籍人口比重对比表

（单位:%，百分点）

	2013年	2010年	对比增长
农林牧副渔业	1.02	8.15	-7.13
采掘业	0.00	0.02	-0.02
制造业	10.55	30.89	-20.34
电力、煤气及水的生产和供应业	0.07	0.29	-0.22
建筑业	1.90	3.27	-1.37
交通运输、仓储及邮电通信业	8.90	2.68	6.22
信息传输/计算机服务和软件业	13.54	7.08	6.46
批发和零售业	7.68	7.76	-0.08
住宿和餐饮业	7.43	0.87	6.56
金融业	3.44	4.87	-1.42
房地产业	2.52	2.39	0.13
租赁和商业服务业	1.85	7.02	-5.17
科学研究、技术服务及地质勘查业	1.18	6.87	-5.70
水利、环境和公共设施管理业	0.12	0.28	-0.17
居民服务和其他服务业	21.56	5.01	16.55
教育	6.29	9.97	-3.68
卫生、社会保障和社会福利业	8.69	0.80	7.89
文化、体育和娱乐业	1.40	0.97	0.43
公共管理与社会组织	1.85	0.79	1.06
国际组织	0.00	0.01	-0.01

（三）对人口素质结构的影响

首先，从技术职称（等级）看，高、中、低等级职称人口大幅度下降，但高级技师、高级技术等级人口则大幅度增加（参见表3）。

表3 2010年、2013年新增户籍人口技术职称（等级）结构对比表

（单位:%，百分点）

	2013年	2010年	对比增长
高级职称	0.07	8.15	-7.13
中级职称	0.19	0.02	-0.02
初级职称	0.14	30.89	-20.34
高级技师	0.04	0.29	-0.22
技师	0.22	3.27	-1.37
高级技术等级		2.68	6.22
中级技术等级		7.08	6.46
低级技术等级		7.76	-0.08
无		0.87	6.56

然后，从受教育程度上看，2013年大专以上文化程度的新入户人数占新增入户总数的58.68%，相比2010年的74.53%有较大幅度的下降。从2010年至2013年连续四年看，大专以上文化程度的人口占比呈逐年下降的趋势，依次是74.53%、67.39%、64.27%、58.68%；与此相反，未入学人口占比则以较大的增幅呈逐年上升趋势，顺次为7.31%、8.61%、10.39%、14.92%。初中、高中文化程度的人口占比也有所增加，分别从2010年的4.33%、11.31%攀升至2013年的8.4%和15.66%（参见图2）。由此可见，近年来深圳市在实施人才引进政策过程中，重视的是高新技术行业、实际技能水平和对本地区的贡献等因素，而对学历的重视程度不够，从而影响了户籍人口的学历水平。

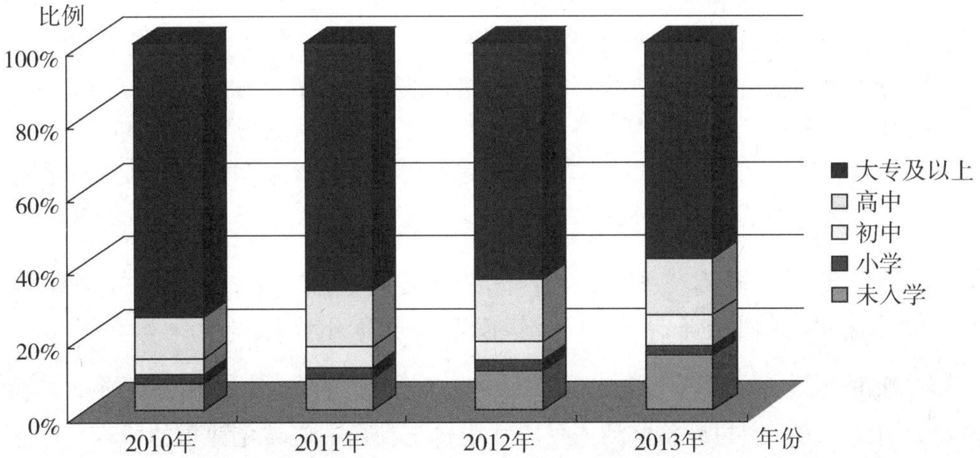

五 深圳市实施人才引进政策的经验

从2010年以来，深圳市的户籍制度改革是一项具有国际化、透明化和实操性的制度设计，不仅所有规则和指标全面公开，而且建立了网上测评系统。如果想申请入户，只要输入自己的信息，就可知是否达标。这种简明易操作的便民惠民政策，无疑对提高政府信誉和改善政府形象极有裨益。总的来看，可以从以下几个方面来总结深圳市近年的人才政策：

（一）强化人才评价的市场导向，探索建立政府、行业、市场相结合的多元化人才评价方式

除了实施综合评价的积分制改革之外，近年来深圳市人才政策调整的一大特点，就是强化市场导向，紧密围绕经济社会发展“不拘一格选人才”。首先是取消人才引进政策的多项限制性规定，打破人才引进壁垒，将市场用人标准的话语权交给企业，交给市场，让企业和市场决定如何选人、用人、进人。目前，深圳市在职人才引进政策对拟引进人员的专业、工种、指标、申办方式、学历、单位立户等均没有任何限制，凡符合城市建设发展需要的均予以引进。

其次是以市场导向优化人才引进综合评价指标体系，使引进人才更符合经济社会发展的需求。近年来，深圳市根据城市和产业的发展，对积分指标体系不断优化调整，在分值设计上注重技能、发明创造、投资纳税、参保情况、房产条件等指标，以充分反映人才的实际能力、工作实绩和社会贡献。比如，深圳市2014年1月1日实施的《2014年人才引进综合评价指标和分值表》，主要是根据产业转型升级的用人需求和人才引进工作实际，对评价要素和分值进行了完善和调整，使评价标准更符合产业转型升级阶段的用人需求，更强调和注重人才的实绩，积分评价体系更为科学合理。这些调整，涉及人才引进机制的方方面面，体现了市场主导原则，既充分尊重各类人才的自主选择权，又充分尊重用人单位的用人自主权，使人才引进流动与本市用人需求联系得更为紧密，充分发挥了市场在人力资源配置中的决定性作用。

（二）根据市外人才引进与存量人口转化并重的原则，积极为来深建设者扎根深圳创造条件，引导其不断提升自身技能

深圳市30多年来的发展和改革，离不开广大来深建设者的勤奋工作、积极奉献。因此，人才引进政策坚持市外人才引进与存量人口转化并重的原则，在大力引进市外人才的同时，同样注重吸纳具备一定生存发展技能的本市存量人才，为来深建设者扎根深圳积极创造条件。近年来，深圳市人才引进评价体系不断强

化社保、居住、纳税、技术技能等方面的指标，并取消了引进指标和学历限制，如此等等均有利于促进存量人口的转化。

目前，深圳市的人才引进政策与其他一线城市和大中城市相比，门槛较低，条件较宽松，而且在学历、指标、户籍性质、工种、专业、申办方式等方面均没有限制，只要申请人具备一定技术技能，或者在深圳工作一定年限，基本上都能达到引进条件。根据2014年人才引进综合评价指标和分值表，在深工作7～8年的外来务工人员，具有中初级技能或自有住所或累计纳税到一定额度，即使没有学历，也可达到100分；具有高级工或初级专业技术资格，在深工作3年左右，也可达到100分；另外，还有很多外来务工人员通过参加技能竞赛、自主创业、参与技术研发等途径达到100分。2013年，深圳市引进的技能工人达到2.8万人，不管是从条件的宽松度、政策的开放度，还是引进的力度来说，都超过同类城市以及很多大中城市。

另外，深圳人才引进政策在引导异地务工人员加强学习、不断提升技术技能和文化水平方面也发挥了重要而积极的作用。如2014年的评价指标体系对技能、职称、高中学历、社会服务等指标分值进行调整，就是为了引导劳动者积极提升自身素质，通过学文化、学技能、学技术，具备在深圳持续生存发展的能力，以更好地适应产业升级阶段对高技能、专业型人才的需求。

（三）以人为本，凝聚主流价值观

应该说，深圳市的人才引进政策是一项极具人性化的制度安排。无论入户申请人出生何地，背景如何，社会地位怎样，只要积分符合条件，就可申报深圳户口。在这一制度框架下，不仅能够有序扩大城市户籍人口数量，优化人口结构，更重要的是能有效地聚合主流价值观，让怀有梦想、渴望融入城市的有了努力的目标和方向。

人才引进政策激励人们好学上进，有利于凝聚积极向上的城市氛围。凡是勤奋学习、乐于吸纳新知、善于掌握一技之长的人，都在人才积分上占优势。在对高学历和高技能者给予鼓励的背后，实际上蕴藏着对诚实劳动、艰苦创业、苦学本领、通过努力获得成功的价值追求，进而引导人们走正道、行公道，以进取的姿态和脚踏实地的精神获得成就感和幸福感。那些尚未达到入户要求的人，因为有明确的指向，会持续努力，不断提升自己，自我成长，力争成为社会有用之人、城市所需之才，成为合格的深圳人，形成“城市促你成才，你为城市添彩”的良性互动格局。

人才引进政策鼓励人们尚德守法，有利于提升城市的温情和良知。凡参加献血、义工、青年志愿者服务等公益活动的人，都被计入入户分值，无疑可以极大地激励人们发挥爱心善意，参与公益活动，热心公众事业。这无形中会形成一种社会意识：要想成为深圳人，首先要具备公德心，做一个有社会责任感的善良人。这项制度向人们发出明确信号：深圳包容从事各种职业、各种层次的人，但排斥那些违法乱纪、缺德乏善的人。

（四）提升人才引进管理服务，打造便捷、高效、畅通的人才引进渠道

人才引进落户关系来深建设者安家立业的民生福祉。近年来，深圳市坚持以人为本、务实便民的服务理念，不断简化人才引进手续，提高人才引进服务质效。例如，统一人才引进政策和渠道，对市外在职人才统一采用积分核准方式，不仅评价标准客观明晰，方便群众熟悉政策、掌握操作要求，而且审批流程公开透明，促进了依法行政、科学简政。

除此以外，深圳市还通过建立全市统一的人才引进信息系统，对人才引进工作实现统一管理、属地服务和全年滚动办理，为群众提供高效便捷的服务。通过信息比对等手段，简化申报材料，优化申报流程，进一步提升服务效能。2013年，深圳市人才引进业务人均办理时间（含准备材料时间）比 2012 年缩短 30%以上，政府为企业提供的上门服务和预约服务率达到 70%。

六　小结和建议

人才引进政策作为一项探索中的公共政策，如何保证政策制定的科学性以及政策执行的有效性，通过人才政策提升城市可持续发展能力，为国家新型城镇化建设破题探路，是一个重要的研究课题。深圳市通过制定人才引进政策实行户籍制度改革的过程也必然是一个不断探索、不断改进的过程。如何完善这一制度，需要来自实践部门和理论界专家的共同努力。本文根据已有的研究，对进一步优化完善深圳市人才引进政策提出以下参考建议：

（一）进一步完善人才综合评价指标体系和积分条件

正如前文提到，深圳市 2010 年实施户籍制度改革后，户籍人口的学历结构呈劣化趋势。照此下去，最终会影响到全市的人口素质，进而影响城市的可持续发展。建议深圳市根据人才引进数量与质量并重、引进市外人才与存量人口转化并重的原则，结合深圳市产业发展需求和人才引进工作实际，同时考虑到城市的长远发展，调整完善人才引进的综合评价指标体系和积分条件，既强化产业发展和企业实际用人需要的导向，又要注重人才素质结构的优化，建立完善的人才评价机制，将高学历人才进一步分级，逐级加大激励措施，从经济上给予扶持，从政策给予鼓励，增加对高学历人才的吸引力。

（二）进一步推进企业自评人才积分入户常态化

进一步拓宽人才引进渠道，改革以政府主导的人才评价结果作为引进人才标准的单一模式，改革以学历、职称和技能作为人才素质评价的单一标准，将企业评定的人才纳入引进范围，积极探索企业、行业和政府相结合的多元人才评价机制。建立健全以企业评价和市场评价为主体、以岗位能力为导向、以岗位绩效为重点、注重岗位技能水平的企业技术技能人才评价体系，建立常态化的企业自评人才积分入户工作机制，真正实现“谁用人、谁评价”。

（三）进一步提升人才引进服务水平和服务环境

作为一项新推出的惠民措施，人才引进政策要被广大群众接受和认可，除了要契合他们的实际需要，还要让他们对政策信息有充分的了解和掌握。因此，要加大政策宣传力度，通过多种渠道、采用多种方式开展政策宣传，同时优化人才引进代理模式，进一步简化入户申办流程，提高人才引进服务质量和效率。

建立更加民主高效的信息沟通渠道，在政策制定和完善的过程中，广泛向群众征求意见和建议，加强协商沟通，让群众的智慧参与到政策的制定、实施和修改完善的过程中来，这也有利于政策的科学制定和高效执行。

此外，还要建立人力资源市场执法的长效工作机制，及时有效打击人力资源代理市场的各类违法违规现象，优化人才引进的服务环境。加强人才引进代理机构的规范管理，探索人才引进代理的市场化运作，切实解决群众的实际困难。

（四）积极探索建立利益补偿的均衡机制

在户籍制度改革过程中，一个非常现实的问题是对存量资源的利益再分配。现时下各级各部门无不追求人才利益的最大化，同时又担心成为人才流动的成本承担者。如果仅仅站在某个地区自身的角度，这种现象诚然有其现实合理性。但从全国一盘棋的角度看，那些从“人口红利”获得收益的地区还应该针对人才的大范围流动去研究出台有关政策，避免让其他地区承担人才流动的成本，从而建立起区域性、整体性的利益补偿均衡机制，使人才的流入地和流出地都能受益，进而防止陷入先层次的利益纷争，确保户籍制度改革的可持续发展。

作为改革创新的先锋城市，深圳市更应该着眼全国，立足于推动全国新型城镇化建设，充分把握人口红利的“机会窗口”，积极探索建立行之有效的区域人才流动利益补偿的均衡机制。

（五）进一步增强城市对人口的承载能力

深圳市是一个人口规模超千万的特大型城市，户籍、非户籍人口倒挂现象在国内首屈一指，而且人口密度很高。随着人才引进政策的加快推进，户籍人口所占的比重将越来越高，那么其结果必然会对城市的可持续发展构成负面影响。因此，深圳市引进人才既要积极稳妥，又要规范有序，充分考虑城市的承载能力，优先解决存量，有序引导增量。

为增强对人口集聚和服务的支撑能力，深圳市首先要加强市政公用设施和公共服务设施建设，尽快增加义务教育、医疗卫生、公共交通、住房保障等基本公共服务供应。其次要强化城市产业的就业支撑，调整优化城市产业结构和部局，加快产业转型升级，增强经济活力，增加产业对劳动力的吸纳能力。再就是要优化城市空间结构和改进社会治理能力，提高城市空间利用效率，强化社会融合，构建和谐社会关系，全面改善人居环境。

第二十章　农民工的消费、储蓄和借贷行为分析①

——基于调研案例②

一　引　言

对于中国来说，可持续的经济增长需要转变方式，从依靠投资转向投资、消费、出口协调发展，而其中应扩大国民消费在经济增长中的贡献。这是“十二五”规划纲要和党的十八大报告中强调的内容。农民工消费能力的释放，无论是对所居住的城市，或者将要返回的家乡来说，都是扩大内需的重要动力。国务院发展研究中心（2010）指出城市化和农民工的市民化，是解决农民工问题的根本途径，也是目前以及未来经济增长方式转变的突破口之一［1］。但是，由于城乡二元体制以及就业、福利制度等限制，农民工无法有效地融入城市，缺乏稳定的收入预期和职业预期，他们的消费得不到充分的释放，农民工的消费水平远低于相同收入水平的城镇居民，两者的消费结构也有明显的差别。陈斌开、陆铭、钟宁桦（2010）的研究表明，与本地居民相比，农民工具有更强的流动性，他们缺乏社会保障，面临更强的信贷约束，其边际消费倾向比城市居民要低很多，经过估计，受到户籍制度限制的移民消费可以解释 2000—2005 年消费率下降的 40.8%～64.2%［2］。同时，由于未来的返乡预期和城乡较低的社会保障覆盖，农民工的储蓄倾向较高。经济学理论中，通过借贷可以平衡消费所需资金，弱化流动性约束，维持和提高福利水平。在没有融入城市的情况下，农民工的借贷途径和规模，也受到了限制。中国社会科学院经济研究所“农民工社会保障与经济社会状况”课题组在 2008 年年底金融危机爆发后赴广东省东莞市和顺德区调研了当地农民工的工作和生活情况，本文选取了其中一些典型案例（见表 1），主

---

① 本章作者何伟，系中国社会科学院经济研究所助理研究员，研究方向：发展经济学、劳动经济学与收入分配。本文为社科基金青年项目“农民工市民化的障碍与途径”（11CJL032）成果之一。

② 数据转引自：深圳市发展和改革委，《深圳市户籍人口机械增长计划实际完成情况表》。

要目的是深入分析农民工在城市的消费行为和借贷行为，找出限制他们消费和借贷的一些因素，从而有针对性地总结政策建议。根据研究目的，论文接下来的内容有：第二部分主要分析农民工的消费和储蓄行为，消费和储蓄有较强的联系，都来自于形成的收入，所以放在一起分析；第三部分从借款方的角度分析农民工借贷的原因和途径；第四部分从放款方的角度分析农民工借贷如何能够达成以及各种特征和缺陷；第五部分是研究结论和政策建议。

表1　访谈典型案例的主要特征

访谈对象	性别	年龄	外出年份	教育水平	职业	行业	搜寻途径
XT	男	23	2003	中专	技术员	制造业	老乡介绍
MMS	男	35	2004	初中	工人	制造业	朋友介绍
WMD	女	30	1998	高中	质检员	制造业	亲戚介绍
XC	男	27	2004	本科	设计员	制造业	个人应聘

二　农民工的消费和储蓄行为分析

<案例1>

XT，男，今年23岁，中专毕业，2003年出来打工，中间换过几份工作，2006年经老乡介绍进入顺德一家医疗器械公司担任技术员。工资每月2500元，其中基本工资1500元，职务工资300到500元，住房补贴50多元，加班工资平均每月500元。在消费上，公司不提供吃住，在公司附近租房，每月房租、水电费300元，食品支出400元，通信支出50元，其他商品支出200多元，人情往来支出每月300元，合计每月消费总额1200元左右。从外出打工到现在，总共储蓄3万多元。XT把剩余收入储蓄起来有三个目的。第一是为将来父母养老；第二是为自己结婚成家进行储备；第三是个人发展，以后想自己创业，需要资金。而且人力资本提升也需要成本。XT今年参加了成人高考，报了一个大学的机电一体化专业，学习形式是3年函授自学。XT说自己平时也有活动资金，用来应急，大约有2000多元。

<案例2>

MMS，男，今年35岁，老家在湖北麻城，他与妻子一起在东莞一个电子五金公司工作。MMS每月工资1600多元，他的妻子从事计件工作，基本工资每月1700多元。因为带着家人，无法居住在工厂提供的集体宿舍，就在外面租房，家庭每月租金200元，水电费50元，于家乡的通信费用每月100元，其他日常用品300元/月。MMS一年向老家的老人和孩子汇款4000多元。余下的收入都储蓄起来了。2007年MMS在老家盖了新房，共花费十几万元，动用了打工以来的全部储蓄。现在的储蓄，主要是为了给子女上学准备学费，给老人准备养老资金，还要再准备些钱，准备以后回老家做生意用。

（一）农民工消费的特殊性

农民工从农村迁移到城市，既有农村相对落后、就业机会不足的推力，也有城市和发达地区的拉力，他们的迁移目的主要是经济因素，增加收入。这需要依靠各种搜寻途径获得工作。随着职业转换以及生活环境的改变，由于受到城市消费水平和农民工个人和家庭状况等因素的影响，与所在城市居民和家乡农村居民相比，农民工的消费水平和消费结构存在显著的差异。

调研中大部分农民工的消费属于节俭型，体现在消费占收入的比重较低，而基本的生活消费支出在总消费支出中占较大比例。国务院发展研究中心（2010）利用国家统计局2006年的数据进行推算表明，当年农民工的平均月收入为1060元，而月消费支出为380元，平均消费倾向仅为35.9%，远远低于当年城镇居民人均消费倾向68.4%。在总消费中，食品支出占比最大，恩格尔系数达到56.7%，另外，交通通讯支出和居住支出也占较大比例，与此形成鲜明对比的是当年城镇居民家庭平均每人消费性支出中，食品支出只占35.8%［1］。

农民工在消费结构上的特殊性，主要体现在食品、居住、交通通讯等支出方面。第一，与农村居民不同，在城市居住和生活，需要购买食品。农民的一个主要特征就是生计的维生性质①，他们农业产出的一部分被直接用于日常的食品消费，而不是拿到市场上去销售②。由于农民工逐渐脱离了农业生产，他们需要从市场上去购买食物。第二，受到收入水平、返乡预期和城市住房政策的限制，大部分农民工的居住情况以集体宿舍和租房为主，没有自己的商品房或政策性保障房。国家统计局公布的《2011年我国农民工调查监测报告》显示，以受雇形式从业的农民工，在全部居住类型中，居住在单位宿舍的占34.4%，合租或独租住房的占33.6%，拥有自购房的只占0.7%③。所以，居住开支在农民工消费结构中也占有较大的比例。第三，交通通信支出。这种消费来源于农民工与留守家乡人员的情感联系，产生于节假日返乡交通费用和日常电话通信费用。

---

① 弗兰克·艾利思（2006）对农民的特征做了深刻的分析和描述。具体内容见：弗兰克·艾利思．农民经济学［M］．上海人民出版社．2006（8）．

② 农民消费自己生产的粮食实际上也是一种隐性支出，不过通常情况下农民不将这部分消费看作支出。

③ 数据来源：《2011年我国农民工调查监测报告》．http：//www. stats. gov. cn/tjfx/fxbg/t20120427_ 402801903. htm.

《2011 年我国农民工调查监测报告》中，全国举家外出务工的农村劳动力为 3279 万人，是全部外出农村劳动力的 20.7%。这些为数不少的举家外出农民工，除了自身消费支出外，还要负担家人的消费。首先是子女的教育支出。主要因为户籍制度，农民工子女很难在城市享受均等的受教育机会，正规的学校甚至要缴纳借读费，或者去民工子弟学校上学。除了教育开支，一些农民工在打工地生育子女，或者将家乡子女带在身边。这些不足学龄的子女也需要有消费支出，如营养费、幼儿园费等。另外，农民工与家乡留守亲人之间除了情感联系外，还有经济上的密切联系，农民工收入的一部分用于向家乡亲人汇款。

（二）农民工的储蓄目的

扣除日常消费支出后，存在两种结果。一种是全部收入都被消费，一般被称为“月光族”。这种情况在年轻、没有家庭负担的农民工群体中存在。但是，大部分农民工还是注重储蓄。农民工的储蓄从目的上可以分为四种，分别是个人发展（人力资本投资），家庭需要，未来的生活需要，应急性储蓄等。

第一，注重个人发展前景的农民工会将一部分收入积累起来。理性人都倾向于向高收入职位流动以达到效用的最大化。但是，职业流动和最初的工作搜寻受到个人能力和教育水平的限制。技术性岗位和非技术性岗位之间存在显著的收入差异，原因是前者需要更多操作技能；管理人员除了生产技能之外，还需要掌握足够的管理技能。农民工可以通过在职培训和继续教育等人力资本投资来实现职业流动和提升，这都需要有足够的储蓄。

第二，农民工需要承担家庭责任，或者称为收入的代际流动。由于传统文化等因素，农民工的经济行为显著受到家庭特征的影响，主要体现在抚养教育子女和赡养长辈方面。一些农民工为子女接受教育而进行储蓄。这是他们对教育投资的朴素认识，即受较高教育可以提高人力资本和获得更高的收益。赡养老人是外出打工的这些成年人的义务。虽然有的农民工长辈还有劳动能力和收入来源，外出务工的储蓄是为了在他们的长辈失去劳动能力时有额外的保障，特别是目前农村的养老保障水平还较低。

第三，为未来生活准备资金。访谈的农民工中，大部分明确表示未来会返乡，留城意愿较低。主要原因还是城乡二元体制，农民工很难通过接受教育、提干、参军等获得城市户口，通过土地征用、购买商品房、直接购买户口等途径成为永久移民①的可能性也很小。他们在住房、医疗、教育、养老、子女教育等方面享受不到当地人的同等待遇。除了户籍限制，大部分第一代农民工选择回到家

---

① 邓曲恒、古斯塔夫森（2007）对中国的永久移民进行了研究，认为在户籍制度还没有放开的情况下，从农业户口转变为非农业户口，只有有限的一些途径，难度较大。具体内容见：邓曲恒、古斯塔夫森．中国的永久移民［J］．经济研究．2007（4）．137－148.

乡，也受到个人和家庭因素的影响。他们的年龄较大，受教育水平较低，在劳动力市场上缺少竞争力，只能从事底端的职业，面临的失业风险大。虽然目前符合条件的农民工能够在城市领取养老保险，但是受到缴费工资水平的限制，替代率不会很高，制约了未来城市生活的福利预期。另外，还要考虑家庭因素。如子女上学和赡养老人，白南生（2006）就把子女上学当作影响劳动力返乡的重要因素［3］。由于未来有返乡的确定性预期，农民工需要为返乡后的生活做准备，包括为改善居住条件而建房和购置家用电器，以及为非农家庭经营储备资金。农民工到城市后，受到城市生活的熏陶，思想观念和行为方式也受影响，返乡后大多都不会再从事农业生产，而是转向非农经营，即使家乡有耕地，也只是作为口粮的来源，或者进行土地流转。

个人发展、子女教育、养老、结婚、家庭未来发展都属于中长期的目的，形成预期的消费或投资。对于确定要返乡的农民工而言，外出务工获得的工资性收入只是暂时性收入。农民工的储蓄就是为了平滑现在和将来之间的消费。余永定、李军（2000）认为居民的消费支出有明显的阶段性，在其生命周期的不同阶段都存在一定的支出高峰和储蓄目标，当储蓄目标实现时，他们就会一次性支出很多［4］。农民工储蓄的目标性更明确。

第四，应急储蓄，用来防范可能发生的各种意外。这源于收入和支出的不确定性，以及劳动力市场上的失业风险。农民工在打工地可能遭遇失业、患病等风险，并引起额外的开支，对日常生活形成冲击。在城市失业、医疗等福利制度还没有全面覆盖的情况下，农民工的自我保障，即将一部分收入储蓄起来形成应急能力，就非常重要。应急能力有助于他们在城市稳定工作，还可以使农民工在遭受意外事件时避免缩减日常开支和降低生活水平。

如果农民工存在流动性约束，或者应急储蓄不足时，需要通过借贷来平滑消费。接下来本文将对农民工的借贷行为进行分析。

三　农民工借贷的原因和途径分析

<案例3>

WMD，女，30岁，湖北荆州松滋人，已婚，高中毕业，在东莞一家电线公司当品质部检验员，这份工作是1998年由亲戚介绍的。她的爱人、三岁多的女儿也在东莞。全家人一年回家乡一到两次。WMD平时交往的人就是家人、老乡、厂里同事。她对将来没有明确的计划，但明确表示最后肯定回老家，因为老家有老人，需要照顾。WMD在打工地遇到过急事，她女儿1岁时得了急性肺炎，去医院需要花了几千元钱。那时自己拿不出这么多钱，就向同事们借钱。

杨汝岱、陈斌开、朱诗娥（2011）从需求的角度分析了社会网络对农户借贷的影响，发现依靠社会网络的农户借贷行为是传统乡土社会的典型特点，可以起到相互保险、资源共享的作用［5］。农民工仍然延续了农村的传统和习惯，主要依靠非正式的社会网络在打工地获得借贷。

（一）农民工借贷的原因

农民工借贷原因大致可以分为以下几种原因。

第一，农民工消费较多而收入不足。这常见于迁移初期，需要在租房、购置个人用品、进行工作搜寻等方面进行大额的支出，但是工资性收入不足以支付。入不敷出的现象也会发生在“月光族”身上。他们的消费方式不是节俭型的，通常没有储蓄。无论是刚进厂工资低，还是消费过多导致入不敷出，要想在城市长期稳定生活下去，必须想办法将收支之间的缺口弥补上，这就需要借贷。

第二，一次性需要支付较多资金而工人的储蓄不足。这常见于购买耐用消费品或者其他用途。这些用途和农民工储蓄的目的类似。储蓄的目的是为了平滑消费，如果农民工拥有足够的储蓄，就可以凭借自己的能力负担，自身储蓄不足时，就需要通过其他途径借款。

第三，弥补应急储蓄不足。农民工在应急储蓄方面存在较强的异质性，根据2006年中国社科院经济所五城市农民工调查，6.8%的样本没有任何应急储蓄，另外还有22.83%的样本的有突发事件时只能拿出1000元以内来应急。应急能力大小受个人、家庭等因素影响。一些农民工并没有意识到在打工地的各种风险，就没有预留资金来应急。即使一些农民工有应急意识，面对家庭较多的开支项目，优先考虑确定性的支出项目，如购买消费品、支付子女上学费用，对非确定性的应急开支也是力不从心。当在打工地遇到意外而自己预防性储蓄不足时，就需要借贷。

（二）农民工借贷的途径分析

农民工的借贷途径体现了其选择和偏好。首先，借贷行为主要发生在打工地。借贷应该考虑方便性和及时性，农民工长时间生活在打工地，通过老家的家人获得资金支持不方便。而且，许多农民工的工资性收入甚至是家庭的主要收入来源，无法获得家乡的支持。同时，从打工地之外难以保证及时获得借贷。

其次，农民工的借贷主要依靠农村延续而来的非正式社会网络。一般而言，借贷途径有多种，如银行、当地的社会网络等。从调研情况看，农民工向打工地的亲戚、朋友、老乡、同事借款的居多。这说明农民工在打工地存在正规信贷约束①。农民工不具有当地的户口，在打工地较少拥有可用作银行贷款抵押的资产。即使有，贷款手续的复杂性和审批时间会使获得贷款的意义大打折扣。在社会学中亲戚、朋友等属于非正式社会网络的范畴。从调研中了解到，农民工在打工地经常交往的人群就是他们的借贷途径，包括亲戚、朋友、老乡、同事等。由于语言、工作生活环境等限制，农民工还没有融入当地的城市社区。只有在生活和工作中经常接触的人，才可以成为社会网络的组成部分。需要借款时，这些社会网络就会发挥较大的作用。

四　农民工成功获得借贷的原因和缺陷

<案例4>

XC，男，27岁，重庆垫江人，本科学历，在东莞一家生产电脑键盘的公司工作，税后收入每月3400多元。厂里管吃住，每月消费支出800元，其中电话费100多元，大部分是和朋友同学老乡交往花钱。厂里有医务室，看病免费。一年往家里汇款3000多元。现在有了一定的储蓄，还没有考虑父母的养老，准备为自己结婚成家和以后创业积累资本。在谈到外出务工以来的生活状况时，XC认为开始工作那段时间是最困难的。他说："也有缺钱的时候，主要是没有开始工作和刚进厂时。大学毕业没有找到现在的工作之前，身上的钱都快没有了，很困难。另外刚进厂时工资只有1200元，开支又大，不够花。没有钱就节省开支。有同事和朋友向自己借过钱，有的是准备买房子，有的是其他急事，也有一些人因为花钱多，没有存下钱而借钱生活。看关系和信用决定借不借。"

上一部分从借款人②的角度解释了借款的原因和可能的途径，本部分将从放款人的角度分析借贷成功的原因以及通过社会网络借贷的限制。

（一）放款人借钱给需要者的原因

借款与放款是一种供求关系。在遇到收支不平衡、提前消费、应急储蓄不足时，农民工就产生了借贷的需求。分析农民工之间的借贷行为不能单纯从经济利益去考虑。"经济人假说"假定人是自利和理性的，追求最大效用。如果只追求利益最大化，借贷就无法达成，因为农民工之间的借款大多没有利息，也缺乏保

---

① 罗楚亮（2006）分析了农村居民的消费行为，也使用了正规信贷约束这个叫法，主要指正规金融机构无法满足农户的信贷需求。具体内容见：罗楚亮．预防性动机与消费风险分散——农村居民消费行为的经验分析［J］．中国农村经济．2006（4）．12－19.

② 为简便起见，下文将需要钱的农民工称为借款人，借钱给别人的工人称为放款人。

障，存在较大的风险。但是由于农民工融入城市的程度不高，只能通过相互保险，共同增强在打工地生存下来的能力。基于相互保险和利他主义的考虑，放款人会向他的亲戚、老乡、朋友、同事等提供借贷。

由亲戚、朋友、老乡、同事等形成的非正式社会网络所起的作用不仅体现在金钱（物质）方面。在信息交流、工作获取、精神支持等方面，农民工所拥有的非正式社会网络也起着重要作用。例如，在调研中，大部分工人是通过熟人介绍获得工作的。

（二）借贷成功的决定因素

借款人与放款之间的关系强弱和熟悉程度会影响是否借款。非正式社会网络中有亲戚、老乡、朋友、同学、同事等，这些关系按照交往密切程度，有远近和强弱的差别，并不一样。亲戚和外出前就认识的老乡、朋友、同学属于强关系，借贷成功的概率高。农民工在家乡还有亲友、耕地、住房，将来还可能返乡。打工地关系较强的这种社会网络是农村老家“熟人社会”的延伸。在较强社会关系中，人与人之间彼此熟悉信任，欺骗行为或者不讲人情的行为会导致很严重的成本。这促使放款人积极地提供帮助，而借款人会及时归还借款。

如果借款人是在打工地认识的，被借款人除了通过关系强弱决定借款与否，还需要考虑借款人的信用。通过对方的信用决定是否借款，这种行为深深植根于中国的传统文化之中，借款人的信用是被借款人决定是否借款以及借款数额的主要依据，当然，这里的信用是“对人信用”。良好的个人信用会对放款人形成较好的还款预期，有助于借贷的成功。

农民工之间的借贷行为，放款人主要通过以下几个途径来判断借款人的信用状况。首先，借款人的品德。如果借款人在日常生活中不真诚，或者工作偷懒，就会被认为人品不好。这样的人就很难借到钱，而且不会有太多社会网络。其次，借款人进厂工作时间长短。在一个工厂工作时间较长的工人会比刚进厂的工人更令人信服。进厂工作时间长，还容易形成一个稳固的社会网络。另外，借款人的消费习惯以及收入情况也会影响被借款人的抉择。

（三）农民工社会网络借贷的缺陷

借款行为得以顺利完成，还取决于放款人的经济状况。放款人要在自身收入和储蓄能力之内向对方提供帮助。放款人对借贷金额会有一个底线，既是量力而行，也是了将风险和损失降至最低。从非正式社会网络关系获得借贷，通常不需要抵押物，也没有利息，甚至不会规定具体的偿还期和书面证据，这种借贷关系是基于相互之间的信任和道德约束而产生的，不单纯是一种经济行为。这与通过金融机构进行贷款有很大的不同。农民工借贷的这些特点，容易造成借款人违约后放款人的利益缺少法律保护。被借款人需要在互帮互助和保护自身利益之间寻求平衡。借贷之间包含着一种博弈机制。双方进行借款原因、信用情况等的信息交换，借款人是信息完全的，放款处于信息不完全状态。将借款数量控制在一定范围内可以减少将来不还款时的损失。但是，这也限制了农民工通过借贷获得充足的现金流来弱化流动性约束，很多情况下，农民工不得不中断在城市的非农就业，返回家乡。

五 总结和讨论

收入、消费、储蓄和借贷是相互联系的经济行为。收入可以形成消费和储蓄。消费与个体的福利水平密切相关，带来了各种效用和满足，消费者调整消费的过程取决于他们对收入增加的预期，受到持久收入和习惯形成的影响。消费和储蓄存在此消彼长的关系，在收入预期存在不确定的情况下，需要降低消费，形成储蓄平滑未来的消费。借贷有助于优化消费，减少贫困，弱化流动性约束。良好的收入、消费、储蓄和借贷之间的相互关系，有助于个人福利的提高和整个社会经济的健康发展，依赖于完善的收入分配机制、消费品市场和价格机制、完善的社会保障和公共服务机制以及成熟的信贷市场。

由于户籍制度以及相关的一系列公共服务和社会保障制度的限制，农民工缺乏在城市长期居住的预期，他们的收入、消费、储蓄和借贷行为具有特殊之处。农民工的收入主要来自个人劳动，由于城市劳动力市场的分割，农民工大量进入较低端的工作岗位，缺少足够的劳动保护，其工资水平低于城镇职工的收入水平，2011 年外出农民工的月平均收入为 2049 元①，而当年城镇单位在岗职工的月平均收入为 3456 元②，有研究表明农村移民和城镇居民间的消失收入差距的 82% 源于职业内工资差距［6］。在消费方面，迁移后虽然发生了职业转换，但消费观念和生活方式变化不显著。农民工的消费水平远低于相同收入水平的城镇居民，两者的消费结构也有明显的差别。而且，虽然收入较低，农民工在子女教育、患病就医等多项消费方面所缴纳的费用与城镇居民等同，同时还没有享受均等的公共服务和社会保障。多个原因导致了农民工的消费倾向较低而储蓄倾向高。农民工的储蓄主要包括个人发展、家庭收入代际流动、返乡预期引起的生活和生产储备、应急储蓄等方面。在借贷方面，农民工无法进入城市正规借贷市场，主要依靠农村延伸出来的非正规社会网络借贷，借贷的数额和成功率受到各种限制。

---

① 数据来源：《2011 年我国农民工调查监测报告》. http：//www. stats. gov. cn/tjfx/fxbg/t20120427_ 402801903. htm.

② 数据来源：根据国家统计局《中国统计年鉴 2012》整理而成。

国家发展过程中，农业在国内生产总值中的份额下降，第二、第三产业成为经济的主导，产品和服务在人口聚集地区容易被有效生产出来，是因为这些地区有着高技术的熟练工人和产业集群，还存在着规模庞大的消费者群体。中国目前有2.5亿农民工，其中外出农民工总数约为1.58亿①。城市化和农民工市民化是中国经济增长的动力。从对农民工的消费、储蓄和借贷行为的分析结果来看，未来还有很长一段路要走，需要采取措施加强农民工在城市的经济融合、社会融合和社区文化参与，提高他们的职业预期和收入预期，把流动型消费转化为定居型消费，并享受正规的信贷和救济机会。达到这一目标，重点要做好户籍制度改革，使农民工与城镇居民享受到同等的公共服务和社会保障，促进他们的就业。

---

① 数据来源：《2011年我国农民工调查监测报告》. http://www.stats.gov.cn/tjfx/fxbg/t20120427_402801903.htm.

第五部分

走向新型城镇化的政策选择

第二十一章　新型城市化的政策选择[①]

改革开放以来，工业化进一步促进了城市化演进。1996 年我国城市化率达到30%，进入城市化快速发展阶段；2011 年城市化水平达到51.27%，已经跨越城市化由量增到质变的临界点（即城市化率为50%）。而中国经济的长期增长，正经历着工业化阶段结构性加速向城市化阶段结构性减速的转型，城市化过程中存在以下问题：一是土地城市化远远快于人口城市化，服务业发展严重滞后于工业部门发展；二是以外延式扩张为特征的城市化后劲不足，地区内部、区际之间发展不平衡；三是收入差距日益扩大，失地农民、城市低收入人群和农民工面临“贫困化”的威胁，影响社会经济的不稳定性因素增加；四是依赖于资源扭曲、土地财政和负债扩张的政府主导型投资模式难以持续，城市的无序扩张、拥挤与污染、基本公共服务不足与管理效率不高的问题比较突出；五是人口结构转型及相应劳动力供给的减少；六是城市化水平持续提高及相应投资增长速度的放缓；七是资本效率递减和过度无效投资；八是全要素生产率改进空间变窄；九是经济杠杆率持续拉升，增加了经济运行的风险；十是城市产业结构服务化导致的过快减速风险；十一是对福利的重视及相应分配格局调整导致的减速效应。

从中国城市化发展的阶段特征、演进机制及未来的可持续发展，我们提出以下应对对策：①提高城市聚集度和城市的规模结构；②充分发挥市场配置资源的决定性作用；③通过持续的效率改进推动技术创新和进步、提高资本效率、劳动生产率和人力资本水平、改善供给效率，进而提高潜在增长率；④城市治理模式创新；⑤城市化制度创新；⑥对外积极参与全球化规则制定。增强经济增长的稳定性与可持续性是中国城市化进入新发展阶段的重要目标。

---

① 本章作者张自然，中国社会科学院经济研究所副研究员、博士，研究方向：技术进步与经济增长；张平，中国社会科学院经济研究所副所长、研究员，研究专长：经济增长；刘霞辉，中国社会科学院经济研究所经济增长室主任、研究员，研究专长：经济增长。

一　提高城市化的聚集度，推动经济的可持续发展

（一）积极提高城市化的空间集聚度

新世纪以来，城市化和工业化一直是带动中国经济两大增长引擎，但也是中国经济粗放发展的动力来源，不顾资源、环境和人口等的约束，从乡镇到县市均积极开展了城市化运动。在不合理的利益驱动下，土地城市化远远快于人口的城市化，房地产价格上升快于居民收入的增长速度，房价收入比在不断加大。城市化过程拉动土地成本、房地产价格、公共福利、基建等成本快速攀升，导致了中国经济成本的上涨，而户籍制度、区域化社保、城市房地产价格过高阻止了人口的城市化，城市集聚效应难以发挥，影响着产业竞争力。土地城市化的超速增长直接打破人、社会与自然的平衡，耕地保护、环境保护和失地农民问题引起的社会冲突等问题越来越显得突出。“十一五”针对城市化与环境等问题采取了主体功能区的空间布局规划，取得了初步效果，应继续强化执行。

依据国际经验，城市化率在30%～50%之间，这一段叫作“遍地开花”式的城市化，从原来居住点转移到邻近城市来进行城市化；城市化率超过50%后，城市人口会向大城市集中，这一时期是城市化模式选择的重要时期。应抓住我国城市化模式选择的关键时期，加速人口的城市化步伐，人口城市化的核心是依托城市化逐步建立以人为本的社保体系，而不是画地为牢的社会保障，逐步取消户籍制度，建立一个广覆盖、可转换的基本社保体系，才能提升真正意义上的人口城市化，提升空间集聚效率，获取城市建设、管理和公共支出等的规模经济，这将有效地改变原有的土地利用模式，降低土地资源压力。提升空间的集聚度才能根本上促进服务业的发展，国际经验表明服务业和城市化发展高度相关，更与城市化规模、人口密度等集聚程度直接相关，调整服务业和工业结构关键在于增加空间集聚。从扩大消费需求角度，随着城市化的推进，城市服务业的发展，这些能够满足人们日常增长的对于服务的需求。其实，在未来消费项目的增长中，服务的消费将占主导。发达国家提供了这样的先例。

全球城市化发展的经验表明，一国城市化水平与单位资本GDP间的高度相关。原因是人口和资源的空间集聚产生了规模收益递增的效应。对于工业化的城市，聚集效应更明显，因为知识和新技术在交流、竞争和传播等方面效率更高，城市运行成本低（因公用设施密集），产出效率高。可以观察到，以东亚为主的新兴经济体走的正是大城市圈为特征的，围绕工业化而展开城市化的路子。随着空间要素集聚水平、人口密度和规模的提高，服务业会被快速推动，使得城市发展的多样性增加，服务业就业和产值占GDP的比重会快速上升。

（二）调整城市规模结构，发挥城市聚集效应，带动第三产业的发展

城市化的规模和结构对第三产业的发展有重要的影响。我国实行“严格控制大城市规模，合理发展中等城市和小城市”的方针，20 世纪八九十年代大力发展城镇，发展乡镇企业，短期内对解决农村剩余劳动力的转移问题有一定作用，但近 10 年的发展表明，小城市、城镇因为其规模过小，很难产生聚集效应，不具备发展第三产业的条件，因此城市化的规模效益难以得到体现。

通过成本—收益法我们得出了最小最大城市规模范围和最优城市规模范围，即最优城市规模即净规模收益峰值在 556 万～614 万人之间，外部相对成本最低时的城市规模为 578 万人。合理的城市相对规模净收益大于 0.3 的城市规模为 166 万～2441 万人，此时的外部相对成本大部分不超过 0.5。城市相对规模净收益为正的区间为 65 万～3569 万人之间。根据这一结论，中国的大城市、超大城市不是太多而是太少。像北京、上海这些超大城市虽然目前面临交通拥挤、环境污染尤其是严重的雾霾这类问题，但其城市规模还远远没有达到饱和的区间。因此，我国的城市化战略有必要进行规模结构上的调整。中国应该大力发展大中城市，因地制宜的提高城市规模，以大城市带动中、小城市，促进其聚集逐步形成城市群，以充分发挥大城市及城市群的集聚效应。党的十八届三中全会提出，推进农业转移人口市民化，逐步把符合条件的农业转移人口转为城镇居民。创新人口管理，加快户籍制度改革，全面放开建制镇和小城市落户限制，有序放开中等城市落户限制，合理确定大城市落户条件，严格控制特大城市人口规模。放开小城市、镇的落户限制，和部分放开大、中城市落户，已经比原来有所进步。

（三）稳速增效，围绕潜在增长率均衡发展

以中国经济潜在增长率区间为基准，稳速发展，为经济结构调整留有余地，保持经济增长稳定的同时，将发展的目标转向提高经济效益，可持续发展的轨道上来。

“十一五”期间年均 GDP 增长速度达到 10% 以上，远远高于规划的计划增长速度，为 2020 年全面实现小康打下了坚实的基础，经济增长从 2013～2018 年 GDP 增长率将处于 6.4～7.9 的潜在增长率区间。

中国当前的发展阶段要面临着非常多不确定因素的扰动，如全球经济增速的放缓；国际热钱和资源价格上涨的直接冲击，很容易引发资产泡沫和通货膨胀；汇率、资源公共品价格形成机制改革一方面会减低经济结构扭曲，但同时会产生价格上涨压力。随着成本正常化，特别是劳动力成本的不断提高，如果不能提高效率，只能通过价格转移就会引起成本推动的通货膨胀等。新发展阶段和面临的国际形势总体上看是一个偏向于资产和物价上涨的趋势格局，将经济增长速度目

标降低到接近潜在增长率的6.4～7.9%之间，为价格机制调整和改革留有余地，才能有效地激励企业增加效益，走上循环、绿色经济的可持续发展的轨道。

在保持经济平稳增长的同时，要更加注意提高增长的质量与效益。从供给角度看，未来的经济增长应从主要依靠投资规模扩张以及廉价劳动力，转变为主要依靠劳动力生产率的提高。劳动生产率尽管不是一切，但长期而言几乎就是一切。因为劳动生产率是内生增长可持续的源泉，一国人民生活水平的提高最终取决于劳动生产率的提高。因此，调整结构，转变体制机制，鼓励创新，提高劳动生产率水平，增强经济增长质量与效益，是“十二五”发展的重要方向。

二　充分发挥市场配置资源的决定性作用，建立均衡增长机制

充分发挥市场配置资源的决定性作用。经过几十年的培育和发展，我国的市场经济体系已初步成型，特别是商品市场得到了较大发展。但是，市场准入未完全放开，投资主体未多元化。有学者统计，目前垄断行业约占我国GDP的40%，降低了市场的竞争性。应在深化国有企业改革的基础上，给所有经济主体以平等的市场待遇，从而形成规范的竞争性市场环境，提高投入要素的产出效率。

完善相对价格体系，形成有效反映企业真实效率的价格机制，通过正确的价格信号改变市场参与者的激励，引导资源的有效配置，从而实现结构的优化。要坚持市场化改革，充分发挥市场配置资源的决定性作用，加强反垄断机制的建立，特别是缩小行政垄断的范围，逐步调整资源价格，提升资本市场在优化资源配置方面的积极作用，让市场能有效配置资源，让微观企业能按市场信号进行理性决策，这样才能有效地消除结构失衡及其利益激励基础，建立起均衡增长的机制。

（一）空间配置为主，推进三次产业协调发展

要推动经济从主导产业作为基准转向以城市为带动的空间配置为主的转变，这一转变的关键是找到城市化与产业（包括第一、第二、第三产业）竞争力相互协调的道路，城市化直接推高了产业投入的土地、劳动力、环保等多要素的价格，但同时也提供了基础设施、人口集聚等的规模收益，特别是城市集聚导致的规模报酬递增（创新）收益，如果它能超过产业成本，提高产业效率，则产业竞争力与城市化相容，否则会出现相互抵消效应。

提高结构转型效率。随着我国城镇化的迈进及城市第三产业发展，第三产业的低效率问题应受重视。考察发达国家和发展我国家的产业结构调整历史，可以总结出两个经验事实。一是发达国家工业部门保持高就业份额。二是发达国家第三产业劳动生产率普遍高于或相当于第二产业。由此可见，发展我国家产业结构

演进存在的问题在于，只是复制了发达国家产业结构服务化的外壳，但缺少效率支持，从而可能导致资源错配，向经济严重服务化和低效率路径演进，并可能落入中等收入陷阱。所以，产业结构调整的正确选择应是劳动力和资本首先向劳动生产率较高的第二产业倾斜，在提高经济整体效率的基础上发展服务业。事实上，亚洲成功实现赶超的几个经济体走的就是这条路。

作为一个发展中国家，产业协调发展是经济发展过程中的关键内容。我国应针对三次产业制定相应的政策方针。（1）对农业而言，要加大对农业的资本投入，努力提高农业的资本存量、技术水平与全要素生产力。(2）对工业而言，要加大对制造业的支持力度，推动制造业的长期稳定发展，以保证第二产业对第一、第三产业发展的资本品产出支持。(3）对服务业而言，要避免低端服务业过度发展，加大对现代服务业的支持，以效率导向促进服务业的持续发展。

（二）优化资源配置

从总量上看，中国经济中投资数量与资本存量都远低于东亚经济体类似发展阶段水平，但中国经济现阶段投资对经济增长的拉动力逐渐减弱，其主要原因可能是投资主体的不适当造成的资本误配置（capital misallocation）。Hsieh & Klenow（2009）指出，中国的生产要素错误配置程度非常突出，如果中国能够调整资本配置结构，生产率将提高30%～50%。

从结构性化改革看，中国结构性的核心问题是政府干预要素配置方式的改革，最基本的改革路线是：①消减政府规模，大幅度取消政府行政审批的权利；②国有企业战略性调整，以效率为准绳推进国有企业的战略性重组，坚决淘汰那些大而弱的企业；③放松管制，特别是现代服务业的管制，积极引导民间资金进入，以提升服务业的劳动生产效率；④财政体制改革，1994 年中国的财政改革是适合工业化的，在城市发展的现阶段需要重新建立新的财政体制，要让城市有更大的财政和融资权利服务于城市建设和市民公共服务需求，推进个人税收直接征缴，将个人税收与公共服务联系起来，逐步建立现代的公共财政体制；⑤金融体制改革，推进利率市场化，核心是建立储蓄保险制度，让资本市场有效地配置资源，推动创新。

（三）进行中国版的资产购买，继续提升资本存量

中国城市化过程中已经积累了大量的基础设施投资和相应的负债，由于基础设施投资回报期长，而对应的负债主要来自银行贷款从而期限较短，这使得这些基础设施投资严重影响了地方政府的正常运营和银行等金融资产的安全。政府应该积极地应对经济进一步减速导致的地方政府资产恶化引起的金融冲击，推出中国版的资产购买计划，发行特别国债等金融工具对长期限的城市化基础设施资产

进行购买，以缓解地方政府的债务状况。这在银行改革中已经充分运用过了，而现在我们工具更为丰富。只有调整当前的债务架构，才能继续扩大投资和提升中国资本存量。

三　持续效率改进推动技术创新和经济结构的调整

（一）提高全要素生产率增长，提高全要素生产率增长对经济增长的贡献率

利用1990—2011年中国264个地级及地级以上城市投入产出数据分析了全要素生产率增长及相关要素对经济增长的贡献，并按分区域分析全要素生产率及要素增长及波动对经济增长的影响，发现全国、东、中和西部地区城市TFP增长均呈下降趋势。1990—2011年间中国264城市全要素生产率平均增长1.4%。TFP增长对经济增长的贡献较低，仅为11.66%，并且对TFP增长起主要作用的是技术效率变化，技术进步起着辅助作用。

由此提出如下政策建议：①从264个地级及地级以上城市1990—2011年全要素生产率增长近些年呈下降趋势的现实，需要采取措施提高全要素生产率水平，提高全要素生产率增长对经济增长的贡献率。②尤其是要提高东部TFP增长水平。东部地区GDP增长率和TFP增长高度正相关（尤其是第三阶段），说明东部地区提高TFP增长对GDP潜在增长率有促进作用。③提高中、西部固定资本存量水平。中、西部地区GDP增长率与固定资本存量的增长率有正相关性，说明中、西部地区仍然可以通过提高固定资本存量的方式提高GDP潜在增长率。④提高劳动增长率。全国GDP增长率趋势值与劳动增长率趋势值高度正相关，提高劳动增长率也可以提高潜在增长率。

（二）提高劳动生产率

我们发现一些发展的趋势是不可避免地会导致“结构性减速”：①人口转型直接会降低增长速度；②产业结构的服务化，如果不能有效地提升第三产业的劳动生产率，也直接会降低劳动生产率；③城市化率的超过57%后投资率下降，投资效率低，再加上资本存量增长减速也同样会降低经济增长速度；④随着经济增长和劳动力供给放缓，要素分配会更趋向于劳动要素，会引致劳动要素分配份额上升，也意味着按CD生产函数核算的潜在增长率增速下降。现在很多因素都比我们假设出现的问题严重，经济结构性减速挑战大，应对挑战就是提高三个生产率：劳动生产率，特别是服务业劳动生产率、资本效率和全要素生产率，才能保证中国经济健康可持续发展。

其中1985—2007年与2008—2012年两个时期中，第二产业劳动生产率增长率出现了显著下降，由前期年均增长率9.2%降低到后期的7.0%；第三产业劳动生产率增长速度略有上升，由前期的6.0%上升到后期的6.7%。其间，第一产业劳动生产率增长速度提升较快，但是，虑及该部门增加值份额较低，且就业份额持续下降，全社会劳动生产率基本维持不变主要是第二和第三产业的作用。普遍的共识是，中国大规模工业化过程中的“干中学”效应，是劳动生产率快速提高的源泉，但是随着产业结构服务化的形成，中国全社会劳动生产率降低是一种必然。

而第二、第三产业劳动生产率绝对水平的对比表明，两产业之间存在着巨大的效率失衡，鉴于服务业劳动生产率提高速度普遍慢于工业劳动生产率增长速度，如何缩小两个产业效率差异并保持两个产业增长质量提高，是中国未来面临的关键问题。

依据《联合国人口前景展望》对中国人口增长的中速预测数据，在劳动生产率和劳动参与率不变的假设下，中国未来5年的经济增长均值会下降到7.86%。但从趋势上看，劳动参与率有进一步加快下降的趋势，人口转型也有加快的趋势，这些因素都会直接抑制经济增长速度的提高。因此，提高劳动生产率是唯一缓和经济增长过快减速的措施。

（三）持续效率改进推动技术创新和经济结构的调整

我们还专门针对中国的特大城市（北京、天津、上海、广州和天津）进行转型升级和可持续发展研究，通过梳理了世界发达经济体和发展中国家的经济发展经验，讨论了从经济增长加速到减速的核心原因，发现成熟经济体持续、均衡增长的长期驱动因素就是持续地效率改进，它推动着技术创新和经济结构的调整。

数据分析发现，与全球发达国家比较，中国特大城市近年来效率改进速度显著，但也面临着很大问题，主要是第三产业相对劳动生产率（即第三产业与第二产业劳动生产率之比，第二产业劳动生产率为1）持续降低，低于发达国家第三产业相对劳动生产率大于或等于1的水平。如果不加速改善服务业劳动效率，而盲目提高服务业比重的话，就会形成低效的产业结构，而提高现代服务业比重是提升服务业效率的关键。中国发达城市“每百万劳动力中研发人员数”与发达国家比差距大，未来效率提升需要靠人力资本积累。结构方面，一些特大城市：如上海、天津等工业部门就业和产值比重高，效率改善不错，但未来必然受到广义恩格尔的需求牵引，保持制造业的优势非常困难，从德国和新加坡的经验看，抑制地产泡沫是保持产业竞争力的关键。根据需求偏好相似理论，中国发达城市整体需求与消费将逐步与国际上的高收入经济体趋近，消费需求升级、生活质量的提高将成为未来经济发展新的经济增长点，创新、消费、投资、贸易和金融等都将围绕着与城市生产、生活相关的现代服务业大发展机会而展开，能否抓住这一机会将成为发达城市经济转型和可持续增长的关键所在。

中国发达城市未来发展转型升级的策略有四个方面：①清晰地理解经济增长减速的原因，通过市场化的改革来实现转型升级的机制调整，而不是重新回到产业干预政策的老路子上；②效率持续改进应成为中国特大城市转型发展的核心目标，推动服务业的贸易水平，将服务延伸到城市圈、全国和全球，通过服务业效率的持续改进来提升现代服务业的比重和扩大服务的规模；③保持制造业的优势，提升其人力资本和技术创新是根本，抑制过快房价上涨也是重要的，特别应该抓住全球绿色创新的技术进步趋势，通过政府引导创新；④通过金融、税收等手段实现以“效率持续改进推动转型升级”的目标。

（四）提高资本效率

中国经济增长中重复建设和低效率问题的核心是政府主导的低价工业化模式（张平、刘霞辉，2007，p46）所诱致的低效率企业风险累积。在有利的开放环境下，累积风险往往为高增长吸收，但是，以廉价劳动力和资本自然资源价格扭曲为支撑的高投资不可能持续太久。中国经济要完成由高速增长向高效增长的过度，建立低效率企业市场出清机制是必由之路。低效率企业市场出清机制的重要环节之一，是产业组织结构的深度调整。意味着异质性较强的生产性服务业部门打破行政分割和行政垄断，以中小企业的活力支撑起生产性服务业的强劲发展、缩小工业与服务业效率失衡的缺口。产业组织结构的深度调整，同时意味着制造业部门摆脱高投资驱动、低成本国际竞争的模式，让制造业增长方式逐步转型到高效率竞争路径上，获得经济持续增长的根基。

四 城市治理模式创新

（一）制度创新的顶层设计

城市化阶段的经济发展具有多极性、网络性和系统性，因此比工业化阶段更需要制度创新赋予活力。在制度变革方面，应突破以往摸着石头过河的思维方式，注重制度创新的战略性、整体性，树立制度创新的顶层设计理念。党的十七届五中全会和“十二五”规划中，提出加强“改革顶层设计”这一新理念，目的是强调改革的“整体的明确性”和“具体的可操作性”，在实践过程中能够“按图施工”，避免各自为政造成工程建设过程的混乱无序（竹立家，2011）。“顶层设计”的含义有三点：一是指导方针，着力于提高发展的全面性、协调性、可持续性，在实践中不断开拓科学发展之路；二是基本内容，强调坚持统筹兼顾、突出重点，从党和国家全局出发，提高辩证思维水平、增强驾驭全局能力，把经济社会发展各领域各环节协调好，同时要抓住和解决牵动全局的主要工作、事关长远的重大问题、关系民生的紧迫任务；三是实现路径，重点解决体制性障碍和深层次矛盾，全面协调推进经济、政治、文化、社会等体制创新。“顶层设计”是中国经济社会发展新形势下，科学把握城市化规律的要求，对于制度改革阶段性复合目标的定位、约束条件的分析以及实现路径的规划等均具有很好的指导意义。

（二）政府治理模式的创新，建立服务型政府

理想的政府治理方式包括以下几个方面：治理的合法性，即权威和政治秩序被认可和服从；透明性，即政治经济等各种信息的公开透明化；责任性，即治理者对其行为负责；回应性，即治理者（机构和职员）必须对公民的呼吁和要求做出及时负责的回应；有效性，即管理机构设置合理，经济有效（俞可平，2000）。伴随城市化及公民社会组织的发展，政府治理模式越来越具有治理权利主体多元化趋势，在治理权利向社会回归的情况下，政府与非政府部门的合作协调，成为最主要的治理方式。

长期以来，“强政府、弱社会”一直是我国政府治理模式的主要特征，生产型政府是在这种管理模式的主要表现形式。政府反危机时的作用重大，如果政府过度使用资源配置权，并逐步形成更为牢固利益结构，宏观激励将会被不断“倒逼”，无法退出，政府退出反危机是政府改革的第一步，政府退出的同时要下大力气改变政府的财政激励体制，如将依赖于短期的土地出让金转变为土地增值税，改变现在以流转税为主的税收向以所得税和流转税并举的体制过度，这样才能改变政府激励方向，减少政府对经济增长的干预和主导的，更为重要的是要消除各级政府单纯追求“快”而获激励的机制。动员型经济的转型，重新定位政府的行为，转变建设型政府为服务型政府。在动员型模式下，政府运用行政力量，动员了大量资本、土地、矿产、劳动力等资源，先是通过“低价工业化”走出了一条特殊的高增长路径，继而又通过高价城市化，扩张城市建设，推动了我国城市化大发展，但也积累了诸多严重问题。跳出政府主导型增长模式，已势在必行。当政府用一种比较规范的方式来行使公权力时，经济主体自会在市场的作用下，才能完成经济结构的调整和增长方式的转型。政府行政变革的核心是强化政府的基本公共服务的职能，将政府的目标转到公共服务需求上来，提高行政管理能力，积极加大政府自身建设和转型。

对于工业化的资源动员和经济增长来说，强势政府的存在有其有利的一面，政府主导的经济发展推动了中国工业化进程。但是，这种治理模式的弊端也有目共睹，典型如权力垄断导致的腐败和资源浪费、政务透明度低、缺乏民众信任感

等。党的十七大报告提出，坚持国家一切权力属于人民，从各个层次、各个领域扩大公民有序政治参与，最广泛地动员和组织人民依法管理国家事务和社会事务、管理经济和文化事业。这个思路为我国政府治理模式由政府单独治理模式向政府—社会共治模式转变指出了方向。

中国政府治理模式的创新，应当把握以下几点：（1）公共服务型政府的建立。经济发展的城市化阶段与工业化阶段的本质不同在于，城市社会对公共服务的需求不断扩大，这些服务涵盖了包括水、电、气、路、通信、交通工具等有形的物质产品及包括安全、医疗、教育、娱乐等在内的公共物品和公共服务。公共物品供给体系的高效运行，需要精心的制度设计和组织安排，这种要求非全能型政府管理模型所能满足。（2）非政府组织的发展。培育发展经济类、公益慈善类、民办非企业单位和城乡社区社会组织，强化其服务职能；推动行业协会、商会改革和发展，发挥沟通企业与政府的作用；推动政府部门向社会组织转移职能，向社会组织开放更多的公共资源和领域。（3）政府治理的公共性。主要是强化政府治理过程中的公民参与意识和公民主体性，鼓励公民在经济、政治和社会事务领域参与管理。

（三）财政体制改革的创新

改革开放 30 年来，适应经济发展的需要，我国财政体制不断在调整和理顺中创新（侯一麟，2009）。1979—1993 年是调整时期，主要是放权让利以调动地方积极性；1994 年以来是理顺时期：1994—1998 年分税制推行，使得中央具有大规模提供公共产品和公共服务的能力；1999 年以来开始公共财政体系的探索。财政体制的改革，归根到底是中央与地方财权事权的关系问题，从这点上来说，分税制改革所带来的矛盾也是争论最多的。争论焦点一致集中于分税制导致了中央财政的集中，随着地方政府公共服务化职能的明晰和公共品供给规模的扩大，分税制下的地方政府面临着财权与事权不匹配的问题，地方财政捉襟见肘。对这一问题的解决，存在两个改革方向：一是从 2009 年开始推行的省管县财政体制，即地级市不再集中县财政收入、转移支付及专项资金不再经过地级市结算、加强县级财政实力和省对县的财政平衡。二是广东、上海、浙江、深圳等地开展地方政府自行发债试点，是适应城市化要求而进行的大胆创新。工业化模式下，中国公路、铁路等基础建设主要由国家来做，地方市政融资需求并不大。但是随着城市化的推进，地方融资需求增大，这就要求地方拥有一定的独立融资权，以解决城市化过程中的市政融资问题。地方政府独立融资是用市场来对政府融资及信用的新形式，能够促进地方政府的资金使用效率，而且，也有利于解决地方与银行之间融资的不透明问题。

五 城市化制度创新

（一）土地制度创新

土地财政是我国城市化快速发展时期呈现出的经济现象。正如一项研究所指出的那样（王慈航，2010），这种模式一方面推动了房地产经济的无序发展，扼制了其他国民经济部门的活力。透支居民未来消费能力，容易诱发金融风险；另一方面，土地财政模式导致了地方政府财政收入的不可持续和不稳定，容易诱发财政风险。同时，在城乡土地二元制度的存在，也使得政府土地征收中的农户补偿问题较突出（顾惠芳等，2011）。为保证城市化的顺利进行和经济增长稳定，未来土地制度创新应包括以下几个方面：（1）改革城乡土地二元制度，建立统一土地市场。由于城乡二元土地制度的存在，农地转为非农用地时，首先要进行土地集体所有向国有所有的转换，然后由地方政府将土地使用权转让给土地使用者，土地财政收益就包含在这些转换和转让的环节中，同地同价原则也因此遭到破坏。因此，加快建立城乡统一的土地市场、完善土地转让制度，是遏制土地财政、减少农户损失的重要措施。（2）探索和完善土地交易机制，建立土地市场化交易平台。总结近年来在广东、上海、江苏、浙江等发达地区出现的土地交易模式，建立土地产权交易平台，为土地指标跨区交易创造条件，促进土地合理价格的形成。（3）经济开发区土地资源节约利用机制。为了避免经济开发区集聚效应不显著、管理混乱等问题，对于开发区用地效率建立科学合理的量化评价指标。

（二）户籍制度改革

20 世纪 50 年代为抑制农产品、原材料短缺而设置的城乡户籍障碍，其影响和后果波及至今。在户籍壁垒之下，广大农村被屏蔽在增长收益的合理分享之外，城乡差距日益扩大，也造就了“农民工”这个特殊的群体。户籍改革的背后，是城乡居民的利益大调整，因此进展缓慢，也在预期当中。但是，为保持经济的稳定发展，这个壁垒必须拆除。原因很明显，不让农民工变市民，农民在人力资本上就无法提高，自身劳动生产率就无法提高；只要农民工认为城市生活好，就会撂荒土地进程，无法提高农业生产率，最终导致城乡发展失衡及经济和社会问题。户籍改革的步骤如下：第一，明确户籍不是简单的户口本，而是户口本所代表的社会保障、优质教育资源、便利的生活方式。既然处于各种各样原因，户口本不能向有需求的农民工敞开发放，那么，城市对农民工子女却可以敞开其教育资源。第二，健全农民保障体系，增加农民的保障额度，缩小城乡居民福利差距。第三，稳步推进城镇化建设，打造城乡一体化格局。

(三)扩大就业提高劳动者报酬,建设社会分享机制

扩大就业,建立经济增长的社会分享机制,提高居民收入才能从根本上解决消费投资失衡,内外需失衡的问题。中国要素收入初次分配过程中系统性低于国际水平,低于发达国家相当于我们发展时期的20%,低于新兴市场国家15%,中国劳动收入报酬比率低是导致中国消费率低的一个重要原因,如果劳动者报酬提升至新兴市场国家的水平,则消费率会相应提高;如果能加大企业的分红和保持正利率水平,居民的财富报酬也会提高进而带动消费率,刺激消费措施和提高社会保障等方法有可能均可以提高消费率,中国居民消费率就会从2008年的36%上升到2015结束时的46%,每年提升1%强,才能扭转消费和投资失衡的居民,扩大内需才能落到实处。

扩大就业,提高劳动者参与到经济增长过程中,并通过劳动制度的改革,提高劳动者报酬比率是未来期间最为重要的以人为本的富民目标。依托城市化,促进农村劳动力的转移,加快发展服务业,特别是增加可贸易服务业的比重,扩大就业,提高收入是这一时期的重点。

改革收入分配制度:我国的工业化竞争力是建立在廉价劳动力成本基础之上,初次收入分配存在着明显向企业倾斜的特征,劳动力和资本要素收入比例基本是三七开,这也是研究者在估算中国经济增长方程时,习惯把劳动力弹性和资本弹性赋值0.3、0.7的原因。20世纪90年代以来,我国居民收入差距持续扩大,不尽表现在城乡居民的收入间,而且表现在城市、农村居民的收入之间。调整收入分配机制,缩小收入差距,扩大社会保障体系的覆盖面,积极促进卫生、教育、保障性住房和公共服务的发展,实现社会的和谐化,根本上就是要建立一个社会普遍分享的机制,为2020年全面小康打下坚实的基础。

产生收入差距的原因有以下几种:劳动生产率差异、行政垄断、自然垄断。因此,中国居民收入差距问题不只是利益分配格局的问题,还牵扯到市场、管理体制等方方面面的因素,所以收入分配步伐调整非常迟缓。未来收入差距的调整,可以分以下几步:第一,完善个人收入所得税征收制度;第二,教育资源的公平化,尤其是加强农村教育的建设;第三,垄断部门的改革;第四,探索农民工工资保障和增长制度;第五,加大国家对落后地区的转移支付。

同时要降低供给要素的投入成本。适当降低企业税负,减轻企业负担,提高企业投资的预期收益率。我国30多年的高速经济增长,得益于高投资,而高投资的基础就是投资的预期收益率比较高。测算结果表明,近几十年来我国实体经济投资的预期收益率平均超过了15%,但是这个数字近几年在下降,原因是劳动力成本上升,企业的税收和社保负担也在上升。同样,应通过降低城市居住和生活成本,降低教育医疗费用,改革户籍制度等方式,进一步解放生产力,使劳

动者活力重现。

（四）统一城乡劳动力市场，促进第三产业就业和城市化发展

由于我国长期实行城乡分离的就业政策，限制农民到城市定居，使经济社会呈现明显的二元特征。在就业体系上就表现为城市和农村两个分离的劳动力市场，农民被排斥在城市大门之外。改革开放以来，市场取向的改革使户籍管理有所松动，农村劳动力向城市转移的障碍日益减少，大量农民进城成为城市的“农民工”。但仍然存在各级政府为了保护城市劳动者就业，以舆论的、经济的、甚至行政的手段排斥农村劳动力在城市就业：通过各种收费渠道加大农村劳动力转移的成本；规定诸多岗位不允许雇用外地劳动力；以“再就业工程”的名义，通过奖罚手段诱导企业用本地失业工人替代外来劳动力，等等。歧视性就业政策不仅无助于两种就业市场的统一，而且还在相当程度上继续使城乡隔离，提高了农村剩余劳动力的转移成本，阻止农村剩余劳动力向城市转移，由此抑制着第三产业的发展，进而阻碍第三产业的就业，最终减慢中国的城市化进程。

因此政府需要做的事主要是改善城市的基础设施条件，做好城市规划，取消那些不合理的限制政策，提供优化城市经济的公共服务系统，来促进、鼓励城市化的发展。为了有效推动城市化进程，做好两件事情是至关重要的。一是允许农民自由迁徙，减少农民进城的限制，农民应该像市民那样享有在不同地域和不同行业之间自主选择职业的权利；二是要减少各种政策和现实的对农民工的歧视，逐渐给予农民工平等的社会福利保障，农民工的医疗保险、养老保险、工伤保险等都应该随经济发展相应提高保障水平和保障覆盖面。当从农民到市民的“转型成本”降低以后，更多的农民就能更快地转换为城市产业主要是第三产业的劳动力，从而更快的转换为“市民”。同时，城市居民的增加势必会对服务业提出更高的要求从而推动服务业的快速发展。

（五）社会保障安全网构建

城市化最大的特征是社会保障制度的健全，大规模人口向城市的集聚以及人口老龄化的趋势，要求城市化过程中的失业保险、养老保险、医疗保险等网络的构建。就中国社会保障建设的总体状况而言，城镇基本拥有了基础较好的保障体系，但是农村的保障建设还刚刚起步。根据一些最新的研究成果（如陈颐，2010)，未来具有中国特色的保障模式包括以下几个转型：（1）城镇保障向全民保障的转型，这是缩小城乡居民福利差距的重要途径，其中，国家对失地农民和农民工社会保障的健全尤为迫切。（2）差别型保障向公平型保障的转型：这种差别主要存在于城市内部，机关、企业、事业之间存在各色各样的保障差别，最重要的是整合现阶段存在的多种退休和养老保险制度，实现机关、企业、事业单位

养老保险制度的并轨。(3)保障型保障向福利型保障的转型。这是随着城市化、现代化发展，国家经济强盛而来的社会保障待遇提高，在这个愿景下，由保障基本生活升级为增加居民福利。

我国社会保障网络建设要注意的核心问题是标准过高，相互攀比。这种状况的延续，不仅破坏了社会保障覆盖面的空间拓展（因为缺钱），而且加大各级政府的财政风险，扭曲政府行为，阻碍经济增长和社会进步。所以，我国社会保障网络统一标准，量力而行势在必行。社会保障支出是政府需要花大钱的社会事务，一些发达国家社会福利的建设，是在经济发展达到很高水平以后才敢做的事情。有些福利国家因为大量资源用于社会保障支出，导致用于经济增长的积累不够，而使经济长期陷入低水平的增长状态；有些政府因为要维持高水平的社会保障而负债过度，国家风险加剧；部分拉美国家追求社会保障的赶超，许诺过高，不仅损害经济增长，还掉入中等收入陷阱，导致社会不稳。

目前，我国已进入中等发达国家行列，人们对国家提供基本的社会保障，以及不断提高福利水平有越来越强的要求，特别是老龄化冲击日益临近，以上愿望越来越迫切。我国现在的社会保障网络，还适应不了社会的要求，主要问题表现在：一是社会保障的覆盖面不够宽，而且保障制度不统一，城乡分割、地区分割。二是社会保障支出增长过快，保障标准相互攀比，给地方财政造成困难，负债增长快。从长期看，社会福利具有很大刚性，人们的要求并没有上限。社会福利如果转向税收融资，必然会带来财政收入在国民经济比重的更快上涨，损害经济增长。适合我国国情的社会保障网络应该是覆盖面广而享受标准不能过高，这也是东亚经济体的共性。

参考文献

[1] 阿瑟·奥莎利文. 城市经济学. 北京：北京大学出版社，2008.
[2] 白南生. 农村劳动力外出就业对农业影响的实证分析//蔡昉，白南生. 中国转轨时期的劳动力流动［M］. 北京：社会科学文献出版社，2006.
[3] 边雅静，沈利生. 人力资本对我国东西部经济增长影响的实证分析. 数量经济技术经济研究，2004（12）.
[4] 布罗姆利，经济利益与经济制度. 陈郁，等译. 上海三联书店，1996.
[5] 蔡昉，都阳. “文化大革命”对物质资本和人力资本的破坏. 经济学，2003（4）.
[6] 陈斌，开陆铭，钟宁桦. 户籍制约下的居民消费［J］. 经济研究，2010.
[7] 陈柳钦. 论城市发展的动力机制——从产业结构转移与发展的视角来研究. 现代经济探讨，2005（1）.
[8] 陈文哲，朱宇. 流动人口定居意愿的动态变化和内部差异——基于福建省4城市的调查. 南方人口，2008（2）.
[9] 成德宁. 城市化与经济发展——理论、模式与政策. 北京：科学出版社，2004.
[10] 程庆生，李昌中. 我国产业结构与城市化关联分析. 统计与决策，2004（6）.
[11] 褚荣伟，张晓冬. 中国农民工消费市场解读. 经济理论与经济管理，2011（7）.
[12] 丁魁礼，钟书华. 创新集群的本质含义及其与产业集群的区分. 科技进步与对策，2010（10）.
[13] 杜辉. 略论我国工业化升级转换中的战略选择. 经济研究，1992（4）.
[14] 方大春，杨义武. 城市公共品供给对城乡人口迁移的影响——基于动态面板模型的实证分析. 财经科学，2013（8）.
[15] 方行. 清代前期的封建地租率. 中国经济史研究，1992（2）.
[16] 付晨. 农村城市化滞后的症结与对策. 经济体制改革，1995（13）.
[17] 付敏杰. 中国有多少结构问题［J］. 经济学动态，2013（5）.
[18] 付文林. 人口流动的结构性障碍：基于公共支出竞争的经验分析. 世界经济，

2007（12）.
［19］高飞．集体土地所有权主体制度运行状况的实证分析——基于全国10个省30个县．中国农村观察，2008（6）.
［20］高培勇．由适应市场经济体制到匹配国家治理体系——关于新一轮财税体制改革基本取向的讨论［J］．财贸经济，2014（3）.
［21］高佩义．中外城市化比较研究．天津：南开大学出版社，2004.
［22］辜胜阻．非农化与城镇化研究．杭州：浙江人民出版社，1991.
［23］辜胜阻，易善策，郑凌云．基于农民工特征的工业化与城镇化协调发展研究．人口研究，2006（5）.
［24］国家人口与计划生育委员会流动人口管理司．中国流动人口发展报告2011．北京：中国人口出版社，2011.
［25］国务院发展研究中心．农民工市民化对扩大内需和经济增长的影响［J］．经济研究，2010（6）.
［26］国务院发展研究中心课题组．农民工市民化：制度创新与顶层政策设计．北京：中国发展出版社，2011.
［27］国务院研究室．中国农民工调查报告［M］．北京：言实出版社，2000.
［28］何军．代际差异视角下农民工城市社会融合的影响因素分析——基于分位数回归方法．中国农村经济，2011（6）.
［29］何军．江苏省农民工城市社会融合程度的代际差异研究．农业经济问题，2012（1）.
［30］贺菊煌．我国资产的估算．数量经济技术经济研究，1992（8）.
［31］贺雪峰．地权变革的真像与谬误的逻辑Ⅱ．北京：东方出版社，2013.
［32］胡陈冲，李宇，林李朋，王婉玲．流动人口的户籍迁入意愿及其影响因素分析——基于一项在福建省的问卷调查．人口与发展，2011（3）.
［33］胡英泽．流动的土地：明清以来黄河小北干流区域社会研究．北京：北京大学出版社，2012.
［34］华迎放．农民工社会保障模式选择［J］．中国劳动，2005（5）.
［35］黄乾．农民工定居城市意愿的影响因素——基于五城市调查的实证分析．山西财经大学学报，2008（4）.
［36］黄永兴．中国经济增长因素的计量分析．安徽工业大学学报，2007（1）.
［37］简新华，黄锟．中国城镇化水平和速度的实证分析与前景预测．经济研究，2010（3）.
［38］江太新．发达地区的调研．现代经济探讨，2004（3）.
［39］江太新．论清代土地关系的新变化．天津：天津古籍出版社，2011.
［40］金相郁．最佳城市规模理论与实证分析：以中国三大直辖市为例．上海经济

研究，2004（7）.
［41］金相郁．最佳城市规模理论与实证分析：以中国三大直辖市为例．上海经济研究，2004（7）.
［42］孔祥智，刘同山．论我国农村基本经营制度：历史、挑战与选择．政治经济学评论，2013（4）.
［43］乐正．深圳人口发展的基本问题．特区经济，2007（1）.
［44］李诚固，韩守庆，郑文升．城市产业结构升级的城市化响应研究．城市规划，2004（4）.
［45］李惠．人口迁移的成本，效益模型及其应用．中国人口科学，1993（5）.
［46］李金来．我国城市化应走优先发展中等城市的道路．城市问题，1990（2）.
［47］李楠．农村外出劳动力留城与返乡意愿影响因素分析．中国人口科学，2010（6）.
［48］李培林．新型城镇化道路的思考．前线，2013（12）.
［49］李培林，田丰．中国农民工社会融入的代际比较．社会，2012（5）.
［50］李强，龙文进．农民工留城与返乡意愿的影响因素分析．中国农村经济，2009（2）.
［51］李秀敏，刘冰，黄雄．中国城市集聚与扩散的转换规模及最优规模研究．城市发展研究，2007（2）.
［52］李珍珍，陈琳．农民工留城意愿影响因素的实证分析．南方经济，2010（5）.
［53］廖洪乐．农村集体土地征用中的增值收益分配——以浙江 RA 为例．农业经济问题，2007（11）.
［54］林毅夫．制度、技术与中国农业发展．上海：上海人民出版社，上海三联出版社，1993.
［55］刘传江，周玲．社会资本与农民工的城市融合．人口研究，2004（5）.
［56］刘守英．中国土地制度改革逻辑与出路．财经，2014（14）.
［57］刘艳军，李诚固，董会和，李如生．东北地区产业结构演变的城市化响应：过程、机制与趋势．经济地理，2007（3）.
［58］陆淑珍，魏万青．城市外来人口社会融合的结构方程模型——基于珠三角地区的调查．人口与经济，2011（5）.
［59］罗凯．健康人力资本与经济增长：中国分省数据证据．经济科学，2006（4）.
［60］孟昕．城乡人口迁移的趋势及政策影响：2008—2012 年．财新·比较，2013（2）.
［61］孟昕，张俊森．中国城镇的双层劳动力市场//蔡昉，白南生．中国转轨时期劳动力流动［M］．北京：社会科学文献出版社，2006（6）.
［62］孟颖颖，邓大松．农民工城市融合中的“收入悖论”——以湖北省武汉市为

例．中国人口科学，2011（1）．
[63] 牛飞飞．户籍制度的创新路径研究——从城乡对立看户籍改革．消费导刊，2009（9）．
[64] 潘科，陆冠尧．国外与我国台湾地区土地用途管制制度问题启示．国土资源科技管理，2005（3）．
[65] 钱纳里．发展形式：1950—1970. 北京：经济科学出版社，1988.
[66] 秦立建，王震．农民工城镇户籍转换意愿的影响因素分析．中国人口科学，2014（5）．
[67] 任远．“逐步沉淀”与“居留决定居留”——上海市外来人口居留模式分析. 中国人口科学，2006（3）．
[68] 任远，乔楠．城市流动人口社会融合的过程、测量及影响因素．人口研究，2010（2）．
[69] 申秋红．流动人口居留意愿影响因素分析——基于全国六城市的调查．经济研究导刊，2012（2）．
[70] 深圳市发展和改革委．深圳市户籍人口机械增长计划实际完成情况表.
[71] 深圳市人力资源和社会保障局．2014 年度深圳市人才引进政策及业务指南.
[72] 深圳市人民政府．深圳市人才引进实施办法（深府办函〔2013〕37 号），2013－4－17.
[73] 深圳市人民政府．深圳市外来务工人员积分入户试行办法（深府办函〔2010〕70 号），2010－8－12.
[74] 深圳市人民政府．深圳市外来务工人员积分入户试行办法（深府办函〔2011〕59 号），2011－6－23.
[75] 深圳市人民政府．深圳市外来务工人员积分入户暂行规定（深府办函〔2012〕40 号），2012－4－1.
[76] 深圳市统计局．经济主导人口发展，人口反映经济质量．统计分析，2014（17）．
[77] 沈飞，朱道林．政府和农村集体土地收益分配关系实证研究——以我国土地征收—出让过程为例．中国国土资源经济，2004（8）．
[78] 世界银行．城市化、土地制度与经济可持续发展——靠土地支撑的城市化还将持续多久. 世界银行，2004.
[79] 舒尔茨．报酬递增的源泉．北京：北京大学出版社，2001.
[80] 斯特拉斯蔡姆．城市住宅区位理论//米尔斯．城市经济学——区域和城市经济学手册（2）．北京：经济科学出版社，2001.
[81] 斯特拉斯蔡姆．城市住宅区位理论//米尔斯．城市经济学——区域和城市经济学手册：第 2 卷．北京：经济科学出版社，2001.

[82] 孙慧．城镇居民收入结构转型实证研究．统计研究，2012（10）.
[83] 孙立平．中国的城镇化是滞后还是超前．探索与争鸣，1996（5）.
[84] 孙永正．城市化内涵、进程和目标水准实证研究．中国软科学，2001（12）.
[85] 童雪敏，晋洪涛，史清华．农民工城市社会融合：人力资本和社会资本视角的实证研究．经济经纬，2012（5）.
[86] 托利，克瑞菲尔德．城市规模与位置的政策问题//米尔斯．城市经济学——区域和城市经济学手册：第2卷．北京：经济科学出版社，2001.
[87] 王春光．新生代农村流动人口的社会认同与城乡融合的关系．社会学研究，2001（3）.
[88] 王春光．农村流动人口的“半城市化”问题研究．社会学研究，2006（5）.
[89] 王景新．乡村现代化中土地制度及利益格局重构——对江苏、浙江发达地区的调研．现代经济探讨，2004（3）.
[90] 王茂林．新中国城市经济50年．北京：经济管理出版社，2000.
[91] 王世巍．深圳市人口变迁的背景和动因．特区实践与理论，2009（5）.
[92] 王小鲁．中国城市化路径与城市规模的经济学分．经济研究，2010（10）.
[93] 王小鲁，樊纲．中国经济增长的可持续性．北京：经济科学出版社，2000.
[94] 王小鲁，夏小林．优化城市规模 推动经济增长．经济研究，1999（9）.
[95] 王震．农民工城市居留时间的一个估计．中国社会科学院经济研究所发展经济学研究室工作论文，2013.
[96] 魏众．正规就业者的参保意愿和实际参保状况的差异．中国社会科学院经济研究所课题组研究报告，2009.
[97] 文迪波．还农村土地所有制形式的本来面目：国家土地所有制．农业经济问题，1987（8）.
[98] 吴次芳，谭荣，靳相木．中国土地产权制度的性质和改革路径分析．浙江大学学报：人社版，2010（6）.
[99] 吴兴陆．农民工定居性迁移决策的影响因素实证研究．人口与经济，2005（1）.
[100] 西蒙·库兹涅茨．现代经济增长．北京：北京经济学院出版社，1989.
[101] 夏怡然．农民工定居地选择意愿及其影响因素分析——基于温州的调查．中国农村经济，2010（3）.
[102] 谢文蕙，邓卫．城市经济学．北京：清华大学出版社，1996.
[103] 许学强，朱剑如．现代城市地理学．北京：中国建筑工业出版社，1989.
[104] 续田曾．农民工定居性迁移的意愿分析．经济科学，2010（3）.
[105] 严成樑，龚六堂．财政支出、税收与长期经济增长．经济研究，2009（6）.
[106] 严翅君．长三角城市农民工消费方式的转型——对长三角江苏八城市农民

工消费的调查研究．江苏社会科学，2007（3）.
[107] 杨波．中国城市集聚与扩散转换规模的实证研究．长春：东北师范大学，2008.
[108] 杨国亮．论范围经济、集聚经济与规模经济的相容性．当代财经，2005（11）.
[109] 杨菊华．从隔离、选择融入到融合：流动人口社会融入问题的理论思考．人口研究，2009（1）.
[110] 杨汝岱，陈斌开，朱诗娥．基于社会网络视角的农户民间借贷需求行为研究［J］. 经济研究，2011（11）.
[111] 姚宇．农村迁移工人的人口学特征对其养老保险项目的影响//中国社科院经济所课题组．农村迁移工人养老保险设计的性别影响．研究报告，2009.
[112] 姚植夫，薛建宏．新生代农民工市民化意愿影响因素分析．人口学刊，2014（3）.
[113] 叶裕民．中国城镇化滞后的经济根源及对策思路．中国人民大学学报，1999（5）.
[114] 余立新．排除认识障碍，加快城镇化进程．人口研究，1994（18）.
[115] 余永定，李军．中国居民消费函数的理论与验证．中国社会科学，2000（1）.
[116] 俞德鹏．中外城镇化进程的定量比较．人口研究，1993（3）.
[117] 俞可平．治理与善治．北京：社会科学文献出版社，2000（6）.
[118] 岳清唐．建国以来我国城市化思想之演进．贵州财经学院学报，2009.
[119] 悦中山，李树茁，费尔德曼．农民工社会融合的概念建构与实证分析．当代经济科学，2012（1）.
[120] 悦中山，李树茁，靳小怡，费尔德曼．从“先赋”到“后致”：农民工的社会网络与社会融合．社会，2011（6）.
[121] 张斌．扩大消费需求的税收政策. 财贸经济，2012（9）.
[122] 张魁伟. 产业结构与城市化，区域经济的协调发展．经济学家，2004（4）.
[123] 张丽艳，陈余婷．新生代农民工市民化意愿的影响因素分析——基于广东省三市的调查．西北人口，2012（4）.
[124] 张晓山．改革开放以来农村土地制度变革的法律、政策与实践回顾．中国经济史研究，2013（3）.
[125] 张翼．农民工“进城落户”意愿与中国近期城镇化道路的选择．中国人口科学，2011（2）.
[126] 张云华，罗丹，等．统筹城乡发展中农民土地权益保障研究．农业部软科

学课题结项报告（未发表），2011.
[127] 张云军．现行土地产权制度对农民权利的严重不公及改革思考．农民日报，2005－08－13.
[128] 张昭时，钱雪亚．城乡分割、工资差异与就业机会不平等——基于五省城镇住户调查数据的经验研究．中国人口科学，2011（3）.
[129] 张自然．中国服务业增长与城市化的实证分析．经济研究导刊，2008（1）.
[130] 张自然．中国生产性服务业的技术进步研究——基于随机前沿分析法．贵州财经学院学报，2010（2）.
[131] 张自然，陆明涛．全要素生产率对中国地区经济增长与波动的影响．金融评论，2013（5）.
[132] 章铮，杜峥鸣，乔晓春．论农民工就业与城市化——基于年龄结构—生命周期分析．中国人口科学，2008（6）.
[133] 郑秉文．中国养老金发展报告 2013. 北京：经济管理出版社，2013.
[134] 郑秉文．中国社保“碎片化制度”危害与“碎片化冲动”探源. 甘肃社会科学，2009（3）.
[135] 郑梓桢，宋健．户籍改革新政与务实的城市化新路．人口研究，2012（1）.
[136] 中国发展研究基金会．中国发展报告 2010：促进人的发展的中国新型城市化战略．北京：人民出版社，2010.
[137] 中国经济增长课题组．城镇化、财政扩张与经济增长. 经济研究，2011（11）.
[138] 中国经济增长前沿课题组．上海市创新转型发展指标体系研究．上海研究报告，2011.
[139] 中国经济增长前沿课题组．中国经济长期增长路径、效率与潜在增长水平. 经济研究，2012（11）.
[140] 中国经济增长前沿课题组．中国经济减速的结构性特征、转型风险与效率提升路径．经济研究，2013（3）.
[141] 中国经济增长与宏观稳定课题组．城市化、产业效率与经济增长．经济研究，2009（10）.
[142] 周皓．流动儿童社会融合的代际传承．中国人口科学，2012（1）.
[143] 周其仁．征地的“征”字是明明白白的强制行为，何其了得. 经济观察报，2012－9－29.
[144] 周一星．城市地理学．北京：商务印书馆，1995.
[145] 周一星，曹广忠．改革开放 20 年来的中国城市化进程．城市规划，1999

(23).
[146] 周振华．营业税改征增值税研究．上海：格致出版社，2013.
[147] 朱玲．中国社会保障体系的公平性与可持续性研究．中国人口科学，2010 (5).
[148] 朱文．以“均等化”试解农民工社保问题．中国社会保障，2011 (11).
[149] 左学金，等．世界城市空间转型与产业转型比较研究．北京：社会科学文献出版社，2011.
[150] Addison J T, Portugal P. Some specification issues in unemployment duration analysis. Labour Economics, 1998, 5: 53 - 66.
[151] A [150] lba, R. , and Nee, V. , 1997, Rethinking assimilation theory for a new era of immigration, International Migration Review, Vol. 31, No. 4, pp. 826 - 874.
[152] A lonso, W. , "THE ECONOMICS OF URBAN SIZE", Papers in Regional Science, 1971, 26 (1): p. 67 - 83.
[153] Arrow, K. J. (1962), "The economic implications of learning by doing", The review of economic studies, 29 (3), pp. 155 - 173.
[154] Au, C. - C. and J. V. Henderson, "Are Chinese cities too small?", The Review of Economic Studies, 2006, 73 (3): p. 549 - 576.
[155] Berger - Schmitt, R. , 2000, Social cohesion as an aspect of the quality of societies: concept and measurement, EuReporting Working Paper No. 14.
[156] Bollen, K. A. , and Hoyle, R. H. , 1990, Perceived cohesion: a conceptual and empirical examination, Social Forces, Vol. 69, No. 2, pp. 479 - 504.
[157] Camagni, R. P. , From city hierarchy to city network: reflections about an emerging paradigm, in Structure and change in the space economy. 1993, Springer. p. 66 - 87.
[158] Cantillon, B. , The poverty effects of social protection in Europe: EU enlargement and its lessons for developing countries [R], in P. Townsend (ed.): Building Decent Societies: Rethinking the Role of Social Security in Development, Basingstoke, Palgrave Macmillan: 2009.
[159] Cerioli, A. , and Zani, S. , 1990, A fuzzy approach to the measurement of poverty, in Dagum, C. and Zenga, M. (eds), Income and Wealth Distribution, Inequality and Poverty, Studies in Contemporary Economics, Berlin: Springer Verlag, pp. 271 - 284.
[160] Chang G H. ; Brada J. C. , "The paradox of China's growing under - urbanization", Economic Systems, 2006, 30: p. 24 - 40.

[161] Cheli, B., 1995, Totally fuzzy and relative measures of poverty in dynamic context—an application to the British household panel survey, 1991 - 1992, Metron, Vol. 53, No. 3 - 3, pp. 183 - 205.

[162] Cheli, B., Lemmi, A., 1995, A "totally" fuzzy and relative approach to the multidimensional analysis of poverty, Economic Notes, Vol. 24, No. 1, pp. 115 - 133.

[163] Chow, G. C., "Capital formation and economic growth in China", The Quarterly Journal of Economics, 1993, 108 (3): p. 809 - 842.

[164] Coleman, James S. (1988): Social capital in the creation of human capital, American Journal of Sociology, Vol. 94, p95 - 120.

[165] Coleman, James S. (1990): The Foundations of Social Theory, Cambridge, MA: Belknap Press of Harvard University Press.

[166] Cornia, Giovanni Andrea (1985), "Farm Size, Land Yields and the Agricultural Production Function: An Analysis for Fifteen Developing Countries", World Development, 13, (4), 513 - 534.

[167] Cox, D. R. (1972), Regression models and life - tables, Journal of the Royal Statistical Society, Series B, Vol. 34, No. 2, pp. 187 - 220.

[168] Daniels, P. W., "Services and Metropolitan Development: international perspectives", Routledge, 1991.

[169] Dubois, D., and Prade, H, 1980, Fuzzy Sets and Systems: Theory and Applications, Academic Press: New York.

[170] Duranton, G. and D. Puga, "Micro - foundations of urban agglomeration economies", Handbook of regional and urban economics, 2004, 4: p. 2063 - 2117.

[171] Echevarria, Cristina (1998), "A Three - Factor Agricultural Production Function: The Case of Canada", International Economic Journal, 12, (3), 63 - 75.

[172] Freeman, C. (1991), "Networks of innovators: a synthesis of research issues", Research policy, 20 (5), pp. 499 - 514.

[173] Fujita, M. and J. - F. Thisse (2002), "Economics of agglomeration: Cities, industrial locations, and regional growth", Cambridge, Cambridge University Press.

[174] Glaeser, E. L., "Reinventing Boston: 1630 - 1003", Journal of Economic Geography, 2005, 5 (2): p. 119 - 153.

[175] Gordon, M., 1964, Assimilation in American Life, New York: Oxford Univer-

sity Press. Harris, N. , "Bombay In a global economy – structural adjustment and the role of cities", Cities, 1995, 12 (3): p. 175 – 184.

[176] Harvey, J. , "The economics of real property", Macmillan, 1981.

[177] Henderson, J. V. (1974), "The sizes and types of cities", The American Economic Review, 64 (4), pp. 640 – 656.

[178] Henderson, J. V. , "How urban concentration affects economic growth". Vol. 2326, The World Bank Policy Research Working Paper, 2000.

[179] Henderson, J. V. , "The sizes and types of cities", The American Economic Review, 1974, 64 (4): p. 640 – 656.

[180] Henderson, V. , "Medium size cities", Regional science and urban economics, 1997, 27 (6): p. 583 – 612.

[181] Hsieh, C. – T. K. , Peter J. (2009), "Misallocation and manufacturing TFP in China and India", The Quarterly Journal of Economics, 124 (4), pp. 1403 – 1448.

[182] Hunt, Gary L. , and Richard E. Mueller. 2004. "North American migration: returns to skill, border effects, and mobility costs." Review of Economics and Statistics, 86 (4): 988 – 1007.

[183] ILO (International Labour Office), Conclusions of the Committee for the Recurrent Discussion on Social Protection [R], International Labour Conference, 100th Session, Geneva: 2011 (a).

[184] ILO (International Labour Office), Social Protection Floor for a Fair and Inclusive Globalization [M], Geneva: 2011 (b).

[185] Jacoby, Hanan G. (1993), "Shadow Wages and Peasant Family Labour Supply: An Econometric Application to the Peruvian Sierra", The Review of Economic Studies, 60, (4), 903 – 921.

[186] Kiefer, N. M. (1988), Economic duration data and hazard functions, Journal of Economic Literature, Vol. 26, Issue 2, pp. 646 – 679.

[187] Koenker, R. , and G. B. Bassett (1978), "Regression Quantiles", Econometrica, 46 (1), pp. 33 – 50. Koenker, R. , and K. Hallock (2001), "Quantile Regression", Journal of Economic Perspectives, 15 (4), pp. 143 – 156.

[188] Lelli, S. , 2001, Factor analysis vs fuzzy sets theory: assessing the influence of different techniques on Sen' s functioning approach, Discussions Paper Series 01. 21, Center for Economic Studies, http//: www. econ. kuleuven. be/ces/discussionpapers/default. htm, K. U. Leuven.

[189] Lindbeck, Assar; Persson, Mats (2003), "The Gains From Pension Reform",

Journal of Economic Literature, 41, (1), 74 - 112.

[190] Lucas, R. E. (1988), "On the Mechanisms of Economic Development", Journal of Monetary Economics, 22 (1), pp. 3 - 42.

[191] Lucas, Robert E. Jr (2003), "Macroeconomic Priorities", The American Economic Review, 93, (1), 1 - 14.

[192] Masahisa, F. et al. (1999), "The spatial economy", MIT Press.

[193] Miceli, D, 1998, Measuring poverty using fuzzy sets, Discussion Paper No. 38, National Centre for Social and Economic Modelling, Faculty off Management, University of Canberra.

[194] Mitchell, B. R, 1998, International Historical Statistics (4th ed): 1750 - 1993, New York : Stockton Press.

[195] Miyohei Shinohara, Structure Change in Japanese Economic Development, Kinokuniya Bookstore Co, LTD, Tokyo.

[196] Pim den Hertog, etal, 1995, Assessing the distribution power of national innovation systems Pilot study: the Netherlands, STB/95/051.

[197] Polgreen, Linnea A, and Nicole B. Simpson. 2011. "Happiness and international migration." Journal of Happiness Studies, 12 (5): 819 - 840.

[198] R. Nurkse, 1953, Problems of Capital Formation in Underdeveloped Countries, Oxford University Press.

[199] Richardson, H. W, "Optimality in city size, systems of cities and urban policy: a sceptic's view", Urban Studies, 1972, 9 (1): p. 29 - 48.

[200] Romer, P. M. (1986), "Increasing Returns and Long - Run Growth", The Journal of Political Economy, 94 (5), pp. 1002 - 1037.

[201] Singelmann, J. , "From Agriculture to Services: The Transformation of Industrial Employment", Sage Publications, 1978.

[202] Sjaastad, Larry A. 1962. "The costs and returns of human migration." The Journal of Political Economy, 70 (5): 80 - 93.

[203] Spoonley, P, Peace, R, Butcher, A, and O'Neill, D. , 2005, Social cohesion: a policy and indicator framework for assessing immigrant and host outcomes, Social Policy Journal of New Zealand, Issue. 24, pp. 85 - 110.

[204] Terutomo Ozawa, 2005: Institutions, Industrial Upgrading, and Economic Performance in Japan. Edward Elgar, MA, USA.

[205] Tiebout, Charles M. (1956), "A Pure Theory of Local Expenditures", The Journal of Political Economy, 64, (5), 416 - 424.

[206] Turnovsky, Stephen J. (1996), "Optimal Tax, Debt, and Expenditure Policies

in a Growing Economy", Journal of Public Economics, (60), 21 –44.

[207] NCEB (United Nations Chief Executives Board for Coordination), The global financial crisis and its impact on the work of the UN system [R], Geneva: 2009, CEB Issue Paper.

[208] UNESCAP (United Nations Economic and Social Commission for Asia and the Pacific), Strengthening social protection system in Asia and the Pacific in the aftermath of the global financial crisis [J], Macroeconomic Policy Brief, No. 3, June 2009.

[209] UNRISD (United Nations Research Institute for Social Development), Combating Poverty and Inequality [M], Geneva: UNRISD, 2010.

[210] UNRISD (United Nations Research Institute for Social Development), 1994, Social integration: approaches and issues, UNRISD Briefing Paper No. 1, World Summit for Social Development.

[211] Veenhoven, Ruut, and J. Ehrhardt. 1995. "The cross – national pattern of happiness." Social Indicators Research, 34 (1): 33 –68.

[212] Williamson, Jeffrey G. (1988), "Chapter 11 Migration and Urbanization", in Chenery, Hollis; Srinivasan, T. N. (eds.), Handbook of Development Economics, Volume 1, Amsterdam, The Netherlands: Elsevier B. V, 425 –465.

[213] Winnie, W. W., and Fan, C. C, 2012, Migrant workers' integration in urban China: experiences in employment, social adaptation, and self – identity, Eurasian Geography and Economics, Vol. 53, No. 6, pp. 731 –749.

[214] Wooldridge, J. M. (2002), Economic Analysis of Cross Section and Panel Data, The MIT Press.

[215] World Bank Office, Beijing (2012), China Quarterly Update: Sustaining Growth. Beijing, China: World Bank Office, Beijing.

[216] Wu, Y, "Has productivity contributed to China's growth?" Pacific Economic Review, 2003, 8 (1): p. 15 –30.

[217] Yang, X. and G. Hogbin, "The optimum hierarchy", China Economic Review, 1990, 1 (2): p. 125 –140.

[219] Yezer, A. M. J. and R. S. Goldfarb, "An indirect test of efficient city sizes", Journal of Urban Economics, 1978, 5 (1): p. 46 –65.

[220] Young, A. A. (1928), "Increasing returns and economic progress", The Economic Journal, 38 (152), pp. 527 –542.

[221] Zadeh, L. A, 1965, Fuzzy sets, Information and Control, Vol. 8, pp. 338 – 353.